KB000278

경계선의 교육

경계선의 교육

평등, 공정, 정의, 창조의 교육정책 디자인

초판 1쇄 인쇄 2024년 2월 16일
초판 1쇄 발행 2024년 2월 23일

—

지은이 김상규
펴낸이 이방원
책임편집 정조연 **책임디자인** 박혜옥
마케팅 최성수·김 준 **경영지원** 이병은

—

펴낸곳 세창출판사
　　　신고번호 제1990-000013호 주소 03736 서울특별시 서대문구 경기대로 58 경기빌딩 602호
　　　전화 02-723-8660 팩스 02-720-4579 이메일 edit@sechangpub.co.kr 홈페이지 http://www.sechangpub.co.kr
　　　블로그 blog.naver.com/scpc1992 페이스북 fb.me/Sechangofficial 인스타그램 @sechang_official

—

ISBN 979-11-6684-313-6 93370

이 저서는 2020년 대한민국 교육부와 한국연구재단의 지원을 받아 수행된 연구임(NRF-2020S1A5B5A16082211).

경계선의 교육

평등, 공정, 정의, 창조의 교육정책 디자인 　　　　김상규 지음

세창출판사

저자 서문

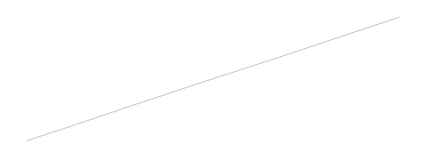

    수렵, 농업, 공업, 정보로 이어지는 인류의 행로에 거대한 물결이 밀려오고 있다. 인공지능이라는 기술로 새로운 인류사가 만들어질 것이라는 설렘과 과거와 현재의 균형이 흔들리는 불안함은 마치 루비콘강의 양안에 서 있는 것 같은 착각이 들 정도이다. 그래서인지 거침없이 가속페달을 밟고 나아가는 과학기술 사회와 어울릴 것 같지 않은 마이너리티, 차별, 소외 등을 주제로 하는 본서가 마치 동물원의 안락한 우리를 탈출해 야생을 헤매는 시대 감각 뒤떨어진 동물과 같다는 생각이 들기도 한다.

    이사야 벌린은 20세기 인류사의 형성에 가장 영향을 미친 두 요인을 '자연과학과 기술의 발전'과 '이데올로기의 대폭풍'이라고 하였다(Isaiah Berlin, 2013). 그런데 지금 사반세기를 지나고 있는 21세기의 인류사도 크게 다르지 않은 그 연속선에 있다. 차이가 있다면 20세기가 마무리되기 전에 해결했어야 할 많은 골칫거리가, 책임 있는 자들이 그것을 해결하지 못함으로써 사회적 채무가 되어 유산으로 남겨졌다는 것이다. 그리고 미래가 걱정스러운 것은 20~30년 후의 시간대를 정의하는 권력 있는 사람들 대부분이 그 시대를 책임질 수 없기에 '부(負)의 유산' 청산 역시 어려울 것이라는 우려 때문이다.

본서는 2017년『민족교육: 일본의 외국인 교육정책과 재일한국인의 지위』의 속편에 해당한다. 차이는 2017년의 저술이 주로 과거 시간대의 기록이었다면, 본서는 재일한국인에게 과거로부터 상속된 '부(負)의 유산' 해결의 실마리를 제공하는 것을 시야에 담았다. 경제, 사회가 발전해 가기 위한 전제조건이 인권이며, 전제조건을 만드는 것은 사회 모두의 책임이므로, 본서에는 삶의 조건에 재봉선의 경계가 확연히 드러나 있는 주류사회와 마이너리티가 씨실과 날실이 되어 아름다운 융단을 만들어 가는 것이 '이상형의 사회'라는 기본 관점이 내재해 있다.

해방된 지 반세기를 훌쩍 넘긴 기간에 재일한국인은 소외와 차별, 피억압을 경험해 왔다. 이러한 억압과 차별에도 재일한국인의 강인한 레질리언스는 민족적 아이덴티티를 유지하고 발전시키고자 하는 영양소가 되었다. 그러나 사회적 정의로부터 소외된 소수자로서 스스로 미래를 결정하거나 선택할 자격을 가지지 못하는 경우, 주류사회에 편입하고자 하는 행동은 쉽게 나타날 수 있다. 글로벌화의 진전과 세대교체에 의한 가치관의 변화로, 주류사회로의 편입의식과 민족의식은 트레이드 오프가 되어, 상황에 따라 민족이 다르게 해석되는 편의적 민족주의로 나아갈 가능성도 있다. 그래서 하나의 사회 안에 그어져 있는 사회 이곳저곳의 경계선을 지우고 한 편의 아름다운 연주곡으로 탄생시키는 힘을 교육에서 찾고자 하는 것이다.

재일한국인의 교육을 얘기하고자 하는 때에 우리가 어떠한 시각을 가져야 하는지는 중요하다. 일본을 정주 생활공간으로 하는 재일한국인의 경험은 사회 인식과 자기 인식의 정신적 영역에 이르기까지 영향을 미쳐 주류사회·마이너리티라는 상대적 관계가 아닌 지배·피지배 관계라는 위계적 사회구조를 만들어 내고 있다. 지난 역사를 사실(史實) 관계에 따라 해설하거나 비평하는 것은 의미는 있으나 아주 건조한 수사에 머물 수 있으며, 민족교육에 한정하는 것은 마이너리티 교육론에 결박되어 시대적인 문제를 타개할 수 없다. 따라서 본서에서는 한반도에 뿌리를 둔 민족을 재일한국인으로 총괄하여 가장 우선적인 과제로 교육의 경계선에 있는 '민족'을 회복하는 방향을 찾아가고자 하는 것이다.

아일랜드의 문학가로 노벨문학상 수상자인 버나드 쇼(George Bernard Shaw)는 "우리의 현명함은 과거에 대한 기억이 아니라 미래에 대한 책임감"에서 비롯된다고 하였다. 과거를 기록하는 것도 의미가 있고, 균형을 잃은 현실의 제도와 정책을 문제 삼는 비판도 필요하다. 그러나 전문가이든 정치인이든 미래에 대한 책임감을 바탕으로 현재에 이어지는 미래의 시간을 상정하고 설계도를 그려 가는 것이 현실적으로 재일한국인에게 이익이 되는 작업이다. 이러한 문제의식을 토대로 하는 본서의 구성은 다음과 같다.

제1장에서는 일본에서의 외국인 인권에 관한 학계의 논의와 판례, 정부 견해 등을 살펴보고 정의에 관한 시론(試論)으로서 정의의 이론을 토대로 재일한국인의 사회적 정의 문제와 일본형 공민권 운동의 경위, 다문화 공생의 역설 등을 비판한다. 또 1979년과 1989년, 2020년에 실시한 재일한국인의 인식 조사를 바탕으로 민족의식의 경로를 비교·분석하고, 재일한국인의 민족교육에 대한 역사적 서술 및 비평을 정리한다. 이어 제2장에서는 1945년 해방 이전에 일본의 각 지역에서 이루어진 민족교육의 실상과 재일한국인의 교육적 실태와 특징을 정리한다.

제3장에서는 민족교육의 격동기인 1940~1950년대의 민족교육을 일본 정부의 시기별 외국인 교육 정책과 상대화하여 내용과 특징을 살펴본다.

전후 일련의 개혁으로 정치, 경제, 사회 분야의 민주화가 실현되고 교육 칙어의 폐지, 교육기본법의 제정, 단선형 학제 등의 교육개혁이 이루어진 이 시기에 일본의 외국인 교육 정책이 아이러니하게도 방임에서 탄압으로 전환된 배경, 일본 정부의 배타적 민족교육 정책에 대한 민족단체의 승인 요구 운동, 공립 민족학교의 존속 및 폐지 등 시대적 특징을 정리한다. 이어서 제4장에서는 1965년 한일기본조약이 민족교육에 미친 영향, 외국인학교 제도 신설을 둘러싸고 이루어진 사회적 저항, 각종학교인 한국학교가 1조교로 전환하는 데에 직간접적으로 작용한 대학 수험 자격 문제를 둘러싸고 이루어진 국내적·국제적 논의 등을 중심으로 고찰한다.

제5장에서는 그간의 연구에서 잘 다루어지지 않거나 소극적이라는 평가를 받은 민단의 민족교육에 대한 재평가와 일본의 한국학교 4개교의 설립 과정과 현재에 이르기까지의 스토리를 정리한다. 제6장에서는 우리나라와 일본의 재외국민 교육 정책을 비교학적 관점에서 살펴보고 일본, 미국, 독일, 프랑스의 재외국민 교육 정책의 내용을 비교한다. 마지막으로 제7장에서는 우리나라 재외국민 교육 정책의 새로운 방향을 제도·정책 차원, 행정·재정 차원, 교육 내용 차원으로 구분해 제안하고, '다민족 창조' 사회의 조건으로서 일본 정부의 외국인학교 정책이 나아갈 방향을 검토하고자 한다.

차례

표 차례

그림 차례

일러두기

○ **본서에서 사용하는 호칭은 다음과 같다.**

• 일본의 정치, 행정, 학계 등에서는 일본 사회에 정주하는 한반도에 뿌리를 가진 개인과 집단에 대하여 '재일한국인', '재일조선인', '재일한국·조선인', '재일코리안', '자이니치[在日]', '코리안 올드커머', '코리안 뉴커머' 등의 호칭을 사용하고 있다. 본서에서는 1965년 한일기본조약 체결 이전까지는 재일동포, 재일조선인, 조선인, 재일한국·조선인 등을 혼용하고 그 이후는 한반도에 뿌리를 가진 민족집단을 총칭하는 용어로 '재일한국인'을 사용한다.

• 민족학교의 명칭을 주로 조선학교, 조선인학교, 한국학교(민단계의 학교), 조선학교(총련계의 학교)로 사용하고 있다. 본서에서는 1965년 한일기본조약 체결 이전까지는 민족학교, 조선학교, 조선인학교 등을 혼용하고 그 이후는 대한민국 법률에 의거 한국 정부의 설립 인가를 받은 학교를 '한국학교', 총련이 학교 운영에 관여하는 학교를 '조선학교'로 호칭한다.

○ **책의 제명, 자료명, 논문 제목, 인용 문헌 등은 원문에 따른다.**

제1장

인권, 정의, 그리고 마이너리티

1. 인권의 이중구조

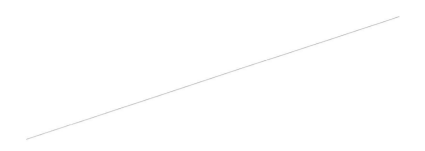

1) 구조적 저위(低位)

필자가 오랜 기간 알고 지내는 재일한국인 A의 이야기로 본서를 시작하고자 한다. A의 부친은 경상남도의 농촌 지역 출신으로, 일제강점기에 노동자로 공장지대가 많은 가나가와현으로 건너왔다. 일본에서 결혼해 아들을 낳았는데 그가 바로 재일한국인 2세 A이며, 팔순을 바라보는 나이가 될 때까지 '민족'을 가슴에 새기고 재일본대한민국민단(이하 "민단") 등 민족단체 활동에 뜨거운 열정을 가지고 참가하고 있다. A의 말에 따르면, 글을 읽고 쓰지도 못하는 A의 부친은 차별받는 민족으로서 가슴에 새긴 한을 풀고자 어깨가 부서지도록 노동을 하여 A를 도쿄에 있는 유명 사립대학에 보냈다. A가 대학에 입학할 때에는 단기대학과 4년제 대학을 합쳐 고등교육에 진학하는 학생이 10% 남짓하였으므로 잘 사는 가정의 전유물과 같았던 상아탑에 빈곤 상태나 다름없는 가정형편에도 불구하고 보낸 부모의 역경이 어느 정도였는지는 안 봐도 이해할 수 있다.

A는 대학을 졸업하였으나 일본 국적을 가지지 않았으므로 취업할 곳이 없었다. 전문직조차 국적 조항이 있어, 결국 선택한 직업이 트럭을 운전하는 일이었다. 당시 일본에 정주하는 외국인의 대부분은 한반도에 뿌리를 둔 재일한국인이었으며, 일본 정부는 '단일민족주의'라는 추상화된 이념과 '국익'을 내세워 '동화' 아니면 '차별'을 재일한국인 정책의 기조로 하였다. 국가 권력과 기업 권력의 외국인 배제가 극심했던 당시(지금도 크게 다르지 않지만)의 상황에서 일본의 최고 학력을 가진 A의 진로에 대한 고뇌는 누구보다도 컸을 것이다.

A에게는 세 명의 아들과 한 명의 딸이 있는데 모두 일본 공·사립 정규학교의 교원이 되어 있다. 필자가 수년 전 자녀의 국적(당시는 대한민국 국적)을 물었을 때, A는 자녀가 한국 국적을 계속 가지는 것이 개인적인 소망이라고 한 적이 있다. 2년 전에 도쿄에서 만난 A와 재일한국인의 삶과 미래를 이야기하는 도중에 자녀의 국적을 물었는데, 뜻밖에 "모두 일본 국적을 취득했다"라고 답했다. 일본 국적을 취득하지 않아도 교원이 될 수는 있지만 퇴직할 때까지 전임강사 신분이므로 교감이나 교장이 될 수 있는 길은 막혀 있다. 그리고 교원이지만 중요한 의사결정에 참여할 수 없다는 것은 반쪽의 교원이나 다름이 없다. 그래서 그들은 외국인으로서 겪는 차별 상태를 벗어나고자 생각하고 또 생각한 후에 고뇌의 선택을 하였을 것이다.

일본인이 외국에 가서 외국 여자와 동거하여 자녀를 출산하면 그 자녀는 일본인이 된다. 일본에 살지 않고 일본어도 말하지 못하며, 일본에 대해 아는 것도 별로 없고 피부색도 일본인과 다를 뿐 아니라, 먹는 음식과 행동도 다르지만, 그래도 일본인이 되는 것이다. 그래서 이들은 일본의 법률과 제도가 일본인에게 부여하는 권리를 향유한다. 그런데 재일한국인은 정치적·역사적 경위에 의해 일본에 태어나 일본에 살고 있고 일본 정부의 교육을 받았음에도 정치적 신분이 외국인일 뿐이다. '국적'이 일본인이 아니라는 이유 하나만으로 '구조적 저위(低位)'에 있는 것이다.

어느 국가이든 외국인과 관련한 문제는 있다. 미국 등 이민 국가나 구 식민지 통합 정책으로 외국인을 적극적으로 수용하는 유럽 국가들과는 달리 민족의 동질성이 강한 우리나라나 일본의 경우, 글로벌 사회의 진전으로 외국인 노동자나 유학생이 많아짐에 따라 외국인 노동자 수용 문제, 외국인이 국내 치안에 미치는 영향, 외국인 자녀의 교육 문제, 외국인 주민등록 문제 등 다양한 문제가 증가하고 있다.

최근에는 이러한 과제를 중심으로 일본에서도 외국인 문제가 활발하게 논의되고 있으며 외국인의 유입에 대한 문제점을 인식하면서도 필요에 의해 외국인을 적극적으로 유치하고자 하는 정책이 늘어 가고 있다. 앞으로 사회·경제 각 분야에서의 글로벌화가 확대되고 저출산 및 고령화 등으로 노동력이 감소하면 외국인을 적극적으로 유치하는 방향으로 정책이 추진되겠지만, 외국인의 유입과 더불어 발생하는 외국인 생활 대책, 치안 문제 등도 사회적 이슈로 발전할 것이므로 외국인의 권리 등 삶의 조건에 관한 방식이 만들어져야 한다.

이 장에서는 재일한국인의 인권에 대한 예비적 고찰로 일본에 살고 있는 외국인이 헌법상 인권을 누리는지를 학설, 판례, 국회 답변 사례 등을 중심으로 총론으로서 정리한다. 외국인을 둘러싼 다양한 과제에 구체적인 대응이 필요한 경우, 그것이 반드시 헌법에 직결되는 것은 아니다. 그러나 외국인의 삶을 규정하는 과제 대부분은 인권과 관련된 경우가 많으며 이러한 과제들은 일반적으로 헌법의 인권 규정과의 관계에서 해석될 가능성이 높다.

2) 학계의 논의

외국의 헌법 중에는 외국인의 법적 지위에 관하여 직접 규정하는 것도 있다. 하지만 일본 헌법에는 이에 관한 명문 규정이 존재하지 않는다. 따라서 일본 헌법하에서 이른바 기본적 인권 향유 주체의 문제로서 외국인의 헌법적 권리 보장 문제는 해석론적 쟁점이 되어 왔다. 하세베 야스오가 "헌법은 사람인 이상 당연히 보장해야 할 권리를 모든 사람에게 보장하려는 것이 아니라 본래 같은 국가의 국민이라는 특정 사람들의 권리만을 보장하고자 하는 것이며, 게다가 이러한 권리의 보장을 어디까지 그 외의 사람들에게 확장하여 적용하는 것이 가능한가 하는 문제가 학설과 판례에 의해 논의되어 왔던 것은 아닐까"(長谷部, 2006)라고 지적한 것처럼 외국인의 헌법상 권리가 보장되는지에 관해서는 여러 가지 학설이 주장되어 왔다.

헌법학에서는 외국인에 대해 일본 국민과 똑같이 모든 헌법상의 권리를 인정하는 입장을 취하고 있지 않지만, 동시에 외국인을 헌법상 권리의 향유 주체로서 파악하는 것 자체에 의문을 제기하고 입법정책상의 문제로 다루어야 한다고 보는 입장(국민설)에 대해서도 비판이 있다. 그리고 많은 학설은 외국인의 헌법상 권리 향유 주체성을 인정하면서도, 그중에서도 보장되는 권리와 보장되지 않는 권리를 구분하여 논하는 태도를 보여 왔다(川添, 1977; 芦部, 1989; 中谷, 2003). 외국인의 헌법상 권리의 인정에 관한 학설은 크게 소극설과 적극설로 구분할 수 있으며, 적극설은 다시 문언설과 성질설로 나뉘는데 현재로서는 성질설이 통설로 여겨지고 있다.

소극설

소극설은 헌법상 권리 향유의 주체에 외국인을 포함하는 것을 부정하는 입장이다. 일본 헌법이 규정하는 인권은 일본 국민에게만 보장된다는 것이다. 인권은 일본 헌법 제3장에서 규정하고 있는데, 제3장의 제목이 '국민의 권리 및 의무'이므로 일본 국민에 한해 보장된다는 것이다. 가쿠도 도요지는 "외국인에 대해서는 헌법이 직접적으로 특별히 규정하고 있지 않다"라고 하여 외국인의 인권 향유 주체성을 부정하고, "일본에 있는 외국인에 대해 기본적 인권을 보장하는 것은 직접적으로 제3장의 규정에 근거하는 것은 아니지만 헌법의 정신에 부합"하므로 외국인의 권리 보장을 입법정책상의 문제로 보고 있다. 이 논리에는 인권이 "인간이 인간인 이상 태어날 때부터 당연히 가지는 기본적 권리이며, 논리적으로 국가 이전에 국가와 관계없이 영구히 가져야 할 자연법상의 권리"이고, "자연권인 인권은 관념적으로 동서고금을 막론하고 장소와 시간을 초월하여 영구불변하여 존재"하는 것이지만, "일본 헌법에서 보장하는 인권은 현재의 일본이라는 역사적 시간과 장소적 공간에 한정"되어 있으며, "그 내용도 각자가 단순히 사유에 의해 인식해야 하는 것이 아니라, 객관적으로 존재하는 조문의 문언에 의해 입증되고 다양한 국가적 제도에 의해 실효성을 가질 수 있다"(覺道, 1977)라는 인식이 전제되고 있다.

나카가와 쓰요시는 "일본 국민은 아니지만 외국인도 일본 국가의 통치에 복종하거나 일본 국가에 의해 인정되는 한 헌법 제3장의 규정이 유추 적용된다. 외국인은 법인과 마찬가지로 주권의 주체가 아니며 인권 주체로서의 국민도 아니므로 인권 보장은 일본 정부의 입법 기타 조치로 이루어지고 있는 것일 뿐"이라고 하고, 외국인을 일괄하여 권리 보장을 하는 경우, 일시체류 외국인도 정주 외국인도 같은 취급을 받게 되어 구체적인 상황에 맞는 처우를 할 수 없게 되므로, "제3장의 인권은 외국인에게도 인정된다는 해석상의 무리수를 버리고, 법률로 탄력적인 운영이 가능한 일본 국민의 범위에 인권 향유 주체로서 영주 외국인을 포함하는 입법정책을 선택하는 것이 실익이 있는 방향이 아닐까"(中川, 1992)[1]라는 주장을 전개한다.

이 소극설은 헌법의 문언에 경도된 논리이지만 입법정책(실정법)으로 외국인에게 인권을 보장하는 것이 적당하다는 것은 인정한다. 후술하는 적극설도 외국인의 인권에는 여러 가지 제약이 있다고 설명하므로 소극설과 적극설 간에는 실제적으로는 거의 차이가 없다. 그러나 소극설은 외국인의 인권 문제를 입법정책에 위임하므로 위헌소송이 매우 곤란하다는 문제점을 가지고 있다(芦部, 1978).

적극설

적극설은 일본 헌법의 인권 규정이 일정한 범위에서 외국인에게도 적용된다는 논리이다. 일본 헌법이 보장하는 인권이 전 국가적 성격을 가진 것이며, 또한 헌법이 국제협조주의 입장을 취하는 점 등을 근거로 한다. 적극설은 외국인에 대해 어떤 인권이 보장되는지 판단하는 기준에 따라 문언설과 성질설로 구분된다.

문언설은 외국인의 기본적 인권의 향유 주체성을 인정하고, 그중에서도 외국인에게 보장되는 권리와 보장되지 않는 권리의 구별을 일본 헌법의 규정 문언을 통해 판단하려는 것이다. 이 견해는 헌법이 '누구든지'와 '국민은'이라는 표현을 구별하고 있다는 점에 주목하여 외국인에게 보장되는 권리와 보장되지 않는 권리를 판단한다. 이 견해에 따르면, 헌법 조항 중 '누구든지'라는 경우(예컨대 헌법 제16조, 제18조, 제20조 등)에 대해서는,

일본 국민뿐만 아니라 외국인도 포함된다고 해석하고, '국민은'이라는 경우(예컨대, 헌법 제25조, 제26조, 제27조)에 대해서는 일본 국민에게만 인정되는 것으로 해석한다.

성질설은 원칙적으로 외국인의 기본적 인권 향유 주체성을 인정한다. 그중에서도 외국인에게 보장되는 권리와 보장되지 않는 권리의 구분을 헌법상의 권리의 성질에 따라 판단하고, 그 성질상 외국인에게도 적용 가능한 규정에 대해서는 국민과 마찬가지로 외국인에게도 보장된다는 입장으로 현재의 통설이다. 여기서 말하는 헌법상 권리의 성질이란, 헌법 제45조에서 규정하는 각종 권리가 자연권(전 국가적 권리)으로서의 성질을 가지는지 여부가 주된 문제이다. 미야자와 도시요시는 전 국가적 성격을 갖는 헌법상의 권리가 일본 국민에게만 보장된다는 해석은 타당하지 않으며, "기본적 인권인 이상 일본 국민의 인권뿐만 아니라 외국인의 인권도 선언·보장하는 것이 헌법의 취지"(宮澤, 1987)라고 한다. 즉, 전 국가적 권리(자연권)는 사람이 태어나면서부터 갖는 권리이기 때문에 국민·외국인의 구별 없이 모든 사람이 누린다는 것을 전제로 하고 있다.

아시베 노부요시는 "인권이 전 국가적·전 헌법적 성격을 갖는 것이며, 또한 헌법이 국제주의의 입장에서 조약 및 확립된 국제법규의 준수를 규정하고 있고(제98조), 국제인권규약 등에서 볼 수 있듯이 인권의 국제화 경향이 두드러지게 나타나고 있는 것을 고려한다면, 외국인에게도 권리의 성질상 적용 가능한 인권 규정은 모두 적용된다고 보는 것이 타당"하다고 한다. 이 견해는 어떤 헌법상의 권리가 어느 정도까지 외국인에게 보장되는지를 구체적으로 판단하는 것이 되며, "외국인에게 보장되지 않는 대표적인 인권으로 참정권, 사회권, 입국의 자유"가 있다고 하고, "자유권, 평등권, 수익권은 외국인에게도 보장되지만, 그 보장 정도·한계는 일본 국민과 완전히 같은 것은 아니다"라고 하여, 각각의 권리의 성질에 따라 개별적으로 판단하여야 한다는 입장을 취한다(芦部, 2007).

나카가와는 성질설에 대해 "권리의 성격상 일본 국민만을 그 대상으로 하는 것은 그 범위가 매우 막연"하다고 비판한다. 그리고 "만약에 외국인에게도 헌법상의 인권이 보장된다면 인권의 제약은 명확한 근거에 의하여야 하며 행정기관의 광범위한 재량권에 맡겨서는 안 된다"라고 하고, "사실상 일본 국민과 다른 기준에 의한 외국인의 권리 제한을 승인하는 것이므로 일본 국민과 외국인을 인권 향유 주체로서 동격으로 묶으면서도 별개의 것으로 한다는 논리적 모순을 범하고 있다"라고 하여 성질설의 논리를 비판하고 있다(中川, 1992).

앞서 살펴본 학설과 최고재판소 판례의 공통점은 외국인에게도 일본 국민과 똑같지는 않지만 권리의 성질에 따라 헌법상의 권리가 보장된다고 보고 있다는 것이다. 즉, 성질설은 원칙적으로 외국인에게도 헌법적 권리가 인정된다고 하면서도 일본 국민보다 좁은 범위에서 인정된다는 점에 특징이 있다고 할 수 있다. 또 생존의 기본에 관련하는 영역에서 일정한 요건을 가진 외국인에게 헌법의 보장이 미치는 입법은 사회권의 성질에 모순되지 않으므로 정치적·역사적 경위에 의해 일본의 영주권을 가진 재일한국인 등에게 일본 국민에 준하여 처우하는 것이 헌법의 취지에 합치된다는 견해(芦部, 1978), '일본 국민과 동등하게 처우'해야 한다는 주장(作間, 1975) 등이 있다.

3) 최고재판소 판례

일본의 최고재판소는 "헌법 제3장 제 규정에 의한 기본적 인권의 보장은 권리의 성질상 일본 국민만을 대상으로 하는 것을 제외하고 우리 나라에 재류하는 외국인에 대해서도 미치는 것으로 이해하여야 한다"[2]라고 판시하여 권리의 성질에 따라 외국인에게도 기본적 인권은 미치지만, 헌법상 '국민'으로 되어 있는 권리는 일본 국민에 한정된다고 한다. 즉, 외국인의 헌법상 권리 보장에 대해서 최고재판소는 방론에서의 판시도 포함해서 원칙적으로 보장된다는 입장을 취하고 있지만, 다음과 같은 변천 과정을 거쳤다.

먼저 1950년 12월 28일의 인신 보호 청구 사건[3]에서 최고재판소는 "만약에 인간이므로 당연히 향유하는 인권은 불법 입국자인 경우에도 가진다고 인정해야 한다"라고 하여, 인신 보호 절차 문제에 한정하지 않고 외국인의 기본적 인권의 문제로서 판단하였다. 또한 외국인의 출입국 자유가 문제시된 1957년 6월 19일의 외국인 불법 입국 사건[4]에서는 헌법 제22조의 이주·이전 및 외국 이주의 자유에 관하여 "헌법 22조는 외국인의 일본에 입국하는 것에 대해서는 아무런 규정이 없는 것으로 보아야 하며, 이는 국제관습법상 외국인 입국의 허용 여부는 해당 국가의 자유재량에 따라 결정될 수 있는 것으로 특별한 조약이 존재하지 않는 한 국가는 외국인의 입국을 허가할 의무를 지지 않는 것으로 해석할 수 있다"라고 판시하였다. 역시 외국인의 출입국 자유가 문제시된 1957년 12월 25일의 외국인 불법 출국 사건[5]에서는 "외국 이주의 자유는 그 권리의 성질상 외국인에게만 보장하지 않을 이유가 없다"라고 하고 출입국관리령은 "본국에 입국하거나 본국에서 출국하는 모든 사람의 출입국을 공정하게 관리한다는 목적의 달성이라는 공공복리를 위해 마련된 것으로 합헌성을 가진다"라고 판시하였다.

그리고 1964년 11월 18일의 주류 군 관계자 관세법 등 임시특례법 위헌소송[6]에서는 헌법 제14조가 직접적으로는 일본 국민을 대상으로 하는 것이지만, 법 아래에서의 평등원칙은 근대국가의 기초적인 정치 원리

중 하나인 점, 또한 세계인권선언에서도 승인하는 것이므로 "헌법 14조는 특별한 사정이 인정되지 않는 한 외국인에게도 유추 적용되는 것으로 해석하는 것이 상당하다"라고 했다. 이처럼 최고재판소는 외국인에게도 헌법상의 권리가 보장된다고 결론을 내리고 있지만, '조문의 문언을 중시할 것인지', '권리의 성격을 중시할 것인지', 아니면 '국제법의 일반원칙을 중시할 것인지' 등에 관하여 확립된 견해는 없다.

또 1978년 10월 4일, 최고재판소는 '권리의 성질'상 일본인에게 적용하는 권리와 외국인에게 적용하는 권리가 구분된다고 하였다. 이 사건은 재류 기간을 1년으로 정하고 입국한 미국 국적의 외국인이 재류 기간의 갱신을 신청하였으나 재류 중의 정치 활동 등을 이유로 갱신신청이 불허된 것이 계기가 되었다. 이 사건의 판결에서는 "헌법상 외국인은 우리 나라에 입국할 자유가 보장되어 있지 않은 것임은 물론 재류의 권리 내지 계속 재류할 것을 요구할 수 있는 권리를 보장받고 있는 것도 아니라고 해석해야 한다"라고 판시하여 해당 불허가 처분을 지지하였다.[7]

4) 일본 정부의 입장

정부 관계자가 국회 답변에서 외국인에 대한 헌법의 기본적 인권 보장 여부에 관해 견해를 밝힌 사례가 있다. 다카쓰지 마시미 내각 법제국장 (당시)은 1969년 7월 2일, 국회 중의원 법무위원회에서 "외국인은 국가의 정치적 이익과 관계가 있는 사항에 관한 한은 그 정치적 이해에 비추어 합리적으로 상당하다고 인정되는 범위 내에서 법률에 의해 그 행동에 특별한 제약이 가해진다고 해도 헌법에 위반되는 것은 아니다, 이 의미에서 헌법상 일본 국민과 마찬가지로 기본적 인권이 보장되는 것은 아니지만, 이러한 범위에서 특별한 제약이 부과되지 않는 한도에서는 비록 외국인이라 하더라도 우리 영역에 존재하는 사람이라면 일본 국민과 마찬가지로 헌법상 기본적 인권의 향유를 방해받지 않는다고 보는 것이 상당하다고 우리는 생각하고 있습니다"[8]라고 진술하여 한정적인 형태로 외국인의 인권 향유 주체성이 긍정되고 있다고 진술하였다.

한편 2002년 3월 14일, 국회 중의원 헌법위원회 기본적 인권의 보장에 관한 소위원회에 참고인으로 참석한 헌법학자는 헌법상 인권을 외국인에게 보장하는 한편, 이 보장을 재류 자격 제도의 틀 안으로 하는 것에 대한 모순을 지적하였다. 재류 자격 제도가 법률에 바탕을 두기 때문에 재류 자격 제도의 틀 내에서의 인권 보장은 법률을 엄격히 하여 외국인이 헌법상의 인권을 향유할 수 없도록 하는 결과도 낳을 수 있기 때문이다.[9]

주류사회에서의 마이너리티 소외와 인권 침해는 주로 국가 권력과 민간기업에 의해 생긴다. 서구 근대국가가 만들어 낸 베스트팔렌적 '국민국가'는 특정의 영토에서 주권을 행사하는 주체를 '국민'으로 하는 것을 당연시하고 있다. 그 결과로 어떤 국민국가의 영토에 거주하지만, 국민이 아닌 사람들은 기본적으로 그 국민국가에 대한 귀속이 부정되면서 인권 침해에 대하여 국가의 비호를 받지 못할 뿐만 아니라 어떤 때에는 국가 권력에 의하여 인권 침해의 대상이 되고 있다. 사회질서에서도 무엇이 정의인지의 사전 결정권을 가진 헤게모니 민족주의와 마이너리티의 민족주의가 우열 관계를 만들어 어느 한쪽이 민족을 외치면 외칠수록 소수자가 최대의 희생자가 되는 구조가 법 제도에 반영되어 있다.

입법기관인 국회, 법률의 집행자인 행정부, 집행 권력을 억제하는 사법 체계, 일본 사회에 널리 공유되고 있는 신앙과도 같은 단일민족주의, 학계의 소극성 등은 마이너리티 삶의 행로에 무거운 짐을 지우고 있다. 다만 희망적인 것은 사회단체, 학계, 교원단체 등이 중심이 되어 실천한 동화교육, 부락 해방 운동 등 공생 사회를 만들기 위한 노력, 지역사회의 반대와 비판을 넘어 선진적인 행정을 추진하여 외국인이 지역적 공공권의 일원으로서 자리매김하는 데에 기여한 행정가와 인권단체 등의 노력이 식민지 시대적인 '국익' 이념에서 벗어나지 못하고 있는 국가 행정을 조금씩 움직이고 있다는 점이다.

5) 외국인의 교육을 받을 권리

교육을 받을 권리의 성질

교육을 받을 권리를 규정하는 일본 헌법 제26조가 외국인에게는 적용되지 않는다는 것은 학계의 다수설이며 최고재판소의 판례이자 정부의 공식적 견해인 '권리성질설'에 의한 것이다.[10] 교육을 받을 권리의 내용에 관해서 종전의 통설적 견해는 교육의 기회균등을 실현하기 위한 경제적 배려를 국가에 대하여 요구하는 권리로 보았다(樋口 外, 1997). 즉 헌법 제26조는 교육을 받을 권리를 보장하지만 같은 조 제2항이 보장하는 의무교육의 무상 제공은 교육을 받을 권리의 경제적 측면에 관계되는 것이다. 이 헌법 제26조를 생존권적 기본권에 위치시켜(我妻, 1970) 사회권 안에서 논의하거나(芦部, 2015), 주권자 교육을 받을 권리로 보는 견해도 있다(永井, 1970).

그러나 이러한 헌법학자의 해석에 대하여 교육학자들의 비판과 함께 '아동의 학습권' 문제가 대두되었다(堀尾·兼子, 1977). 이 주장에 의하면 '아동이 장래에 걸쳐 가능성을 개화시켜 인간적으로 성장하는 권리'인 아동 권리의 핵심에는 '아동의 성장·발달의 권리와 그 실질을 보장하는 학습의 권리'가 있으며, 국민의 교육을 받을 권리는 이러한 아동의 권리를 전제로 하는 것이다.

오늘날의 통설적 견해는 교육을 받을 권리를 사회권(생존권적 기본권)에 위치시키면서 학습권을 중심으로 구성하거나(奥平, 1981), '자유권으로서 성질과 생존권으로서 성질 양면'을 가지는 것으로 사회권적 측면과 자유권적 측면을 가진 복합적 성격의 인권으로서 인정하기에 이르렀다. 원래 사회권이 자유권을 기초로 하고 사회권과 자유권은 밀접 불가분이지만 교육권에 있어서는 교육을 받을 권리와 교육의 자유와의 관계가 보다 긴밀하다는 것을 학습권을 매개함으로써 명확히 하고 있다(兼子, 1978).

국가가 교육제도를 유지하고 교육 조건을 정비할 의무를 지는 것은 교육을 받을 권리의 실현이며, 학교교육과 직접 관련하는 70여 개의 법률(일본의 경우)과 의무교육을 중심으로 하는 교육제도가 마련되어 있다. 그럼에도 단일민족주의 전통이 강한 국가의 헌법에서는 교육을 받을 권리의 주체를 '국민'으로 한정하여 '국적'이라는 형식적 요건이 권리 보장의 기준이 되고 있다. 이는 미국 등 서구 국가에서 내국인이든 외국인이든 구분 없이 교육을 받을 권리를 보장하고 있는 것과는 대조적이다. 미국 텍사스주 교육법이 "A person who, on the first day of September of any school year, is at least five years of age and under 21 years of age…"라고 규정하여 교육을 받을 권리의 대상을 자연인으로 폭넓게 명기하고 있는 것이 한 가지 사례이다(Texas Education Code - EDUC § 25.001(a)).

외국인의 교육권에 관한 다양한 논의

외국인도 헌법의 교육을 받을 권리를 가지는지에 관해서는 다양한 논의가 있다. 첫째, 헌법 제26조의 교육을 받을 권리를 아동의 학습권으로 보아 내외국인 구별 없이 적용하여야 한다는 주장이다. 오쿠다이라 야스히로는 헌법은 '국민', '누구나'라는 문언에 의해 인권의 향유 주체에 관하여 엄격히 구분하는 입장을 가진다고 해석되지 않는 점을 감안한다면 헌법 제26조의 '국민'이라는 문언에도 불구하고 교육을 받을 권리를 외국인에게도 보장되는 것으로 이해하여야 한다고 해석한다(奧平, 1981).

둘째, 외국인의 교육권을 국제인권규약 및 아동의 권리에 관한 협약(이하 "아동권리조약") 등 국제법으로부터 도출되는 권리로 보는 관점이다. 세리타 겐타로는 교육은 문화적 발전에 밀접하게 관련되며 민족적 동일성 형성에 가장 밀접한 관계를 가지는 자아의식이 민족교육에 의해 생긴다고 한다면, 민족교육의 권리는 그 민족의 자결권에 의거하여 사회적·문화적 발전을 자유롭게 추구할 권리에 의해 보장되는 것이라고 하고 있다(芹田, 1981). 교육은 "모든 사람이 인류사회의 구성원으로서 인류사회의 제 활동에 참가하기 위한 준비"로, "인권과 기본적 자유에 관한 이해와 존중을 함양하기 위하여 매우 중요하고 불가결한 의식을 가지는 작용"이므로 국제인권규약 및 아동권리조약 체결국은 국적 여부와 관계없이 헌법 제26조의 '교육을 받을 권리'를 모든 사람에게 보장해야 한다는 것을 이해할 필요가 있다는 것이다(竹內, 2010).

셋째, 외국인의 인권 보장을 외국인의 유형에 따라 미치도록 하여야 한다는 논의이다. 오누마 야스아키는 "인간의 귀속집단으로서 국가가 결정적인 의미를 가진 근대사회에서는 국민과 외국인의 범주적 구별은 인간이 생활을 영위해 가는 데에 있어 결정적 차이"를 가져왔지만 "국민과 외국인의 구별은 국적법의 규정에 의해 그 경계가 얼마든지 변할 수 있는 상대적인 기준에 의거"하고 있다고 주장한다(大沼, 1993). 오누마의 논리는 '관광을 위하여 일시적으로 일본에 온 사람들과 정주 외국인의 권리 보장에 차이를 두지 않는 것에 문제를 제기'하고 특별영주자 등 정주 외국인에게는 "사회 구성원으로서의 생활 관계 일반에 관련되는 권리 영역에서 국민과 동등한 권리를 인정"하여야 한다는 '외국인 유형론'이다.

넷째, 외국인의 교육권에 관한 논의로서 사사가와 고이치는 포스트 국민국가 시대에서는 '국민교육'을 상대화하여 '국민교육권', '국민의 학습권'을 생활자 수준에서 재편성한 '주민의 학습권'을 매개로 외국 국적 주민의 학습권 확립을 제안한다. '주민의 학습권' 논리는 외국 국적의 주민도 '주민의 권리', '주민의 학습권'의 주체라는 점에서 일본 국적 주민과 동등하다고 하고 "'국민통합'의 논리에서 민족교육을 용이하게 인정하지 않는 일본 정부의 기본방침을 주민=생활자의 논리에 입각하여 탄력화하는 시도"라 할 수 있다.

일본은 1979년에 국제인권규약을 비준하였고 1994년 4월 22일에는 아동권리조약을 비준하였으며 재일한국인의 교육에 관해서는 일본인과 동등의 기회를 제공해야 한다는 국제연합·난민조약의 비준 및 한일외무장관의 각서교환도 하고 있으므로 "일본국 헌법 제25조 생존권 조항과 이를 이어받은 제26조 교육을 받을 권리는 외국 국적 또는 민족적 배경을 달리하는 사람들을 포함한 규정이라고 이해하여야 할 것이지만, 이는 일본 사회의 적응을 위한 교육을 받을 권리만이 아니다. 자기의 아이덴티티를 유지하기 위한 교육을 받을 권리, 아울러 다수자가 소수자에 대하여 이해를 가지고 우호적으로 접촉하는 분위기가 형성되는 교육이 이루어지도록 하는 권리를 포함하고 있다"라는 것이다(笹川, 1993).

사사가와의 주장처럼 일본 헌법 제25조 생존권 조항과 이를 이어받은 제26조 교육을 받을 권리는 외국 국적 또는 민족적 배경을 달리하는 사람들을 포함한 규정이라고 이해하여야 하지만 교육을 받을 권리는 일본 사회에의 적응을 위한 교육만이 아니다. 자기의 아이덴티티를 유지하기 위한 교육을 받을 권리, 아울러 다수자가 소수자에 대하여 이해를 가지고 우호적으로 접촉하는 분위기가 형성되는 교육이 이루어지는 것에 대한 권리를 포함하고 있다.

그러나 일본의 교육 법학 확립에 공헌한 가네코를 위시한 일본의 교육법학자의 '국민교육권론'에서는 '사학의 자유'로서 외국인학교 설치·운영 보장권을 주장하지만 일본의 공립학교에서 외국인이 자신의 민족, 언어, 문화에 관한 교육을 받을 권리의 보장에 관해서는 침묵하고 있다(兼子, 1978). 즉, 헌법학과 마찬가지로 교육법학도 외국인의 교육권 보장에 대해서는 소극적으로 다루고 있는 것이다.

외국인의 민족교육을 받을 권리의 보장

외국인의 교육권과 민족교육의 권리를 인정하지 않는다는 것이 헌법학·교육법학에서 다수설의 태도이지만, 다행스럽게도 외국인도 일본인과 동일하게 교육을 받을 권리를 가진다는 논의도 소수이지만 주장되고 있다. 아동권리조약 제30조에서는 "인종적·종교적 또는 언어적 소수자나 원주민이 존재하는 국가에서 이러한 소수자에 속하거나 원주민인 아동은 자기 집단의 다른 구성원과 함께 고유문화를 향유하고, 고유의 종교를 신앙하고 실천하며, 고유의 언어를 사용할 권리를 부인당하지 아니한다"라고 규정하고 있다. 이 조항은 민족적·종교적·언어적 소수자 및 선주민의 아동이 자기의 문화를 향유할 권리, 자기의 종교를 신앙·실천할 권리, 자기의 언어를 사용할 권리를 보장하며, 특히 민족상의 소수자 및 선주민의 교육에 관한 권리 보장에 중요하게 관련되어 있다. 즉 교육의 장에서 소수자 아동의 문화·종교·언어에 관한 제 권리를 보장하는 것을 요청하고 있는 것이다.

이처럼 아동권리조약 제30조는 민족적·종교적·언어 소수자 등의 아동이 자기의 문화를 향유할 권리, 자기의 종교를 신앙·실천할 권리, 자기의 언어를 사용할 권리를 보장하고 있으며, 특히 이는 민족상의 소수자 및 선주민의 교육에 관한 권리 보장에 중요한 단서가 되고, 교육의 장에서 소수자 아동의 문화·종교·언어에 관련한 제 권리를 보장하는 것을 요청하고 있다. 그런데도 판례는 정규의 교과용 도서를 사용하지 않고 학습지도요령의 기준에 따르지 않은 것은 공익법인 설립허가 취소의 이유가 된다고 하고,[11] 조선인학교에 대한 폐쇄 명령은 적법한 처분이라고 하였다.[12]

2008년, 오사카지방재판소는 '학교교육의 특색, 국적 및 민족의 차이를 무시하고 우리 나라에 재류하는 외국인의 아동(의 보호자)에 대하여 일률적으로 우리 나라 민족 고유의 교육 내용을 포함하는 교육을 받도록 하는 의무를 과하여 우리 나라의 교육을 밀어붙이는 것이 불가능하다는 것은 명백하다. 이러한 의무를 외국인에 대하여 부과하면 당해 외국인이 그가 속하는 민족 고유의 교육 내용을 포함한 교육을 받을 권리를 침해하게 되기 쉽다'라고 판시하였다.[13] 이 판결은 외국인 보호자가 헌법 제26조에서 규정하는 자녀의 취학의무를 가지지 않는다는 취지이지만 민족 고유의 교육을 받을 권리를 확인하였다는 점에서는 의의가 있다.

아동권리조약 제4조에서는 "당사국은 이 협약에서 인정된 권리를 실현하기 위하여 모든 적절한 입법적·행정적 및 여타의 조치를 취하여야 한다"라고 규정하고 있다. 여기서 말하는 '여타의 조치'에는 사법상의 조치도 포함되었다고 보아야 한다. 이 조항은 민족적·종교적·언어 소수자 등의 아동이 자기의 문화를 향유할 권리, 자기의 종교를 신앙·실천할 권리, 자기의 언어를 사용할 권리, 특히 민족상의 소수자 및 선주민의 교육에 관한 권리 보장에 중요한 단서를 가지고 있다. 그러나 일본에서 체결·비준한 조약이 직접 헌법이나 법률의 해석·판단에 적용된 사례는 찾아보기 어렵고, 해석·판단을 보강하는 의미에서 간접 적용한 사례가 있다.

　외국인의 교육에 관한 권리를 보장하기 위해서는 민족학교의 설립을 허가하고 일본의 공교육 제도에 편입하여 재정을 지원하고 민족학교 출신자의 상급학교 특례 입학 등 교육 기회 확대 정책을 마련하여야 한다.

2. 정의에 관한 시론(試論)

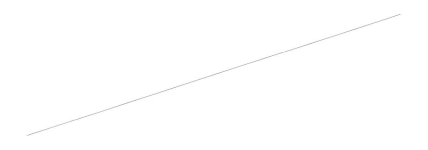

1) 존 롤스 '정의론'

최고의 정의는 누구에게나 기회를 완전히 평등하게 하고, 각자의 입장이 완전하게 존중되는 것이다. 그리고 정의로운 사회는 좋은 삶의 의미를 함께 고민하고 그 과정에서 생길 수밖에 없는 서로 다른 의견을 기꺼이 수용하는 문화가 기반이 되는 사회이다(Sandel, 2014).

존 롤스의『정의론』(1971)은 사회적 정의 이론을 체계적으로 전개한 이론으로, 공리주의적 윤리관과 전통적인 사회계약론의 본격적 비판을 의도한 20세기 들어 가장 훌륭한 저술로 평가받고 있다.『정의론』의 핵심은 우리가 타고난 천부적 재능과 사회적 지위 모두가 도덕적 정당 근거가 없는 우연적인 것인 까닭에 그것들을 공동의 자산으로 간주하고 중립화하는 데서 정의에 대한 생각이 시작된다는 점이다(황경식, 2023). 공리주의는 개개인의 효용·후생·행복·복지로 표현되는 주관적 만족의 사회적 집합을 최대로 한다는 점에서 결과주의적 윤리관으로, 효용이나 행복의 최대화만을 고려하고, 개인 간 분배의 평등이나 불평등은 고려되지 않으며, 전체 집합의 일원적 평가 주체가 상정되고 개개인 입장에서의 사회 선택 과정이 무시되는 점 등이 비판의 대상이 되었다(塩野谷, 2002).[14]

롤스도 마찬가지로 이러한 공리주의의 문제점을 비판하고 자신이 태어나면서 가진 제 조건을 일절 알지 못하는 상태에서 사람들이 어떤 사회질서를 선택할 것인가라는 문제, 즉 질서 있는 사회를 구축하는 것이 가장 중요한 과제라는 관점에서 사회 정의 원리를 구축하였다. 공리주의를 단순히 비판하는 것이 아니라 설명 가능한 논리적 절차를 통하여 대체적 이론을 제기하고 있는 것이다.

정의 원리에 의하면 격차가 있더라도 사회 구성원 전원이 합의할 수 있는 조건만 있다면 그러한 사회는 공정하다고 할 수 있다. 롤스는 이른바 차등 원칙으로 재능 있는 사람에게 불이익을 주지 않으면서 선천적인 지능과 소질의 불공정한 분배를 바로잡는 것을 택했다. 불평등한 사회를 전제로 하여 뒤에 바로잡는 방법을 생각하지 않고 최초부터 불평등이 존재하지 않는 사회야말로 롤스가 추구하고자 하는 정의인 것이다. 획일화된 평등을 능력주의 시장 경제사회의 유일한 대안으로 보지 않는다는 롤스의 이론은 마치 평등주의가 공동선인 것으로 정치적으로 선전하여 인기 영합하고 실질적 평등으로서 공정을 왜소화시키는 정치계의 무지함을 일깨워 준다.

롤스에 의하면 사회는 공정한 협동시스템이며 그렇게 되기 위해서는 사회의 기초적 제도가 정의 원리에 의해 조직되어야 한다. 롤스는 정의론의 원리를 도출하기 위한 독창적 방법으로 원초 상태(original position)라는 추상적 개념을 도입하였다. 무지의 베일(veil of ignorance)에 싸여 있는 상태에서 사회적 기본재를 둘러싼 사회계약이 이루어지는 곳이 바로 원초 상태이다. 다시 말해, 원초 상태란 인간이 사회생활에 들어가기 전에 개개인의 권리·의무의 총체를 정하는 정의의 원리가 합의되는 공정한 공간으로 롤스는 자유·평등한 도덕적 인격이 사는 질서 있는 사회에 맞는 정의 원리의 도출을 위한 조건을 원초 상태라는 개념 속에 논리적으로 설정한 것이다. 사람들은 무지의 베일로 가려져 있으므로 자신이 태어나면서 가진 재능, 성격, 운, 재산, 신조 등의 조건에 관해 전혀 알지 못하며, 또 사람들은 서로 가진 조건에 관해서도 전혀 알지 못하고 관심도 가지지 않는다. 즉, 원초 상태에 있는 경우 누구든지 자신이 태어나면서 가지게 되는 조건을 전혀 알지 못하므로 정의에 대해 합의하게 될 계약 당사자가 갖추어야 할 공정한 자격 요건이 되는 것이다.

롤스는 이 원초 상태에서 사람들은 자신이 가장 불리한 조건에서 태어날 가능성을 생각하고 사회질서를 선택한다고 생각했다. 그 때문에 사람들은 정의 원리를 합의할 것이라는 그의 논리는 정의론에서 가장 중요한 지점이다. 개인이 자유롭게 행복을 추구하는 것이 가능하고 아울러 자유와 개인의 평등을 최대한 양립시키는 사회의 구상이다.

롤스에 의하면 여러 선택지가 있는 가운데 사회계약의 결과로서 정의의 두 원리가 합의된다. 무지의 베일에 의해 제약된 합리적 선택은 사리사욕이 작용할 여지가 없고 특정의 이해를 대변하는 것도 아니며 특정 집단을 차별하는 것도 아닌 이해가 충돌할 때 이를 조정해 줄 규제 원리가 바로 정의 원리이다. 공정의 조건에서 정의 원리가 결정된다는 의미에서 롤스 자신은 이 모델을 '공정으로서 정의'라고 이름 붙였다.

제1 원리는 '평등한 기본적 자유의 원리'로, "각 개인은 기본적 자유에 대하여 평등한 권리를 가져야 한다. 그 기본적 자유는 다른 사람들과 비슷한 자유와 양립하는 한도에서 최대한도로 광범위하게 부여하는 자유여야 한다." 그리고 제2 원리는 "사회적·경제적 불평등은 다음 두 조건을 충족하여야 한다. (a) 불평등은 공정한 기회균등의 조건하에서 전원에게 개방되어 있는 지위와 직무에 부수할 것(공정한 기회균등의 원리), (b) 불평등은 사회의 가장 불우한 사람들의 최대 편익에 이바지하는 것일 것(격차 원리)"이다.

롤스는 원칙 간에 헌법 조문들처럼 축차적인 우선 서열이 있다고 설명하는데, 제1 원리가 제2 원리에 우선하고 제2 원리의 (a)는 제2 원리의 (b)에 우선하며, 나아가서 이러한 제2 원리는 효율성이나 공리보다 우선한다고 보았다(황경식, 2023). 제1 원리의 기본적 자유는 사상·양심의 자유, 집회·결사의 자유, 투표·정치 참가의 자유 등이다. 이들 자유 중 정치적 자유는 정치 과정에 참가하는 가운데 평등한 기회를 보장하기 위하여 자유의 가치가 개개인 간에 거의 균등하게 규정된다. 즉 '참가의 평등'은 원초 상태에서 이미 합의한 사회계약이므로 정치적 참가를 제한하는 제도적 장벽은 정의에 반하는 장애물이다. 공정한 기회균등은 같은 능력과 의지를 가진 사람들은 소득, 자산, 학벌, 계급적 출신이라는 사회적 조건의 차이에도 불구하고 확률적으로 같은 사회적·경제적 성과를 획득할 수 있다는 예측이 보장된다. 그리고 격차 원리는 사회적·경제적 성과의 분배가 사람들의 자연적 능력의 부여와 관리, 유지 과정에서 일어나는 우연에 의해 결정되어서는 안 된다는 관점에 서 있다. 자본주의의 왜곡된 결과를 정책적으로 바로잡아 민주주의가 성숙하도록 하는 원리이기도 하다.

롤스의 정의론은 재일한국인의 사회적 지위를 설명하는 데에도 중요한 논거가 되고 있다. 재일한국인은 기본적인 권리에서 주류사회의 국민과 동등한 지위를 누리지 못하는 마이너리티로서 물질적 불평등은 차치하고 자존감조차도 동등한 기반을 상실하고 있다. 그리고 사회적 지위나 자연적 능력의 배분이 공동의 자산으로 인정받지 못하고 민족, 출신

등의 배경적·사회적 변수에 의해 직업이나 직책뿐만 아니라 삶의 다양한 기회에 이르기까지 차별받게 조직되어 있는 국민국가형 사회제도에 의해 재일한국인의 가치관과 생활 방식에 변용이 일어나고 있다. 사회 정의에도 우열 관계가 만들어져 있는 것이다.

2) 낸시 프레이저 '정의의 삼차원'

미국의 페미니즘 정치이론 및 비판이론의 대표적 존재인 낸시 프레이저(Nancy Fraser)는 『지구화 시대의 정의(Scales of Justice)』(2009)에서 롤스의 『정의론』의 기본 구조에 대하여 '오직 출생을 통해서만 진입하고 사망을 통해서만 벗어나는 폐쇄된 사회를 위해서 구상된 개념'으로, '모든 국경 이동 운동을 배제하면서 자급자족 사회를 설정하였으며, 그 사회 구성원들의 삶의 기회는 전적으로 그들 내부의 제도적 질서들에 의존하는 것으로 간주되었다'라고 하여 정의가 적용되는 단위가 주권국가 형태를 띤 지리적으로 제한된 정치 공동체라는 사실을 당연시한 것에 비판을 가하고, 지구화하는 세계에서 사회 정의의 당사자 문제를 다루는 보다 폭넓은 정치적 논쟁의 한 부분으로 받아들여야만 한다고 주장한다. 그리고 지구화의 도전을 배경으로 '동등한 참여'로서의 정의라는 규범적 척도를 제시하면서 재분배·인정·대표 차원에서 복합적으로 산출되고 있는 현대 사회의 부정의들을 사회이론 차원에서 분석하고 범주화하고 있다. 프레이저는 사회 정의를 사람들의 사회 참가를 좌우하는 사회제도의 문제로 보고 이 조건으로서 공정한 경제제도를 의미하는 '재분배'와 대등한 문화적 지위를 의미하는 '인정', 정치 참가 자격을 의미하는 '대표'로 이루어지는 삼차원적 정의론을 전개했다. 즉, 정의의 내용에 대한 단일한 일원론적 설명보다는 경제적 분배 차원 및 문화적 인정 차원과 더불어 정치적 대표 차원을 포함하는 다차원적인 정의론을 논증한 것이다.

먼저 '재분배'는 경제적 차원의 정의이며 자원의 공정한 분배를 의미한다. 경제적 정의는 일반적으로 평등으로 표현되는 경우가 많지만, 재분배는 불리한 상황에 처해 있는 사람들에게 그 상황을 보완하거나 극복하기 위한 자원을 분배하는 것으로 프레이저는 이 재분배도 참가의 동등성에 이바지한다고 본다. 빈곤은 단지 가난한 사람에게 있어 생활의 질이 나쁘다는 것을 의미할 뿐만 아니라 불리한 상황에 있는 사람들의 사회생활 참가를 곤란하게 하기 때문이다. 또한 사회·경제적인 격차는 더 어려운 사람과 아주 잘 사는 사람이 대등하게 상호행위를 하는 것을 방해한다. 이처럼 사회경제적 부정의는 참가의 동등성을 파괴할 위험성이 있으므로 이 부정의를 극복하는 때에 목표가 되는 개념이 '재분배'이다.

다음으로 '인정'은 문화적 차원에서의 정의를 의미한다. 사회에는 문화적 가치의 계급이 있으며 특정 문화가 열등하게 취급되거나 특정 상황에 맞지 않는다는 이유로 배제되기도 한다. 열등한 문명의 주체라고 상정되는 사람들은 사회생활에 대등하게 참가하는 것이 불가능하다. 예를 들면 식민지 지배하의 피지배자를 문화적으로 열등하다고 간주하여 특정 공간에 참가를 금지하거나 설령 참가가 인정되더라도 발언이 중요시되지 않는 것과 같다.

그러나 사회경제적 불공정에 대한 재분배 정책은 항상 사회적 집단을 탈차이화하는 것이며, 문화·가치적 불공정을 인정하는 치료책은 사회집단의 차이를 촉진한다. 즉 차이를 요구하는 인정과 불균형 배분의 시정을 목표로 하는 재분배 정책은 그 방향을 달리하는 것으로 양자를 동시에 추구할 수 있는지는 의문이지만, 오늘날의 정의는 재분배와 인정의 한쪽만이 아니라 양쪽 모두를 필요로 한다는 것을 논증하기 위해 2차원적 스펙트럼을 구상하였다.

또 '대표'는 정치적 차원에서의 정의를 의미한다. 이 정의는 사회적 귀속의 범위와 그 범위를 규정하는 절차와 관련되어 있다. 대표에 관한 부정의는 일부 사람들이 부당한 정치적 의사결정으로부터 배제되는 것이다. 이 대표에 관한 부정의는 오랜 기간 정의의 대상 범위가 되어 온 국민국가의 내부와 외부 양쪽에서 일어날 수 있다. 즉 국민국가 내부의 사회제도가 마이너리티의 목소리를 배제하는 경우와 글로벌 자본과 같은 월경하는 권력이 민주적 통제를 벗어나는 경우가 생긴다. 특히 전자는 사회적 마이너리티의 재분배, 인정을 위한 제도화된 수단이 빈약하므로 보다 심각한 부정의를 가져오게 된다. 이 때문에 프레이저는 대표를 정의의 내용에 관하여 요구하거나 이의 신청을 제기할 권리, 바꾸어 말하면 권리를 가질 권리로서 가장 근본적인 메타 차원의 정의문제로 위치시키고 있다. 재분배와 인정은 무엇이 정의인가라는 정의의 내용을 구성하는 요소이며, 대표는 정의의 내용임과 동시에 누가 어떻게 정의의 내용에 관하여 정하는 것인가에 관련한 문제로서 정리한 것이다.

프레이저는 참가의 평등을 중시하는 입장에서 경제 영역과 문화 영역을 별개의 사회 영역으로 실체화하는 이원론의 입장에 서지 않고 방법론적 이원론의 입장(퍼스펙티브 이원론)을 채용한다. 이 입장에 서면 빈곤이나 착취를 배제하고 물질적인 자원을 재분배하는 경제적인 기준과 모든 참가자에게 '평등한 존중'을 제도적으로 담보하는 문화적 기준을 설정하여 양자의 기준이 충족됨으로써 '참가의 평등'이 공정한 사회관계의 형성으로 이어지게 된다.

다만 프레이저는 지금까지의 정치가 정의의 미치는 범위를 시민권이나 국적을 공유하는 구성원 집단과 동일시하는 베스트팔렌적 영토국가 내의 '공론'으로 한 것에 문제를 제기하고 있다. 모든 국가에는 비시민들이 거주하며, 대부분의 국가들은 다문화적이고 다민족적이므로 베스트 팔렌적 공론은 정치적으로 동등한 사람들이라는 공동의 지위를 가지는 시민들이 아닌 사람들의 참정권, 지위, 발언권에서 동등한 자격을 가지지 못한다. 따라서 공론은 정치적 시민권과는 무관하게 관련된 협치 구조에 공동으로 종속된 모든 사람이 동등한 자격으로 참여하는 의사소통 과정을 통해서 산출된 것인 경우에만 정당할 수 있다는 것이다. 동등한 참여는 참가자에게 있어 재분배 및 인정이 정의의 대상이 될지 안 될지를 규정한다는 의미에서 정의를 실현하기 위하여 결정적으로 중요한 수단임을 알 수 있다. 그래서 프레이저는 정치 참가로부터 배제됨으로써 부정의에 대한 이의 신청의 기회를 뺏겨 버린다는 것을 문제시하고 있다. 후술하지만 가와사키시의 '외국인시민대표자회의'는 혁신적인 정책이지만 이 회의에서 공론을 창출하더라도 구속력 있는 법률로 이어지지 못한다는 점에서 외국인은 시민사회의 '약한 공중'일 수밖에 없으며 토의가 주권적 결정으로 귀결되는 '강한 공중'의 헤게모니에 의해 구조적 저위가 되어 버리는 문제점이 있다.

프레이저는 우리 시대의 정의론이 재분배와 인정뿐 아니라 대표의 문제도 포괄해야 하며 틀에 관한 문제를 정의에 관한 문제로 파악해야 한다고 주장한다. 특정 집단의 사람들을 정의와 관련된 동료 주체로 만드는 것은 공유된 시민권이나 국적이 아니며 협치 구조에 종속된 모든 사람은 정의의 주체로서 도덕적 지위를 가지기 때문이다. 그녀의 논리는 주류사회의 제도에 의해 교육이나 생활보호의 대상에서 불이익을 받고 마이너리티로서 고유의 언어와 전통문화 또한 시민권을 얻지 못하고 주류사회의 헤게모니에 의해 변용 내지는 상실되고 있으며, 재분배와 인정을 요구할 수 있는 동등한 참가의 기회조차 보장되지 않은 재일한국인의 정의 문제를 고발하는 논거가 되고 있다.

3) 정의 간의 우열 관계

2016년 6월 가와사키시 사회복지법인이 재일한국인의 배척을 호소하는 증오표현(hate speech) 데모를 주최하는 남성의 데모 금지를 청구한 가처분에서 요코하마지방재판소 가와사키지부는 신청 법인의 사무소로부터 반경 500미터 이내의 데모를 금지하는 결정을 내렸다.[15] 일본의 우익 단체가 앞장서 재일한국인을 대상으로 이루어지고 있는 증오표현은 국제사회의 문제로까지 발전하여 2016년에는 증오범죄를 방지하기 위한 대책법까지 성립되기에 이르렀다.[16]

한편에서는 재일한국인이 대다수인 특별영주자의 특권을 폐지하자는 주장과 이를 현실화하기 위한 법률을 제안하는 단체도 있다. 대표적으로는 정부 관료 출신이 고문으로 참여하는 '의원입법연구소'가 작성한 '외국인에 대한 은혜적 조치 폐지 등에 관한 법률'이다.[17] 롤스의 정의 원리에 의하면 각 개인은 기본적 자유에 대하여 평등한 권리를 가져야 한다. 그 기본적 자유는 다른 사람들과 비슷한 자유와 양립하는 한도에서 최대한도로 광범위하게 부여하는 자유여야 한다. 개별의 인생 계획을 추구하고자 기대하는 사람들에게 대등하게 정치적 의사결정에 영향력을 행사하는 자유 등을 포함한 기본적 자유가 평등하게 보장되는 것을 원초 상태에서 사회 규칙으로 선택할 것이라고 보기 때문이다(정의 제1 원리로서 평등한 기본적 자유의 원리).

그러나 재일한국인을 포함한 외국인은 적법하게 일본에 거주하면서도 일본 이외의 국적 또는 출신인 것을 이유로 차별되어 '일본 지역사회 내의 생활 기반'인 주거에서 평온하게 생활하고 인격을 형성하면서 자유롭게 활동하며 명예, 신용을 획득하고 유지하기에 필요한 기초가 균열되어 기본적 자유의 주체가 되지 못하고 있다. 즉 하나의 사회에 크기가 다른 사회 정의가 공존하면서 언론의 자유, 결사의 자유 등의 기본적 자유가 주류사회로부터 억압받는 것이다.

1990년대에 접어들면서 외국인 지방참정권 및 공무담임권 등 지역에서의 정치 참가·사회 참가를 요구하는 운동이 활발하게 이루어지고 지방참정권 획득 운동은 영주 외국인에게 지자체장 등 선거권 및 피선거권 등을 부여하기 위한 법률안이 국회에 제출되는 성과로 이어졌지만 미완의 과제로 남아 있다.[18]

외국인의 공무담임권을 둘러싼 쟁점은 공무원에 취임할 권리, 즉 공직에 취임할 권리가 외국인(국적법 제11조에서 말하는 일본 국민이 아닌 자)에게 보장되는지 여부였다. 이는 지방공공단체에 따라 대응이 달랐던 공무원 채용 시험의 국적 조항에서 비롯되었으며, 최근에는 관리직 시험의 응시요건에서 정하는 국적 조항의 헌법 위배 문제로까지 논의가 발전되고 있다. 1953년 내각 법제국이 '공권력의 행사 또는 국가의사 형성에의 참여'에 종사하는 공무원이 되기 위해서는 일본 국적이 필요하다고 한 이른바 '당연한 법리'와 관련이 크다(1973년에는 구 자치성도 지방공무원에게도 '당연한 법리'가 적용된다고 해석했다).

이 중에서도 특히 공무담임권을 참정권의 일부(광의의 참정권)라고 보는 일부 논자는 국민주권의 '국민' 개념을 전환하여 '외국인'을 '일반 외국인', '난민', '정주 외국인'으로 엄밀하게 구분할 것을 제안한다. 또 지방선거권 관련 사건에서 법률로 외국인에게 지방참정권을 부여하는 것은 헌법이 금지하고 있지 않다고 한 1995년 2월 28일 최고재판소 판결의 방론에 영향을 받아 지방정부 차원에서는 공무담임권(관리직 취임도 포함)이 외국인에게도 보장된다는 견해도 존재한다. 아울러 공직 취임권을 직업선택의 자유 문제로 보는 견해도 있다(高乗, 2013). 그러나 이들 논의는 위르겐 하버마스(Jurgen Habermas)가 『공론장의 구조변동』에서 근대 영토국가 내라는 국민국가를 전제로 토의 민주주의를 보다 발전시켜 보고자 한 것처럼 주류사회의 헤게모니는 그 자체로 당연시하고 있다는 한계를 지적할 수 있다.

프레이저의 '재분배'는 어느 국가 내부에서 생기는 마이너리티의 차별에도 들어맞는다. 예를 들면 1970년대 아동수당에 국적 조항이 있어 외국인은 수급 대상이 되지 않는 때에 외국 국적자도 수급을 요구하는 운동이 일부 지역에서 일어났다. 이는 재분배를 요구하는 운동인 동시에 재분배의 정의와 그 범위를 결정하는 규칙을 고치려는 운동이라는 의미에서 대표라는 정치적 차원의 정의에 관련되는 것이었다(高谷, 2022). 아울러 생활보호법의 적용 대상이 국민에 한정되어 있는 것도 '재분배'와 상관관계가 크다. 최고재판소는 생활보호법이 그 적용 대상을 일본 국적을 가진 자로 한정하고 있고, 외국인에 대한 생활보호 급부 및 반환은 행정조치('생활이 곤란한 외국인에 대한 생활보호의 조치에 관하여', 1954년 후생성 사회국장 통지)에 의해 이루어지고 있으므로 외국인의 생활보호와 관련한 보호비 반환 결정이 법률상 권리 의무를 형성하거나 그 범위를 형성하는 것을 인정한 것이 아닌 점을 들어 외국인이 생활보호법상의 국민에 해당되지 않는다는 것을 확인하고 있다.[19]

4) 일본형 공민권 운동

공민권 운동은 1950~1960년대에 미국에서 일어난 운동으로, 인종 통합 등 평등주의를 요구한 운동이다. 공민권 운동의 귀결로 1964년에 공민권법(Civil Rights Act)이 제정되었으며, 공공서비스에서의 차별 금지와 학교 간 인종 통합 정책 등 평등주의가 중시되었다. 교육에 한정해 보면 모든 국민에게 교육의 기회가 열려 있고 평등한 조건이 주어졌다고 하더라도 발달에 영향을 미치는 사회적·경제적·문화적 환경의 핸디캡을 보상해 주지 않으면 기회균등은 달성되지 않는다. 미국에서는 교육 결과의 평등과 관련하여 '빈곤과의 전쟁(War on Poverty)'이 국가적 과제가 되었으며, 경제기회법(Economic Opportunity Act)이 계기가 되어 경제적·문화적으로 충분한 혜택을 받지 못하는 아동을 대상으로 헤드 스타트 프로젝트가 시작되었다(김상규, 2017b).

공민권 운동 및 공민권법의 제정은 교육 분야의 실질적 평등 정책에 크게 이바지했다. 공민권법 제정 이듬해에 초중등교육법(Elementary and Secondary Education Act)이 제정되어 헌법의 규정에 의거 교육에 관한 개입을 절제하던 연방정부가 저소득층 가정의 자녀교육을 위해 지방에 재정을 원조하는 법적 근거가 생겼다. 초중등교육법의 제정 과정에서는 연방정부의 관여가 확대되면 각 주의 권한과 지방자치가 약화할 것이라는 비판이 있었다. 1961년 케네디 정권에서 법안이 제출되었을 당시에는 하원 표결에서 찬성 170표, 반대 242표였는데 공화당 의원은 찬성 6표, 반대 160표로 절대다수가 반대하였고 의석수 295석으로 하원의 다수를 차지하였던 민주당 의원도 찬성 164표, 반대 82표로 상대적으로 반대표가 많았다. 그러나 공민권법의 영향으로 1965년 법안 표결 시에는 찬성 263표, 반대 153표로 역사적인 초중등교육법이 성립하게 된 것이다(김상규, 2017b).

일본형 공민권 운동의 경과

일본에서 재일한국인을 비롯한 민족적 마이너리티 인권 운동은 미국의 공민권 운동보다 20년 정도 늦은 1970년대부터 시작되었다. 운동의 성과는 크게 국민연금법의 국적 조항 폐지, 지문 날인 폐지, 공무담임권 확대 세 가지로 정리할 수 있다. 첫째, 해방 후 일시적으로 일본 국적을 가졌던 재일한국인은 1952년 강화조약의 발효로 국적을 상실하였다. 1959년에 제정된 국민연금법은 일본 국적의 보유를 가입 요건으로 하였으므로 외국인은 가입 대상에서 제외되었다. 이후 일본 정부가 '난민의 지위에 관한 협약'을 비준하여[20] 1982년부터 국민연금법의 국적 조항이 철폐되어 재일한국인을 포함한 외국인 중 일부를 제외하고 여러 가지의 연금을 받을 권리가 인정되었다(永野, 2010).

둘째, 일본 정부는 1952년 이후 외국인 등록법에 의거하여 14세 이상(후에 16세 이상) 외국인에게 지문 날인을 의무화하였다. 1980년대에 접어들면서는 전국적으로 재일외국인의 지문 날인 거부 운동이 큰 파문을 일으켰는데, 이 운동의 단서는 도쿄 신주쿠구청에서 날인을 거부한 재일한국인이었다. 이 운동은 전국적으로 확대되었으며, 재일한국인에 한정되지 않고 다양한 외국 국적자들이 참여함으로써 큰 성과를 거두어 1992년에 특별영주자의 지문 날인이 폐지되고, 1999년에는 외국 국적자의 지문 날인이 전부 폐지되었다(寺島, 1995).

셋째, 국적 조항의 벽이 장애가 되었던 공직에 취임하게 된 것도 공민권 운동의 결과이다. 1970년대 후반부터 활발하게 이루어진 재일한국인의 공민권 운동의 영향으로 1977년에 변호사(사법연수생), 1982년에 국립대학 교수, 1986년에 간호사·보건사·조산사의 국적 조항이 폐지되었다. 1953년의 내각 법제국 견해에 의해 국가공무원이 되는 길은 막혀 있으나, 1979년 오사카부 야오시가 일반사무직의 채용 시험에서 국적 조항을 폐지한 것이 계기가 되어 전국의 많은 지자체가 뒤를 이었다. 1996년에는 가와사키시가 정령지정도시 중 최초로 일반사무직의 국적 조항을 폐지하였다.

지방공무원에 해당하는 교원의 경우 1981년은 교원 채용 시험에서 국적 조항 문제가 주목을 받은 해로 같은 해에 시가현, 도쿄도에서 일본 국적이 아닌 재일동포가 교원으로 채용된 것이 신문에 보도되고, 7월에는 전국의 13개 현이 교원 채용 시험 요강에서 외국 국적자를 배제하는 조항을 명기하였지만 1982년 5월 아이치현 및 나고야시에서 교원 채용 시험의 국적 조항을 삭제하였다. 한편 문부성이 도도부현·정령지정도시 교육위원회 인사담당과장 회의를 열어 교원 채용 시험에서 외국 국적자를 제외하도록 지도했다는 것이 보도되어 많은 비판과 항의가 있었다(佐野, 1982)

한편 1982년 8월에는 '국립 또는 공립대학에서의 외국인 교원의 임용 등에 관한 특별조치법'이 성립되었다. 고등학교까지의 교원은 외국 국적자를 배제하고 고등교육기관인 대학에서는 외국 국적자를 허용한 것이다. '고교까지의 교육은 학문 연구를 주로 하는 대학교육과는 달리 국민 형성 교육이므로 국가주의적인 성격을 부인할 수 없다. 따라서 이러한 교육을 외인 용병부대에 맡길 수 없다. 국익 보호라는 원칙에서 어디까지나 일본인이 해야 할 일이다'라는 정부 관계자의 감상적 논리가 지금까지도 지배하고 있어 보통교육을 담당하는 교원의 임용은 허용하되 학교 조직 내에서의 역할 등을 제약하는 '제도권 내 차별'이 지금까지 이어지고 있다.

지역발 공민권 운동의 성과

공민권 운동의 문맥에 착목하는 경우 오사카는 이 운동의 선도적 지자체로 평가할 수 있다. 오사카부는 재일한국인의 밀집 지역인 동시에 부락 해방 운동[21]과 동화 인권 교육[22]이 활발한 지역이었다는 점에서 공민권 운동의 용광로와 같은 곳이다. 교육 현장에서는 1960년대부터 피차별 부락 아동들에 대한 진로 보장 및 차별 반대를 슬로건으로 한 실천이 활성화되고, 오사카시 나시나리구에는 자주적인 민족학급이 만들어졌다. 1970년대에는 오사카시 니시나리구의 사립보육원이 공립으로 전환되면서 해고된 중국인 여성 직원이 직장 복귀를 요구하며 제기한 소송에서 승소하여 1973년에 전국 최초로 외국 국적 공무원으로 채용된 사례가 있다.

그리고 가나가와현에 속하는 가와사키시는 외국인 정책에서 선구자적인 역할을 하는 지자체로 재일한국인의 인권 보호에서 중요한 역할을 하고 있다. 특히 일본의 사법 체계에서 '민족'을 인정한 잘 알려진 두 건의 사건인 1974년의 히타치제작소 채용 취소[23]와 2016년의 일본 우익단체의 증오 데모 금지 가처분[24]은 이 지역과 관련이 있다. 1945년 10월 사쿠라모토에 소재한 재일한국인 개인 주택에서 국어강습소인 광명학원이 세워져 민족교육의 불씨를 지폈으며(金兒恩, 2022), 이를 계기로 여러 곳에 생긴 국어강습소는 민족교육의 체계 확립에 기여하였다.

가와사키시는 전국혁신시장회 회장을 역임한 이토 사부로[伊藤三郞] 시장이 부임하면서 외국인 시민의 조직체의 '공민권 운동'에 적극적으로 응답하는 태세가 마련되었다. 1972년 이후 국가보다 앞서 국민건강보험, 주민등록, 시영주택, 취학 안내, 생활보호자 장학금 지급 등에서 국적 조항을 철폐하여 사회권을 보장하고, 1985년에는 기관위임사무인 지문 날인을 거부한 외국인 시민을 고발하지 않기로 하는 등 독자적인 시책을 추진하였다. 1986년에는 교육에서 적극적 평등 시책을 지향하는 '재일외국인 교육방침'을 책정하였으며, 1988년에는 지역의 반대를 무릅쓰고 일본인과 외국인의 교류를 통하여 상호 이해를 높이고자 가와사키 남부의 공업지대인 오힌지구[おおひん地區]에 '교류센터[川崎市ふれあい館]'를 건설하였다.

이어서 부임한 다카하시 기요시[高橋淸] 시장은 전임 시장의 정책을 기본적으로 계승하여 새로 유입된 외국인 모두를 포함하는 '외국인 시민 정책'의 책정을 목표로 24개의 과제를 정리하였다. 그중 지방공무원의 채용에서 소방사를 제외한 전 직종에서 국적 조항을 1996년에 철폐하였다. 다만 채용된 외국인 직원은 '공권력의 행사' 및 '공공의 의사 형성'에 관계되는 직무는 수행할 수 없다(駒井, 2006). 또 하나의 중요한 시책으로 '외국인 주민 스스로에게 관련된 제반 문제를 조사 심의하는 기회를 보장함으로써 외국인 시민의 시정 참가를 추진'하기 위해 외국인 의회로서 성격을 가진 '외국인시민대표자회의' 설치 조례를 1996년에 제정하였다.[25] '외국인대표자회의'는 외국인만으로 구성하며, 회의에서 보고 또는 신청이 있는 경우에 시장은 이를 존중하도록 조례에서 정하고 있다.

교토시는 외국인학교, 공립학교에 재학하는 외국인 학생, 일본인 학생 등의 다문화 공생 교육에 선구적인 정책을 실시한 지자체로 1981년에 교토시교육위원회 안에 '외국인교육연구추진위원회'가 만들어졌으며 '외국인 교육 기본방침(시안)'이 책정되었다. 이 시안이 만들어진 계기는 1970년대부터 계속된 교토한국학원의 이전 반대를 민족 차별로 인식하고 차별을 없애기 위해 노력한 시민운동의 결과로, '교토 재일한국·조선인 학생 교육을 생각하는 모임'이 만들어져 교육위원회와 장기간 교섭한 성과였다.

이 시안에서는 "다수의 자녀가 부득이 일본의 공립학교에 재적하고 있는 현실을 생각할 때에 공립학교가 외국인 학생에게 무엇을 할 것인가"를 전제하고 각 학교에서의 구체적인 방안으로서 '외국인 교육의 목적'을 "재일한국·조선인에 대한 민족 차별을 없게 하는 것을 지향하는 교육"으로 정의하고 ① 외국인 학생의 민족적 자각의 기초를 배양한다. ② 일본인 학생의 민족적 편견을 제거하여 국제협조 정신을 기른다는 두 가지를 목표로 제시하였다. 그리고 재일한국인이 두 개의 이름을 가지는 것은 민족 차별의 결과이므로 본명을 이름으로 하는 것을 각 학교 차원에서 추진하도록 권장하였다.

각 학교에서는 이 시안을 근거로 하여 외국인 교육 조직(계)이 만들어지고 교원연수는 물론 학교별로 외국인 교육연구회가 조직되었다. 그리고 교직원을 중심으로 교토시 전역의 연수회와 실태 조사, 학교 및 학급 간의 교류도 활성화되었으며, 1982년에는 재일한국인이 최초로 보건교사로 채용되는 등 사회적 지위 향상에도 영향을 주었다. 1992년 3월에는 교토시교육위원회가 이 시안에 의하여 추진한 성과를 토대로 '교토시립학교 외국인 교육방침, 주로 재일한국·조선인에 대한 민족 차별을 없애는 교육의 추진에 관하여'(이하 "외국인 교육방침")를 발표하였다.

지자체 차원의 선구적 외국인 교육 정책으로 평가받고 있는 외국인 교육방침 전문(前文)에서는 "국제화가 진행하는 가운데 일본인 학생은 물론 모든 학생에게 자기와 관련되는 민족 및 국가에 대하여 자각과 자부심을 높여 국제적인 넓은 시야를 가지고 다른 민족이나 국가의 주체성과 존엄에 대한 깊은 인식으로 국제협조의 정신을 기르는 교육은 매우 중요하다. 그러나 일본 사회에서는 변함없이 근린 아시아 국가 등의 출신자들을 경시하거나 기피하는 등의 의식이 존재하고 있다. 특히 재일한국·조선인에 대하여는 일본의 식민지 정책 등의 역사적·사회적 배경에서 민족적 편견 및 차별이 뿌리 깊게 존재하며, 그 해소를 위한 노력은 본 시의 교육에서 중요한 과제이다"라고 적고 있다.

교토시는 외국인 교육 정책의 목표를 "① 모든 학생이 민족 및 국적의 다름을 인정하여 상호 주체성을 존중하고 같이 살아가는 국제협조의 정신을 기른다. ② 일본인 학생의 민족적 편견을 불식한다. ③ 재일한국·조선인 학생의 학력 향상을 기하여 진로 전망을 높여 민족적 자각의 기초를 배양한다"로 정하였다. 즉 양방향적 민족교육을 중시한 것이다.

교토시의 외국인 교육 정책 방향은 일본 정부가 그간 추진해 온 외국인 동화 정책과는 많은 차이가 있다. 한마디로 말하면 일본인과 외국인의 아이덴티티(주체성)를 서로 존중하는 공생 사회를 만들어 가기 위한 인본주의적 사상이 내면에 깔려 있다고 평가할 수 있다. 외국인 교육방침에는 일본과 아시아 각국 간의 근현대사에 대한 바른 이해, 일본의 식민지 정책 등의 역사적 사실에 관한 학습 등 일본의 역사적 과오에 대한 내용도 담고 있다.

교토시의 사례는 타 지자체가 외국인의 인권과 소수자를 존중하는 정책을 만드는 데 모범이 되었는데, 1986년 3월, 가와사키시가 재일한국인 차별 극복을 목적으로 국제 이해와 인권 존중 교육 추진을 위하여 제정한 '재일외국인 교육 기본방침: 주로 재일한국·조선인 교육'을 들 수 있다. 이 기본방침은 1982년 7월 민간 운동단체인 '가와사키 재일한국·조선인 교육을 촉진하는 모임'이 요망을 해 옴에 따라 4년간에 걸친 협의와 절충의 결과였다.

일본은 한일병합, 토지조사사업, 3·1 독립운동, 관동대지진 조선인 학살, 황국신민의 서사, 강제 연행, 창씨개명 등에서 한국과 매우 다른 역사 인식을 하고 있다. 이런 가운에 재일한국인이 많이 거주하는 자자체를 중심으로 인권 존중과 국가 간의 이해를 높이기 위하여 외국인 교육을 적극적으로 추진하고자 하는 노력은 높이 평가하여야 한다. 위 외국인 교육 기본방침에서는 "국적·민족 등에 관계없이 모든 아동의 학습권을 보장"하고, "교육에서 내외인의 평등, 인간 평등의 원칙의 철저"를 기하고, "소수자의 문화 존중, 외국인 시민의 적극적인 사회 참가 지원, 동화 및 배제의식에서 탈각" 등을 이념으로 담고 있다. 그리고 다문화 공생 사회 실현을 위하여 교육행정, 학생, 시민의 자세를 선언하고 있다는 것이 중요한 대목이다.

지자체가 독자적으로 외국인 정책을 추진할 수 있었던 것은 국가가 지방의 자율성과 고유성을 인정하는 일본이기 때문에 가능하였다. 만약 우리나라에서 지자체가 이와 같은 선진적인 태도를 보인다면 국가가 침묵하고 있을지가 무척 궁금하게 생각하도록 하는 대목이다.

미완의 과제

전술한 프레이저의 재분배, 인정, 대표 중 재분배와 인정의 관계성에 관해서는 여러 가지 논의가 이어지고 있다. 오사카 등지에서 민족적 마이너리티를 대상으로 하는 실천을 이 세 개의 개념을 토대로 정리하면, 민족교육에서의 모국어·모국 문화의 보장은 '인정' 차원의 정의를 목표로 하는 실천이라는 점은 이해하기 쉽다. 또한 참정권을 둘러싼 운동은 대표 차원의 정의를 요구하는 운동이다. 그렇다고는 하지만 이들 정의는 어디까지나 이념형이므로 실천 수준에서는 복수 차원에 관련되어 있는 경우가 적지 않다. 예를 들면 외국인을 받아들이는 범위를 규정하거나 학력·진로 보장을 목표로 하는 실천은 사회적 지위 달성에 통한 경제적 불평등의 극복을 지향한다는 점에서 재분배의 측면이 있는 한편 시민으로서 필요한 지식을 몸에 익히는 기회의 보장을 통하여 민주주의 사회의 참가를 보장하는 '대표'의 측면이 있다. 이 관점에서 공무담임권과 참정권은 중요한 권리이다.

가와사키시가 선도하여 도입한 '외국인시민대표자회의'와 같은 대안적 공론장도 외국인의 지위 향상 등 공민권 보호에서 중요하다. 다만 이러한 시도가 재분배, 인정, 대표라는 세 가지 차원을 포괄하기 위해서는 베스트팔렌적 국민국가 틀 안의 하버마스적 공론장을 해체하여 공론장에서는 제한된 구성원뿐 아니라 모든 공중이 정치공동체의 동료 구성원으로 간주되는 공론장의 규범화가 필요하다(Fraser, 2009).

재일한국인을 포함한 외국인의 공무담임권, 참정권 요구 등 정치 참가와 생활보호, 교육을 받을 권리 등 생존권의 문제를 둘러싸고 요구하는 운동과 과거 민족교육의 자주성 확보 투쟁, 외국인학교 제도 반대, 대학 수험 자격의 선택적 배제에 대한 투쟁 등 정부를 대상으로 인간으로서 권리를 요구하는 운동을 총괄하여 '일본형 공민권 운동'이라고 부를 수 있다. 이 운동은 영토에 기초한 국민국가를 인권, 정의의 틀로 설정하고 그 틀 밖에 있는 외국인에게 차별 정책을 고수하는 중앙정부에 대항하여 민족단체, 일본의 인권단체, 선진 지자체장, 국제기구 등의 총합으로 이루어 낸 결과라는 점에서 의의가 크다.

1990년대 이후에도 외국인의 공민권 운동은 현재 진행형이다. 아직까지 미완의 과제로 남아 있는 지방참정권 및 공무담임권 등 외국인의 정치 참가·사회 참가를 요구하는 운동이 활발하다. 민단은 1994년 이래 가장 중점적인 운동으로 영주 한국인의 지방참정권 획득 운동을 전개하여 앞서 소개한 지방자치법 및 공직선거법의 특례를 규정하는 법률안이 국회에 제출되고, 지자체를 움직여 영주 외국인에게 지방참정권을 부여해야 한다는 의견서를 2008년 10월을 기준으로 1,857개 지자체의 52%인 (인구 비율 80%) 963개 지자체가 채택하도록 움직였다. 그 결과로 영주 외국인에게 주민투표를 인정하는 조례를 제정한 곳도 201개에 이르는 등 재일한국인이 지역적 공공권으로서 인정되는 데에 기여하고 있다.[26] 이러한 운동의 도달점은 외국인인 자신이 경험하고 있는 차별을 극복하고 일본 사회에서 일본인과 차별 없는 동등한 인권을 향유하는 시민으로서의 당연한 권리를 요구하는 것이다.

3. '제3의 길'의 딜레마

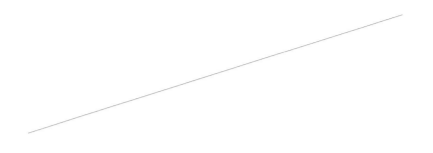

1) 다문화 공생의 페르소나

　다문화 공생이라는 용어의 사용은 1993년 1월 12일 《마이니치신문》 석간에서 최초로 사용되었다는 것이 정설이다. 그리고 행정에서 공적으로 최초로 사용한 것은 같은 해 가와사키시의 '가와사키 신시대 2010 플랜'으로 알려져 있다(山根, 2017). 일본의 경우 오랜 기간 단일민족주의적 발상을 불식하지 않아 다문화주의에 대하여 국가적인 시책이 소극적이었던 점을 고려하면 지자체의 자주적인 발상에 의하여 외국인을 '지역적 공공권'에 포함하고자 하였다는 점에서 의의가 크다.

　다문화 공생 사회란 '다문화주의' 이념을 바탕으로 조직된 사회를 의미한다. '다문화주의'의 반대 개념인 '단일민족주의'는 어느 국민국가가 단한 개의 민족만으로 구성되어 있는 것을 국가의 이상으로 한다. 한편 다문화주의란 이민 및 선주민 등으로 구성된 복수의 민족집단의 다른 문화를 존중하면서 국민문화를 창출해 나가고자 하는 이념으로 정의할 수 있다.

일본에서 전국 수준의 '다문화 공생'은 2006년 총무성이 '지역에서의 다문화 공생 추진 플랜'을 공표한 것을 계기로 각지에서 관련 정책 및 계획이 책정되면서 시작되었다.[27] 또 민간 수준의 이민 및 민족적 마이너리티를 대상으로 한 전략도 '다문화 공생'을 전면에 내세우는 경우가 많았다. 특히 2018년 '출입국 관리 및 난민인정법'의 개정을 계기로 정부 단위에서 '외국 인재의 유치·공생을 위한 관계 각료회의'가 설치되고 같은 해 12월에는 '외국 인재의 유치·공생을 위한 종합적 대응책'이 책정되었다.[28] 이는 외국인 노동자의 유치 확대를 염두에 두고 '외국 인재의 유치·공생을 위한 전략을 정부가 공동으로 강력하고 포괄적으로 추진해 간다는 관점'에서 정리한 것으로 볼 수 있다.

이처럼 '공생' 정책은 '공생'과는 모순되는 관리 정책까지도 포함하는 외국인 정책과 거의 동의어가 되어 있다. 이는 '공생'이라는 이념이 규범 개념으로서 의미가 퇴색하고 있다는 것을 시사하고 있다. 규범이란 지향하는 방향성이 명확한, 비유하자면 항해를 위한 해도와 같은 것이다. 하지만 외국인 정책과 거의 동의어가 되어 있는 '다문화 공생' 개념이나 정책에서는 무엇을 목표로 하는지가 애매하다(高谷, 2022). 본래 총무성 추진 계획의 토대가 되었던 연구회 보고에서는 '다문화 공생'을 "국적이나 민족 등이 다른 사람들이 서로 문화적 차이를 인정하고 대응한 관계를 구축하면서 지역사회의 구성원으로서 함께 살아가는 것"으로 정의하였다.[29] 이 개념에 관해서는 정의가 애매하며 구조적 차별과 역사적 부정의의 관점이 결여하고 있는 점, 주류 집단의 적합한 마이너리티상을 토대로 하고 있다는 점 등 다양한 비판이 있었다.

한편 추진 플랜이 발표되었던 당초에는 극복해야 할 과제 및 지향해야 할 방향성이 어느 정도 명확하게 제시되었다. 즉 보고서는 "외국인의 정주화가 진행되는 현재⋯ 생활자·지역 주민으로서 인식하는 시점이 일본 사회에 요구되고 있으며 외국인 주민에 대한 지원을 종합적으로 추진함과 동시에 지역사회 구성원으로서 사회 참가를 촉진하는 체제를 구축하는 것이 중요"하다는 인식을 명시하였다. 그리고 외국인을 '지역사회의 구성원'이라고 명기하고 '사회 참가'를 촉진하기 위한 전략으로서 '다문화 공생 추진'을 제시하였다.

그러나 이 시책의 전개에서 우선적으로 중시되었던 것은 일본어 커뮤니케이션이었다. 여기에 대해서 일본어로 커뮤니케이션이 되지 않는 사람들로 대상을 한정하는 것에 문제의식을 가지고 재일한국인도 다문화 공생의 한 부분으로 인정하여야 한다는 주장도 있었지만 반영되지 않았는데, 지자체로서 시책의 최우선 순위로 일본어로 커뮤니케이션이 어려운 사람들의 문제에 신속하게 제언을 대응하고자 하는 긴급성의 논리가 있었기 때문이다.[30]

2006년의 단계에서는 일본어가 어려운 사람들만을 대상으로 한다는 전략은 긴급성이라는 관점에서 의의가 있었을지는 모르지만, 마이너리티 정책이 일본어 커뮤니케이션 과제로 환원되었다는 것은 재일한국인 등이 대상에서 제외되었을 뿐만 아니라 이민자들을 중장기적으로 사회에 통합해 가기 위한 정책의 불충분함과도 연관되는 문제이다. 일본에 어느 정도 오래 살고 일본어로 일상회화에 어려움이 없는 외국인 중에서도 일과 진학, 가정생활, 노후 등 생활의 다양한 국면에서 주변화를 경험하고 있는 사례는 적지 않기 때문이다.

본래 '공생'은 '다문화 공생의 실험실'이라고 할 수 있는 간사이권을 중심으로 재일한국인의 운동 가운데서 사용된 이념이다(高谷, 2022). 이 경우에 '반차별', '인권'이라는 대치적인 하부 이념이 있으며 이들을 전제로 하여 미래를 구상하는 개념으로 '공생', '다문화 공생'이 사용되게 되었다. 따라서 '다문화 공생'은 어디까지나 '반차별', '인권'을 기반으로 하여 제시된 개념이었다. 즉 극복해야 할 현실에 대하여 반차별과 인권이라는 개념이 제시되고 그 이념을 구체화하는 실천이 전개된 것이다. 그러나 아이러니하게도 '다문화 공생'은 전국적으로 전개되는 가운데서 그 기반이 되는 이념과 분리되어 보급되었다. '다문화' 또는 '공생' 정책에서 규범적인 의미가 제거되고 외국인 정책과 거의 동의어가 된 지금의 상황은 이러한 전개의 귀결이다.

진정한 다문화 공생이 이루어지기 위해서는 주류사회의 국민이든 외국인이든 대등하게 존중하는 공정한 사회에서의 민주적 의사결정이 불가결한 요소이다. 즉, 다문화 공생은 다원적인 민주적 실천을 통하여 다양한 사람들의 대등한 지위와 이를 지원하는 공정한 제도의 확충과 확대를 통하여 실현될 수 있다. 단순히 외국인의 생활 편의를 위한 방법으로 추진하는 일본어 지원 등의 정책은 '다문화 공생'의 페르소나이기 때문이다.

2) '편의적 민족주의'의 아이러니

일부에서는 재일한국·조선인의 생활 사정을 개선하는 방안으로 '제3의 길'을 제안한다(飯沼, 1984). '제3의 길'은 일본인에 의한 재일한국·조선인 문제의 제기라는 점에서는 비판이 있지만, '재일한국·조선인이 가야 할 길은 한국 국민도 북한 국민도 일본인도 재일한국·조선인도 아닌 단일민족 국가관을 벗어나 시민권 획득을 위해 노력하는 것'을 '제3의 길'이라고 주장하는 배경에는 정치와 이념, 그리고 민족의 한계를 극복하고 인간의 본성을 회복하고자 하는 미래관이 내재하고 있다는 점에서 평가할 만하다.

재일한국인에게 있어 중요한 것은 커지고 있는 숫자의 변화이다. 2022년 12월 말 기준으로 일본에는 거주하는 외국인은 300만 명을 넘어섰으며, 외국인 중 재일한국인은 411,312명이다.

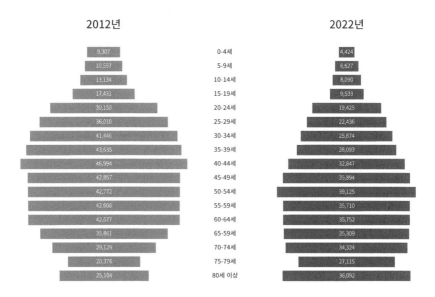

	2012년			2022년
9,307		0-4세		4,424
10,557		5-9세		6,627
13,134		10-14세		8,090
17,431		15-19세		9,533
30,150		20-24세		19,425
36,010		25-29세		22,436
41,446		30-34세		25,874
43,635		35-39세		28,093
46,994		40-44세		32,847
42,957		45-49세		35,894
42,772		50-54세		39,125
42,606		55-59세		35,710
42,677		60-64세		35,752
35,861		65-59세		35,309
29,129		70-74세		34,324
20,376		75-79세		27,115
25,104		80세 이상		36,092

〔그림 1〕 재일한국인 연령 단계별 인구 추이

재일한국인 중 특별영주자는 260,605명이지만 최근 3년 사이에 특별영주자가 48,000명이나 감소할 정도로 줄어들고 있다. 출생아 수가 줄고 고령자가 늘어나는 등 인구구조에도 큰 변화가 생기고 있다. 재일한국인 인구의 최근 10년간 추이를 나타내는 〔그림 1〕에서도 확연히 알 수 있듯이 젊은 층의 인구는 크게 줄고 고령 인구는 계속 늘어나고 있다. 재일한국인 특별영주자는 최근 10년 사이(2012~2022)에 17.6%가 줄어들었다. 연령대는 40세 미만이 38.2% 감소하였고 65세 이상 고령 인구는 20.2%가 증가하였다. 특히 학령인구에 해당하는 19세 이하는 46.7%가 감소하였다(出入國在留管理廳 在留外國人統計). 그래서인지 1940~1950년대와 같은 뜨거운 민족의 에너지를 기대하기 어려울 것이라는 우려가 든다.

인구구조 변화의 배경에는 귀화와 일본인과의 결혼 증가 등 개인의 선택 행동 외에도 국적법의 개정으로 부모 중 한 사람이 일본 국적자이면 자녀의 일본 국적 취득이 가능하게 된 것(부계혈통주의에서 부모양계주의로 변경)도 한몫하고 있다. 일본 국적을 취득하는 귀화자 수도 일정하게 유지되고 있다. 일본 국적의 취득은 마이너리티로서 차별을 회피하기 위한 적극적 선택 행동이라고 할 수 있는데 재일한국인의 일본 귀화자는 1990년대에 1만 명을 넘었다. 2000년 이후 조금 줄었다고는 하지만 2010년 6,668명, 2015년 5,247명, 2020년 4,113명으로 매년 많은 재일한국인이 일본 국적을 취득하고 있다(法務省民事局).

이처럼 특수한 정주 환경을 가진 재일한국인 사회에서 '자이니치[在日]'의 소멸론이 제기된 것은 오래전의 일이다(鄭大均, 2001). 지표상으로 보면 가까운 장래에 재일한국인의 인구는 급격히 줄어들고 결국 소멸할 것이라는 논리는 설득력이 있어 보인다. 게다가 1980년대 이후 글로벌 사회의 진전으로 각국의 다문화 인구가 증가함에 따라 다문화 공생이 사회의 새로운 어젠다로 제기되고 있는 것도 전통적 민족의식의 탈구축에 영향을 주고 있다고 생각된다. 그래서인지 돌파구로 '제3의 길'을 모색하는 고뇌는 이해할 수 있을 것 같다.

일본 제국주의의 정치적 소산으로 일본에 정주하는 재일한국인은 역사적으로 사회 정의의 사정거리 밖에 놓여 있다. 그래서 재일한국인의 역사를 '광야의 70년'이라고도 한다(김상규, 2017a). 과거에서 현재에 이르기까지 재일한국인이 처한 법적·제도적 환경이 일본 정부의 자발적인 정책 변화로 미래에는 우호적인 방향으로 바뀔 것이라는 전망도 밝지 않다. 차별은 장래에도 경로 의존적일 것이라는 우려가 재일한국인의 인식에 자리하고 있다. '단일민족주의 국가'라는 허구를 전제로 배제적 사회 구조 및 동화주의 외국인 정책에서도 명확하게 드러나고 있다.

재일한국인의 대부분은 일본에서 태어나 일본의 학교에서 교육받고 일본어를 말하며 자신도 후손도 숙명적으로 일본을 정주 환경으로 하고 있다. 그러나 오늘날까지도 실질적 의사결정 주체로서 권력을 행사하는 국민국가 안의 디아스포라로서 국적주의에 의해 법적·제도적 차별을 받고 있다. 최근 설문조사에서 재일한국인의 80% 이상이 정치적·경제적·사회적 차별을 받고 있다고 응답한 사례에서 나타나듯이 일본 정부의 외국인에 대한 차별은 예나 지금이나 크게 변하지 않는 사실인 것이다. 그러므로 '제3의 길'은 나름대로 매력적인 것처럼 보일 수 있다.

그러나 '제3의 길'을 모색한다고 하더라도 바로 루비콘강 저편이 누구나 공정하고 정의로운 사회가 된다는 것은 아니다. 사회가 합의할 수 있는 제 조건의 당사자는 특정한 영토 안의 누구나 될 수 있는 것이 아니며, 정치적 단위인 국가는 단일민족 또는 다양한 민족으로 구성되어 있지만, 문화적 특징이 시민국가주의(civic nationalism)인지 민족주의(ethnic nationalism)인지,[31] 정치적으로 소수민족 정책이 포용적인지, 국민의 문화의식이 개방적인지 등에 따라 사회 구성원의 정의에는 큰 차이가 생길 수밖에 없다. '제3의 길'이라는 추상성이 적자생존의 생존경쟁을 회피하기 위한 행동이 되는 등 자신의 이익이나 시대적 환경에 따라 신축적으로 변하는 편의적 민족주의가 될 가능성도 있다.

4. 민족의식의 양상

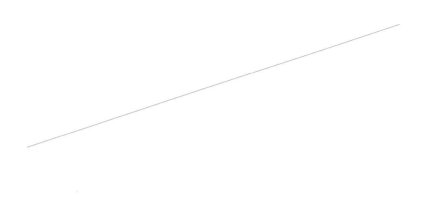

1979년에 교토대학 교육학부와 세이쿠[青丘]문고 연구실 공동으로 도요나카[豊中]시, 아마가사키[尼崎]시, 오사카[大阪]시에 거주자로 일본의 공립소중학교에 재학하는 자녀를 가진 재일한국·조선인 959가구(도요나카시 220가구, 아마가사키시 296가구, 오사카시 191가구)를 대상으로 부모의 민족교육 의식을 조사하였다(이하 "1979년 조사"). 조사 항목은 ① 자녀의 민족교육 경험, 모국어 사용 정도, 본명·통명의 사용, ② 일본의 학교에서의 민족 관련 수업, 일본의 학교에 보내는 이유, ③ 자녀의 교육관, 자녀에 대한 민족교육 의지, 자녀의 장래관, ④ 가족의 구성, 가정에서의 언어 사용, 부모의 교제 대상 등으로 구성되어 있다(洪祥進·中島智子, 1990).

그리고 10년이 지난 1989년에 교토대학 교육학부가 재일한국·조선인의 민족교육 의식을 조사하였다(이하 "1989년 조사"). 이 조사는 1979년 조사처럼 도요나카시, 아마가사키시, 오사카시 등지 거주자로 일본의 공립소중학교에 재학하는 자녀를 둔 재일한국인 부모 1,063명(79개교)을 대상으로 민족교육관은 무엇인지를 알고자 하는 것이 목적이었다(京都大學教育學部比較教育學研究室, 1990). 이 두 조사는 조사 지역이 같고 조사 항목도 큰 차이가 없으므로 10년 간격으로 재일조선·한국인의 민족교육관에 어떤 변화가 있었는지를 이해하는 데 있어 중요한 연구이다.

아울러 필자는 2020년부터 2021년에 걸쳐 도쿄와 오사카 지역에 거주하는 재일한국인 255명을 대상으로 설문조사를 실시하였다(이하 "2020년 조사").[32] 2020년 조사는 응답자 정보 외에 ① 응답자 가정의 민족문화, ② 응답자가 느끼는 일본 사회, ③ 응답자의 민족의식, ④ 응답자의 미래관, ⑤ 민족교육의 미래 등 총 35문항이다. 2020년 조사에는 1979년 조사와 1989년 조사에 이어 재일한국인의 민족의식이 시간의 흐름에 따라 어떻게 변화해 가는지를 확인하기 위해 같은 질문 항목을 포함하였다(김상규, 2021).

그러나 이전의 조사가 학부모의 자녀교육관에 관한 기대 등의 파악에 중점을 두었다면 2020년 조사는 재일한국인의 성인을 대상으로 하였다는 점에서 차이가 있다. 1989년 조사 당시 학령 아동이 30~40대의 성인이 되었으므로 비록 대상 지역과 질문 항목에 다소 다른 점이 있지만, 재일한국인의 민족적 가치관의 경로를 탐색하는 데에는 참고할 만한 가치가 있다.

1) 본명의 사용

먼저 조사 항목 중 첫 번째는 '자녀의 이름'을 본명(한국식 이름)으로 사용하는가, 통명(通名, 일본식 이름)으로 사용하는가이다. 재일한국인이 한국식 이름인 본명을 사용할 것인가, 일본식 이름인 통명을 사용할 것인가는 민족의식과 관련이 깊다. 통명의 사용에 대해서는 '자기 민족에 대한 부정적 평가', '타자에 의한 편견, 차별의 회피', '도구적·실용적 이유' 등 다양한 해석이 가능하다(平直 外, 1995).

1979년 조사에서는 자녀가 학교에서 본명을 사용하는 비율은 14.4%에 불과하고 통명을 사용하는 비율이 84.5%였다. 그러나 1989년 조사에서는 본명을 사용하는 비율은 31.7%로 증가하고 통명을 사용하는 비율은 64.6%로 1979년 조사보다 20% 가까이 낮아졌다. 한편 2020년 조사에서는 응답자 본인이 통명을 사용하는 비율은 32.8%로 약 3분의 1을 차지하고 있으며, 67.2%는 통명을 사용하지 않고 본명을 사용하고 있는 것으로 나타나 1989년 조사와 다른 경향을 보였다. 2020년 조사에서 통명을 가지지 않은 응답자의 14.2%만이 앞으로 본명 외에 통명을 사용할 계획이며 47.9%는 본명만을 사용할 계획이라고 응답하였다.

재일한국인의 본명 사용이 많아진 배경에는 1985년 오사카에서 결성된 '민족명을 회복하는 모임'에 의해 본명을 회복하는 운동이 각지에서 활발하게 진행되었으며, 그 성과로 이루어 낸 사법기관의 본명 인정 판결이 재일한국인의 본명 사용 의지에 영향을 준 것으로 이해할 수 있다. 그리고 1979년 이후 한국은 1986년 서울아시안게임과 1988년 서울올림픽, 2002년 월드컵 등 국제행사를 성공적으로 치렀으며, 당시 1인당 명목 GDP도 6,000USD(United Nations Statistics Division을 참고)를 달성하는 등 외교적, 경제적 성과를 거두었다. 또 1980년의 헌법(1980년 10월 27일)에서는 재외국민의 보호 규정을 제2조 제2항에 명문화하였다. 이러한 한국의 국력 신장과 정치체제의 변화는 재일한국인의 생활에 큰 영향을 주었을 것이다.

1989년 조사에서 재일동포의 본명 사용률은 1세 55.2%, 2세 32.0%, 3세 23.1%로 세대가 바뀌면서 점점 낮아지고 있다. 이 조사는 모두 일본의 학교에 재학하는 재일동포의 자녀를 대상으로 한 것이므로 민족학교에 다니는 재일동포 자녀의 대부분이 본명을 사용하고 있는 것과는 차이가 있을 것이다. 다만 조사 결과와 실제 학교에서 본명을 사용하는 비율 사이에 다소 차이가 있다는 점도 지적해 두고자 한다. 오사카시의 조사에서는 본명 사용자가 45.2%로 조사되어 있으나 '오사카시외국인교육연구협의회'의 조사에서는 본명 사용률이 소학교 13.2%, 중학교 23.6%로 나타나고 있다. 이러한 결과는 설문조사가 가지는 한계이기도 하지만, 조사가 가정, 학교, 사회 전반의 일상생활에서 본명을 사용하는가 통명을 사용하는가에 대한 실태를 확인하는 것이었으므로 학교에서의 실태와는 차이가 생길 수 있다.

한편, 2000년 민단이 실시한 민족의식 조사에서는 재일한국인의 약 반수가 통명을 사용하고 있으며, 본명 사용 13.4%, 본명과 통명을 같이 사용하는 응답자는 35.6%였다.[33] 민단의 조사 대상에는 주로 일본에서 태어난 특별영주자가 많이 포함된 반면 2020년 조사는 한국에서 태어나 일본 영주권을 취득한 자가 포함되어 있으므로 응답률에 차이가 있는 것으로 이해할 수 있다. 다만, 조상 대대로 이어 오는 이름을 사용하고 앞으로 사용하겠다는 응답자가 많다는 것은 매우 고무적인 현상이다. 재일한국인의 자녀가 자신이 한국인이라는 것을 숨기고 일본명(통명)을 사용하는 한 그 아동은 한국인으로서 살아갈 수 없다는 것과 같은 의미를 가진다(小澤, 1977).

2) 국적의 유지

국적은 19세기 이후, 국가의 구성원인 국민을 조직화하여 형성된 국민

국가의 산물이다. 국가는 통치하의 국민에게 지역이나 전통적 신분의 차이와 관계없이 동등한 국민으로서 지위를 부여하고 이를 제도화하였다.

2020년 조사에서는 국적과 민족의식과의 관련성을 확인하기 위해 향후 일본 국적을 취득할 계획이 있는지를 질문하였다. 응답자의 72.8%는 '일본 국적을 취득하지 않고 한국 국적을 유지할 것'이라고 응답하였으며, '일본 국적을 취득하겠다'라는 응답은 5.6%에 머물렀다. 다른 질문 항목인 "자녀에게 일본 국적을 취득하게 할 생각이 있습니까"에는 "한국 국적을 유지할 것이다" 34.3%, "취득하게 할 것이다" 27%로 한국 국적 유지 의지가 높았으나 "아직 생각해 본 적이 없다"는 유보적인 태도 또한 38.5%로 높았다.

같은 조사에서 "일본 국적을 취득할 생각이 있다면 그 이유는 무엇입니까"에 "앞으로 일본에 정주할 것이므로"가 54.39%로 과반수이지만 "일본 국적을 취득해야 사회 활동에 차별이 없으므로"도 36.9%로 높았다. 일본에 정주하는 재일한국인의 대다수는 정치적·경제적·사회적 차별을 받는다고 생각하지만, 심리적으로 느끼는 차별 또한 큰 점을 고려하면 국적의 변경(귀화)은 차별 회피 행동으로 해석할 수 있다.[34]

1993년에 재일본대한민국청년회가 실시한 재일한국인 청년의식조사(이하 "1993년 조사)에서는 '반드시(꼭) 귀화하고 싶다' 12%, '가급적이면 귀화하고 싶다' 15%, '귀화하지 않을 것이다' 15.9%, '절대 귀화하지 않을 것이다' 27.7%로 중립적인 응답을 제외하면 귀화하지 않겠다는 의견이 귀화하겠다는 의견보다 2배가량 높게 나타났으나 이번 조사에서는 귀화하지 않겠다는 의견이 더 높았다.[35]

이러한 결과는 1993년 조사와 2020년 조사 간에 25년 이상이라는 시간적 거리로 인하여 나타나는 오차도 있지만 응답자의 성별 구성, 국적이 사회 활동에 미치는 영향의 축소 등으로도 해석할 수 있다. 즉, 1993년 조사에는 남성의 응답률이 41%인 데 비하여 2020년 조사는 남성 응답자가 1993년 조사보다 20% 낮은 21.6%였다.

국적은 권리 행사의 기준이 되지만 국적이 민족의식을 가늠하는 유일한 기준이 되는 데에는 문제가 있다. 국적을 조선에서 한국으로 바꾼 재일한국인 가네시로 가즈키가 자전적 소설인 『GO』에서 "나는 어느 날부터 '재일조선인'에서 '재일한국인'으로 변했다. 하지만 나 자신은 아무것도 변하지 않았다. 변한 것이 없었다. 의미가 없었다"라고 하면서 "본래 국적이라는 것은 맨션의 임대계약서 같은 것이야. 그 맨션이 싫어지면 해약하고 나가면 되니"(金城, 2005)라고 한 것처럼 국적은 자신의 이해관계에 따라 쉽게 해약할 수 있는 계약과 같은 것일 수도 있다. 그간 재일한국인의 교육에 대한 일본 정부의 시책은 동화를 지향하는 것이었으며, 국적은 동화 정책의 수단으로서 편의적으로 사용되었다. 국적의 유지가 민족 아이덴티티를 유지하고 민족을 오래 기억하는 유일한 경계선이라고 정의하는 것도 쉽지 않다.

3) 자녀의 장래 인식

1979년 조사에서 재일동포 부모의 67.8%는 자녀가 고등교육(대학, 단기대학, 고등전문학교)까지 진학하기를 기대하고 있으며, 고등학교와 중학교는 각각 29.8%, 0.2%였다. 1989년 조사에서는 대학(단기대학 포함) 73.3%, 고등학교 17.4%, 중학교 0.2%로 대부분 부모가 자녀의 고등교육을 희망하고 있는 것으로 나타나고 있다. 일본의 고등교육 진학률이 1979년 37.4%, 1989년 36.3%인 것과 비교하면 재일동포의 자녀교육에 대한 기대 정도가 일본인에 비해 배 이상 높은 것을 알 수 있다.

자녀의 장래에 대해 1979년 조사에서는 "일본에 살아도 조선인답게 생활하고 싶다" 31.0%, "일본인과 다르지 않은 생활을 하고 싶다" 30.8%로 나타났는데, 이는 일본에 정주하는 외국인으로서 자기 정체성에 혼란이 생긴 것을 의미한다. 같은 질문 항목에서 자녀가 "귀화하더라도 어쩔 수 없다" 응답 비율이 18.2%인 것에서도 이를 추측할 수 있다.

1989년 조사에서는 선택지의 표현을 달리하여 질문하였는데, 자녀가 "한국·조선 국적을 가지고 민족의식을 잃지 않고 살기를 기대한다"가 39.8%로 가장 높았으며, 다음으로 "일본에 귀화하더라도 한국·조선인으로서의 의식을 잃지 않고 살기를 기대한다"가 24.1%로 3분의 2에 해당하는 응답자가 민족의식 유지에 적극적인 자세를 가지고 있다. 반면 "민족의식을 잃더라도 어쩔 수 없다" 14.1%, "일본 국적에 귀화하여 일본인으로서 살기를 기대한다"는 5.7%였다. 1979년 조사의 '일본에 살면서 민족을 위한 일을 하고 싶다' 9.6%, '일본에 살더라도 조선인과 같은 생활을 하고 싶다' 31.0%, '일본인과 같은 생활을 하고 싶다' 30.8%와 비교하면 재일동포의 세대교체가 진행되어도 민족의식은 쉽게 옅어지지 않는다는 것을 의미한다.

2020년 조사의 다른 설문 항목에서 응답자의 38.4%는 가정에서 주로 한국어를 사용하고 있으며, 일본어와 한국어를 반반 정도 사용하는 가정도 30.6%에 이르는 것으로 확인되었다. 이는 재일한국인 가정의 약 3분의 2가 한국어를 생활언어로 하고 있다는 것을 의미한다. 그래서인지 응답자의 76.8%는 한국어를 잘하고 보통 정도를 구사하는 비율도 15.7%이며 모국어가 안 되는 응답자는 7.5%에 그치고 있다.

2020년 조사에는 일본에 정주하는 특별영주자(올드커머) 외에 경제활동 등을 위하여 일본에 일시 거주하는 재외국민(뉴커머)이 일부 포함되어 있으므로 본 설문 결과를 일본에 계속 정주할 재일한국인의 일반적인 모국어 구사 능력으로 이해하는 데에는 한계가 있다. 특별영주자 대부분은 초등교육에서 고등교육에 이르는 학교교육을 일본의 학교에서 수학하여 한국어 능력이 매우 떨어지는 경우가 많으며, 필자가 아는 재일한국인 중에 한국어를 생활언어 수준으로 유창하게 구사하는 사람은 많지 않다.

여기에는 여러 이유가 있겠지만 재일한국인의 90% 이상이 일본의 공·사립학교에 취학하므로 취학 단계에서 한국어를 체계적으로 학습하거나 일상 언어로 사용할 기회가 많지 않은 점, 많은 사람이 언어를 자연스럽게 습득할 시기(결정적 시기 가설)를 지나 성인 단계에 접어들어 본격적으로 한국어를 배우고 있는 점 등이 언어 숙달의 장벽이 되고 있을 것으로 생각된다.

4) 민족교육의 필요성

다음은 설문조사에서 나타난 '민족교육의 필요성'에 대한 인식이다. 1979년 조사에서는 자녀에게 모국어와 민족의 역사·풍습 등의 '민족교육을 배우도록 하고 싶다'라고 응답한 사람의 비율은 30.4%였지만 '본인이 원한다면'이 과반수인 51.4%나 되었다. 어떤 곳에서 민족교육을 희망하는지에 대해서는 '강습회나 야간학교, 여름학교 등' 25.2%, '가능하면 일본의 학교 수업 중' 22.2%, '일본의 학교 안 과외수업이나 서클 활동 또는 수업 중' 21.7% 순이었으며, '민족학교에 일정 기간 취학하겠다'라고 응답한 비율은 6.5%에 불과했다. 1989년 조사는 선택지의 표현이 다소 다르고 복수 응답을 인정하였는데, '일본의 학교 안 민족학급이나 클럽이 있으면' 48.5%, '민족단체나 지역 강습회, 하계학교' 38.9%, '가정에서'

36.7% 순이었으며, '민족학교에 일정 기간 취학하겠다'라고 응답한 비율은 7.3%로 1979년 조사와 차이가 없었다.

이처럼 재일한국인은 민족교육을 희망하면서도 민족교육기관에 입학하여 교육의 전 과정에 참가하기보다는 자신들의 일상생활에서 민족교육을 접할 기회를 갖는 것을 더 희망하고 있다. 이 점은 민족교육 자체가 인지적 교육뿐만 아니라 비인지적 교육도 중시되어야 함을 시사하고 있다.

1989년 조사에서는 "자녀가 민족의 언어와 역사, 문화 등을 배우는 것에 관하여 어떻게 생각하십니까"라고 질문하였는데, '필요하다고 생각한다'라고 적극적인 자세를 가진 응답이 43.9%로 가장 많고 이어서 '본인이 원한다면'이라고 소극적인 자세는 40.0%였다. '필요하다고 생각하지 않는다'는 1.8%에 불과하고 무응답이 13.1%였다. 2020년 조사에서는 "일본에 계속 정주하는 경우에 민족의식을 가져야 한다고 생각하십니까"로 표현을 다르게 하여 질문하였는데, 응답자의 84.7%가 "민족의식을 가져야 한다"라고 응답하였으며, "일본에 살고 있으므로 민족의식은 필요하지 않다"라는 응답자는 5.2%에 불과했다.

또 2020년 조사에서는 "민족의식을 유지·발전해 가기 위해 가장 필요한 활동은 무엇이라고 생각합니까"라고 질문하였는데, "한국어를 읽고 쓸 줄 아는 것" 43.4%, "민족의 역사와 풍습, 문화를 지키도록 노력하는 것" 31.0%, "정기적으로 한국을 방문하는 것" 18.7% 순으로 응답하였다. 민족의식을 유지·발전하는 데에 있어 가장 중요한 것이 언어이며, 언어야말로 민족을 학습하는 매개체가 된다는 것을 시사하고 있다.

학교에서 다루어 주기를 바라는 민족 관련 교육 내용은 1979년 조사(복수 응답)에서 '조국의 역사' 46.1%, '민족 차별에 관하여' 41.9%, '재일동포의 역사' 34.6%, '현재 조국의 모습에 관하여' 31.8%, '조국의 통일 문제에 관하여' 26.7% 순이었다. 한편 1989년 조사에서는 '재일동포의 역사' 64.2%, '민족 차별' 56.6%, '조국의 역사' 54.2%, '민족의 언어' 52.1%, '민족문화' 41.9%, '현재 조국의 모습' 30.6%, '통일 문제' 23.4% 순으로 전회 조사와 비교하면 인식에 변화가 있었다. 1989년 조사에서 항목에 새로 추가된 '민족의 언어', '민족문화의 요구'도 높게 나타났다. '재일동포의 역사'를 민족교육에서 중시하는 태도는 정주화가 진행되고 세대교체가 되어 갈수록 재일한국인 사회가 본국과 결합된 부분적 위치를 벗어나 독립된 위치로 자리 잡아 가고 있다는 증거이기도 하다. 바꾸어 말하면 1965년에 조인한 일본국에 거주하는 대한민국 국민의 법적 지위 및 대우에 관한 일본국과 대한민국 간의 협정(이하 "재일한국인법적지위협정")의 체결로 일본 사회의 정주가 불변의 사실로 받아들여지고 재일동포의 세대도 바뀌어 가면서 과거 1세, 2세가 가졌던 조국 지향적 가치와 조국의 하위 개념이라는 인식이 4세, 5세에서는 일본 사회라는 지리 공간에 규정된 공동체로서의 고유성을 확립하고자 하는 가치로 전환되고 있음을 알 수 있다.

2020년 조사에서는 "민족교육에서 더 중시했으면 하는 교육 내용이나 교육 활동이 무엇이라고 생각합니까"(복수 응답)에서 '한국의 역사'가 36.2%로 가장 높은 응답률을 보였으며 이어서 '한국과의 교육 교류' 23.0%, '재일한국인의 역사' 16.1%, '재일한국인의 법적 지위 등 민족 차별 문제' 11.9% 순이었다.

결과적으로 재일한국인 개인 및 사회는 한국 역사 등 본국과의 연고를 민족교육에서 중시하여야 한다는 생각이 시간의 경과에도 크게 변하지 않았음을 알 수 있다. 이는 앞으로 재일한국인의 민족 아이덴티티 유지·발전에 필요한 교육의 방향이 무엇인지를 시사하는 것이기도 하다.

왜 민족학교가 아닌 일본의 학교에 다니는지에 대해 1979년 조사(복수 응답)에서는 '일본에 살고 있으므로 일본의 학교가 좋다'라는 응답이 77.6%로 월등히 높았다. 그다음으로는 '학교 졸업 자격 또는 일본 대학 진학을 위하여' 32.6%, '민족학교의 교육 내용 등에 만족하지 않는 점이 있으므로' 31.4%, '장래 취직 때문' 26.3%, '일본의 공립학교가 경제적 부담이 적다' 22.1% 순이었다. 1989년 조사(복수 응답)에서는 '일본에 살고 있으므로 일본의 학교가 좋다' 74.5%, '학교 졸업 자격 또는 일본 대학 진학을 위하여' 39.1%, '민족학교의 교육 내용 등에 만족하지 않는 점이 있으므로' 32.1%, '장래 취직 때문' 30.7%, '일본의 공립학교가 경제적 부담이 적다' 23.0%로 전회의 조사와 큰 변화가 없었다.

한편 2020년 조사는 일본의 학교에 진학하는 가장 큰 이유 한 가지를 응답하도록 하였는데, '일본에 살고 있으므로 일본의 학교가 좋다' 29.4%, '일본의 학교 졸업 자격 또는 일본 대학 진학을 위하여' 21.18%, '집에 가까운 곳에 민족학교가 없으므로' 20.0%, '일본의 학교가 경제적 부담이 적다' 15.28% 순이었다. 1979년 조사와 1989년 조사에서는 '가까운 곳에 민족학교가 없으므로'가 각각 4.4%, 7.1%였으나 2020년 조사에서는 20.0%로 크게 증가했다. 이러한 결과는 해방 후 재일한국인이 외국인이라는 이유로 각종학교로 운영하는 민족교육기관 출신자에 대하여 고등교육의 기회를 박탈해 온 정책을 2003년에 해제한 정책 변동이 일정 부분 작용한 것으로 보인다.

다만 민족교육에 대한 의식은 재일동포의 세대층, 학력 정도, 사회관계 등과 깊은 관계가 있으므로 단면적 접근보다는 다면적·중층적으로 접근하여야 한다. 재일동포 1세보다는 2세, 2세보다는 3세로 세대가 바뀔수록 민족의식이 옅어지는 것은 자연적 현상일 수 있다. 높은 학력에 비하여 차별적 경험이 많은 저학력층에서 민족교육보다는 현지(일본) 교육을 선호하는 것도 사회적 관계의 반영이다.

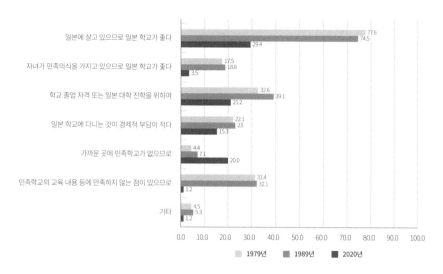

〔그림 2〕 자녀를 일본의 학교에 보내는 이유

출처: 洪祥進·中島(1990), 京都大學敎育學部比較敎育學硏究室(1990)을 참고하여 작성함

모국어를 잘하는 그룹과 모국어를 할 줄 모르는 그룹 사이에 민족교육의 필요성을 느끼는 정도에도 큰 차이가 있다. 모국어 구사 능력은 부모와 가정의 영향이 크게 작용하며 이는 민족의식의 보존 및 대물림에 영향을 미칠 수 있다. 다만 민족의식이란 가치관과 태도이므로 모국어 구사 능력과 민족의식을 동일시하는 것은 타당하지 않다.

재일한국인과 교제가 많은 그룹은 68.0%가 일본의 학교에서 재일한국인 자녀에게 민족교육을 하여야 한다고 응답하였지만, 일본인과 교제가 많은 그룹은 42.7%로 낮아지고, 조상 대대로 이어 온 본명을 사용하는 그룹이 통명을 사용하는 그룹보다 민족교육의 필요성을 더 느끼고 있다. 그러나 1979년 조사와 1989년 조사는 재일한국인이 많이 거주하고 외국인에 대한 태도가 개방적인 관서 지역을 대상으로 하였으므로 일본 전역의 일반적인 경향이라고 하는 데에는 제한적이다. 조사 대상 도시 가운데서도 재일동포가 밀집하여 한국식 이름과 한국어를 사용하는 지역에서 응답률이 높게 나타나고 있기 때문이다.

그런데 일본의 학교에 재학하는 자녀를 둔 재일동포는 민족의 언어나 민족의 문화보다도 민족 차별과 재일동포의 역사 등을 일본인과 함께 알기를 더 바라고 있다는 점에 주목할 필요가 있다. 자신과 후손들이 일본에서 살아야 하는 운명적 조건에서 일본인과의 공생은 불가피하지만, 재일동포의 올바른 역사와 민족 차별의 문제를 일본인이 바르게 이해하지 못한다면 공생하는 데에 문제가 많을 것이라는 점을 시사한다. 재일동포의 역사가 길어지면 길어질수록 재일동포의 일본 사회 공생 태도는 커갈 것이다. 따라서 민족교육도 민족이라는 범주에 한정하기보다는 다양한 민족과 문화가 공생하여 사회를 창조하는 '다민족 창조'로 가치를 전환할 필요가 있다.

5) 민족교육의 장래

일본에서 재일조선인 민족교육의 출발점은 박탈당한 민족성을 회복하는 과정으로 모국어와 모국 문화를 가르쳐 민족으로 성장한다는 공통된 목표였다. 그러나 재일동포 사회에는 학교가 냉전 구조의 이데올로기 대립이 직접 구현되는 장으로 이용되는 문제도 있었다. 특히 재일본조선인총연합회(이하 "총련")가 경영하는 조선학교는 북한의 교육을 이식하여 학교 체계를 재구축하였는데, 정치적·외교적 이유에 의해 2010년부터 시작한 고교무상화 제도에서 배제되는 등 불이익을 받고 있다.

2020년 조사에서는 재일한국인의 미래를 시야에 두고 교육을 통하여 민족이 통합·융합해 가는 방안을 탐색하고자 1979년 조사와 1989년 조사에서는 없었던 질문 항목을 포함하였다. 먼저 '민족교육이 한국학교와 조선학교로 분리되어 운영되는 것'에 대한 의견으로 "당연히 분리되어 운영되어야 한다" 49.2%, "같은 민족이므로 분리되어 운영하는 것은 타당하지 않다" 12.1%로 응답자 대부분이 분리하여 운영하는 것을 지지하고 있다. 다만 "아직 생각해 본 적이 없다"라는 응답률도 38.7%로 높은 점을 고려하면 학교 간의 통합에 부정적인 의견이 극단적으로 많다고 보기는 어렵다.

그리고 '한국학교와 조선학교 교육의 통합 운영'에는 19.4%가 찬성한 반면 29.8%가 반대하여 반대 의견이 높다. 다만 이 질문 항목에서도 "아직 생각해 본 적이 없다"라는 응답률이 50.8%로 높다는 점을 고려하면 통합 형태, 교육 내용, 교육 방법 등을 어떻게 구성하느냐에 따라 긍정적인 결과를 도출할 수 있다. 다른 질문 항목인 "한국학교와 조선학교가 통합한다면 어떤 형식이 가장 타당하다고 생각하십니까"에는 "학교는 따로 두고 교육과정과 교과서는 통일" 42.7%, "학생 간 수업 교류" 28.2%, "학교를 통합하여 교육 실시" 18.6% 순으로 나타났다.

"한국학교와 조선학교의 커리큘럼과 교과서를 통일하는 경우 무슨 과목이 가장 좋다고 생각합니까"에는 '국어(한국어)' 34.8%, '역사(사회)' 31.2%, '재일한국인 역사' 16.6%, '예체능' 16.2% 순이었다. 향후 한국학교와 조선학교의 통합을 전제로 민족교육을 설계하는 경우에 모국어와 모국 역사, 재일한국인 역사에 관한 교육과정의 편성과 교재 편찬이 우선되어야 함을 시사하고 있다.

반복하지만 모국어 교육은 민족교육에서 최우선시되어야 하는 과제이다. 사피어-워프 가설(Sapir-Whorf hypothesis)에 의하면 다른 언어는 다른 지각 체계를 나타내며 각 사회의 상이한 문화적 행위는 언어적 의미 구조에 의해 전달되고 그 구조 내에서 정보화된다. 즉, 언어적 범주가 문화적으로 학습된 존재의 지각을 구조화하고 전달한다는 것으로 언어는 우리의 생각을 형성하고, 인식을 수정하고, 현실을 창조하는 데 중요한 역할을 한다는 것이다(Werner, 1994). 민족 아이덴티티의 형성 및 유지 발전에 언어의 중요성을 아무리 강조해도 지나치지 않다는 것을 말해 준다.

필자는 2013년 2월 일본의 한국학교에 재학하는 학부모 687명을 대상으로 한국학교 설립 계획과 관련하여 설문조사를 실시하였다(김상규, 2013). 설문 응답자의 재류 자격은 특별영주자 10.6%, 일반영주자 31.3%, 단기체류자 46.5%, 일본 국적자 등 기타 11.6%로 일본에 거주한 기간은 10년 이상이 60.7%이고 나머지는 10년 미만이었다.

한국학교의 필요성을 묻는 항목에는 전체 응답자의 96.4%가 필요하다고 응답하였지만, 왜 한국학교가 필요하고 어떤 교육을 하여야 한다고 생각하는지에 대해서는 '본국 및 일본의 대학뿐만 아니라 영어권 교육 수요까지도 충족하여야 한다'라는 응답이 62.6%로 '본국 및 일본 대학 진학 교육 수요의 충족' 24.8%, '재일동포(특별영주자) 자녀교육에 중점' 10.8%보다 월등히 높았다. 영주권자가 단기체류자에 비하여 민족교육을 더 중시하는 등 재류 자격별로 약간의 차이는 있지만 대부분의 학부모는 한국학교가 자녀들이 글로벌 사회에서 다양한 진로를 개척할 수 있는 교육을 제공해 주기를 기대하고 있다는 것을 말해 준다.

이러한 학부모들의 교육 요구는 한국학교가 어떤 교육을 중시하여야 하는지에 대한 항목에서 확연히 나타나고 있다. '한국학교의 교육 중점'에서 제시한 다섯 개의 응답 항목 중 '국제화 사회에서 경쟁력을 가지고 살아갈 수 있는 글로벌 교육에 중점을 두어야 한다'가 46.5%로 '학력과 인성이 골고루 달성될 수 있도록 하여야 한다' 36.4%, '본국 교육과정을 중심으로 운영하면서 학력 향상에 중점을 두어야 한다' 11.3%보다 높은 응답률을 보였다.

6) 설문조사가 시사하는 것은?

위의 여러 설문조사 결과는 일본의 공립학교 재학생 학부모(대부분 특별영주자인 재일동포 1세, 2세, 3세 등)와 한국학교 재학생의 학부모(대부분 일반영주자와 단기체류자) 간에 민족교육을 받아들이는 태도에 큰 차이가 있다는 것을 알려 주고 있다. 그리고 민족교육이 인지적 능력을 중시하거나 획일적으로 운영되지 않고 사회 정서적 능력 등 비인지적 교육도 고려하면서 탄력적으로 운영되어야 함을 일깨워 준다. 특히 한국에 주거를 옮길 가능성이 전혀 없는 특별영주자의 경우, 일본인들과 혼합된 공간 속에서 소수민족으로서 일본인들의 차별적 태도를 극복하고 민족적 아이덴티티를 추구할 수 있는 비인지적 교육이 더 필요할 것으로 생각된다.

위의 조사에서도 잘 나타나고 있는 것처럼 일본에 살고 있는 이상 일본의 교육을 받아야 한다는 의식의 배경에는 진학이나 취직, 경제적 부담, 선발·배분 등의 측면에서 일본의 학교에 취학하는 것이 유리하다는 현실적인 생존권이 우선시되었을 것이다. 이러한 현실적 상황을 고려하지 않고 한국의 교육과정 준수 등 인지적 측면을 중시하는 민족교육은 현실과 동떨어진 교육이 될 수밖에 없으며, 몇 군데 안 되는 한국학교가 일시적으로 체류하는 재외국민의 대학특례입학 예비학교로 전락할 위험성도 있다는 점에 유의하여야 한다.

아울러 일본에서의 일정 기간 체제가 끝나면 한국으로 주거를 옮길 일반영주자와 단기체류자가 국민국가의 국민으로서 성장할 수 있는 인지적 교육과 민족교육을 동일한 카테고리에서 논의하는 것은 타당하지 않다는 점을 강조해 두고자 한다.

민족 정체성을 유지하느냐 여부는 민족으로서 자부심과 관련성이 크다. 이민 국가이며 다문화·다인종 국가인 미국과는 다르게 종족적 민족주의가 강한 일본의 경우, 마이너리티의 의견이 배제된 주류사회의 정책 형성이 이루어지고, 외국인에 대한 사회적 차별이 많으므로 민족의 자부심이 없는 경우에는 쉽게 주류사회에 동화되거나 심한 심리적 차별을 겪게 된다. 설문조사에서는 일본 사회에 살면서 재일한국인으로서 자부심을 느끼고 있는 응답자는 61.6%로 약 3분의 2를 차지하여 자부심을 느끼지 않는다는 응답자보다 다섯 배 이상이 되었다.[36] 우리나라는 1960년대 이후 큰 경제성장을 이뤄 냈으며, 한류로 대표되는 문화가 세계적으로 좋은 평가를 받는 등 하드웨어와 소프트웨어 양면에서 크게 발전한 것이 민족적 자부심으로 이어지고 있다고 본다.

앨빈 토플러가 "한국은 경제적으로 도약하고 있으며, 영화, 음악 등의 형태로 일본에 문화 수출을 늘리고 있으므로 오랜 기간 강인한 인내로 살아왔던 재일한국인이 일본인과 동등한 권리와 경의를 요구할 것"(トフラー, 2006)이라고 한 것도 이를 뒷받침하고 있다. 이러한 자부심을 바탕으로 재일한국인의 84.7%는 일본에 정주하면서 한국인으로서 민족의식을 가져야 한다고 느끼고 있다. "일본에 살고 있으므로 민족의식은 별로 필요하지 않다"라는 응답은 전체 응답자의 5.2%에 머무르고 있다.

여기서 유의할 점은 역사적·정치적 원인에 의해 외국에 거주하는 자국 민족에 대한 모국(조국)의 포용은 민족의식의 유지·발전에 중요한 요인이 될 것이라는 점이다. 한 사례로 1980년대 초 에티오피아에 기근이 발생하자 약 40만 명이 이웃 나라 수단으로 밀려들어 난민 수용소에서 어렵게 생활했는데, 1984년 이스라엘 정부는 '모세 작전'이라 명명한 항공 수송 작전을 감행해 에티오피아 거주 유대인들을 구출해 이스라엘로 약 7천 명을 수송하였다. 당시 이스라엘 총리였던 시몬 페레스는 "에티오피아에 있는 우리 형제자매들이 모두 고향으로 무사히 돌아올 때까지 우리는 멈추지 않을 것이다"라고 강한 민족적 결의를 표방한 바 있다. 이스라엘은 1991년에 더욱 대대적인 항공 수송 작전을 펼쳐 팔라샤 14,000명을 이스라엘로 수송했다(Sandel, 2014).

최근 코로나 19 팬데믹 상황에서 각국 정부가 해외에 거주하는 자국민을 국내로 송환한 사례에서도 정치와 정부의 관심은 애국심을 강화하는 중요한 수단이 되고 있다. 코로나 19 확산 후 최초로 미국 정부는 2020년 1월 하순 중국 우한에 거주하는 자국민을 미국으로 송환하였으며, 우리 정부도 여러 차례에 걸쳐 군용기와 민간 항공기를 이용하여 국민의 자국 송환을 한 바 있다. 하지만 재일한국인이라는 특수한 상황에 있는 민족에 대한 정부의 특별한 배려 등 정책적 포용은 잘 확인되지 않고 있다. "민족국가가 해외의 종족 민족적 디아스포라와 맺는 공식적 유대는 해당 민족 정체성의 종족 민족적 특성을 자연스럽게 입증"(Gat & Yakobson, 2020)하는 것처럼 모국의 전략적이고 적극적인 지원 정책은 애국주의의 강화 요인이 된다.

5. 민족교육의 기록

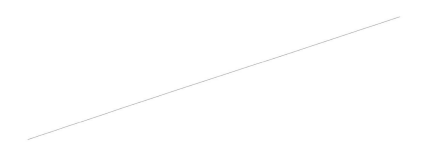

1) 황야의 투쟁사

일본의 전후사에서 재일한국인의 민족교육은 교육사학, 학교제도사 분야의 연구에서 고유한 연구 대상으로서 자리매김하고 있다. 한편 헌법학, 교육법학에서 재일한국인의 교육에 대하여 관심이 낮은 이유는 헌법과 교육기본법에서 교육을 받을 권리의 대상을 국민으로 한정하고 있고 최고재판소도 권리의 성질에 따라 외국인의 권리를 판단하여야 한다는 '권리성질설'을 지지하고 있는 것과 관련이 깊다.

재일한국인의 교육에 관한 역사적 연구는 주로 일본인 연구자와 재일한국인 연구자에 의한 일본어 문헌이 많으며, 재일동포 교육시설과 재학하는 학생을 중심으로 고찰하였다. 대표적인 연구로는 오자와 유사쿠의 저작으로 문부성 통지, 신문 잡지, 조선인학교 관계 자료 등을 토대로 재일조선인 교육 통사를 정리한 연구이다. 오자와는 1910년 한일병합 전후부터 1970년대 초반까지 일본 정부의 외국인학교 정책사를 총괄하고 민족 책임을 매개시킨 민족 해방의 교육학을 전개하였다. 그의 연구는 민족교육을 일본 정부의 탄압에 대한 반동적 태도, 즉 저항교육으로 이해하고자 하였다는 점에 특징이 있다. 그래서 일본의 공교육 제도 안에서 교육학으로서 민족교육의 고유성을 확립하고자 의도하기보다는 일본 정부의 동화교육 정책에 대한 저항적 태도를 민족교육의 고유적 형태로 위치시켰다(小澤, 1977).

오자와는 전전·전후를 통하여 일본 정부가 반복한 조선인을 일본인으로 동화하는 것을 주안으로 한 교육정책(일본 정부의 동화 정책)에 대해 재일조선인 측이 조선학교라는 독자적인 교육의 장을 마련하여 민족교육을 실시하기 위해 일본 정부에 요구하는 운동(일본의 동화 정책에 대항한 재일조선인 저항 운동)을 억압과 저항의 역사로 전개했다. 그리고 다른 연구도 조선학교의 기록 또는 특정 사건을 중심으로 하고 있다는 점에서 민족교육 전반을 이해하는 데에 한계가 있다.

이러한 연구 경향은 총련이 직접 운영하거나 재정적으로 지원하는 조선학교가 일본 전국에 분포할 정도로 많이 설치되어 있는 반면 한국학교는 4개교뿐인 점, 당연한 것이지만 일본 정부의 민족교육 차별과 억압에 대하여 민족교육 사수를 위한 적극적인 저항이 학교 수가 많은 조선학교를 중심으로 조직적으로 이루어졌다는 역사적 사실 때문이다. 그래서 대부분의 연구는 조선학교의 교육 운동을 정치운동, 사회운동의 맥락에 두고 있다(金慶海·梁永厚·洪祥進, 1983).

연구자의 시점에 교육의 민주화라는 시대적 상황이 반영되어 민족교육과 정치적 운동의 결합을 민족교육으로 총괄하고 있으므로 총련의 민족교육은 높게 평가하는 반면 민단의 민족교육에 대해서는 연구 관심이 낮거나 평가 외로 하고 있다. 이러한 경향은 일본 정부에 의한 교육을

'동화교육', 재일조선인에 의한 언어, 조선 역사 등을 가르치는 교육을 '민족교육'으로 개괄한 오자와의 영향이 컸으며, 그가 "전후의 재일조선인 교육 문제는 주로 조선인학교와 관계가 있는 반동과 항쟁을 축으로 하여 전개하여 왔다"(小澤, 1977)라고 평가한 것처럼 '저항', '투쟁', '억압', '통제'는 대립적 키워드이기도 하다.

정리하자면 재일한국인의 민족교육에 관한 연구는 교육의 목적과 내용, 교육을 담당하는 교사의 활동 등이 아동에게 미친 교육적 영향이 올바른지, 즉 현대 교육의 이념인 교육의 자주성·중립성, 교육 내용 등에 대한 평가는 매우 제한적이었다는 점이다. 오자와 역시 일본 정부의 민족교육에 대한 통제를 한 축에 놓고 다른 한 축에는 민족교육을 지키기 위한 저항을 위치시켰으며, 저항의 본질은 학습자인 아동이 아니라 자기들이 설정한 독특한 교육 내용에 일본 정부가 간섭하거나 통제하는 것을 금기시하였다는 지적을 한다.

그러나 민족교육의 간섭·통제에 대한 저항은 식민지주의에 의해 각인된 자기 인식, 사회 인식을 해체하기 위한 몸부림이자 제국주의의 경험으로부터 해방되고자 하는 정치적 탈식민화의 절실함이었다는 관점에 서면 민족교육을 매개로 한 투쟁은 인간성에 기초한 휴머니즘의 갈증으로 볼 여지는 있다.

2) 민족교육 연구의 고유성 문제

재일한국인 교육 연구에서 오자와의 연구는 민족교육 통사로서 고유성과 독창성이 뛰어나지만, 순수 학문적 객관주의 입장이 아니라는 점을 지적할 수 있다. 그의 연구 의도는 민족교육을 지지하는 입장을 선명히 하고 일본의 외국인 교육 정책을 민족교육에 대한 통제, 억압으로 상대화하고 있다. 그럼에도 불구하고 오자와가 1950~1960년대 일본의 교육학계를 중심으로 만연하였던 민주교육 운동의 한 지류에 민족교육을 위치시키려고 하였다는 점은 평가할 수 있다.

오자와의 연구에 대하여 재일동포 작가인 고사명은 서평에서 "필자[오자와를 말함]는 재일조선인 교육을 추구하는 것에 의해 이 나라의 교육 참상을 정말이지 새로운 시점에서 확실하게 조명하고 있다"라고 평가하면서도 "나는 이 통사가 오직 권력자와 권력자에 대항하는 운동에 좁혀져 있는 것에 어찌할 수 없는 냉담함을 느꼈다"라고 소감을 적었다(高史明, 1974). 즉, 고사명의 지적은 재일동포의 80%가 일본의 학교에 취학하고 있는 현실인데도 재일동포의 교육을 저항적 민족교육에 한정하여 전체적인 실태는 도외시하였다는 것을 지적한 것이다.

이와 같이 일본에서의 연구자들은 일본 정부의 민족교육 탄압과 민족단체의 일본 정부 정책에 대한 투쟁과 저항을 주요한 연구 키워드로 설정하였으며 주로 총련 운영의 조선학교가 연구의 대상이었다.[37] 다만 1956년 당시 일본 조선대학교 교무과장이었던 이동준이 "민족교육을 지키기 위한 투쟁을 일본의 국민교육의 민주화를 위한 투쟁의 일부분으로 간주"하였던 것은 "민족교육에 있어서 자멸의 논리"이며, "조선인이 일본의 국내 정치에 간섭"하는 것이라는 지적(李東準, 1956)도 참고할 가치가 있다. 박상득(朴尙得, 1980), 김경해(金慶海, 1983), 김덕룡(金德龍, 2004) 등의 연구도 단행본으로 출판되어 있으나 민족교육 운동 또는 총련이 운영하는 조선학교의 교육적 활동에 연구 시점을 두고 있으므로 중립적인 시각에서 민족교육을 이해하는 데에는 한계가 있다. 덧붙여 1967년부터 1971년까지 오이타대학 교육학부 잡지에 4회에 걸쳐 논문을 발표한 사카모토 이즈미의 연구도 해방 직후 민족교육의 내용을 확인할 수 있는 중요한 자료를 제공하고 있으나 주로 총련 운영의 조선학교가 연구 대상이었다. 위의 연구를 총괄하면 첫째, 대부분의 연구가 해방 후부터 일본 정부가 외국인학교법안의 창설을 시도한 1970년대 초반까지를 대상으로 하고 있다. 이 시기는 일본 교육학계의 민주교육 운동(국민교육권론)이 활발했으며, 일본 정부도 민족교육을 억압하거나 통제했던 시기이므로 민족교육의 문제는 사회적으로나 학술적으로 관심 분야였다. 그러나 연구 대상 기간이 1970년대까지이므로 1980년대 이후 사정은 알기 어렵다.

둘째, 오자와, 사카모토 등 일본인 연구자와 재일동포 연구자들의 연구 시점은 탈식민지화, 제국성의 거절 등을 전제로 저항으로서 민족교육을 접근하고 있으므로 총련은 높게 평가하는 반면 민단은 낮게 평가하고 있다. 다른 연구도 조련(1955년 이후는 총련)이 운영하는 조선학교의 교육을 아동의 성장·발달이라는 교육학적 관점에 초점을 두기보다는 특정 사건을 중심으로 서술하고 있다는 점에서 민족교육의 본질 내지는 고유성에 관한 연구로 보기 어렵다.

3) 민족교육 연구의 한계

정리하자면 여태까지의 연구에서 민족교육의 목적과 내용, 교육을 담당하는 교사의 활동 등이 아동에게 미친 교육적 영향이 올바른지, 즉 현대 교육의 이념인 교육의 자주성·중립성, 교육 내용 등에 대한 평가는 매우 제한적이다. 한편 일본 정부의 민족교육에 대한 통제를 한 축에 놓고 다른 한 축에는 민족교육을 지키기 위한 저항을 위치시켰으며, 저항의 본질은 학습자인 아동이 아니라 자주적으로 설정한 독특한 교육 내용에 일본 정부가 간섭하거나 통제하는 것을 금기시하는 것이었다. 이에 대하여 오자와는 "이러한 김일성 수상의 교육사상 구현이라는 것이 조선인학교의 중심적인 과제로 되어 있다. 거기에 집약시킨 형태로 조선어에 의한 교육의 철저, 조선 인민의 입장에서 민족 교과 내용의 편성과 교육, 집단주의 교육 활동이 전개되어 조선 재외공민으로서의 자질과 능력을 육성하고 있다. 이러한 것이 더 조선인학교의 선명한 개성을 형성해 가고 있다고 생각한다"(小澤, 1977)라고 적고 있다.

재일한국인 민족교육 연구는 민족교육의 목적과 내용, 교사의 지도가 아동의 성장에 미치는 영향, 교육의 정치적·사상적 중립성 등 순수 교육학적 맥락의 연구보다는 사회운동사적 맥락에 연구 관심이 집중되었다고 할 수 있다. 따라서 사상교육에 치중한 교육도 민족교육의 성과로 간주함으로써 교육이 이루어지는 공간에서 아동들에게 영향을 미치는 사상과 이념 등이 정당화되었다고 볼 수 있다. 민족학교의 정치, 사상교육에 대한 비판 연구는 조선학교의 교육 내용을 일본어로 번역하고 나서 알게 된 사실을 "세계의 역사 상식이 통용되지 않은 무서운 전후사"라고 비판한 것에서도 이를 확인할 수 있다(萩原遼·井澤元彦, 2011).[38]

조선학교 교육의 골격이 형성된 1950~1960년대에 초점을 두고 교육사를 정리한 오영호도 "조선학교는 거주국인 일본 사회, 고향 및 본국으로서의 조선반도의 사회, 이들 두 개의 사회와 연결되면서 상대적으로 자율적인 재일조선인 사회라는 세 개의 사회에 걸쳐 있는 존재로 이러한 사회로부터의 이런저런 영향 속에서 성장해 왔다", "재일조선인의 고향·본국으로서 조선반도는 남북으로 분단되어 있으며, 일본 정부의 조선학교 정책에는 식민지주의와 더불어 공산주의 사상과 결부된 조선인을 위험시, 치안 문제시하는 반공주의가 관철되어 있었다. 또한 조선학교의 교육 내용에도 냉전·분단 이데올로기가 농후하게 존재해 있었다"라고 지적한다(吳永鎬, 2019).

또 일본 현지에서 재일한국인에 의해 이루어진 연구 역시 일본 정부의
민족교육 탄압과 이에 대한 민족단체의 투쟁·저항을 긴장 관계로 설정하
였다는 점에서 일본인 연구자와 관점에 차이가 없다. 한신교육사건 등과
같이 사건 중심적인 연구 내지는 조선학교 발전사에 관한 기술이 다수를
차지하고 있으며 민족교육을 주제로 한 독립된 저술보다는 정치학, 사회
학적 연구 중에 민족교육을 한 분야로 다루는 경우가 많다.

 재일한국인의 교육에 관한 연구는 주로 재일한국인 연구자와 일본인
연구자에 의해 일본어로 이루어지고 있으며 한국어 연구는 많지 않다
는 점도 한계로 지적할 수 있다. 데이비드 채프먼은 재일한국인의 연구
가 주로 일본어 문헌이므로 일본어를 모르는 자에게 재일한국인의 현실
과 민족교육의 실상을 알리는 데에는 한계가 있다고 지적한다(Chapman,
2008). 그리고 쇼나 량의 지적처럼 영어 문헌의 연구인 경우에도 개인의
경험을 주된 내용으로 하는 사회인류학적 연구가 많고 민족교육을 독립
된 연구 영역으로 하는 사례는 확인되지 않고 있다(Ryang, 1997=2012).

주석

1   외국인 인권 보장의 여부와 정도를 판단할 때 외국인이라는 틀에서 일괄적으로 규정할 것이 아니라 외국인의 체재 형태가 다양하므로 일반 외국인(일시적 여행자 등), 정주 외국인, 난민 등 그들의 체재 형태를 고려해야 한다는 것이다.

2   최고재판소 1978.10.4. 판결, 1978年(行ツ)120, 在留期間更新不許可處分取消, **民集**, 32(7).

3   최고재판소 1950.12.28. 판결, **最高裁判所民事判例集**, 4(12), 683 이하.

4   최고재판소 1957.6.19. 판결, **最高裁判所刑事判例集**, 11(6), 1663 이하.

5   최고재판소 1957.12.25. 판결, **最高裁判所刑事判例集**, 11(14), 3377 이하. 小谷勝重 재판관은 "헌법 22조 2항은 직접 외국인 국외 이주의 자유를 보장한 규정으로 해석할 수 없다. 바꾸어 말하면 본항의 자유 보장은 우리 국민만을 대상으로 한 규정이라고 본다. 그러나 국내에 거주하는 외국인이 그 본국으로의 귀국을 위한 출국은 물론 그 밖의 외국으로의 이주의 자유가 보장되어야 한다는 것은 헌법 동조 동항의 정신에 비추어 명백하므로 결국 헌법 동조 동항의 규정은 외국인을 대상으로 한 규정은 아니지만, 헌법 정신은 외국인에 대하여도 우리 국민에 대한 것과 같은 보장을 하는 것으로 해석해야 한다"라는 의견을 밝혔다. 河村大助, 下飯坂潤夫 양 재판관은 "헌법 제3장의 이른바 권리선언은 그 표제에서 알 수 있듯이 국민의 권리와 자유를 보장하는 것이 원칙이며, 외국인에 대해서도 일본 국민과 마찬가지로 모든 권리와 자유를 보장하려는 것이 아니다"라고 하고, 조약이나 세계인권선언에서도 국적 자유의 원칙과 출국의 자유를 인정하고 있고, 이를 헌법 98조 제2항에 의해 존중해야 하는 것은 분명하기 때문에 "헌법상의 보장이 없다고 해서 외국인에 대해 국정상 부당한 취급을 하는 것은 생각할 수 없다"라고 의견을 밝혔다.

6   최고재판소 1964.11.18. 판결, **最高裁判所刑事判例集**, 18(9), 579 이하.

7   최고재판소 1978.10.4. 판결, 1975(行ツ)120 在留期間更新不許可處分取消, **民集**, 32(7), 1223.

8   제61회 국회 중의원 법무위원회의록 제25호(1969.7.2.).

9   제154회 국회 중의원 헌법조사회 기본적 인권의 보장에 관한 조사소위원회 제2호(2002.3.14.). 국회 참고인으로 출석한 세이케이대학[成蹊大學] 교수 안넨 준지[安念潤司]는 "저를 포함한 대다수의 일본 국민이 일본 국민인 이유는 무슨 실체적인 가치에 바탕을 둔 것이 아닙니다. 일본에 공헌하였기 때문도 아니고, 일본어를 말할 수 있어서도 아니고, 일본 법령에 충성을 서약해서도 아니고… 단순히 부친, 모친 중 한 명이 일본 국민이었다는 것만의 이야기입니다. 완전히 형식적인 기준에 의하여 일본 국민인지 아닌지가 정해지고 있습니다"라고 진술하였다. https://kokkai.ndl.go.jp/#/detail?minId=115404186X00220020314&current=3.

10 최고재판소 1978.10.4. 판결, **最高裁判所民事判例集**, 32(7), 1223. 우리나라 헌법재판소도 교육을 받을 권리는 첫째, 교육을 통해 개인의 잠재적인 능력을 계발시켜 줌으로써 인간다운 문화생활과 직업생활을 할 수 있는 기초를 마련해 주고, 둘째, 문화적이고 지적인 사회풍토를 조성하고 문화창조의 바탕을 마련함으로써 헌법이 추구하는 문화국가를 촉진시키며, 셋째, 합리적이고 계속적인 교육을 통해서 민주주의가 필요로 하는 민주시민의 윤리적 생활철학을 어렸을 때부터 습성화시킴으로써 헌법이 추구하는 민주주의의 토착화에 이바지하고, 넷째, 능력에 따른 균등한 교육을 통해서 직업생활과 경제생활의 영역에서 실질적인 평등을 실현시킴으로써 헌법이 추구하는 사회국가, 복지국가의 이념을 실현한다는 의의와 기능을 가지고 있다고 판시하면서도(헌재 1994.2.24. 93헌마192. 교육법 제96조 제1항 위헌확인), 교육을 받을

권리는 국민에게만 인정되고 외국인은 대상이 되지 않는다고 하였으며 헌법학의 논의도 이와 같다. 헌법학의 국민의 교육을 받을 권리에 관한 논의는 권영성(2002). 613쪽; 김철수(2004). 538쪽; 정회철(2010). 715쪽 참조.

11 도쿄지방재판소 1952.3.19. 판결, 朝鮮人學校設立許可取消事件, **行集**, 3.2. 396.

12 오사카지방재판소 1952.12.1. 판결, 朝鮮人學校閉鎖命令事件, **行集**, 3.11. 2374.

13 오사카지방재판소 2008.7.4. 판결, 損害賠償請求事件, **判例タイムズ**, 1295, 198-215.

14 Sandel(2014)은 "가장 두드러진 공리주의의 약점은 개인의 권리를 존중하지 않는다는 것이다. 오로지 만족의 총합에만 관심을 두기 때문에 개인을 짓밟을 수 있다. 공리주의자들에게 개인은 중요하지만, 이는 단지 모든 이의 선호를 계산할 때 더해지는 개별항목으로서만 중요하다"라고 지적한다.

15 **每日新聞**, ヘイトデモ 接近禁止の仮處分決定横浜地裁支部(2016.6.2.). https://mainichi.jp/articles/20160603/k00/00m/040/075000c.

16 本邦外出身者に對する不當な差別的言動の解消に向けた取組の推進に關する法律(2016년 6월 3일 법률 제68호)

17 議員立法研究所, 外國人に對する恩惠的措置の廃止等に關する法律, https://rippou.jimdo.com/. 이 법률안은 ① 일본 국적을 가지지 않은 자는 일본인의 통명을 사용하여 그 생활상의 권리를 주장할 수 없으며, ② 특별영주권자가 소유하거나 실질적으로 지배하는 부동산에 대한 지방세를 면제·경감해서는 안 되며, ③ 외국 국적의 자에게 생활보호를 지급해서는 안 되며, ④ 한국인 자녀를 대상으로 하는 각종학교에 대하여 보조금 지출, 세금 감면 및 기타 보조하여서는 안 되며, ⑤ 국적을 가진 국가의 법률에 따라 국방의무를 지고 있는 외국 국적자는 영주권 또는 정주권을 신청할 수 없고, 영주권을 희망하는 사람은 일본에 귀화하여 충성을 맹세해야 한다는 것이 주된 내용이며, 법률안이 통과되면 특별영주자 제도를 즉시 폐지하는 것을 전제로 하고 있다.

18 永住外國人に對する地方公共團体の議會の議員及び長の選擧権及び被選擧権等の付與に關する法律案, 衆議院(議案情報), https://www.sangiin.go.jp/japanese/joho1/kousei/gian/165/meisai/m16505163014.htm.

19 최고재판소 2014.7.18. 판결, 判例地方自治 386.

20 난민의 지위에 관한 협약(Convention Relating to the Status of Refugees)은 1951년 7월 28일 난민 및 무국적자의 지위에 관한 국제연합 전권위원 회의에서 채택한 국제조약으로 1954년 4월 22일 효력이 발생하였다. 일본은 1981년 6월 5일 국회 승인을 거쳐 1982년 1월 1일 의정서 가입과 동시에 발효했다.

21 피차별 부락 출신자들에 대한 다양한 사회적 차별·인권 침해에 대하여 그 해소를 목표로 기본적 인권의 회복과 확립을 요구하는 사회운동을 말한다.

22 일본 사회 속에 견고하게 남아 있는 신분 차별과 결부된 빈곤으로부터 피차별 부락 출신자의 인권 해방을 도모하기 위해 모든 국민을 대상으로 실시되는 교육을 말한다.

23 요코하마지방재판소 1974.6.19. 판결, 日立製作所採用取消. 이 판결은 일본의 사법기관이 일본 제국주의의 과거를 정확히 인식하고 내린 판시라는 점에서 중요한 의미를 가진다.

24 2016년 6월에 일본 내 혐한 단체인 '행동하는 보수 운동'이 가와사키시 재일한국인 밀집지역에서 증오 데모를 개최한다는 공지에 대하여 사회복지사업을 하는 재일한국인 대표자가 요코하마지방재판소에 증오 데모 금지를 신청하여 받아들여진 사건이다.

25 川崎市例規集, 외국인 대표자는 19개국 27명으로 구성되어 있으며, 한국인은 3명이 위원으로 참가하고 있다.

26 在日本大韓民國民團 (地方参政権獲得運動), https://www.mindan.org/jigyo_b.php.

27 総務省, 地域における多文化共生推進プラン, https://www.soumu.go.jp/main_content/000770082.pdf.

28 出入國在留管理廳, 外國人材の受入れ·共生のための總合的對應策, https://www.moj.go.jp/isa/policies/coexistence/nyuukokukanri01_00140.html.

29 　総務省, 多文化共生の推進に關する研究會報告書~地域における多文化共生の推進に向けて~ (2006.3.), https://www.soumu.go.jp/kokusai/pdf/sonota_b5.pdf, p.5.

30 　한신·아와지대지진[阪神·淡路大震災]을 계기로 오사카에서 외국인지진정보센터(후에 다문화공생센터) 를 설립하고 그 후 총무성의 프로그램에 관계한 다무라 다로[田村太郎]는 재일한국인 단체 기관지에서의 대담에서 그 경위를 밝힌 바 있다.

31 　Wan과 Vanderwerf(2009)는 시민국가주의의 특징으로 국민(demos), 다문화주의·다원적 가치 등을, 민족주의의 특징으로 단일민족(ethnos), 민족의 순수성(ethnic purity) 등을 들고 있다. 그리고 전자에 속하는 국가에는 프랑스, 캐나다, 미국을, 후자에 속하는 국가에는 제2차 세계대전 이전의 나치독일과 일본을 들고 있다.

32 　설문조사 대상은 직업에 따른 민족의식의 비교를 위해 한국학교 및 한글학교 등 민족교육기관 교원과 일반인으로 구분하였다. 설문조사는 재일한국인이 가장 많이 거주하는 도쿄와 오사카의 민족학교(한국학교, 한글학교) 교원, 수강생, 기타 일반인을 대상으로 하였다. 민족교육을 담당하고 있는 교원과 비(非)교원의 의식을 교차 분석하기 위하여 직업적 속성을 구분하였다(교원 16.1%, 비교원 83.9%). 비교원의 직업은 기타(주부 등) 43.0%, 사무 관리직 34.6%, 서비스업 16.8%, 전문직 5.6%이며, 연령(교원, 비교원 포함)은 30대 미만 47.1%, 40대 35.3%, 50대 12.95%, 60대 4.7%이다. 설문지는 256부를 회수하였으며, 교원은 도쿄도 23명, 오사카부 18명, 계 41명이고, 교원이 아닌 자는 도쿄도 167명, 오사카부 47명 계 214명이다. 조사 방법은 코로나 19로 대면조사에 한계가 있으므로 온·오프라인을 활용하여 배부·회수하였으며, 오프라인 조사는 현지 한국학교 및 한글학교 관리자의 협력을 얻어 진행하였다.

33 　民團新聞, 2000年度 在日韓國人意識調査中間報告(拔粹), https://www.mindan.org/old/shinbun/ 010404/topic/topic_h.html.

34 　2020년 조사에서 "응답자는 일본 정부가 재일한국인에게 차별을 한다고 생각합니까"에 '차별하고 있다 (크게 차별하고 있다 + 어느 정도 차별하고 있다)'가 74.2%로 높고, '차별하지 않는다'는 8.1%로 낮았다. 재일한국인이 느끼는 차별은 사회적 차별(26.4%), 정치적 차별(22.8%), 경제적 차별(7.2%)보다는 심리적 차별(43.7%)을 크게 느끼는 것으로 조사되었다.

35 　在日本大韓民國靑年會, 「第4次在日韓國人靑年意識調査」 調査槪要와 基礎集計, https://www. seinenkai.org/ishikichosa. 2012년 히로시마시에 거주하는 재일한국인 639명을 대상으로 실시한 조사에서는 약 3분의 1이 장래 일본 국적을 취득하기를 희망하고 있다. 그리고 '어느 쪽이라고 말한다면 취득하고 싶다'라는 의견까지 고려하면 국적 취득 의사를 가진 자는 반수에 가까웠다(伊藤, 2014).

36 　우리나라 국민의 89.8%는 한국 사람이라는 것이 '자랑스럽다'고 생각하고 있다. 우리나라가 '살기 좋은 곳'이라고 생각하는 국민은 그보다 더 높고 95.1%의 국민은 전통문화를 우수하다고 생각한다(문화체육관광부, 2022). 또 다른 연구에서는 66.4%가 '한국인이라는 사실이 자랑스럽다'라고 응답하였다(민보경 외, 2020). 한국을 고국으로 하고 한국인인 것을 자랑스럽게 생각하는 국민의 비율은 증가하는 추세이다.

37 　坂本淸泉(1967). 坂本은 같은 잡지에 '公立朝鮮人學校の自主校移管の問題ー大阪市立西今里中學校の場合を中心にしてー'(1969), '公立朝鮮人學校の自主校移管の問題(Ⅱ)ー大阪市立西今里中學校の場合を中心にしてー'(1970), '日本學校における朝鮮人子弟の教育の問題'(1971)을 발표하였다. 그 외에 日本教育學會教育制度研究委員會外國人學校制度研究小委員會의 在日朝鮮人とその教育資料集 제1집(1970)과 제2집(1972)이 있다.

38 　萩原遼는 일본공산당중앙위원회 일간지인 《아카하타[赤旗]》에서 20년간을 근무하고 1972년부터 평양특파원도 지냈으며 미국 공문서관의 북한문서 160만 페이지를 독파한 후 『朝鮮戰爭』을 집필한 경험을 가지고 있다. 그는 조선학교의 중학교 2학년에서 고등학교 3학년까지 역사 교과서를 일본어로 번역하였는데 김일성 우상화가 역사 교과서의 목적으로 날조되었다는 것을 두고 "세계의 역사 상식이 통용되지 않은 무서운 전후사"라고 하였다.

제2장

민족교육의 전사(前史)

1. 해방 전의 민족교육

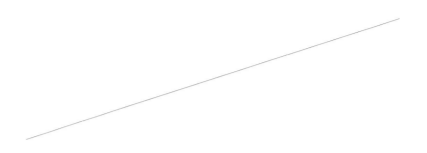

1) 차별과 피억압의 생활사

한일병합이 된 해인 1910년 일본에 재류하는 조선인 인구는 2,500여 명에 불과하였다. 일본의 식민지 지배가 본격화되고 재일동포 인구는 급속히 증가하여 국가총동원법의 시행을 위한 국민징용령이 1939년 제정된 이후 100만 명을 넘어섰고 해방된 해에는 210만 명에서 240만 명으로 추정되는 재일동포가 일본에 재류하였다.[1]

재일동포의 일본 생활은 차별과 피억압의 연속이었다. 1923년 9월에 발생한 관동대지진의 여파로 인한 희생은 가장 무서운 차별의 결과였다. 당시 일본에 거주하는 재일동포 인구는 8만여 명(자료마다 약간의 차이가 있다)이었다. 그중 관동대지진의 피해 지역인 도쿄 등지에는 15,000명 정도가 살고 있었다. 관동대지진이 발생하자 재일동포를 음해하기 위한 각종 유언비어가 난무하였다. '조선인이 황태자 암살을 노렸다'라든가 '조선인이 우물에 독을 투입했다'라는 등의 유언비어가 일본인에 의해 날포되었다.

일본의 내무대신조차도 "(조)선인은 지진으로 인한 화재를 기회로 하여 각지에 방화하거나 폭탄으로 제반 건축물을 파괴하거나 음료수에 독극물을 투입하여 인명을 살해하고 있다"라는 허위사실을 날포하고는 마치 '들개사냥'과도 같은 방식으로 수천 명(관동대지진 희생 동포 위령비에는 6,300명으로 기재되어 있으며 일본의 연구 자료에도 6천 명으로 되어 있으나 공식적으로 발표한 정확한 희생자 수는 없다)의 인명을 살상하였다.

1938년 국가총동원법이 공포되고 1939년 국민징용령이 시행되어 강제 연행이 시작되었다. 1939년 39,000명을 시작으로 1945년까지 116만 명이 동원 또는 강제 연행되었다. 메이지[明治] 일본의 산업혁명 유산으로 2015년 7월 유네스코의 세계유산 등재가 확정되어 일본인들이 자랑스러워하는 하시마섬[端島, '군함도(軍艦島)'라고도 한다]에는 천 명 이상의 한국인이 강제 연행되어 차별과 중노동을 견뎌야 했다. 이러한 역사적 사실에 대해서는 히타치[日立] 취직 차별 사건의 판결문에서도 인정하고 있다.

1910년 8월 한일병합을 달성한 일본은 토지조사사업을 통하여 조선 농민의 토지를 뺏고 그들이 일본에 도항하지 않을 수 없는 입장에 빠지게 만들었다. 일본의 중요 산업 부문에 조선인 노동자를 동원하는 것을 결정하고 마치 '들개사냥'과 똑같은 방법으로 조선인을 일본에 강제 연행하였다. 그리고 한편으로는 '내선일체' 등의 슬로건하에서 조선인으로부터 이름을, 언어를, 문화를, 민족성까지도 빼앗았다. 이러한 사태는 전후에도 바꾸지 않았다. 일본국은 재일조선인에 대하여 국적 선택의 자유를 빼앗고 일반 외국인과 같은 처우를 부여하지도 않고 무국적자와 같은 상태로 방치하여 의무만 있고 권리는 향유할 수 없도록 하여 생

활을 압박하고 가지가지의 차별과 억압을 계속 가하고 있다.[2]

일제 식민지 시대에 재일동포의 민족교육이 가능하였는지, 일본의 학교에 어느 정도 취학하고 있었는지에 대해서는 연구 자료에 산발적으로 실려 있지만 정확하게 조사된 행정 자료는 찾기 어렵다.

어느 토론회 자료에는 "전전(戰前)에도 민족학교는 있었는지, 최초 발단은 언제부터였는지요?"라는 질문에 "전전부터 있었던 것 같습니다. 아마가사키[尻崎]의 경우 모리베[守部, 효고현의 지방]에도 학당이라는 학교가 있었지요. ⋯ 조선인학교는 내셔널리즘 색채가 강하고 조선적인 분위기가 물씬 풍기게 되지요. 그래서 관헌에게 발각되어 선생은 체포되거나 검거되므로 종전(終戰) 전에 조선인학교가 장기간 계속하여 운영된 기록은 거의 없습니다"라고 답변한 기록이 있다.

위 기록에서 유추할 수 있듯이 일제강점기에 재일동포 자녀가 체계적으로 민족교육을 하였다는 증거는 충분하지 않다. 다만, 1935년 전후로 하여 일부 지역에는 재일동포 지식인층이 중심이 되어 조선어 및 조선의 역사를 방과 후에 가르치는 학원이 있었다는 증언도 있지만, 일제강점기에는 민족교육이 금지되었으므로 공식적인 자료가 남아 있지 않아 정확한 사실 확인은 어렵다.

한반도에서도 1911년 제1차 조선교육령으로 보통교육의 목적이 일본어의 보급으로 바뀌고 1922년의 제2차 조선교육령으로 보통학교, 고등보통학교, 여자고등보통학교에서는 일본어를 상용하도록 강제되었으므로 재일동포가 범죄행위로 간주되는 민족교육을 체계적으로 실시하는 데에는 많은 한계가 있었을 것이다.[3] 조선인에 의한 자주적인 교육은 민족적 색채가 농후하다는 이유 내지는 독립운동으로 간주되어 전부 폐지되어야 할 대상으로서 행정과 경찰의 단속 대상이 되었으며, 학령 아동은 원칙적으로 일본의 소학교에 취학시켜야 한다며 금지되어 1935년, 1936년경에는 모두 모습을 감추게 되었다.

2) 재일동포의 취학 실태

여기에서 다루고자 하는 것은 일제 식민지 기간 중 재일동포 자녀의 일본 학교 취학 실태이다. 일제 식민지 기간에는 조선어, 조선 역사 등의 교육은 금지되고 일본어 사용이 강제되었다.

1929년 당시 언론은 조선인의 취학 상황에 대해 "학령 아동 약 4천 명 중 취학하고 있는 아동은 1,500명 정도이다. 취학률 35%, 내지 40%, … 주로 조선인이 거주하는 오사카시, 사카이[堺]시 전역에서 2,129명(학령 이상의 아동도 포함하여) 중 심상소학교 재학 아동 1,216명, 고등소학교 28명, 심상소학교 야간부 885명(야간부에는 20대의 연령이지만 학업 의욕이 있는 사람들이 상당수 있었다)으로 가장 많은 곳은 시의 주변부인 북구 사이비제4소학교 271명, 히가시나리구[東成區] 쓰루마치[鶴町]제4소학교 78명, 나니와구[浪速區] 유린[有隣]소학교 54명, 그 외에 '오사카부내선협화회[大阪府內鮮協和會]', 이하 "협화회") 경영의 야학교인 나카모토[中本], 이마미야[今宮], 사카이, 쓰루하시, 도요자키[豊崎]의 5교에 321명이었다"라고 기록하고 있다 (大阪朝日新聞, 1929. 1. 27.).

1931년 내무성 경보국이 1,404,848명을 대상으로 한 '재일조선인 교육 정도 조사'에 의하면 '대학 졸업 정도' 0.4%, '전문학교 졸업 정도' 0.4%, '중등학교 졸업 정도' 2.0%, '소학교 졸업 정도' 37.4%, '문맹자' 57.5%, '불명' 2.0%였으며, 일본어 이해 정도는 '일상생활에 부족이 없는 정도' 36%, '어느 정도 이해할 수 있는 정도' 37%, '전혀 이해할 수 없는 자' 27%

로 나타나고 있다(李東準, 1956).[4] 1930년 10월 문부성 보통학무국 회답에 의해 재일조선인 자녀의 교육의무가 명시되기 이전은 의무교육으로 간주되지 않았으며, 의무교육으로 된 이후에도 취학자는 1931년에는 18%, 1942년에도 64%에 불과하였다(田中, 1967).

취학 시기가 되어도 아동 가정의 빈곤으로 인하여 학교에 갈 수 없는 경우도 종종 있었다. 등교한 아동들도 일본인학교에서 모욕과 학대를 받았다. 1972년 2월 8일 자 일본교육학회 자료집에는 "1932년 오사카부의 조사에 의하면 오사카 재류 조선인 아동은 7,225명인데 취학 아동과 불취학 아동으로 구분하면 취학 아동은 3,437명, 불취학 아동은 3,788명으로 불취학자가 매우 많았고 … 반수 이상의 아동이 교육을 받을 수 없는 상태였다"라고 재일동포의 일본인학교 취학 상황을 기록하고 있다.

일본 식민지 기간에는 재일동포의 반수도 정규 일본인학교에 취학하지 않았다는 것을 알 수 있다. 도쿄부 사회과가 1934년 11월부터 1935년 2월까지 4개월간에 걸쳐 조사하여 공표한 통계자료에 의하면 '미취학 또는 불취학' 39.55%, '불명' 12.73%로 실제 취학자는 47.72에 불과하였다. 일부 자료에서는 1931년은 학령 아동 수 4만 명 중 7,380명이 취학을 하여 취학률은 18.5%였지만 1942년은 학령 아동 수 276,000명 중 178,451명이 취학을 하여 취학률이 64.7%로 증가하였다고 하고 있어 자료 간에 일관성이 결여하고 있다.[5]

내무성 경보국의 통계자료『1938년도 재일조선인의 직업』에서는 소학교에 재학하는 아동은 전체의 9.5%에 불과한 것으로 기록하고 있다. 따라서 1945년 중반까지 일본 학교에 취학하는 아동은 전체의 50%에도 미치지 못했을 것으로 추정해 볼 수 있다. 당시 통계에서 1942년의 학령 아동 수를 276,000명으로 추정한 것은 대체적으로 타당한 것으로 보인다. 1940년대 우리나라의 초등학교 학령인구 비율(전체 인구 중 6~12세 인구의 비율)이 15% 정도였으므로 재일동포 자녀 중 학령 아동 수도 276,000명 정도가 되었을 것이다.

비록 취학률이 증가하였다고는 하지만 미취학자가 35.3%나 되었고 취학을 한 자도 경제 사정 등으로 정상적으로 취학을 하기 어려워 장기 결석을 하거나 일본 학생의 차별을 견디지 못하고 중퇴한 경우도 많았다. 그러나 분명한 것은 재일동포 자녀의 일본 학교 취학이 계속 증가하였다는 사실이다. 일본인학교에 취학하여 일본인 아동들 사이에서 차별을 받아 가면서 일본적인 지식과 능력을 계통적으로 학습하는 것은 민족 형성이라는 관점에서 보았을 때 부정적인 결과를 초래할 수도 있지만.

1940년경의 재일동포 교육 정도는 내무성 경보국의 조사 보고서에서 잘 나타나고 있는데, 이 보고서에서는 "조사 인원 1,404,848명(학령 아동 이상)에 대한 조사 결과는 대학 정도 5,562명, 전문학교 정도 5,574명, 중등학교 정도 28,237명, 소학교 정도 526,473명, 문맹자 809,063명"이라고 적고 있다. 즉 문맹자가 57.6%에 이르고 있으며, 조사 인원 중 일본어에 정통한 자는 504,890명인 반면, 일본어를 전혀 모르는 자도 385,511명으로 30%에 이르고 있다. 일본어를 충분하게 구사할 수 없는 재일동포는 생활하는 데에 이런저런 어려움을 경험하였을 것이다.

3) 차별 교육의 서막

제3차 조선교육령이 공포된 1938년 이전에는 오사카, 고베 등지의 공립일본인학교에 조선인 야학교가 있었다. 일본인이 다니는 공립소학교에 조선인만을 대상으로 조선인 교사(대학생의 무보수 봉사였다는 기록이 있다)에 의한 특별학급이 운영되었다는 것은 이례적이다. 하지만 설치 이유가 조선어 및 조선 역사의 학습보다는 '조선인이 조선어를 배워 조선을 아는 것은 필연적으로 내지(일본)에의 융합과 동화에 지름길이 되도록 하는 것'이었다는 점에서 민족교육이 아니라 동화교육의 한 방법이었다고 할 수 있다(小澤, 1977).

1925년에는 후쿠오카현 이즈카[飯塚]시 라쿠이치[樂市]소학교에 조선인 분교장이 설치되었다. 이 교육시설은 "일본 이주 후 얼마 되지 않고 가정이 빈곤하거나 연령을 초과하는 등 학교교육을 받을 기회를 잃어 가는 반도인(조선인의 다른 명칭) 자제를 교육하는 곳으로… 일본의 언어, 습관, 풍속 등에 익숙해지면 실력 측정 후 본교 해당 학년에 편입"하는 동화교육의 준비 단계로서 성격을 가지고 있었다.

또 다른 특징으로는 같은 공립소학교라 하더라도 재일동포의 자녀는 분리 교육을 실시하여 차별하였다는 사실이다. 예를 들면 시모노세키[下關]시 무카이야마[向山]소학교는 1938년에 학생 수의 급격한 증가와 더불어 연령 초과 아동과 불량 아동이 많고 소수의 학교에 재일조선인 자녀가 몰려 있는 등의 현실적인 곤란함을 들어 그 대책으로 '분리 교육', '분리 학급' 등의 방안을 검토하였다.[6] 그리고 여러 개의 방안 중에서 '일정한 학년까지 분산 교육을 하고 그 후에 일본인 학생과 공학'하는 것을 가장 적합한 안으로 생각하고 있었다. 이러한 방침으로부터 학교의 질서 및 일본인 학생의 교육에 악영향을 주는 일이 없어질 때까지 분리 교육을 한다는 노골적인 차별의식이 분리 교육안의 현실적인 동기였음을 알 수 있다(小澤, 1977).

일제강점기에 한반도에 있는 소학교 교육과정에 들어 있던 조선어 및 한문 수업은 1941년부터 모두 삭제되었다. 그 경과를 살펴보면 1911~1922년까지는 조선어 및 한문이 1~2학년에서는 6시간, 3~4학년에서는 5시간이었으며, 일본어는 1~4학년이 10시간이었다. 그런데

1922~1938년에는 일본어 수업시수는 최고 12시간으로 늘고 조선어 및 한문은 최고 4시간까지 줄어들었다.

그리고 제3차 조선교육령 직후인 1938~1941년에는 조선어 수업이 초등학교 1학년만 4시간이고 초등학교 고학년은 2시간으로 줄어든 반면 일본어 수업시수는 그대로 유지하였다. 1941년부터 해방될 때까지는 아예 조선어 수업이 교육과정에 들어 있지도 않았다. 이와 같이 일본어 교육을 강제한 결과 국민의 일본어 습득률이 1920년의 2.20%에서 1943년에는 22.16%로 크게 증가하였다(井上, 1997).

한반도에서와 마찬가지로 일본에서도 민족교육의 부재와 일본인으로의 동화교육이 강요된 결과 재일동포 자녀가 조선어를 말하지 못하고 쓰지 못한다는 결과를 초래하였다. 해방 후 조선인 집회에서 한 소녀가 어른들 앞에서 떨리는 목소리로 울먹이면서 "여러분! 제가 돌연 일본어를 말하므로 이상하다고 생각하겠지요? 정말로 이상하다고 생각하고 계실 것은 분명합니다. 그러나 저는, 이 연단에 오르면서 일본어밖에 말할 수 없는 것이 얼마나 괴로운지 모르겠습니다. 저는 누구에게도 지지 않을 정도로 우리들의 국어 조선어로 자유롭게 말하고 싶습니다. 그렇게 할 수 없는 저의 괴로움을 알아주십시오"라고 호소한 것에서도 이러한 상황은 충분히 이해가 간다.

4) 사회·경제적 배경과 교육

또 다른 문제는 취학하지 않는 학령인구 35.3%의 존재이다. 재일동포 자녀 중 소학교 취학률이 저조한 이유는 빈곤한 생활이 가장 큰 이유였다. 1938년도에 재일동포의 직업 구성(내무성 경보국 자료)을 보면 일용 노무자가 40.3%로 가장 많고 다음으로 무직자가 36.8%를 차지하였다. 이 통계는 남자와 여자를 합산한 것이므로 무직자의 대부분은 전업주부일 것으로 추정이 되지만 전체 재일동포의 77.1%가 공장, 토목 공사, 육체 노동을 주로 하는 현장 노동자이거나 직업이 없었다는 것은 당시 재일동포 사회의 생활상을 여실히 말해 주는 것이다.

1930년 오사카시 사회부 보고 제177호 '오사카시 조선인 노동자 근황'에서도 당시 재일동포의 생활상을 알 수 있는데, 일본인과의 격차가 컸다. 1930년도 일본인과 조선인의 공업 부문 임금 차이를 보면 피혁공업은 일본인의 49%, 금속공업은 56%, 음식품 공업은 64%에 불과하였다. 가장 임금 차이가 없는 토목 건축도 재일동포의 임금은 일본인 임금의 76%에 불과하였다. 1923년 오사카시가 조사한 자료에서도 큰 임금 격차를 확인할 수 있는데 기술을 필요로 하지 않는 직종보다는 기술을 필요로 하는 직종에서 임금 격차가 현저했다. 예를 들면 인부는 일본인 1.90엔, 조선인 1.70엔(여성은 0.90엔)으로 임금 격차가 크지 않았으나, 염색공은 일본인 2.10엔, 조선인 1.20엔(여성은 1.25엔)으로 조선인 남성의 임금은 일본인의 57%에 불과했다.

재일동포 대부분이 노동자이고 임금도 일본인의 50~70%밖에 받지 못하는 가정형편상 고사리손이라도 노동을 하여 가계에 보태지 않으면 생활이 되지 않았을 것이다. 즉, 취학률이 낮은 가장 근본적인 원인은 위에서 살펴본 바와 같이 경제적 곤란 문제였다. 그리고 남아선호사상이 뚜렷한 한국적 전통에서 여아의 불취학률은 더 심각했을 것으로 생각된다.

당시 경제적 빈곤으로 인하여 취학을 하지 못한 재일동포 자녀들은 야간 소학교에 많이 취학했던 것으로 보인다. 1937년 오사카시 야간 중학교에 재학하는 학생 4,908명 중 84%인 4,129명이 조선인 아동이었다. 일제 식민지기 동안 한반도에서도 민족교육이 봉쇄되고 일본인으로의 동

화 지향의 교육과 황국신민화 교육이 강제된 것과 마찬가지로 일본에 재
류하는 동포들의 상황도 크게 다르지 않았다.

식민지 시대 재일동포의 교육 실정에 대하여 한국의 미군청에서도 근
무한 바 있는 조선사 연구 일인자인 에드워드 와그너 전 하버드대학 교
수는 재일조선인연맹(이하 "조련")의 진정서를 토대로 "여러 가지 사정 때
문에 재일조선인의 자녀 대부분이 최소한도의 학교교육조차 받지 못하
였다. 조선인 자제도 일본인과 같이 수업료 면제의 초등의무교육을 받도
록 되어 있었지만, 그 규정을 조선인에게 적용하는 조치는 거의 없었다"
라고 정리하고 있다(Wagner, 1989).

2. 차별과 억압의 민족교육

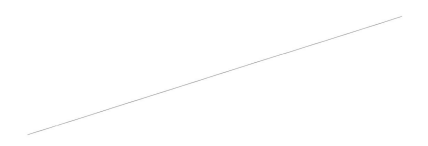

1) 교육 격차의 생성

앞에서도 지적하였지만, 일제강점기의 재일동포 교육에 대해서 일본 전역에 걸쳐 실시한 정부의 조사나 연구 자료는 없으며 당시 일본에서 재일동포가 가장 많이 거주하였던 오사카부의 자료를 일부 확인할 수 있는 정도이다.

제1차 세계대전을 계기로 한신[阪神] 공업지대의 노동력 수요 증가로 재일동포 노동자가 증가하였다. 재일동포의 대부분은 일용인부와 직공이었으며 일본인과 비교하여 임금도 60%에서 70% 정도밖에 되지 않았다. 더구나 경기가 불황이 될 경우 고용 조정을 위해서 재일동포는 우선적인 해고 대상이 되었다. 따라서 재일동포의 생활 수준은 가장 빈민층에 위치하였는데, 당시 일본인의 엥겔지수가 40.3%였던 데 비해 재일동포의 엥겔지수는 53.36%로 높았다는 사실에서도 생활의 여유 정도를 추정해 볼 수 있다.

한 가정의 생활 수준은 교육에 많은 영향을 미치므로 가정형편이 어려운 세대의 경우 세대 내 이동뿐만 아니라 세대 간의 이동이 크게 영향을 미치며 계층 간의 사회 격차를 확대한다는 것은 사회학을 중심으로 검증된 사실이다. 생활 수준이 낮은 가정의 경우 자녀는 학습보다는 노동을 하여 가정을 부양하여야 하므로 교육 기회를 가지는 것이 쉽지 않다. 식민지 시대 재일동포는 바로 이러한 현실에 놓여 있었다.

일본은 1872년 발표한 학제에 의하여 공교육 제도가 확립되었다. 1879년의 교육령에서는 1년 중 4개월간의 소학교 취학이 의무화되었다. 1886년의 소학교령에서는 명실상부한 의무교육 제도가 도입되고 1890년의 신소학교령에서 3년 또는 4년의 심상소학교 의무교육이 실시되었다. 그 후 1900년에 신소학교령을 전면 개정하여 1890년의 신소학교령에서 3년 또는 4년으로 의무화하였던 취학 기간을 4년으로 통일하였으며, 1907년에는 개정 소학교령을 재개정하여 6년간의 의무교육이 확립되었다.

1907년에 의무교육이 확립될 때까지 교육의 지역 간 격차, 남녀 격차 등이 있었지만, 의무교육이 완성되자 바로 소학교의 취학률이 100% 가까이 되었다. 예를 들면 1890년의 경우 소학교 취학률에서 남녀 간 격차가 남자 65.1%, 여자 31.1%로 두 배 이상의 차이가 있었지만, 1907년 6년간의 의무교육이 제도화되면서 남녀 간의 취학률 격차는 2%대 이내로 줄어들었다. 그리고 1910년 이후로는 남녀 간의 취학률 격차가 완전히 사라졌다. 유교적 전통과 사회풍습을 가진 우리나라나 일본은 여러 자녀 중 교육 대상을 선택하는 경우 남아(男兒) 위주, 장자(長子) 위주였으므로 의무교육 도입 초기의 남녀 간 교육 격차의 발생은 당연하였을 것이다(金相奎, 2017).

우리나라도 초등학교 의무교육이 완성된 1959년의 취학률이 96%라고 대대적으로 홍보하였지만, 그 내실을 보면 반드시 그렇지도 않다. 당시 취학률은 학령인구의 취학률이 아니라 학령인구 대비 실제 학교에 취학하는 비율이었으므로 실질적으로 학령인구에 속한 학생들 상당수가 학교에 취학하지 않았으며, 취학은 했더라도 농어촌 지역을 중심으로 생업 등 경제적 문제, 질병 등으로 인한 장기 결석자도 많았다.

재일동포 자녀의 취학률은 1940년대에 접어들면서 서서히 상승하였다고는 하지만 1940년이 되기 전까지는 60%를 웃도는 정도였다. 특이한 점은 오사카부가 일본 전국에 비하여 재일동포의 취학률이 매우 낮았다는 점이다. 전국적으로 실시된 통계자료가 없으므로 확실한 이유는 알 수 없지만 당시 재일동포 인구는 오사카가 가장 많았다.[7] 그러므로 재일동포 인구가 상대적으로 적은 다른 지역에 비해 취업 기회가 적고 취업을 하는 경우에도 일용잡부 등 현장 노동자가 대부분이었으며 인건비도 낮아 자녀가 취학보다는 노동에 종사하지 않을 수 없는 여건이었으므로 취학률이 낮았던 것으로 보인다.

일본은 1911년에 공장노동자의 보호를 위해 법률 제46호로 공장법을 제정하였다. 이 법에서는 연소자의 취업 제한, 연소자·여성의 노동시간 제한, 업무상 사고에 대한 고용자 부조 의무 등을 규정하였으며 적용 대상은 상시 15명 이상의 노동자를 사용하는 공장이었다. 원칙적으로 12세 미만의 아동에 대해서는 취업을 금지하였으나 법 시행 당시에 이미 취업하고 있는 10세 이상의 아동에 대한 예외가 있었다. 그러나 이 공장법은 일본인에게만 적용되었으므로 재일동포 자녀의 취업을 금지하여 취학률을 증가시키는 효과는 없었다.

2) 대안적 교육기관, 야간 소학교

한편 일본인 사회는 조선인이 민족·언어·문화적 특징을 버리도록 강요하는 사회적 풍조였으므로 민족교육 또는 특별교육을 실시하는 학급이 아닌 일본인 교사로부터 일본의 교육을 받는 것에 대한 재일동포의 부정적인 태도도 취학률에 일정한 영향을 미쳤을 것으로 생각된다.

1922년에는 제2차 조선교육령이 시행되었지만, 이는 한반도에만 적용되는 법령이었으므로 일본에 재류하는 조선인 교육에 관한 법령은 전무한 상태였다. 오사카부 당국에서는 재일동포의 실업률 증가를 치안 문제로 인식하고 대응책을 검토하였는데 하나는 재일동포에 대한 사회정책이고 다른 하나는 교육정책이었다. 1923년 관동대지진이 발생한 직후 재일동포 학살 사건 등이 계기가 되어 반관반민의 융화단체인 협화회가 설립되어 융화 정책이 개시되었다(伊藤, 1983).

오사카부는 조선인에 대하여 일본의 소학교령을 적용하여 교육 의무를 부모에게 지우는 것이 가능한지를 문부성에 요청하였지만, 문부성은 회답을 주지 않았다. 문부성의 회답이 없으므로 오사카부는 독자적으로 재일동포 자녀의 교육정책을 추진하였는데 '모든 재일동포 자녀의 취학'을 방침으로 하였다.

오사카부는 이들을 공립의 소학교에 수용하여 재일동포 자녀만 모아 특별학급을 만드는 것을 구상하였지만 수천 명에 이르는 재일동포 자녀를 공립의 소학교에 수용할 경우 학교 설치자인 정촌(町村)의 재정적 부담을 가중시키므로 "조선 관계 관민 및 실업가와 제휴하여 백만 엔의 자금을 가지고 교화기관을 설치"하기로 하였다. 협화회가 재일동포의 취학률을 높이기 위해 내세운 방안은 야간 소학교를 설치하여 경영하는 것이었다. 그러나 야간 소학교는 일본인이 배우는 정규학교와는 다른 각종학교

였으며 소학교를 수료하더라도 졸업 자격이 주어지는 것은 아니었다.[8]

당시 재일동포가 9세부터 30세까지 야간 소학교에서 열심히 배우고자한 이유는 일본어 습득의 필요성과 학교가 야간제라 주경야독이 가능하였고 수강료도 무료이므로 경제적 부담도 없었다는 것 이외에 각 학교에 재일동포 교사가 배치되어 있다는 이점이 있었다(伊藤, 1983). 야학교는 6세 이상의 재일동포이면 누구나 입학이 가능한 학교였으므로 민족적동일성이라는 측면이 취학률을 높인 원인이 되었지만, 일본의 정규학교가 6년인 데에 비하여 3년간의 수업연한에 주당 12시간만 수업이 이루어졌으므로 재일동포를 일본의 문화와 사회 환경에 동화하기 위한 잠정적이고 과도기적 형태의 학교였다고도 할 수 있다.

일본은 1907년 의무교육을 4년에서 6년으로 연장하면서 경제적 사정이 좋지 않은 빈민계층의 소학교 취학 부담을 덜어 주기 위한 특수학교의 형태로 야간 소학교를 설치하였다. 빈민계층은 자본주의의 발전에 따라 도시가 확장되는 과정에서 형성되었으며, 직업군은 보따리 행상, 수레 운반 노동자, 하역 노동자, 고물상 등이었다. 『오사카부 100년사[大阪府 100年史]』에 따르면 1918년 오사카시의 한 지역인 이마미야초[今宮町]에는 보따리 행상 882명, 수레 운반 노동자 373명, 하역 노동자 1,143명, 고물상 1,229명이 있었다. 이러한 빈민을 주된 대상으로 한 야간 소학교는 다음과 같은 역할을 수행하였다.

첫째, 소학교 미수료자를 위한 교육시설로서의 역할이었다. 즉 야간학교는 아동의 노동 등으로 인한 미취학, 장기 결석 등 사회문제에 대응하기 위하여 빈민학교로 출발하여 사회사업의 일환이 되었다는 사정이 있었다.

둘째, 산업혁명의 진전에 따라 산업자본의 저임금 노동력 확보에 이용되었다는 점이다. 교육제도 면에서는 개정 교육령(1900) 이후 의무교육이 순차적으로 정비됨에 따라 변칙적 제도였던 야학교는 축소·폐지되어야 했다. 그러나 연소자 노동자를 저임금으로 고용하려고 하는 면방적업계를 중심으로 한 산업자본의 의향에 따라 소학교에 속하는 각종학교로서 야간소학교가 정비되기에 이르렀다.

셋째, 제국주의하에서 식민지화한 조선인 자녀의 일본어학교로서 역할이었다. 1937년의 통계에 의하면 도쿄시의 심상야학교 학생 6,006명 중에서 31%에 해당하는 1,875명이 조선인이었다(石井, 1992). 그러나 일본인을 대상으로 하는 야간 소학교와 조선인을 대상으로 하는 야간 소학교는 교육 내용이나 교육의 질적 측면에서 큰 차이를 두었다. 일본인 자녀들을 대상으로 한 소학교는 주간에 운영하는 소학교와 같은 학제로 주당 수업 시간도 남학생 18시간, 여학생 19시간이었다. 이에 비하여 재일동포 자녀를 대상으로 한 야간 소학교는 1일당 2시간씩 주당 12시간으로 수신(修身, 제2차 세계대전 이전에 일본의 소학교 교과목으로 1890년 교육칙어 발표로 시작되어 1945년 패전할 때까지 존속), 일본어, 산술 등으로 구성되었다.

〔표 1〕 일본인을 대상으로 한 야간 소학교 교육과정

학년	수신	국어	산술	역사	지리	이과	도화	체조	재봉	계
1	1	10	6					1		18
2	1	10	6					1		18
3	1	9.5	6				5	1		18
4	1	8.5	6			1	5	1	1	남 18, 여 19
5	1	7.5	5	1	1	1	5	1	1	남 18, 여 19
6	1	7.5	5	1	1	1	5	1	1	남 18, 여 19

주: 국어는 일본어이며, 4~6학년의 재봉은 여학생만 해당하는 과목임

3) 동화교육의 과도기

그런데 재일동포를 대상으로 한 야간 소학교에서 조선어 교육도 실시되었다는 점이 특기할 만하다. 조선어의 지도는 협화회가 운영하는 야간 소학교 이전에도 오사카의 공립소학교인 사이비[斉美]제4소학교 및 고베시 오쿠라[御蔵]소학교 등의 재일동포 자녀를 대상으로 한 특별학급에서 실시하였다는 기록이 있지만, 수업연한이 6개월 등으로 정규 과정은 아니었다. 하지만 일본의 공립소학교가 재일동포의 민족정신 함양을 위하여 자발적으로 조선어 등의 과목을 실시한 것은 아니었다. 일본에 온 지 얼마 되지 않은 재일동포에게 조선어를 매개하지 않고 일본인 교사에 의한 일본어 교육은 불가능하였다. 그리고 학생들이 결석을 한다든지 무슨 문제가 있을 때 조선어를 모르는 일본인 교사가 대응하는 데에는 문제가 있었으므로 현실적인 필요에 의하여 조선어 교육이 이루어진 것이다.

고베시 사회과의 자료(1927)에 의하면 '조선인에게 자신들의 역사이며 자랑스러운 조선어를 가르치는 것은 분명히 조선인의 자녀를 가진 부모들의 요구'이며, '조선인은 완전히 조선어와 본래 풍습을 고집하고 절대 버리려고 하지 않는다'는 것을 인정하면서도 '조선인이 조선어를 배워 조선을 아는 것은 필연적으로 내지(일본)로 동화하는 데 지름길이 되는 것'이라고 교육의 필요성을 역설하고 있다.

고베시의 자료가 말해 주듯이 일본의 공립학교에서 재일동포에게 모국어를 교육한 것은 일본어를 가르치기 위한 전 단계이며 일본인으로 동화하기 위한 과도기적 형태이지 민족의식을 일깨우기 위한 것이 아니었다. 당시 학교 단위로 재일동포 자녀와 일본인을 같이 수용하는 공학 문제도 제기되었다. 사이비제4소학교 교장은 일본인과 조선인의 공학이 교육방침이었으며 '재일동포만을 위한 특별학급은 어디까지나 임시적 조치로 조선인의 취학 권유를 위한 방책으로 마련된 과도기적' 조치로 보았다. 그리고 일본인과 조선인의 공학 방침에 관하여 장단점을 보고하였다.[9]

일본의 공립학교 교장이 일본인과 조선인을 같은 교실에서 교육시키고자 하였던 의도에는 조선인이 일본인의 우수성을 배우도록 하는 것도 들어 있었다. 가장 중립적이고 공정해야 할 학교에서 지배자와 피지배자의 관계를 세뇌시키고자 하는 정치적 목적의 교육이 의도되었던 것이다.

조선인 양친의 입장에서 더 중요한 것은 이 학교에서 받을 교육이 조선인 아동의 민족의식을 희박하게 하는 일본적 교육이었다는 점이다. 1936년 일본 정부의 조사는 "조선인의 소학교 취학 아동이 51,000명으로 취학 적령 아동 총수의 60%라고 기록하고 있으며, 이 중에서 아주 소수의 아동이 중학교 및 상급학교에 진학하였다. 조선인은 미국의 흑인과 상당히 닮아 법률상 명확한 강제가 있지는 않았지만, 일본 여러 도시의 빈민 지구에서 빈약하게 거주하는 경향이 있었다"(Wagner, 1989)라고 정리하고 있다.

3. 해방 후 민족교육 총론

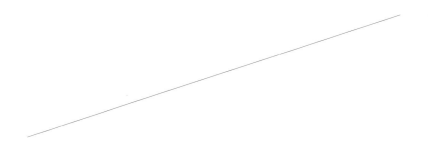

1) 영토 내의 이중 정책

지금부터 70여 년 전, 일본의 포츠담선언 수락으로 제2차 세계대전이 끝나 우리 민족은 일제의 식민지라는 긴 터널을 빠져나왔다. 해방 직후 일본에는 한반도 인구의 10%에 해당하는 210만여 명(자료에 따라서는 230만 명, 240만 명 등으로 기록하고 있다)의 재일동포가 재류하고 있었다. 해방은 이념적으로 차별에서 평등으로, 억압에서 자유로의 전환이며 상상적 공동체(Anderson, 2006)로서 민족을 구체적 공동체로서 결합할 수 있는 말과 글, 역사와 문화 등이 다른 나라와 대등적 관계에서 존중됨을 의미한다.

해방 후 재일동포는 대부분 귀국을 희망하였으며 일제 식민지 시대에 억압의 대상으로서 대부분을 잃어버린 민족의 말과 글을 고국에 귀국할 때까지 임시적·잠정적으로 배울 수 있도록 일본 전역에 국어강습소를 개설[10]하였는데 이것이 민족교육의 시작이다. 민족교육은 거의 모두가 초등부 과정이었지만 숭문주의 전통을 가진 민족으로서 자녀교육에 대한 관심과 참여는 폭발적이었다. 불과 2년도 되지 않아 6만여 명의 재일동포 및 그 자녀가 민족학교에 취학하였으니 말이다. 초기 연합군최고사령부(General Headquarters, 이하 "GHQ")는 재일동포를 억압으로부터 해방된 민족으로 보고 제반 활동을 크게 구속하지 않았으며, 일본 정부도 민족교육 활동에 크게 관여하지 않았다.

1947년 4월의 문부성 학교교육국장이 도카이호쿠리쿠[東海北陸] 행정사무국장의 질의에 대한 답변 형식으로 한 통달(通達, 일본의 행정용어로 통달은 주로 행정기관 내부에서 상급기관이 하급기관에 대하여 지휘감독 관계에서 기관의 소관 사무에 관하여 시달하고자 발하는 일반 문서로 훈령의 성격을 가짐)에서는 "조선인 아동은 일본인 아동과 같은 취학의무를 가진다"라고 전제하면서도 민족교육을 실시하는 각종학교의 설립을 인정함으로써 민족교육이 자주적으로 이루어질 수 있도록 인정하였다. 그러나 문부성은 1948년 1월의 통달에서 방침을 바꿔 조선인이라 하더라도 학령에 해당하는 자는 일본의 공립 또는 사립학교에 취학하도록 의무를 부과하고 민족학교를 부정하는 조치를 취하였다.

같은 해 공포된 외국인 등록령에서는 재일동포를 외국인으로 취급하는 한편 일본인으로 간주하였다. 과세, 식량 배급, 농지 수용, 교육 등 분야에서는 '일본 국민'으로 취급하면서 외국인 관리, 참정권 분야에서는 외국인으로 간주하는 시책이었다. 일본 정부는 '일본 국적을 보유한다'라고 하여 외국인으로서 권리를 제한하면서 동시에 외국인 등록령을 적용하고(1947. 5. 2.) 참정권을 정지하는 등 국민으로서 권리를 제한하는 등 이중의 제한을 가하고(佐野, 1982), 치안적 관점에서 단속을 강화해 갔다.

여기에는 '국적'이라는 용어가 그 자체로 실체적인 의미를 가진다고 보기보다는 얼마나 편의적으로 사용되고 단지 탄압의 구실이 되는 모순덩

어리였는지를 알 수 있다. 국가의 치안 문제에서는 외국인으로 취급하여 엄격한 통제를 가하는 한편 학교교육은 일본의 학교에 취학하도록 강제하고 일본의 교과서에 의하여 배우도록 강요하는 동화 정책을 취하는 이중 정책이었다. 당시 재일동포의 귀국 정책이 종료한 시점에서 일본에 남은 재일동포는 운명적으로 일본 사회의 한 부분일 수밖에 없었으므로 일본 정부로서는 재일동포를 일본인으로 동화하는 정책이 필요하였을 것이다.

1948년 일본 정부의 재일동포 교육방침은 4월 24일 고베와 오사카에서 발생한 한신교육사건의 시발점이 되었다. 연합군의 일본 점령기 처음이자 마지막의 비상사태가 선언되고 오사카에서는 일본 정부의 교육 탄압에 저항하는 재일동포에게 발포를 하여 16세의 청년이 사망하는 사건이 발생하였다. 이 한신교육사건을 계기로 일본 정부의 민족교육에 대한 정책에 약간의 변화가 생겨 1948년 5월 5일에는 문부대신과 재일동포 단체 간에 사립학교로서 자주성이 인정되는 범위 내에서 민족교육을 실시하는 사립학교를 인가한다는 각서가 교환되었다.

2) 혼란의 민족교육

그러던 중 1948년과 1949년에는 동아시아 정세가 크게 변했다. 1948년 한반도에는 두 개의 정부가 수립되었으며 1949년 10월에는 중화인민공화국이 수립되었다. 이러한 아시아의 정세는 미국의 극동 정책에 영향을 미쳤다. 일본 정부는 재일동포 단체의 집회에서 북한 인공기의 게양을 금지하였는데 이를 위반하여 군사재판에 회부해 중노동에 처하는 사건도 일어났다.

1949년 9월 8일, '조련'과 '조선민주청년동맹'(이하 "민청")에 대해 단체 등 규정령에 의거 해산 명령이 내려지고 약 한 달이 지난 10월 13일, 문부성은 '조선인학교의 조치에 관하여'라는 장문의 통달을 발하였다. 주요 내용은 조련이 운영하는 학교의 폐교와 무인가 학교의 해산, 학교의 명칭에서 조련을 상기할 수 있는 자구를 삭제할 것 등이었다.

이 지시에 따라 1949년 10월 19일 90개교(소학교 76개교, 중학교 1개교, 고등학교 1개교, 각종학교 12개교, 폐쇄된 90개교 중 무인가 학교는 36개교), 11월 4일 272개교(소학교 226개교, 중학교 15개교, 고등학교 3개교, 각종학교 28개교, 폐쇄된 272개교 중 무인가 학교는 94개교)가 폐쇄되었다. 폐쇄 후 민족학교는 자주학교 44개교, 공립학교 14개교, 공립분교 18개교, 특설학급 77학급, 야간학교 21개교 총 174개교로 재정비되었다. 문부성이 '조선인학교의 조치에 관하여'를 통지한 의도에 대해서는 다음과 같은 평가가 가능하다.

첫째, 민족교육기관을 정리하고자 한 의도가 내재되어 있었다. 당시 조선인학교 367개교 중 미인가학교는 130개교로 상당수에 이르렀으며 민족학교에서의 공산주의 교육이 사회적으로 비판의 대상이 되어 있었다. 일본 정부는 재단법인으로 인가 신청을 할 경우 설치 기준에 합치한지 아닌지 판단하여 허가하겠다는 것으로, 인가 신청 단계에서 민족교육기관은 자연스럽게 정리될 것으로 생각하였다.

둘째, 조선인이 설립하는 사립학교에서 민족교육은 가능하지만, 최소한도의 일본 의무교육을 충족하는 것이 전제였다. 이 방침이 같은 해 1월의 각종학교 설립을 금지하는 통달에 비하면 완화된 것이기는 하지만, 민족교육이 일본 의무교육의 전제하에 이루어지도록 함으로써 학교 단위의 자주적·독립적인 민족교육을 크게 제약하는 것이었다.

셋째, 조선인의 교육 문제에 대해서는 각 지자체가 조선인 교육책임자 및 문교책임자의 의견을 듣도록 하고 있었지만, 실효성이 없는 절차였다. 재단법인 설치 인가권자는 문부대신이며, 민족교육의 교과서는 연합군의 인가를 받아야 하는 행정 체계하에서 경유기관에 불과한 지방청의 의견은 형식일 뿐이고 오히려 절차만 복잡하게 하는 것이었다.

민족학교 폐쇄 후 일본의 공립학교에서 민족교육을 운영하였는데 이는 세계의 교육사에 있어 매우 흥미로운 사실이다. 영국의 경우 1998년 이슬람 초등학교인 Islamia Primary School이 국고보조학교(grant-maintained school)의 지위를 취득하고 1999년에 공립학교가 된 사례가 있지만 1950년대에 공립 민족학교가 생겼다는 사실은 세계적으로 유례가 없는 사건이기 때문이다. 공립 민족학교는 일본 정부의 학교 운영비 지원에 의한 민족교육이라는 측면은 있지만[11] 취학하는 학생들이 재일동포 자녀라는 것을 제외하고는 일본인 교사들에 의하여 교육이 실시되었다는 점에서 자주적 민족교육기관은 아니었다.

3) 강화조약과 민족교육

1952년 4월 28일, 샌프란시스코강화조약(이하 "강화조약")이 발효하여 일본은 연합군의 점령에서 해방되었다. 일본 정부는 강화조약 발표일에 법무성 민사국장 명의의 통달을 발하여 이제까지 유지되었던 재일한국인의 일본 국적이 상실되었다고 선언하였다. 일본 헌법이 일본 국민의 요건은 법률로 정한다고 하고 있는데도(제10조) 법무성의 국장이 국적을 박탈하는 조치를 하였다는 것은 법치국가로서 상상할 수 없는 일이었지만 당시 일본에서는 가능하였다. 이 조치는 일본과 함께 제2차 세계대전의 패전국이었던 독일이 오스트리아 국민에게 국적 선택권을 부여했던 것과는 달리 귀화 이외의 국적 취득을 인정하지 않는 불합리한 조치였다.

강화조약의 발효로 재일동포는 교육 분야만이 아니라 일본의 법령에서 국민이 대상이 되는 모든 혜택, 예를 들면 국민연금, 아동수당, 사회보장 등의 대상에서도 제외되는 등 생존권의 위협을 받는 처지가 되었다. 1953년 2월 11일에는 문부성이 '조선인의 의무교육학교 취학에 관하여'를 통지하였다. 1953년 통달은 외국인 교육에 관한 기본자세를 분명히 한 것이었다.

주요 내용은 외국인에게는 취학의무가 없고 외국인을 호의적으로 의무교육학교에 입학시키는 경우에도 의무교육 무상 원칙은 적용되지 않으며, 재일조선인은 종래부터 특별한 사정이 있으므로 한일우호의 정신에 의거 가능한 한 편의를 제공하되, 재일조선인이 의무교육을 받고자 희망하는 경우에는 법령을 엄수하는 것을 조건으로 학교 사정을 고려하여 취학을 허용한다는 등의 내용이었다. 이 방침은 조선인이 일본의 의무교육학교에 취학을 하는 경우에도 무상으로 하지 않는다는 것이므로 1949년 이후 공립학교 본교 또는 분교로 운영되었던 공립 민족학교도 폐지되는 것은 당연한 귀결이었다.

1951년 10월 9일, GHQ가 일본 정부에 재일조선인의 국적 문제로 한국 정부와 회담을 하도록 요청하여 한일 교섭이 시작된 이후 7차에 걸친 양국 간의 회담 결과 재일한국인법적지위협정 관련 법안이 국회 참의원을 통과하여 1965년 12월 18일 국교가 정상화되었다. 같은 달 문부성은 '조선인만을 수용하는 교육시설의 취급에 관하여'를 발하였다. 이 통달은 다음 두 가지가 요점이다.

첫째, 공립 조선인학교는 앞으로 설치를 인정하지 않는다는 것이다. 도쿄도립조선인학교는 1953년의 통달에 의하여 1955년에 이미 폐교되었으므로 문제가 되지 않았지만 가나가와현 5개교, 아이치현 3개교, 효고현 8개교는 1965년 통달에 의하여 1966년에 공립학교로서의 지위를 상실하였다.

둘째, 민족성 또는 국민성을 함양하는 것을 목적으로 하는 조선인학교는 일본 사회에서 각종학교의 지위를 부여하는 적극적인 의의를 가지는 것으로 인정되지 않으므로 각종학교로 인가해서는 안 된다는 방침이었다. 그리고 통달 말미에는 외국인만을 수용하는 교육시설에 관해서는 '국제친선의 견지'에서 새로운 제도를 검토한다고 부연하였는데, 이로 인하여 1966년에 외국인학교 제도를 신설하는 학교교육법 개정안이 등장하게 된다.

4) 새로운 차별의 모색

외국인학교 제도 법안에 대하여 다나카 히로시는 조선학교 적대시책으로 한국 정부의 의향이 작용했다는 것이 후에 분명히 확인되었다고 하고 그 근거로 제7차 한일회담법적지위협정위원회 제26차 모임(1965. 4. 23.)에서 한국 측 대표가 한 발언을 들고 있다(田中, 2013). 당시 한국 측 대표가 "적화를 목적으로 공산 교육을 하고 있는 조총련계 학교를 폐쇄하여야 하지 않는가? 이러한 당연히 하여야 할 것을 하지 않고 한국인이 설립한 정당한 학교를 동일하게 취급하여 상급학교 진학 자격조차 인정하지 않는다는 것은 이해할 수 없다"라고 하자, 일본 측 대표는 '그것은 일본이 책임을 지고 해결할 내정 문제'로 만약 "일본 정부가 조총련계 학교를 정리한다고 하였을 때 재외국민 보호라는 견지에서 외교적으로 항의하지는 않을까"라고 한 발언에 대하여 한국 측은 "그러한 항의는 없을 것이다"라고 답변한 사실이다.

그러나 일본 정부의 외국인학교 제도 법안이 한국 정부의 의향에 따라 총련계의 조선학교를 적대시하기 위한 목적이었다는 다나카의 지적이 반드시 타당하다고 할 수는 없다. 총련계 조선학교가 일본 정부에 우호적인 대상이 아니었다는 사실은 부인할 수 없지만, 외국인학교 제도 법안에서는 일본 헌법상의 기관이 결정한 시책을 특히 비난하는 교육 기타 일본의 이익을 해한다고 인정되는 교육을 하는 경우에 문부대신은 폐쇄 명령까지 가능하도록 하고 있었다. 그러므로 외국인학교가 일본의 국가정책과 반대되는 교육, 예를 들면 영토 문제, 역사적 사실 등에 관하여 일본 정부의 견해와 다른 교육을 실시하는 경우에 문부대신은 학교의 존폐 여부를 결정할 권한이 있었다.

비록 총련계의 조선학교가 민단계의 한국학교에 비하여 수적으로 비교가 되지 않을 정도로 절대적으로 많았으며 교육 내용도 자유민주주의 국가의 사회질서와는 이질적인 정치적, 사상적 교육 내용이 포함되었으므로 조선학교를 노린 법안이라는 지적은 설득력이 있지만 민단계의 한국학교 역시 통제를 피해 갈 수 없었다는 점에 유의할 필요가 있다. 일본 정부의 정책 방향에 위기의식을 느낀 민단에서는 외국인학교 제도 법안의 부당성을 호소하는 한편 1967년에는 최초 한국학교 모범교로 설립한 도쿄한국학교의 1조교 전환을 일본 정부에 요청하는 사태로 이어졌기 때문이다.

민단의 입장에서는 각종학교라는 이유로 정부의 사학 보조 대상이 되지도 않고 대학 수험 자격도 부여되지 않아 학생들의 고등교육 기회가 부당하게 제약당하는 차별 정책을 극복하는 방법은 1조교로 전환하는 것밖에 없다는 판단이었지만 민족교육에 대한 민단의 소극적인 태도라는 평가는 피하기 어렵다.

다만 해방 후 약 반세기 동안 각종학교인 한국학교와 조선학교에 취학하는 재일동포 자녀는 각종학교에 취학한다는 이유로 일본의 학교보다 많은 차별을 받았고 똑같은 각종학교이지만 영미권의 학교가 누리는 대학 수험 자격도 주어지지 않는 등의 이중차별에서 벗어나는 방법은 1조교 전환 외에는 다른 방법이 있을 수 없다는 고뇌의 결과였을 것으로 생각된다.

5) 외압과 차별의 딜레마

1959년에 채택한 아동권리선언 30주년인 1989년에 국제사회는 합의하에 아동권리조약을 체결하였으며, 일본은 1994년 이 조약에 비준하였다. 비준이란 단순한 행정 행위가 아니라 국회의 동의와 사회적 합의를 필요로 하는 것으로 조약 이행에 대한 동의이자 국제적인 약속이다. 바꾸어 말하면 비준은 소수자의 민족적 활동이나 민족교육을 보장하겠다는 약속이자 이행할 책무를 지는 국제적 선언이다.

특히 아동권리조약 제30조는 인종적 또는 종교적, 언어적 소수자가 자기 집단의 다른 구성원과 함께, 고유문화를 향유하고, 고유의 종교를 신앙하고 실천하며, 고유의 언어를 사용할 권리를 부인당하지 아니하도록 하고 있다. 그간 일본의 학계 등이 국제법으로 발전된 외국인의 권리를 일본 국내에서도 확장하고자 하였던 논의는 높이 평가할 수 있지만, 아동권리조약 제30조로부터 도출되는 민족교육에 대해서는 소홀히 다루었다.

지금 우리는 탈영토적, 탈중심적 지배 형태가 확산되는 글로벌 사회에 살고 있으며, 근대 국민국가에서 국가주의의 정치적 형태로서 제국주의를 부르짖는 사람은 없다. 마이클 하트(Michael Hardt)와 안토네오 네그리(Antonio Negri)는 포스트 국민국가의 지배 형태를 제국(Empire)이라고 한다

(Hardt & Negri, 2001). 이때의 제국은 강한 문화가 약한 문화를 동화하거나 흡수하지도 않고 상호 가치의 수용과 차이의 인정이라는 공생적 태도를 가지는 것을 말하므로 근대사회의 제국과는 다른 개념이다. 그러나 일본의 태도는 어떤가?

제165회 국회 중의원 교육기본법에 관한 특별위원회(2006. 12. 13.)에서 있었던 민주당 나카이 히로시[中井洽] 의원의 민주당의 교육기본법안은 교육의 권리가 일반 국민에게 한정되지 않고 외국인도 포함한 '누구나'를 대상으로 하고 있지만 자민당의 법안은 '일반 국민'으로 하여 외국인을 배제하고 있다는 지적에 대하여 아베 신조[安倍晉三] 총리는 헌법에서 '국민의 교육을 받을 권리'로 규정하고 있으므로 정부는 일본 국민을 교육하는 의무를 지고 국민을 육성해 가야 하는 것은 의심할 여지가 없고, 외국인들이 '일본 국민으로서의 국민을 교육해 가야 하는 의무교육을 희망한다면 일본 국민과 동일한 배려'를 하고 있다고 답변하였다.[12]

일본 정부의 외국인 교육 정책이 '국가 및 사회의 형성자로서의 국민의 육성'이라는 동화 정책의 기조가 현재에도 변함이 없다는 것을 말해 주고 있다. 약한 민족의 문화는 다수의 강한 민족의 문화에 흡수되어야 한다는 문화적 다원주의를 일본의 정책에서 엿볼 수 있다.

주석

1 재일동포 통계는 조사기관, 조사 시기에 따라 일관성이 결여되어 있다. 도쿄부 사회과가 공표한 '在京朝鮮人勞働者の現狀'(1930년 기준)에서는 재일동포 총수를 288,127명으로 발표하였는데, 많이 거주한 지자체는 오사카부 69,181명, 도쿄부 30,260명, 후쿠오카현 25,039명, 아이치현 23,143명 순이었다.

2 요코하마지방재판소 1974.6.19. 판결, 日立製作所採用内定取消無效確認訴訟判決事件.

3 金英達(2003)에 의하면 "1924년에는 각 지역의 조선인 노동단체를 통합하여 '재일본조선노동총연맹'이 결성"되고, "소비생활협동조합과 낮에 노동을 하는 아동을 위한 야학교도 생겼"으며, 조선어로 된 신문 및 잡지도 다수 발간되었고, 면학을 목적으로 학생도 다수 와서 유학생 단체를 만들어 문화운동 및 사상운동의 선두에 서서 활약하였다.

4 1931년 5월 내선협화회가 조사한 자료에 따르면 소학교 재학자 6,893명 중 주간부 4,386명, 야간부 2,407명으로 35%의 아동이 야간부에 재학하였다.

5 당시 통계에서 1942년의 학령 아동 수를 276,000명으로 추정한 것은 대체적으로 타당한 것으로 보인다. 1940년대 우리나라의 초등학교 학령인구 비율(전체 인구 중 6~12세 인구의 비율)이 15% 정도였으므로 일본에 재류하는 재일동포 자녀 중 학령 아동 수도 276,000명 정도가 되었을 것이다.

6 검토한 방안은 '① 분리 교육: 조선인 학생만으로 학교를 설치, ② 분리 학급: 조선인 학생만으로 학급을 특설, ③ 분산 수용: 소수의 학교에 집중되지 않도록 시내 각 학교에 분산 수용, ④ 분산 주거: 집단 부락을 폐지하고 보호자의 가정을 시내로 분산, ⑤ 일정한 학년까지 분산 교육을 하고 그 후에 일본인 학생과 공학' 등이었다.

7 오사카는 재일동포 인구가 많았을 뿐만 아니라 재일동포의 교육 수준도 매우 낮았다. 1930년 오사카시 사회부 조사과가 공표한 '本市に於ける朝鮮人工場勞働者'(사회부 보고 제131호)에 따르면 재일조선인 공장노동자 8,092명(남자 7,459명, 여자 633명)의 교육 정도는 무학 4,213명, 소학교 중퇴 1,634명, 소학교 졸업 1,477명으로 나타나 교육을 한 번도 받은 적이 없는 조선인이 과반수였다. 당시 공장노동자 연령이 15세 이하 157명, 20세 이하 2,391명이었던 점을 감안하면 학령기 아동 다수가 공장에서 노동을 하였을 것으로 추정된다. 취학자의 경우에도 야학교 또는 학령기를 초과하여 취학하는 사례가 많았을 것이다.

8 언론에서는 당시 야간 소학교의 개교 상황을 다음과 같이 기록하고 있다. "今宮제2소학교에서 조선인 야학교를 개시하였지만 동시에 鶴橋제2소학교에서도 개시하였다. 전자는 시업 당일 45명의 입학을 접수하였지만 수일도 지나지 않아 57명이 되었으며 이번 달 중으로 100명을 돌파할 정도로 지원자가 많아지고 있다. 후자도 마찬가지로 학생은 최소 9세부터 최고 연장자는 30세 이상도 있는데 전부 주간에 노동을 마치고 출석하였지만 배움에 열심인 것은 당국도 예상하지 않았던 일로 놀라고 있다"(中外日報, 1924.4.27.).

9 일본인과 조선인의 공학의 '좋은 점'으로는 ① 내선(內鮮) 아동이 자연적으로 서로 이해하고 화친한다. 아울러 어린이는 친해지기 쉬우므로 영원히 친구가 된다. ② 보고 배우고 듣고 배우므로 조선인 학생은 점차 발음을 바르게 하고 회화를 연습하여 어휘를 풍부하게 한다. ③ 차별적 대우의 악감(惡感)을 주지 않는다. ④ 경비 절감. ⑤ 일본인 아동에 대한 순종, 열심 등의 좋은 규범을 표현한다. ⑥ 일본인 아동의 민첩한 점에 감화된다 등이며, '불리한 점'은 ① 역사 수업 시에 특별한 주의를 요할 부분이 있다. ② 수신 교재에는 조선인에게 불리한 주제가 있다. ③ 풍속 습관의 차이에서 독본 중에 조선인에게 이해하기 어려운 교재가

있다 등이다(伊藤, 1983).

10 국어강습소는 1945년 9월에 도쿄 간다[神田] 조선 YMCA, 足立의 개인 소유의 공장, 10월에는 신주쿠 [新宿]의 도쓰카[戶塚] 국어학원, 11월에는 荒川 등에서 개설되었으며, 이러한 국어강습소는 전국적으로 파급되어 광산 등 재일동포가 밀집한 지역에는 10명에서 60명 규모의 국어강습소가 만들어졌다(姜徹, 2006).

11 도쿄도교육위원회가 도립조선인학교 운영을 위해 지출한 금액은 도립 전환 첫해인 1949년에는 14,948,842엔 이었다. 그러나 도립이 폐지된 1955년에는 47,400,000엔으로 크게 증가하였다(梶井, 2014).

12 제165회 국회 중의원 교육기본법에 관한 특별위원회 제13호(2006.12.13.).

제3장

1940~1950년대의 민족교육

1. 해방 직후의 민족교육

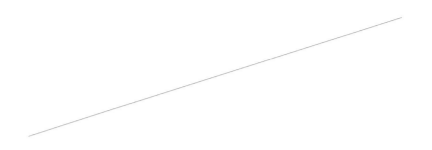

1) 민족자주권의 회복

미국의 루스벨트 대통령과 영국의 처칠 총리, 중국의 장개석 총통은 1943년 12월 1일 이집트의 카이로에서 회담하고 일본에 대한 장래 군사행동에 대하여 '3대 연합국은 바다, 육지, 공중에서 야만적인 적국에 가차 없는 압력(unrelenting pressure)을 이행'할 것을 협정하였다. 이 역사적 선언에서 세 강대국은 조선 인민의 노비 상태(the enslavement of the people)에 유의하고 한국의 자주독립을 결의하였다. 드디어 우리 국민이 억압 속에서 황국신민으로의 동화를 강요받았던 어두운 터널에서 벗어나 민족적 자결권을 가진 독립국가로서 지위를 회복하는 데 서광이 비친 것이다.

1945년 7월 26일 미국, 영국, 중국의 지도자는 베를린 교외의 포츠담에서 다시 만나 일본에 대하여 문서로 항복하도록 하였다. 그러나 일본 정부는 바로 받아들이지 않았다. 일본이 불과 보름 정도 항복을 거부한 데 대한 대가는 처참하였다. 히로시마와 나가사키에 원자폭탄이 투하되어 수많은 인명이 살상되었다. 미국의 원자폭탄 투하로 일본인뿐 아니라 수많은 조선인 역시 불귀의 객이 되었다. 일본이 국제정세를 정확히 읽고 포츠담선언과 카이로선언을 이행하였더라면 생기지 않았을 희생이었다. 일본은 원자폭탄 투하와 소련의 선전포고 등의 공포를 견디지 못하고 어쩔 수 없이 8월 14일 항복하였지만, 히로시마 원자폭탄 투하로 2만여 명의 귀중한 동포의 목숨이 산화한 이후였다.

다음 날인 8월 15일 일본은 공식적으로 항복을 발표하였다. 이후 일본을 점령한 GHQ는 재일동포의 귀국을 조속히 끝내고자 귀국 정책을 서둘렀다. 그런 과정에서 해방된 자유로운 민족으로서 설레는 가슴을 안고 부모와 가족이 있는 고향으로 돌아오던 수천 명이 또다시 일본 연안에서 불귀의 객이 되었다. 이른바 1945년 8월 25일 교토 해안가에서 폭침한 우키시마마루[浮島丸] 사건이다.

일본 정부의 발표에는 우키시마마루에 255명의 해군 장병과 3,735명의 한국인이 승선해 있었으며 그중 징용자는 2,838명, 민간인은 897명이라고 하였으나, 실제 승선한 인원은 4천여 명, 6천여 명, 8천여 명 등으로 각각 다르며 정확하게 파악된 것은 없다. 지역 해군사령부의 명령에 따라 8월 21일에 정상적으로 출항한 우키시마마루는 항해 도중 '8월 24일 이후 항해를 금지한다'라는 명령이 하달되어 교토의 마이쓰루만에 들어온 후 오후 5시 20분경에 해상에서 폭발해 침몰하였다.

일본 해군이 작성한 한국인 사망자 수는 징용자 362명, 협력회 공급 인부 48명, 해군 114명 등 총 524명이다. 일본 정부는 침몰의 원인을 기뢰에 의한 폭발로 발표하였지만, 풍문에 자침(自沈)설도 없는 것은 아니다. 침몰의 원인이 역사에 묻혀서도 안 되지만 몇 명이 희생되었는지를 정확히 밝히는 것도 역사적 사실을 존중하는 태도이다.

1945년 8월 15일! 일제강점기에서 개인의 자유, 민족의 정체성과 고유성이 통째로 유보되었던 어둠의 터널을 겨우 빠져나왔다. 연합국의 일본 점령이 시작되고 일본 군대는 완전히 무장 해제되었으며, 식민지를 억압하였던 일본은 졸지에 식민지가 되었다. 역사는 반복된다는 역사적인 명언이 증명된 것이었다. 그날 이후 우리글, 우리말, 우리 문화를 누구의 간섭도 없이 할 수 있는 민족자주권이 회복되었다.

2) 귀국 준비 과정, 국어강습소

일본에 재류하던 동포도 독립국의 국민으로서 지위와 권리를 회복하였다. 비록 고국도 아닌 이역(異域)이지만 교육은 정신적 활동이자 밝은 미래를 위한 문화적 사업이었다. 변변치 못한 시설과 전문교육을 받은 교사도 없는 최악의 환경에서 재일동포들은 국어강습소를 열어 우리말, 우리글부터 배웠다. 민족교육에 대한 절실함은 일제에 의해 짓밟혀 온 36년간의 치욕을 다시는 반복하지 않겠다는 각오이자 태도였다.

불과 수개월 만에 일본 전국에 수백 개의 국어강습소가 생길 정도로 재일동포의 교육열은 대단하였다. 학문을 숭상하는 숭문주의 전통을 이어 온 민족으로서 민족학교를 설립하여 자력으로 조선인이 되기 위한 교육을 한다는 것은 민족정신의 계승 그 자체이다. 물론 일본 영토에서 일본인도 아닌 이방인이라는 신분적 한계는 지금까지도 차별의 형식적인 요건이 되고 있지만. 이 시기 일본에는 약 210만~240만 명의 재일동포가 있었다. 당시 우리나라 인구가 남북한을 합쳐 2512만 명(1944년 기준)이었으므로 우리 국민의 약 10%에 해당하는 인구가 일본에 있었다는 사실은 매우 놀랍다. 그중에는 직업을 찾아 일본으로 이주한 예외적인 경우도 있지만 일제 식민지 정책에 의한 경제적 핍박과 국가 동원으로 강제적으로 연행된 우리나라 국민이 많았다.

1917년부터 1932년까지 166,000명 정도의 조선인이 일본에 갔다. 가장 많이 일본에 간 해는 1929년으로 55,000명이었는데 대부분이 노동자였다. 1938년에는 조선인 육군특별지원령이 공포되었다. 부모와 형제, 고향 산천을 뒤로하고 일본에 강요되어 다시 못 돌아올 전장으로 떠났다. 국가총동원법(1938), 국민징용령(1939)은 일본의 탄광, 고무공장, 제철공장에 조선반도의 젊은이들을 징용하는 치안입법이었다. 그러므로 해방은 전혀 다른 시대를 가능하게 하여 재일조선인에게 많은 기대를 가져다주었다. 고향에 갈 수 있다는 환희, 일본에서 금지되었던 나의 나라를 자유롭게 얘기할 수 있다는 기쁨, 강점기에 당했던 노예와 같은 생활에서 떳떳한 주권을 가진 대한민국의 국민으로서 일본인과 대등하다는 자부심. 그러나 현실은 너무 참혹하였다. 재일조선인 대부분은 기능·생산공정에 종사하거나 단순 노동자였으며, 자녀의 학교교육도 충분하지 못하였다. 시대적 차이는 있겠지만 일본 정부의 자료를 신뢰하더라도 당시 일본인의 소학교 취학률이 완전 취학률에 달하였는데 재일한국인의 취학률이 고작 50% 정도였다는 것은 민족이 전제가 되어 사회적·교육적으로 차별을 받았다는 것을 말해 준다.

해방 후 200만 명이 훨씬 넘는 재일동포의 열망은 조국에 돌아가는 것이었지만, 그들은 조국에 돌아갈 때까지의 기간만이라도 자녀들에게 민족교육을 시키겠다는 일념으로 1945년 9월부터 일본의 각지에 국어강습소를 만들어 민족교육을 실시하였다. 당시 재일동포가 일본의 학교에 취학하지 않고 자주적인 방법으로 자녀교육을 위한 민족학교를 운영하고자 한 이유에 대하여 미국의 역사학자로 조선 연구의 일인자인 에드워드 와그너는 ① 일본 식민지 기간에 피정복 민족으로서 맹목적인 애국주의 교육을 받은 경험에서 일본의 교육방침에 깊은 불신을 가지고 있었고, ② 전후(戰後) 일본의 교육시설이 턱없이 부족하여 설령 일본 측이 재일조선인에게까지 교육의 기회를 주고자 하였더라도 실제로 가능하지 않았으며, ③ 해방 후 재일조선인에게는 일본에 잔류할 의도가 없었고, 오로지 관심은 조선어의 수업을 고국에 돌아갔을 때 가급적 빨리 생활을 시작하기 위한 것이었을 뿐 아니라, ④ 조선인 교육을 관리하는 데 있어 조선인단체, 특히 조련이 기득권을 가지고 있었다는 점 등을 들고 있다. 그리고 위 네 가지 중에서 ④가 가장 중요한 요인이라고 하고 있다 (Wagner, 1989).

1946년에는 교육이 서서히 체계를 갖추어 국어강습소에서는 초등교육을 실시하고 중등교육은 도쿄조선중학교를 설립하여 개시하였다.[1] 1946년 12월에는 해방 후 GHQ가 주관한 재일조선인 귀국 사업이 종료하였다. 해방 직후 약 210만이었던 재일동포 중 대부분은 귀국하고 일본에 잔류하기를 희망하거나 어쩔 수 없는 사정으로 귀국을 하지 못한 60만 명 정도가 일본에 남게 되었다.[2] 귀국할 때까지 잠정적이고 과도기적으로 운영하였던 국어강습소를 체계적으로 교육을 할 수 있는 학교로서 재정비하여야 할 과제가 생긴 것이다.

3) 공고화하는 국민국가

그런데 해방 후 일본에 재류하는 재일동포의 신분적 차별에 가장 큰 영향을 준 것은 일본국 헌법의 제정이 계기가 되었다. 일본 헌법 제정 과정에서 외국인의 지위가 어떻게 변하였는지는 현재 재일한국인이 받는 차별의 원점이 되므로 인권 조항을 중심으로 살펴보고자 한다.

1945년, 일본국 헌법 초안 작성을 위한 민정국이 만들어졌다. 민정국이 만들어진 후 SWNCC³는 '일본 통치체제의 개혁(Reform of the Japanese Government System)'(SWNCC 228, 1946년 1월 7일 승인)에서 아래와 같이 인권 보호 규정이 불충분하다는 점을 지적하고 있다.

최고사령관은 일본 정부 당국에 대하여 일본의 통치체제가 다음과 같은 일반적인 목적을 달성되도록 개혁되어야 하는 데에 주의를 환기하여야 한다.

…

6. 인권 보호에 대하여 부족한 규정

…

c. 다른 한 면에서 일본의 헌법은 기본적 제 권리의 보장에서 다른 헌법에 미치지 못한다. 모든 사람에게 그러한 권리를 보장하는 대신에 권리는 일본 신민에 한하여 적용되고 일본에 있는 다른 사람의 권리는 보호되지 않도록 규정하고 있다.

…

9. 일본 신민 및 일본의 통치권이 미치는 범위 내에 있는 사람 쌍방에 대한 기본적인 인권의 보장을 헌법에 명백하게 규정하는 것은 민주주의 이념의 발달을 위한 건전한 조건을 조성하고, 일본에 있는 외국인에게 그들이 지금까지 누리지 못하였던 보호를 제공할 것이다.

이 SWNCC 228은 1946년 1월 11일, 미합중국 태평양군 사령관에게 비밀문서로 송부되어 민정국의 활동 지표가 되었다. 민정국의 운영위원회 내에는 7개의 소위원회를 두고 있었으며 각 소위원회에서는 담당 부문의 헌법 초안을 작성하였다. 민정국 내에서도 근대 헌법의 골격을 이루는 인권이라는 가장 막중한 책무를 지고 있었던 인권에 관한 소위원회(이하 "인권소위원회")가 만든 헌법 시안에는 외국인에 관한 규정이 "제○조 모든 자연인은 법 앞에 평등하다. 인종, 신조, 성별, 사회적 신분, 계급(caste) 또는 출신국에 의해 정치적 관계, 경제적 관계, 교육 관계 및 가족관계에서 차별이 만들어지는 것을 수권하거나 용인해서는 아니 된다. 제○조 외국인은 법의 평등한 보호를 받는다. 범죄와 관련하여 소추를 받은 때는 자국의 외교 관계 및 자기가 선택한 통역의 도움을 받을 권리를 가진다"라고 들어 있었다(鈴木, 1995).

헌법 시안에 '모든 자연인'이라는 익숙하지 않은 표현이 있는데 이것은 인권의 본질이 민족이라든지 국가에 의해 속박되어서는 안 된다는 것을 의미하는 것이었다. 이 규정은 최종적으로 '국민'으로 변경되었지만 당초 인권소위원회의 시안에서는 인권의 주체를 '지구에 사는 사람'으로 확장하였다는 데에 의의가 있다. 인권소위원회가 만든 시안은 운영위원회의 토론 등을 거쳐 일부 수정한 후 1946년 2월 13일 일본 정부에 전달되었는데 이것이 'GHQ 헌법 초안'이다. 이 헌법 초안에서는 외국인의 지위와 관련하여 "제13조 모든 자연인은 법 앞에 평등하다. 인종, 신조, 성별, 사회적 신분, 계급 또는 출신국에 의해 정치적 관계, 경제적 관계 또는 사회적 관계에서 차별이 만들어지는 것을 수권(授權)하거나 용인해서는 아니 된다", "제16조 외국인은 법의 평등한 보호를 받는다"라는 내용을 담고 있었다.

그러나 일본 정부는 점령 당국과의 교섭 과정에서 제13조를 현행 헌법 제14조의 "모든 국민은 법 앞에서 평등하며, 인종, 신조, 성별, 사회적 신분 또는 문벌(門地)에 의해 정치적, 경제적 또는 사회적 관계에서 차별받지 않는다"로 바꾸고 외국인을 보호하기 위한 독립 조항은 삭제하였다. 당초 미국 정부와 GHQ가 생각하였던 외국인의 인권 보호 조항이 헌법에서 전부 사라진 것이다. 그리고 헌법학에서는 '국민'이란 일본 국적 보유자라는 해석이 정착되고 역사적 과제로 남겨진 외국인의 정치적·사회적·문화적 권리는 미완의 과제로 현재에 이르고 있다.

4) 식민지 지배의 연장선

일본 패전 직후 재일조선인의 교육시설에 대하여 일본 정부는 크게 관여하지 않았다고는 하지만, 와그너가 지적한 것처럼 재일조선인을 열등한 지위에 묶어 두려는 의도가 있었다. 다만 일본을 점령 중인 연합군사령부에서는 해방된 민족인 조선인에 대해서 대체적으로 우호적이고 방임적이었다. 이러한 태도로 인하여 1946년 9월경에는 해방 직후 비형식적이고 체계적이지 못한 민족교육이 학교교육 형태를 갖추게 되었으며 비록 시설, 교육, 환경 면에서는 충분하지 않았지만 525개교에 44,000명 정도의 배움의 장이 생기게 되었다.

한민족의 숭문 전통은 재일동포에게도 여실히 반영되어 해방 직후 국어강습소를 일본 전역에 열어 우리말, 우리글, 우리 역사를 배울 수 있는 기초를 마련하였으며 이러한 교육 의지는 체계적인 민족교육 운동으로 발전하였다. 일본 정부는 재일동포의 민족교육 실시에 대해 방임적 태도를 가지고 있었으므로 크게 관여하거나 교육적인 지원에 우호적이지 않았다.

1946년 8월 28일, 민간정보교육국(Civil Information and Education Section, 이하 "CIE") 교육직원이었던 에드윈 위글즈워스(Edwin F. Wigglesworth)가 마크 오르(Mark T. Orr) 교육과장에게 제출한 기후[岐阜]현의 특설 조선인학교를 제목으로 한 내부 문서에서는 일본 정부에 의해 원조를 받는 조선인학교의 설립·운영과 사적 재원에 의해 원조를 받는 조선인학교의 설립과 운영의 두 가지 과제에 대하여 위걸즈워스 자신의 견해를 적고 있다.

CIE는 GHQ의 한 조직으로 초등반, 중등반, 고등반, 특종교육반의 4개 반과 협동위원회, 교원양성위원회, 고등조사위원회, 교과서 및 교육자료 허가조사위원회, 조사정보위원회, 심사위원회, 연락위원회 등 7개 위원회를 두고 있었다.

CIE는 교육쇄신위원회 등을 통하여 일본의 교육기본법 제정에 관여하였으며, CIE의 정책 방침은 국립국회도서관 설립, 공공도서관 및 학교도서관 보급 진흥 등 교육·학예 정책에 막대한 영향을 주었다.

위걸즈워스의 문서에는 당시 문부성 히다카[日高] 학교교육국장이 "조선인을 위하여 별개의 학교를 설치하여 운영하는 것은 일본 정부의 방침이 아니다"라고 했다는 내용과 함께 CIE로서도 "일본 정부가 조선인학교의 설립 운영을 원조하는 것은 권유하지 않는다"라는 정책을 마련하도록 상신하고 있다.

히다카 학교교육국장은 사립의 조선인 교육시설 설치 인가 신청에 대하여 "만약에라도 조선인 집단이 사립학교의 설립을 희망한다면 문부성은 조선인 집단에 대하여 어떠한 차별 없이 내각 수상에게 조회하기 위하여 신청서를 수리할 것"이라고 하였다. 여기에 대하여 위걸즈워스는 ① 특설학교가 중대한 분쟁을 일으킬 수 있는 소수집단을 육성할 위험성이 있다. ② 조선인의 귀환이 현재 우선순위이므로 조선 소수집단의 감소는 가까운 장래에 기대하기 어렵고 수년이 걸릴 것으로 예상된다. ③ 조선 본토의 국가 독립 및 재건을 주장하는 일본에서 특설 조선인학교의 요구는 적합성이 부족하다는 점을 지적하고 있다.

그리고 위의 문제점을 고려하여야 하므로 "사적 재원에 의한 조선인학교의 설립 및 운영에 대하여는 전적으로 교육적 효과가 있는 경우와 조선인에 대한 심각한 차별을 포함한 나쁜 환경 등 지역적인 상황이 있는 경우에 한하여 다른 사립단체의 신청과 동일하게 취급하여야 할 것이다. 그러나 CIE는 전술한 특설의 소수집단 시설에 의해 야기될 마찰을 염두에 두고 조선인 사립학교의 신청을 부정적으로 보아야 한다"라고 보고하였다.

이 시기 일본 내에서 재일조선인의 신분은 '일본 국적을 가진 외국인'이라는 특수한 지위를 가지고 있었다. 재일조선인이 일본 국적을 가지게 된 배경은 다음과 같다. 재일조선인 귀국 사업이 종료된 시점은 1946년 11월 12일로 GHQ는 "SCAP 귀국 사업하에서 고국에 돌아가기를 거부한 일본에 거주하는 재일조선인은 한국 정부가 설립될 때까지 일본 국적을 보유한 것으로 간주한다"라고 발표하였다.

즉, GHQ는 일본에 남은 재일조선인에 대하여 일본 국적을 보유하고 있는 것으로 간주하였으며, 강화조약 체결까지 특별한 규정이 있는 경우를 제외하고는 종래대로 일본 국적을 보유한 것으로 취급한다는 견해였다. 그러나 1947년 5월 2일, "외국인의 입국에 관한 조치를 적절히 실시하고 외국인에 대한 제반 취급의 적정"을 기하기 위하여 외국인 등록령이 공포되었는데 이 등록령 제11조에서는 "대만인 중 내무대신이 정한 자 및 조선인은 이 칙령의 적용에 관하여는 당분간 외국인으로 본다"라고 규정하였다. 이 외국인 등록령은 재일조선인의 귀국 사업이 종료한 후 일본 내에 남아 있는 재일조선인이 일본 국적을 가진 것으로 보면서도 치안 문제와 관련해서는 외국인의 신분으로 간주하여 재일동포를 장악하기 위한 목적이었다.

일본 정부는 재일동포를 외국인으로 처우하고 한편으로는 일본 국적을 강요하면서 취학의무를 부과하여 일본의 교육을 강요하였다. 재일조선인은 엄연히 일본으로부터 독립된 권리 주체였음에도 불구하고 일본 국적을 보유한 것으로 간주하였다는 것은 재일조선인을 독립한 민족으로 인정하지 않고 식민지 지배의 연장선에서 계속 피억압 민족으로 차별하려는 의도였다. 이러한 정치적, 사회적 맥락에서 민족교육이란 통제의 대상이 될 수밖에 없었다.

5) 일시적 방치

다시 재일조선인이 일본 국적을 취득한 것으로 간주되었던 시기의 민족교육을 살펴보자. 재일조선인은 일본 국적을 가지고 있었으므로 일본 학교에 입학은 가능하였지만 민족교육을 위한 학교 설립은 원칙적으로 부정되었다는 점에 주목할 필요가 있다. 왜냐하면 일본인으로 간주되었으므로 나름의 민족교육을 할 명분이 일본 정부로부터 부정되었기 때문이다. 이 시기에 일본 정부의 입장이 잘 나타나 있는 문서는 기후현이 재일조선인의 교육을 어떻게 취급할 것인가에 대하여 조회한 사항에 대하여 1946년 7월 1일 문부성 학교교육국 중등교육과정 명의로 도도부현 교학과장에게 통지된 통달을 들 수 있다.

이 통달에서 문부성은 "외국인이라도 일본 국내에 학교를 설립하고자 하는 경우에는 각각의 규정에 의거 인가를 받을 필요"가 있으며, "외국인이 국내에서 외국인을 교육하기 위한 학교를 설치하고자 하는 경우에는 사립학교령에 의할 것", "그 경우에도 학교의 기초를 확실히 하기 위하여 재단법인 조직일 것이 바람직"하다고 회답하였다. 그리고 통달의 말미에 "재일조선인이 일본 국내에서 조선인을 교육하는 학교를 설치하려고 하는데 조선인을 외국인으로서 보아야 하는가"라는 물음에 대하여 "조선인의 취급에 관하여는 관계 방면에 조회 중에 있으므로 확정되는 대로 회답하겠다"라고 하고 있다.

당시 조선인에게도 취학의무가 있는지에 대하여 직접적으로 나타낸 것은 1947년 4월 12일에 문부성 학교교육국장이 도카이호쿠리쿠 지방행정국장에게 통달한 '조선인 아동의 취학의무에 관한 건'이다. 이 통달은 도카이호쿠리쿠 지방행정국장의 조회에 문부성이 회답한 것으로 '조선인의 아동은 일본인 아동과 동등하게 취학시킬 의무가 있는지'라는 질문에 대하여 '현재 일본에 재류하는 조선인은 일본의 법령에 복종해야 한다. 따라서 조선인 아동에 대해서도 일본인 아동과 동등하게 취학시킬 의무가 있으며, 실제상으로도 일본인 아동과 다른 불리한 취급을 해서는 안 된다. 그러나 일방에서 의무취학을 강제하는 것이 곤란한 사정이 있을 수 있으므로 실정을 고려하여 적절히 조치하였으면 한다'라고 회답하고, '조선인이 자제를 교육하기 위해 소학교 또는 상급의 학교나 각종학교를 신설하는 경우에 지방단체는 이를 인가해도 지장이 없는지'에 대해서는 '지장 없다'라고 하였다.

이 통달에는 '일본에 재류하는 조선인은 일본의 법령에 복종할 것', '조선인의 아동도 일본의 아동과 동일하게 취학시킬 의무'가 있으므로 일본인 아동과 다른 취급을 해서는 안 되지만 일본인의 경우와 같이 취학의무를 강제하지 않고 '취학시킬 의무'로 하고 '실정을 고려하여 적절히 조치'하도록 예외를 인정하고 있다. 이와 같은 GHQ 및 일본 정부의 재일조선인 교육에 대한 방임 정책은 1947년까지 유지되었다.

그리고 조선인이 자제를 교육하기 위한 소학교 또는 상급의 학교, 각종학교를 신설하는 경우에 지자체에서는 인가해 주어도 지장이 없다고 하여 민족교육을 인정하는 태도를 보였다. 이 통달을 근거로 하여 도쿄도 교육국은 1947년 10월 초에 "조선인 소·중학교, 신제 고등학교에 대하여는 각종학교로 하여 설립을 인가한다"라고 통달하기도 하였다.

한편 와그너는 해방 후 일본의 조선인 정책을 "일본 정부는 조선인의 처우에 관하여 충분한 권한이 부여되기 전에도 점령군이 조선인에게 부여하려고 생각하고 있었던 자유와 평등을 조선인이 향유하는 것을 방해하는 데 열심이었다. 그러기 위해서 경찰에 의한 광범위한 위협과 감시가 실시되었다. 조선인에 대한 국가적 편의는 매우 제한적으로 부여되었다. 일본의 신문과 공중은 일본 정부에 협력하여 적대 선전과 차별행위에 의해 조선인을 이전의 열등한 지위에 묶어 두려고 하였다. 따라서 조선인은 앞으로 일본 국민으로서 처우된다는 성명을 내거나 압박과 차별을 강화하였다"라고 총괄하였다.

2. 민족교육 통제 및 탄압의 본격화

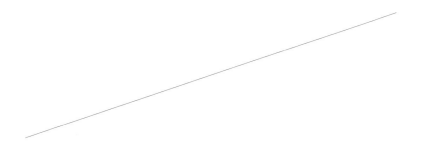

1) 방임 정책의 무효화

1947년 10월 GHQ 민간정보국은 일본 정부에 "조선인학교는 정규 교과의 추가 과목으로 조선어를 가르치는 예외를 인정하는 것 외에는 일본(문부성)의 모든 지령에 따르도록 일본 정부에 지시한다"라는 명령을 발하였다.

연합군의 대일 점령 교육 관리기구는 일본 정부 및 정부 하부 조직의 존재와 기능을 전제로 하여 이들을 통하여 소기의 점령 목적에 도달하는 체제로 구축되어 간접 통치 형태로 정비되어 있었지만 단지 GHQ/SCAP로부터 중앙정부에 대한 영향에 머물지 않고 말단에서의 실시 상황이 각지에 배치된 미국 태평양 육군 소속의 군정 부대에 의해 보완되어 점령 정책의 효율적 침투가 기대되었다(阿部, 1982).

문부성 학교교육국장은 GHQ의 지령을 근거로 1948년 1월 24일, 오

사카 출장소장과 도도부현 지사에게 '조선인학교의 취급에 관하여'(이하
"1948년 통달")를 통지하였다. 이 통달은 1946년 11월 20일부로 총사령부
가 '일본에 남는 것을 선택한 조선인이 일본의 법령에 따라야 한다는 것
은 자명한 것이다. 그러나 국적에 관하여 간섭하는 것은 아니라는 입장
을 가지고 있다'라고 발표한 것에 기인한다. 재일한국인의 민족교육사에
서 매우 중요한 자료이므로 원문 그대로 소개하고자 한다.

> 1. 현재 일본에 재류하는 조선인은 1946년 11월 20일부 총사령부 발표
> 에 의해 일본의 법률에 복종하여야 한다. 따라서 조선인의 자제라도 학
> 령에 해당하는 자는 일본인과 똑같이 시정촌립 또는 사립의 소학교 또
> 는 중학교에 취학시켜야 한다. 또한 사립의 소학교 또는 중학교 설치는
> 학교교육법이 정하는 바에 의하여 도도부현 감독청[지사]의 인가를 받
> 아야 한다. 학령 아동의 교육에 관한 각종학교의 설치는 인정하지 아니
> 한다. 사립의 소학교 또는 중학교에는 교육기본법 제8조[정치교육]뿐만
> 아니라 설치 폐지, 교과서, 교과 내용에 관하여는 학교교육법의 총칙과
> 소학교 및 중학교에 관한 규정이 적용된다. 단 조선어 등의 교육을 과
> 외에 실시하는 것은 지장이 없다.
> 3. 학령 아동 이외의 자의 교육에 관하여는 각종학교의 설치가 인정되
> 어 학교교육법 제83조 및 제84조의 규정이 적용된다.
> 4. 전 2항의 취지를 실시하기 위한 적절한 조치를 강구하기를 바란다.
> 비고. 조선인 송환 계획에 관한 1946년 11월 20일부 총사령부 발표에
> 의거 송환을 거부하고 일본에 재류를 선택한 조선인은 앞으로 일본 법
> 령에 따르는 것을 충분히 이해하고 위의 선택을 하여야 한다.

1948년 통달로 인하여 문부성이 조선인만을 대상으로 하는 각종학교

의 설치를 인가한다는 1947년의 방침이 불과 수개월 만에 철회된 것이다. 즉, ① 재일한국인의 자주교육을 인정하지 않고 일본의 교육법에 따를 것(조선인학교 폐쇄 예고), ② 학령에 해당하는 재일조선인 자제는 무조건 일본인학교에 입학시킬 것(동화교육의 강제), ③ 재일조선인만을 대상으로 하는 사립의 소중학교 설치는 지사의 인가가 필요(인가 여부는 일본의 행정기관이 결정)함, ④ 사립학교로 인가받더라도 일본의 학교와 동일하게 운영(자주적 민족교육의 부인)할 것, ⑤ 성인을 대상으로 하는 교육기관도 도도부현 지사의 통제를 받을 것 등을 노골화하였다는 데 의의가 크다.

1948년 통달로 일본 정부의 민족교육 통제 및 탄압이 본격화되었으며, 이로 인하여 민단이 각 지방에 민족학교를 설립하여 민족교육을 확대하고자 한 계획에도 차질이 있었을 것이다. 1948년 1월 26일에는 "조선인학교의 교직원도 교직원적격심사를 받아야 한다"라는 통달을 도도부현 지사에게 통지하였다.

당시 일본인 교원도 적격심사가 이루어졌는데 이는 연합군 점령하에 교육의 민주화를 실현하기 위한 방책으로 실시되어 '직업군인, 군국주의자, 극단적 국가주의자' 등 점령 정책의 반대자를 교육에서 배제하고 추후도 교직에 들어오는 것을 금지하는 것을 목적으로 한 것이었다. 1948년까지 약 70만 명의 일본의 현직 교육관계자를 심사하여 약 5천 명을 부적격으로 판정하였다.

그런데 자기 나라 국민을 대상으로 한 교원적격심사가 일단락된 시기에 조선인학교 교직원을 새롭게 심사 대상으로 한 것이다. 일본의 학교에서 군국주의자와 극단적 국가주의자를 추방하는 것을 목적으로 한 적격심사를 제국주의 침략국인 일본의 학교와 역사와 교육 목적이 다른 민족교육기관인 조선인학교 교원에 대하여 실시하는 이유에 대해서는 어떠한 설명도 없었다.

2) 민족교육 암흑기의 전조

1948년 통달은 실질적으로 민족교육을 금지하는 조치였다. 조선인학교가 일본의 교육기본법 및 학교교육법에 의하여 설치 인가를 받고 법령에 따라 운영되어야 한다면 일본 정부의 검인정교과서(일본은 1940년대의 신교육제도에서 국정교과서 제도를 폐지하였다)를 사용하고 민족교육이 일본의 교육행정에 의하여 간섭을 받게 되며, 교원도 일본의 교원자격심사위원회의 결정에 따라야 하므로 조선인 교원은 기대하기 어렵게 된다. 결국 민족교육으로서 의미는 사라지는 것이다.

이에 대응하여 조련은 재일조선인 교육은 특수한 사정을 전제로 해야 한다는 점 등을 들어 일본 정부에 ① 일본 정부 당국은 조선인이 아동을 교육하기 위한 학교기관을 특수한 학교로 인정할 것, ② 민족교육의 내용과 교원 문제는 간섭하지 말 것, ③ 조선인학교의 설치와 유지, 경영의 자주성을 인정할 것, ④ 학용품은 일본인학교와 동일하게 부여할 것을 요구하였다. 조련의 요구에 대하여 일본 정부는 일체 반론도 하지 않고 조선인학교의 폐쇄 계획은 일본 정부의 생각이 아니라 GHQ의 지령이라는 변명으로 일관하였다.

1948년 통달에 앞서 1947년 12월 8일 문부성에서 조련 대표를 응대한 교육국 총무부장은 "GHQ는 조선인학교도 일본 정부의 인가를 받고 일본의 교과서를 사용하고 조선어 교육은 과외로 하라고 하였다"라고 하여 모든 방침을 GHQ의 탓으로 돌린 적이 있었다. 1948년 3월 5일에는 효고현 미 군정부 허턴(Hutton) 소령이 효고현 교육부장에게 '일본의 공립학교 건물에서 가능한 한 조속히 모든 조선인 특수학교를 퇴거시키기 위하여 당 미 군정부는 조선인학교의 일람표 제출을 요구한다. 이 일람표에는 효고현에서 조선인이 이용하고 있는 일본인학교명과 소재지를 기입하여야 한다', '고베시의 조선인학교는 전부 금년 4월 신학기 초까지 일본의 공립학교에서 퇴거가 예상된다. 현 내의 다른 시정촌의 조선인학교도 모든 공립학교 시설을 의무교육제도의 확충을 위하여 이용하도록 가장 빠른 기간 내에 퇴거시키도록 한다', '조선인 학령 아동은 감독청이 인가하는 사립학교에 입학하는 이외에는 일본 공립학교의 정규학급에 입학하여야 한다'라는 지시를 하였다.

일본 정부의 조선인학교 폐쇄 구실 중에는 의무교육 연한 확대에 따른 교육시설 확보가 들어 있었다. 1947년 학교교육법의 제정으로 의무교육 연한을 종전 6년에서 9년으로 연장하여 의무교육시설이 부족하다는 구실이었다.

일본 전역에서 효고현과 같은 움직임이 있었다. 이에 조련 중앙본부는 3월 6일 ① 조선인의 교육은 조선인의 자주성에 맡길 것, ② 일본 정부는 조선인 교육의 특수성을 인정해줄 것, ③ 조선인의 교육비를 (일본의) 국고에서 부담해 줄 것, ④ 조선인의 교육기관에도 차질 없이 물자를 공급해 줄 것, ⑤ 조선인 교육에 절대 간섭하지 말 것 등의 결의문을 모리토 다쓰오[森戶辰男] 문부대신에게 제출하고 회답을 요구하며, '일본에 재류하는 조선인은 일본의 법령에 따라야 한다'라는 GHQ의 통달(1946. 11. 20.)은 재류하는 조선인이 일본의 사법권 관할에 있다는 것을 의미하는 것으로, 조선인이 일본 국민으로서 일본의 법령에 복종하여야 한다는 것까지 의미하지는 않는다는 견해를 제출하였다.

야마구치현(일본의 지자체 중 가장 먼저 1948년 3월 31일 학교 폐쇄령 집행)에서는 3월 3일에 만여 명의 학부형과 재일동포가 참여하여 학교 폐쇄 집행에 반대하는 집회가 열려 24시간 투쟁을 선언하였다. '한신교육사건'의 전조였다. GHQ의 민족학교 정책 전환과 1948년의 문부성 통달이 민족교육의 암흑기를 초래한 직접적인 원인이기는 하지만, 당시 전국에 분포되

어 있던 조선학교의 교육 내용과 교육 방법, 학교 운영 등도 미 군정부와
일본 정부가 정책 전환을 하는 데에 빌미를 제공하였다는 점에 대해서는
후술한다.

3. 억압과 저항의 분수령

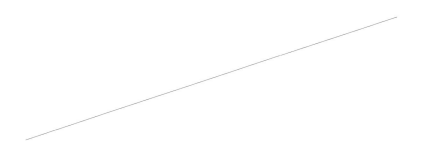

1) 민족교육 암흑기의 서막

해방 후 약 2년간은 민족교육의 미래가 밝은 듯하였지만 1947년의 GHQ 지령과 1948년 통달에 의해 민족교육에 암흑기가 도래하였다. 앞서 언급하였지만 1947년 4월 12일에는 문부성 학교교육국장이 통달에서 "조선인이 자제를 교육하기 위한 소학교 또는 상급의 학교, 각종학교를 신설하는 경우에 부현(府縣)은 허가하여도 좋다"라고 통지할 정도였다. 그런데 일본 정부는 이 통달 후 1년도 지나지 않아 갑자기 강경한 입장으로 선회하였던 것인데, 이는 1947년 5월 2일 공포한 외국인 등록령과 관련이 있다.

외국인 등록령은 외국인에게 등록증명서의 휴대와 제시, 퇴거의 강제 등의 의무를 부과함으로써 외국인의 일본 생활을 감독하기 위한 내용이었다(외국인에 대한 지문 날인 제도는 1952년 4월 28일 제정된 외국인 등록법에서 '14세 이상의 외국인'에게 의무화되었다). 이 법령에서는 조선인을 당분간 외국인으로 본다고 하면서도(제11조) 한편으로는 일본인과 동일하도록 처우하였다는 점에 대해서는 전술하였다.

GHQ CIE는 1947년 10월의 방침에서 조선인학교는 정규 교과의 추가 과목으로 조선어를 가르치는 것 외에는 일본의 모든 지령에 따르도록 일본 정부에 지시하였다. CIE의 방침은 일본 정부가 민족교육에 대한 방임적 태도를 통제 정책으로 전환하도록 한 계기가 되었고, 그 후속 조치로 1948년 1월 24일의 문부성 통달, 1월 26일의 조선인학교 교직원 적격심사 명령 등이 통지되었던 것이다. 같은 해 3월 31일 야마구치현, 4월 8일 오카야마현, 4월 10일 효고현, 4월 12일 오사카부, 4월 15일 도쿄도에서 각각 학교 폐쇄를 명령하였다.

전국의 주요 지자체에서 조선인학교에 대한 폐쇄를 명령한 배경에는 3월 1일 문부성 학교교육국장의 '각종학교의 취급에 관하여' 통지가 있었다. 이 통달은 무인가 각종학교가 속출하여 교육상 바람직하지 않은 사태가 생기므로 학교교육법상 규정되어 있는 각종학교를 재정의하고자 한다는 것이 표면적 이유였다.

도도부현 감독청의 인가를 받을 때까지는 교육을 실시할 수 없도록 하고 각종학교는 통달로부터 2개월 이내에 감독청의 인가를 받는 것을 그 내용으로 하고 있었다. 야마구치현이 3월 31일 학교 폐쇄령을 단행한 이후 재일조선인은 대규모 반대 운동을 하고 대표단은 부지사를 만나 학교 폐쇄 조치의 무기한 연기를 요구하였다. 최종적으로 "교원의 수준, 교과 내용 및 교육시설이 충분하지 않은 학교에 대한 폐쇄를 연기하는 것은 불가능"하지만, "실정을 조사한 후에 적당하다고 인정되는 교육시설은 허가할 방침이며 그 결정까지는 종래와 같이 교육을 인정한다"라는 야마구치현의 타협안에 대표단이 동의하여 사건은 마무리되었다.

이 타협안에 따라 야마구치현 교육부는 조선인학교에 대한 조사를 실시하여 4월 28일에 2개교, 30일에 2개 학원, 3개 분교, 5월 1일에 3개 학원의 폐쇄 명령을 발하였다. 폐쇄 후 야마구치현에는 소학교 4개교, 15개 분교, 5개 분실에 남학생 1,212명, 여학생 1,009명이 재학하고 있었으며 교사는 63명이었다(1948년 11월 기준).

일본 전역에서 가장 먼저 학교 폐쇄령을 내렸으나 잘 타협하여 마무리한 야마구치현과는 달리 재일조선인이 가장 많이 살고 있던 효고현과 오사카부에서는 재일동포들이 민족교육을 지키기 위하여 맹렬한 투쟁을 전개하였다. 4월 24일 고베시에서는 연합군 점령기에 유일한 비상사태가 선포되고 4월 26일에 있었던 오사카부 청사 앞의 군중집회에서 무장경관이 쏜 총에 맞아 16세의 김태일 군이 사망하는 사건이 발생하였다. 이 사건이 바로 민족교육을 지키기 위하여 저항한 '한신교육사건'이다.

한신교육사건의 전모에 대하여는 많은 저술과 증언들이 있지만 제2회 국회 중의원 '치안 및 지방제도위원회'에서 국회 조사단이 보고한 내용과 당시의 개별 사건 기록 등을 종합하여 소개하고자 한다.

당시 국회 조사단에는 중의원 소속 국회의원 6명과 '사법위원회' 직원이 참여하여 1948년 5월 4일부터 5월 8일까지 5일간 조사가 실시되었다. 조사단은 한신교육사건이 교육상의 문제, 일본에 재류하는 조선인의 취급에 관한 문제, 사상의 문제 등 복잡한 문제가 있었다고 전제하면서 "완전한 백지의 입장에서 공정하고 정확하게 진상을 파악하기 위하여 노력"하였다고 자평하고 있다.

2) 파국적 사건, 한신교육투쟁

일본 패전 후 일본 각지에 주로 조선인단체가 경영자가 되어 조선인 자제만을 교육한 학교는 한신교육사건 발생 당시에 효고현에 42개교, 기타 지역에 분교 1개교가 실립되어 학생 수는 약 7,500명이었으며, 오사카부에는 43개교에 학생 수가 약 11,000명에 달하였다. 그런데 1948년 통달에서 문부성은 '조선인 자제라도 학령에 해당하는 자는 일본인과 동일하게 시정촌립 또는 사립의 소학교 또는 중학교에 취학'하여야 하며, '사립의 소학교 또는 중학교의 설치는 학교교육법이 정하는 바에 의하여 도도부현 지사의 인가'를 받도록 하고 도도부현 지사에게 적절한 조치를 하도록 하였다.

오사카부에서는 문부성의 지시에 따라 2월 6일 조선인학교 교장회의를 개최하여 문부성의 통달을 설명한 것을 필두로 수차례 정부 방침의 실행에 대하여 지자체와 조선인학교 경영자, 학부모 측 등과 계속적으로 절충을 실시하였다. 효고현도 3월 5일부터 오사카부와 비슷한 절충을 하였지만, 효고현은 오사카부보다 이틀 앞서 4월 10일에 고베시 내 일본의 소학교를 빌려 쓰고 있는 조선인학교 4개교에 대하여 폐쇄 명령을 하였다.

지사로부터 폐쇄 명령을 받은 조선인 측은 바로 폐쇄 명령 철회 운동을 전개하였다. 효고현이 4월 10일 폐쇄 명령을 발한 후 4월 12일부터 14일까지 현청에 학부형과 민족단체 대표자가 밀려와 지사를 면회하고 폐쇄 명령의 철회를 요구하였다. 4월 14일 밤에는 수십 명이 현청의 부지사 방에서 학무부장과 철야 문답을 하고 15일에도 계속 부지사실에 남아 지사와의 직접 면담을 요구하였다.

15일 저녁 오후 5시경이 되어 지사는 부지사실에 남아 있던 사람들에게 서류로 해산 명령을 하였으나 철수하지 않았으므로 73명을 검거하기에 이르렀다. 검거 소식을 접한 고베시의 재일조선인들은 삼삼오오 현청 주위에 집합하였는데 그 수가 수백 명이 되었다. 현청에서 체포된 사람 중 70명이 유치된 경찰서 주변에도 수백 명의 동포가 경찰서를 둘러싸고 경찰과 대치하며 체포된 자들의 석방과 학교 폐쇄 명령의 철회를 강하게 요구하였다.

17일과 18일에는 체포된 동포에 대한 조사가 마무리되어 형무소에 이감된 이후로 시위는 진정되었다. 그러나 조련 산하에 교육대책위원회라는 조직을 만들어 가두 서명 운동을 전개하였다. 21일 오후 4시부터 효고현청 지사실에서는 지사, 부지사, 시장, 조역(助役, 지자체장을 보좌하고 그 직무를 대리하는 특별직 지방공무원), 시 경찰국장, 검사 등이 모여 23일부로 고베시 내의 4개 조선인학교에 대한 가집행 처분을 결정하였다. 22일과 23일에도 현청에서 재일동포 단체 대표와 지사가 면담을 하였지만 결국 결렬되어 23일 오후 늦게 조선인 소학교에 대한 가집행이 집행되었다. 한 곳의 조선인학교는 무리 없이 가집행이 되었다. 다른 한 곳의 조선인학교도 약 2백 명의 동포들이 강제집행을 방해하였지만 효고현 측이 약 150명의 경찰을 동원한 후에 겨우 집행을 마무리할 수 있었다.

그러나 2개의 조선인학교가 운영되고 있었던 한 곳의 일본인학교는 약 1천 명의 군중(군중에는 동포뿐만 아니라 일본인도 있었다)이 집행을 방해하였으므로 집행관은 집행을 포기할 수밖에 없었다. 재일조선인들은 학교를 지키기 위하여 학교 주변에서 철야를 하였다. 다음 날인 24일 오전 9시부터 지사실에서는 고베시 경찰국장의 요청에 의해 지사, 부지사, 교육부장, 시장, 조역, 검사, 시 경찰국장, 시 공안위원장 등이 전날 가집행에 실패한 학교의 재집행을 언제 하는 것이 좋을지, 26일 3만 명 규모의 재일조선인 데모가 예정되어 있는데 어떻게 대응할지 등에 대한 협의가 있었다.

10시 10분경에는 공산당 소속의 고베시 의회 의원이 재일조선인을 포함한 수명을 데리고 지사에게 면회를 신청하였지만, 협의 중이라는 이유로 거절당하였다. 그사이 지사실에서 협의하고 있다는 내용이 공중전화를 통하여 재일조선인 사회에 알려지자 11시경에는 트럭을 타고 오는 사람, 삼삼오오 걸어서 오는 사람 등 현청 주변에 수백 명이 집결하였다. 그리고 청년행동대 완장을 두른 백여 명이 지사실을 목표로 현청 구내에 들이닥쳤다.

지사실에 있던 보안부장은 시 경찰과 헌병에 연락하여 진압 조치를 취하고 지사실로 들어오지 못하도록 내부에서 문을 걸어 잠그는 것도 모자라 테이블로 이중 방어벽을 만들었다. 이렇게 과민 대응할 정도의 상황이었는지는 확실하지 않다. 당시 고베시의 조역이었던 세키 도요오[關外余男]는 후일 『먼 날의 기록[遠い日の記録]』에서 "지사는 후에 지사실에 있던 관청 수뇌부의 생명의 안전을 생각하였다고 하였지만, 그것은 변명에 불과하다. 조선인이 결코 우리들의 생명 신체에 위협을 가하려는 것은 없었다. 핵심은 지사가 당일 상황에 심리적인 강압을 받았던 것과 본래 심성이 약해서 행정청의 수장으로서 인식 부족이 이 같은 결과를 가져왔다고 생각한다"라고 회상하고 있다.

이런 상황 속에서 학부형 등이 문을 열라고 요구하면서 대치하던 중 문이 파손되었다. 이때 지사실에 있던 검사가 경찰 간부에게 발포를 명령하였다. 그러나 권총을 가지고 있지 않으므로 포기했다. 실내에 들어간 동포들은 지사에게 몇 번이나 면회를 요구하였는데 왜 지사가 응하지 않는지를 따져 물었다. 지사실에서 동포들이 지사 등 14명과 교섭을 시작하고 있을 때 미군 헌병 3명이 뛰어 들어와 민족단체 대표자들을 권총으로 위협하고 지사만을 데리고 지사실을 빠져나갔다. 그러나 학부형들은 지사로부터 무언가를 듣고자 왔는데 지사만 빠져나가는 것은 용납

할 수 없었다. 영어를 하는 대표자가 미군 헌병을 반설득하고 젊은 참가자들이 반위협하여 미 헌병은 지사 구출을 포기하고 돌아갔다.

후일의 군사재판에서는 지사실을 점거한 대표자에 대하여 '헌병에 대한 폭행'이 범죄 사실에 포함되었다. 당시 지사 구출을 위하여 온 미 헌병 세 명도 지사를 구출하는 데 실패한 책임을 들어 제대 조치되었다고 한다.

대표자 중 6명이 교섭위원으로 선임되어 지사와 교섭을 시작하였다. 당시 현지 언론에 의하면 현청 앞에는 더 많은 동포가 모여 만여 명을 넘었다. 대표자들은 민족교육의 자주권 확보를 구체화한 세 개의 항목, 즉 ① 학교 폐쇄령을 철회할 것, ② 조선인학교를 특수학교로 인정할 것, ③ 쌍방의 위원이 협의하여 결정할 때까지는 지금의 학교를 인정할 것 등을 지사가 수용하도록 강력히 요구하였다.

폐쇄 명령의 철회에 관하여는 약 한 시간 반 정도 교섭이 계속되어 기시다 사치오[岸田幸雄] 효고현 지사는 "4월 10일 발한 학교 폐쇄 명령은 철회한다"라는 문서에 조인하고 각서하였다. 그리고 ②와 ③에 대해서도 지사 등 수뇌부는 교섭위원들의 요구에 따라 오후 3시경 "조선인의 특수학교 인정 요구에 관한 건에 관하여는 후일 쌍방의 위원이 참여하여 협의할 것. 단 협의 결정할 때까지는 종래의 학교를 인정한다"라고 발표하였다.

대표자들은 지사와 교섭을 완료하자 다음으로 고베시 경찰국장과 검사를 대상으로 교섭을 시작하였다. 학교 폐쇄령이 철회된 이상 당연히 4월 15일에 동포들을 검거한 것도 부당하므로 석방을 요구하기 위한 것이었다. 마침내 석방서를 받아 검사와 동행하여 16명 전원을 석방할 수 있게 되었다. 현청 앞의 광장에서는 집회 보고가 열려 참석자들은 승리의 기쁨을 억누르면서 교섭 경과 보고, 일본 각계 인사의 지원과 격려를 받는 등 축제 분위기였다.

3) 유일무이의 '비상사태선언'

4월 24일 미군 고베 캠프 헌병본부에서는 헌병사령관의 주재로 효고현 지사, 고베시 경국장, 소안부장, 검사 등이 참석하는 회의가 열렸다. 고베 헌병사령관 슈미트(Schmidt) 중령은 "고베 기지 사령관 메이어 대장에 의하여 오늘부터 고베 기지 관내에 비상사태가 선포되었다. 현재 이후 모든 경찰관은 헌병사령관의 지휘하에 놓인다"라고 선포하고, '공공기관에 출입하는 조선인은 이유 불문하고 체포하여 헌병에 인도'하고, '조선인의 집회, 시위 지도자를 체포하여 헌병에 인도'할 것 등을 지시하였다(神戶新聞 1948년 4월 29일).

미군이 일본 점령 기간 중 한 이 유일한 비상사태선언 후 미군의 지시로 조선인에 대한 무차별 체포가 시작되었다. '조선인 사냥'이라고 하여도 무색하지 않을 정도로 집이든 병원이든 전철이든, 그리고 소년이든 노인이든 무슨 사정이 있건 없건 가리지 않고 체포하였다. 『효고현 경찰사 쇼와편』에 의하면 이렇게 체포된 자가 효고현에서만 1,732명에 이르렀다고 한다.

GHQ는 고베 사태를 감독·지휘하도록 하기 위하여 마이클 버거(Michael Berger) 중장을 고베에 파견하였다. 그는 당시 요코하마에 기지를 둔 미제8군 사령관이었지만 제2차 세계대전부터 맥아더의 가장 충실한 부하로 인정받은 인물이었다. 버거는 4월 26일 오전에 고베 기지에서 효고현 지사, 고베 시장, 사법기관 등이 참석한 가운데 기자회견을 하였다. 그리고 성명을 발표하였는데, 주요 내용은 재일동포들의 행위는 점령군의 점령 정책과 점령 보장에 반하는 것이므로 그 관계자를 군사재판에서 처벌 하겠다는 것이었다(神戸新聞 1948년 4월 27일).

당시 미국 측은 교육투쟁을 '공산당의 선동', '조선인 선동자가 유발한 사건'이라고 하였는데 사건 직후 일본의 법률가, 사회활동가 등으로 조 직된 '재일조선인학교사건 진상조사단 보고서'에서는 "일반 대중의 행동 은 질서적이고 '폭동'이라든지 '소요'라고 인정할 근거는 없었다. … 이 사 건의 악화가 일본공산당의 선동자에 의한 것이라는 선전에 열을 올리고 있다. 일본공산당만이 아니라 일본의 노동조합, 민주 제 단체는 조선인 측의 요구를 바로 이해하고 이를 지지하고 움직였다. … 현지의 공산당 원은 … 조선인 측을 적극적으로 지지했지만, 조사단은 공산당이 폭력행 위의 선동이나 도발을 만들어 냈다는 어떠한 사실도 찾아낼 수 없었다" 라고 하여 신문 보도와 버거 중장의 성명을 반박하고 있다.

도쿄에서는 GHQ가 '조선인에게 고한다'라는 제목의 발표를 하였다. 주요 내용은 '최근 일본 전국에서 자주 발생한 사회적 혼란은 조선인 사 회의 무법하고 무책임한 지도자의 정치적 의도에 의한 책동으로 한층 확 대'되었다고 전제하고, '일본 주재 조선인에게는 외국인과 동일하게 일본 의 학교에서 평등하게 교육을 받을 권리가 부여'되어 있고, 사립 교육기 관을 개설하여 경영하는 것이 인정'되므로 '과격한 이론을 주입하기 위하 여 정치학교, 사회사상학교 등을 개설하는 것을 지지할 가치가 없다'라 는 점을 분명히 하고 '모든 조선인은 일본에 거주하는 한 일본의 법률과 규제에 따라야 함을 알아야 한다'라는 것이었다(朝日新聞, 1948.4.24.).

방년 16세의 김태일 군이 학교 폐쇄령에 반대하는 집회에 참가하였다 가 경찰이 쏜 권총에 맞아 사망한 사건이 발생한 오사카의 상황을 살펴 보자. 오사카의 동포들은 학교 폐쇄령의 철회를 강력히 요구하는 행진을 하면서 오사카부 청사 앞 광장에 7천 명 정도가 모인 가운데 조선인교육

대책위원회 주최의 '부당탄압반대대회'를 개최하였다. 오후 1시경부터는 각 지역의 동포 대표 70명이 오사카부 지사실에서 학교 폐쇄 등 민족교육 문제를 협의하기 위하여 오쓰카[大塚] 부지사, 하마다[浜田] 학무국장과 회담을 하였다. 회담이 진행되는 동안 집회 참가자들이 회담 진행 상황을 지켜보기 위하여 청사에 대거 난입하여 1층부터 4층까지를 꽉 메웠다. 이러한 상황에서 오쓰카 부지사는 오후 4시 30분경에 일방적으로 교섭 중단을 선언하였다. 오사카부 청사 내에 있던 동포들은 모두 경찰에 의해 해산당하였다.

4월 26일에는 오사카부 청사 앞에서 15,000명의 동포가 참가한 집회가 열렸다. GHQ에 의한 비상사태가 선언된 고베 지역에서는 동포에 대한 대대적인 검거 작전 중이었다. 경찰 당국은 사전에 1군단장으로부터 펌프차와 화기 사용 허가 지령을 받아 둔 상태였다. 점령군의 허가를 받은 스즈키 에이지[鈴木榮二] 오사카시 경찰국장은 데모 군중이 해산하기 시작하였는데도 불구하고 권총 발사를 명하였다.

4) 왜곡된 역사 기록

일부 경찰대는 트럭을 타고 돌아다니면서 발포를 반복하였다. 이러한 긴박한 상황에서 집회에 참가한 김태일 군이 총탄에 쓰러졌다. 김태일 군은 4월 27일 자정에 가까울 무렵에 인생의 꽃도 피워 보지 못한 채 16세의 생을 마감하게 된다. 민족단체의 지도자도 아니고 민족학교에 다니는 학생도 아닌, 가난한 집안의 아들로 태어나 공장에서 일하며 어렵게 살아가던 청소년이었다. 그의 책임이라고 한다면 민족의식, 민족교육의 불씨에 찬물을 끼얹는 일본 정부, 일본 사회에 항의하고자 하였던 민족정신뿐이었다. 당시 경찰의 발포와 진압 작전으로 23명의 중상자가 생기고 213명이 검거되었다. 이 역사적 사실에 대해서 오사카시 경찰은 과격파에 의한 위협적 공격에 대응한 어쩔 수 없는 진압이었다고 하여 당시의 상황을 정당화하고 있다.[4]

김태일 군이 경찰의 발포에 사망하였는데도 오사카시 경찰의 사료에는 그 내용의 언급은 일절 없다. 오히려 재일동포 중 과격파와 신중파의 대립, 일본 경찰에 대한 공격 등 오사카시 경찰과는 무관한 재일조선인의 탓으로 돌리고 있다. 그리고 1948년 4월 27일 스즈키 경찰국장이 제25사단 사령관인 멀린스(Mullins) 사령관으로부터 받은 메시지를 훈장처럼 소개하고 있다. 일본 경찰은 멀린스 사령관의 "나는 일본을 떠나더라도 오사카시 경찰이 일을 멋지게 잘 해내는 것(top job)에 무한의 관심과 확신을 가지고 신문 보도를 지켜볼 것이다"라는 경하가 있었다고 적고 있다. 멀린스 사령관의 메시지는 그 이후 일본 경찰의 재일동포 사회 인식에 큰 영향을 주었을 것이다.

조선인학교 폐쇄 문제와 관련한 내용은 국내 언론에서도 다루어졌는데, 1948년 4월 15일 자 《동아일보》에는 "일본 정부가 조선인 교육기관을 강제로 탄압하고 또 각지에서 충돌 사건이 일어나 조선 사람들의 울분을 풀 길이 없다는 소식이 고국에 전해져 국내 동포들의 일본 정부의 부당한 탄압을 비판하는 여론이 연일 끓어오르고 있다"라는 기사가 실렸다.[5]

1949년 5월 21일 국회 중의원 문부위원회에서는 조선인학교 교육 문제에 관한 청원이 다루어졌다. 당시 와타나베 요시미치[渡部義通] 위원이 '조선인학교의 교육 문제 등에 관한 청원'과 관련하여 오사카 및 고베에서 일어난 교육 사건에 대하여 "지난해 5월에 오사카 및 고베에서 일어난 조선인학교 문제는… 조선인이 전쟁 종료 후 일본에서 자기들의 힘에 의하여 조선인 자신의 교사에 의하여 조선어에 의한 조선인 교육을 하기 위하여 많은 학교를 건설하였습니다. 아주 곤란한 상황에서도 학교를 건설하여 일본의 제국주의하에서 일본의 교육문화를 억지로 배우고 식민지적인 교육을 강제당하였던 조선인이 종전 후 민족적 자각과 새로운 조선인의 양성을 위하여 말할 수 없는 노력으로 조선인학교를 건설하여 경영하여 왔던 것입니다. 그런데 일본의 문부성은 이러한 조선인의 노력의 결과와 조선인의 당연한 민족적 요구를 무시하고 조선인학교를 탄압하였던 것입니다. 그 결과 유혈사태가 발생하였을 뿐만 아니라 오사카부 경찰 당국의 난폭한 진압으로 조선인 청년의 사망자도 생긴 사건이 있었습니다"라고 한 발언에 대하여 겐노치 도시히로 문부성 학교교육국 차장은 "조선인학교의 문제입니다만 재류하는 조선인이 의무교육을 받을 경우에 공립의 소학교, 중학교에 취학하는 경우에는 어떠한 민족적 차별을 받지 않고 입학을 하고 있습니다. 문부성으로서는 공립학교에 입학하는 것이 가장 바람직합니다"라고 답변하여 조선인학교는 원칙적으로 인정하지 않고 일본인학교에 입학하는 것이 원칙임을 재차 확인하고 있다.[6]

한신교육사건 후 문부성과 재일조선인 단체의 교섭으로 5월 5일, "조선인의 교육에 관해서는 교육기본법 및 학교교육법에 따를 것", "조선인학교 문제에 관하여는 사립학교로 하고 자주성이 인정되는 범위 내에서 조선 독자의 교육을 실시할 것을 전제로 하여 인가를 신청할 것" 등을 내용으로 하는 각서가 조인되었다. 그리고 5월 6일에 문부성 학교교육국장은 '조선인학교에 관한 문제에 대하여'를 도도부현 지사에게 통지하였는데 이 통달의 전반부에서는 '사립학교로서 자주성이 인정되는 범위 내'에 대해 다음과 같이 기재하고 있다.

① 조선인 자신이 사립의 소학교, 중학교를 설치하여 의무교육으로서 최소한도의 요건을 충족하고 아울러 법령에서 허용된 범위 내에서 선

택 교과, 자유 연구 및 과외 시간에 조선어로 조선어, 조선의 역사, 문학, 문화 등 조선인 독자의 교육을 할 수 있다, 단 이렇게 조선인 독자의 교육을 하는 경우 교과서에 관해서는 연합군총사령부 민간정보교육부의 인가를 받은 것을 사용한다.

② 일반 소학교에서 의무교육을 받으면서 방과 후 또는 휴일 등에 조선어 등의 교육을 실시하는 것을 목적으로 설치된 각종학교에 재학하도록 하여 조선인 독자의 교육을 받은 것은 허용된다.

그리고 통달은 "앞으로 조선인 교육 문제에 관해서 각 지방청은 조선인학교 책임자 및 문교 책임자의 의견을 충분하게 청취한 다음 해결에 노력한다"라고 마무리하고 있다. 이 통달에 대하여 오자와는 "의무교육 연령에 있는 재일조선인 학생의 교육은 모두 일본의 교육법령에 따라 일본인과 구분하지 않는 교육을 하는 것을 기본으로 하고 과외 또는 방과 후에만 조선인 독자의 교육을 인정한다는 취지였다. 이러한 5월의 통달은 기본적으로 1월의 통달을 반복한 것에 지나지 않는다"라고 평가하였다(小澤, 1977).

이 조치는 단체 등 규정령에 의거, 조련과 민청이 폭력주의 단체로 분류되어 해산된 후 조선인의 교육시설이 이들 해산된 단체와 관련이 되지 않도록 하려는 문부성의 의도가 반영되어 있었다. 그리고 문부성은 후속 조치로 조련계 학교의 폐쇄 계획을 세워 10월 12일에 각의(내각이 합의체로서 의사결정을 하기 위한 회의) 결정하였다. 이 결정에는 "민단계 학교도 여기에 준한다"라고 되어 있었다. 민족교육 전반의 위기였다.

4. 민족학교의 폐쇄

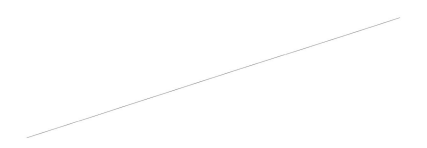

1) 지역적 공공권의 발아

　민족학교 폐쇄령은 한신교육사건의 도화선이 되었지만, 교토의 경우에는 GHQ 교토 군정부와 교토시, 조선인단체가 협의를 통하여 학교 폐쇄령 없이 사태를 원만히 해결하였다. 그리고 야마구치현, 오카야마현, 효고현, 오사카부, 도쿄도에서는 민족학교에 대해서 1948년 3월 말부터 4월 중순에 걸쳐 폐쇄령이 내려졌지만, 교토의 민족학교는 폐쇄령을 피해 갈 수 있었다.

　1948년 3월 30일, 조선인단체 대표자와 군정부 관계자, 교토부 교육부장 등이 참석한 협의회에서는 조선인단체 대표자가 ① 조선인 교육을 위하여 사용하고 있는 교과서는 막 검열을 마친 것이며, ② 조선의 학교에서는 조선어를 사용할 수 있기를 바라며, ③ 학교 관리는 학교 관리 조합이 담당하는 것을 인정해 주도록 요망하였다. 이에 대하여 교토부 교육부장은 "교육법에서 말하는 감독청이란 부현을 말하는 것이므로 검열이 끝났더라도 문부성의 인가를 받을 필요가 있다. 일본의 교과서를 사용하면서 적당한 것을 참고서로 사용하는 것은 괜찮다"라고 답변하였다.

GHQ 교토 군정부의 과장은 "민주국가에서는 평등하게 국가의 법률이 적용되며 일본에 재류하는 사람은 국적 여하를 불문"하므로 일본에서 교육은 교육기본법, 학교교육법에 의하여야 하고, "2인 이상의 교사와 20인 이상의 학생이면 원칙적으로 학교로 간주"하며, "교과서는 편찬위원회에서 만든 것으로 문부성의 검열을 받지 않으면 사용할 수 없다"라는 견해를 피력하였다. 이 견해에 대하여 조선인단체 대표자는 "교토에서는 모든 것을 평화적, 민주적으로 해결"하고 싶고, "교육법은 일본인에게 적용되어야 하는 것으로 조선인학교에 대해서는 재고"를 바라며, "조선인의 특수성을 살릴 수 있는 대책"의 마련을 요청하였다. 이후 다섯 번의 협의를 거쳐 1948년 5월 15일 조선인단체와 교토부 아마노 도시타케[天野利武] 교육부장 사이에 '조선인의 교육은 교육기본법 및 학교교육법에 따르고', '조선학교에서는 의무교육 최소 요건을 충족하면 민족교육을 실시'하는 것이 가능하며, '검열을 받은 교과서를 사용하고 조선어로 교육할 수 있으며', '조선인학교 교원은 조선인 교육회가 자주적으로 사정하여 교직적격심사위원회에서 적격으로 판정을 받은 자를 협의하여 결정'한다는 내용의 각서가 교환되었다.

고베 및 오사카에서는 조선인학교 폐쇄 명령과 관련하여 수많은 피해자가 생기고 민족교육의 암흑기를 초래하였는데 교토의 경우 행정당국과 조선인단체 간에 협의를 통해 별다른 피해 없이 일시적 기간이나마 민족교육을 지속할 수 있었다는 점에서 의의가 크다. 일시적 기간이란 조련의 해체와 더불어 교토의 민족학교도 폐쇄령을 피해 갈 수 없었기 때문이다. 1949년 8월 9일, 조련이 GHQ의 단체 등 규정령에 의거 폭력주의적 단체로 간주됨으로써 조련에 대해 해산 명령이 내려지고 재산은 몰수되었다(그 후 1951년에 재일조선통일민주전선이 결성되고 1955년에는 재일본조선인총연합회가 창설되었다). 조련의 해산과 더불어 GHQ와 교토부는 민족학교가 좌익분자의 운동에 이용될 경우 제2의 한신교육사건이 일어날 수 있다는 우려를 하고 있었다.

1949년 9월 30일, 시교육위원회는 무장경관을 동원하여 교토제1조련초등학교를 봉쇄하고 학생들의 등교를 제지하였는데, 이에 학부형들은 교문을 둘러싸고 일주일간에 걸쳐 투쟁하였지만 일시 휴교할 수밖에 없었다. 재일조선인들은 민족교육의 일념으로 11월 초에 목조 아파트를 사들여 11월 16일부터 수업을 시작하였다. 아파트 2층에는 일본인이 거주하고 주변에 철공소가 있어 소음도 심하였기에 교육 환경으로는 좋지 않았지만, 민족교육을 위해서는 어쩔 수 없는 일이었다. 마침내 교토부에 각종학교(교토제1조선인학교)로 인가를 신청하여 11월 21일에 인가를 받게 되었다. 1940년대 후반에 교토부가 조선인학교의 설립을 인가한 것은 매우 이례적인 일이었다.[7]

10월 19일에는 교토의 민족학교 9개교에 대해서 폐쇄 명령이 내려졌다. 폐쇄 명령이 내려진 9개교 이외의 4개교(朝鮮中學校, 西陣小學校, 同中學校, 1개교는 불명)에 대해서 교토부는 '대한민국 교토교육회'와 '교토조선학원' 두 재단이 합병하여 15일 오전 10시까지 재신청을 할 경우 인가를 해 주겠다고 하였으나 두 재단은 합병을 하지도 않고 서로 신청도 하지 않았으므로 모두 인가되지 않았다.

비록 교토의 민족학교도 학교 폐쇄령을 피해 가지는 못했지만 일본의 지방교육당국과의 협의를 통하여 큰 피해 없이 일정 기간이나마 민족교육을 지속하였던 사례가 일본 전국에 일반화되었다고 가정한다면, 다른 지역에서도 재일조선인의 피해도 예방할 수 있고 일본 정부의 민족교육에 대한 태도도 달라지지는 않았을까?

2) 민족학교의 폐쇄와 민족교육의 위축

1949년 10월 13일 문부성은 '조선인학교의 조치에 관하여'를 통지하였다. 문부성의 통지는 조선인학교가 "교육기본법, 학교교육법, 기타 교육 관계 법령에 의하고 감독청의 명령을 준수할 것"과 "교과서는 국정교과서 또는 문부성 검정교과서를 사용하는 것을 원칙으로 하지만, 조선어, 조선의 역사 등에 관하여 독자의 교육을 하는 경우 교과용 도서는 소정의 인가를 받은 것을 사용하도록 준수시킬 것" 등을 내용으로 하였다. 그리고 10월 19일에는 전국 일제히 조선인학교 337개교(소학교 309개교, 중학교 20개교, 각종학교 8개교)에 대해 92개교에는 폐쇄 명령을, 245개교에는 2주 이내에 조직 개편을 할 것을 통고하였다.

개편 신청 기한인 12월 4일까지 개편 대상 245개교 중 128개교가 신청을 하여 심사한 결과, 오사카백두학원만이 추인되고 뒤이어 민단계 1개교와 조련계 1개교가 추인되었다. 이에 따라 1948년 10월 19일, 1차 학교 폐쇄가 집행되고 5일이 지나 주일한국대표부는 맥아더 사령관에게 폐쇄된 58개교(1차 폐쇄령에 의하여 폐쇄된 학교는 92개교인데 주일대표부가 잘못 알고 있었던 것 같다)는 6천 명의 조선인 자녀의 복지를 위하여 개조 후 재개하고자 하니 한국 대표부에 인도하도록 일본 문부성을 납득시키는 데에 힘써 줄 것을 요청하였다(小澤 1977).

이 건에 관하여 주일대표부 공사는 교원은 한국 지지자로 보완하고, 주일대표부 책임하에 민단에서 감독 경영하되 일본 문부성의 방침에 따르며, 한국 역사, 한국어를 교과과목으로 하는 건에 대하여 교섭 중에 있다는 내용을 한국 정부에 보고하였다. 조선인학교를 한국학교로 전환해 주도록 점령군과 교섭한 것이다. 그러나 점령군 및 일본 정부의 태도는 재일조선인 모두에게 매우 엄격하였으므로 뜻을 이루지는 못하였다. 당시 GHQ와 일본 정부의 방침에서는 조련계의 조선인학교가 주된 폐쇄 대상이 되었지만 그렇다고 하여 민단계 학교를 예외적으로 취급한 것은 아니었다. 즉, 대상을 특정하지 않은 민족교육 전체에 대한 정책이었으므로 주일대표부가 조선학교를 한국학교로 전환하고자 하였던 시도는 당시 상황적 맥락을 충분히 알지 못한 외교적 에피소드였을 뿐이다.

대부분의 조련계 학교는 개편 신청에서 탈락한 것이 계기가 되어 막대한 자금을 투자하여 교육시설을 확충하게 되었다. 1949년 11월 1일, 문부사무차관은 도도부현 지사와 도도부현 교육위원회에 '공립학교에서 조선어 등의 취급에 관하여'를 통지하였다. 통지 내용은 "소학교는 학습지도요령에 교과가 한정되어 있으므로 외국어로서 조선어, 조선사 등을 지도할 수 없지만, 정규 수업 시간 외에 적당한 방법에 의해 지도가 가능"하고, 중학교는 "외국어로서 조선어를 지도하는 것은 가능하나 교과용 도서가 없으므로 보조교재를 활용하여 수업을 하여야 하지만, 보조용 교재는 군국주의적 또는 극단적 국가주의적 내용의 교재가 아니어야 하며, 공립학교에 취학하는 학생들을 위하여 조선어, 조선 역사 등을 지도하는 사립 각종학교의 설립은 가능하다"라는 것이었다.

이 통지의 말미에서는 공립조선인학교에 대하여 "수용하여야 할 조선인 학생은 일반학급에 편입하는 것이 적당하지만, 학력 보충 기타 부득이한 사정이 있는 때에는 당분간 별도 학급 또는 분교를 설치하는 것도 무방"하며, 학구는 일본인 학생과 동일하게 하는 것을 원칙으로 하였다. 즉, 조선인 학생을 일반학급에 편입하는 것을 원칙으로 하면서도 '부득이한' 경우에 '당분간'에 한하여 조선인 학생만을 대상으로 하는 독립된 공립분교의 설치를 인정한 것이다. 그리고 며칠 지난 11월 5일에는 문부사무차관 통달 '조선인 사립 각종학교의 설치 인가에 관하여'를 통지하였다.

이 통달에는 "구 조련 또는 구 조련의 재산으로 의심되는 시설을 이용하는 각종학교는 인정하지 않을 것", 여기에 해당하지 않아 인가한 경우에도 "학교교육법 기타 교육 관계 법령 및 법령에 의한 감독청의 명령을 준수할 것", 교육 면에서 "구 조련의 주의, 주장, 행동을 선전보급 또는 지지하는 일체의 경향과 학교 및 학교 관계자 등이 구 조련의 지도 또는 지배하에 놓이는 일체 경향을 불식시킬 것" 등도 포함되어 있었다.

통달이 의도하였던 바는 이미 일본 정부의 명령에 의해 해산된 구 조련이 조선인학교에 관여하는 것을 금지하고, 조선인학교도 구 조련의 영향하에 놓이지 않도록 하는 것이었다. 또한 각종학교로서 인가를 받은 조선인학교도 일본 정부의 기준에 적합하지 않을 경우에는 인가를 취소한다는 방침의 선언이었다.

5. 샌프란시스코강화조약과 민족교육

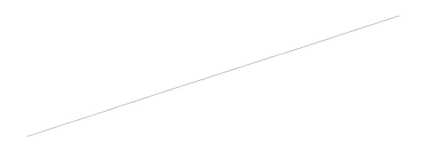

1) 강화조약과 재일한국인

1951년 9월 8일, 강화조약(Treaty of Peace with Japan)이 서명되면서 미국을 비롯한 연합군과 일본의 전쟁 상태에 종지부가 찍혔다. 강화조약과 관련하여 1949년 1월 7일 이승만 대통령은 대마도 영유권을 선언하고 일본에 대마도 반환을 요구했다. 또한 이승만 대통령은 미국에 대하여 한국이 강화조약의 서명국 자격이 있다고 주장하였다. 이에 당시 주한미국대사였던 존 조셉 무초(John Joseph Muccio)는 한국의 서명국 참가를 미국무성에 요청했다. 이에 따라 한국은 1949년 12월 29일의 강화조약 초안의 체결국 명단에 들어가게 되었다. 그러나 1950년 발발한 한국전쟁 등의 영향으로 한국이 체결국으로 참가하지는 못하였다(당시 강화조약 체결 당사국은 미국, 영국, 프랑스, 네덜란드, 캐나다 등 48개국과 일본이다).

이듬해 4월 28일에 발효된 강화조약[8] 제2조에서는 "일본국은 조선의 독립을 승인하고 제주도, 거문도 및 울릉도를 포함한 조선에 대한 모든 권리, 권원 및 청구권을 포기한다"라고 하고, 제21조에서는 "이 조약의 제25조의 규정에 불구하고 중국은 제10조 및 제14조 (a) 2의 이익을 받을 권리를 가지고, 조선은 이 조약의 제2조, 제4조, 제9조 및 제12조의 이익을 받을 권리를 가진다"라고 규정하였다. 강화조약 발표를 눈앞에 두고 일본 법무부(현 법무성)는 1951년 4월 19일, 구 식민지 출신자의 국적 처리에 관하여 중요한 지침을 발령하였다.

이러한 일본의 조치는 동일한 과거사를 가진 독일과는 대조적인 것이었다. 서독은 1956년, 국적문제규제법을 제정하여 종전에 부여한 국적은 오스트리아 독립 전날(1945.4.26.)에 모두 상실한다고 정하는 한편(제1조), 독일 국내에 거주하는 오스트리아인(일본에 거주하는 한국인과 동일한 신분)은 본인의 의사 표시에 따라 독일 국적을 회복하는 권리를 가진다(제3조)고 규정하여 국적 선택을 인정하였다.

패전 후 일본의 경우에도 재일한국인의 국적 문제가 정치권에서 문제가 되기는 하였다. 1945년 12월 5일, 국회 중의원에서 호리키리 젠지로 [堀切善次郞] 내무대신은 "내지(일본)에 재류하고 있는 조선인에 대해서는 일본 국적을 선택할 수 있다는 것이 지금까지의 예입니다. 앞으로도 아마 그렇게 되지 않을까 생각합니다"라고 답변한 바 있다(田中, 2013). 또 1949년 12월 21일의 중의원 외무위원회에서는 다음과 같이 국적 선택 문제에 대한 질의 답변이 있었는데, 사사키 모리오[佐々木盛雄] 의원의 "대만인이나 조선인 등 일본에 있는 사람들의 국적은 어떻게 될 것인가가… 종전 일본의 영토였던 대만, 조선 등에 있는 일본의 공유 또는 사유재산은 어떻게 되는지"에 대한 질문에 대하여 가와무라 마쓰스케[川村松助] 외무 정무차관은 "제1의 국적에 관련해서는 강화조약이 구체화되지 않으면 결정을 하기 어렵다고 생각합니다만, 대체적으로 본인의 희망에 따라 결정되어야 하지 않을까라는 예상을 하고 있습니다"[9]라고 답변하였다.

2) 일본 정부의 태도

이와 같이 1949년 12월 국회에서 있었던 정부 관계자의 답변에서는 독일처럼 국적 선택 방식에 관한 견해도 있었다. 그런데 1951년에 접어들어 강화조약을 논의하는 과정에서 일본 정부의 방침이 바뀐 것을 확인할 수 있다. 그중 하나로 1951년 10월 29일, 참의원 평화조약 및 미일안전보장조약특별위원회(이하 "강화조약특별위원회")에서 요시다 시게루[吉田茂] 국무대신은 소네 에키[曽根益] 의원의 국적과 관련한 정부의 의견을 묻는 질문에 "조선인에게 일본의 국적을 부여하는 것에 대해서는 더욱더 생각하지 않으면 안 되는 것은, 말씀하신 것처럼 소수민족이라는 문제 등이 일어나, 다른 나라에 상당히 곤란을 미치는 예는 적지 않으므로, 이 문제에 대해서는 신중하게 생각하고자 합니다"라고 답변하였다.[10]

요시다 국무대신의 답변에서는 재일조선인에게 일본 국적의 선택권을 준다든지 주지 않는다든지에 대한 입장은 잘 나타나지 않지만 국적 선택에 부정적인 입장은 아니었던 것으로 보인다. 그러나 같은 해 11월 5일, 강화조약특별위원회에서 외무성의 니시무라 구마오[西村熊雄] 조약국장은 "독립 회복의 결과 당연히 종전에 가지고 있던 조선의 국적을 회복한다고 생각하는 것이 통념"이지만 귀화 방식에 의해 충분히 국적을 취득할 수 있으므로 국적 선택이라는 조항을 마련하지 않았다고 답변하였다.[11]

재일동포의 국적 선택 가부에 대한 일본 정부의 태도는 1951년 10월 요시다 국무대신의 애매한 태도가 같은 해 11월 외무성 조약국장의 불가 방침 표명으로 국적 선택권을 주지 않는 것으로 일단락되었지만 귀화를 국적 선택의 대안으로 하였다는 데에는 문제가 많았다. 즉, 국적 선택은 선택자가 자신과 가족의 생활과 미래를 충분히 고려하여 선택할 권리와 선택하지 않을 권리를 가지는 것인 데 비하여 귀화는 일본 정부가 선택 권을 가진다는 점에서 권리 보호의 측면에서는 큰 차이가 있다. 이후 일본 정부의 일방적인 '국적 상실' 조치와 국적 선택의 불허 방침을 토대로, 외국인이라는 구실로 수없는 차별과 배제가 정당화되었다.

일본 정부의 기본적 인식은 1949년 10월 7일에 한국대표부가 맥아더 연합군최고사령관에게 전달한 '재일한국인의 법적 지위에 관한 견해'에서 "대한민국 국민은 단 한순간이라도 일본 국적을 취득한 적이 없고…" 라고 한 내용을 빌미로 일본 정부의 재일한국인 정책을 정당화하려는 것 이었다.

3) 일본 국적의 상실

강화조약이 발효된 후 재일동포에 대한 일본 정부의 기본적인 입장은 변화하였다. 1952년 4월 28일, 일본 정부는 외국인 등록령의 공포와 동시에 재일조선인 자녀에게는 일본학교 취학의무는 없고 취학을 희망하는 경우에 한해 은혜적 조치로 허가한다는 방침을 표명하였다. 그리고 다음 해 2월 11일에는 문부성이 '조선인의 의무교육학교 취학에 관하여'를 통지하였는데 이 통달은 공립 조선인학교 폐지와 직접 관련이 있었다.

강화조약은 전문과 27개조로 되어 있어 다 소개하지는 못하지만, 일본에 거주하는 외국인의 교육에 대해서는 어떠한 규정도 두지 않았다. 당초 재일조선인에게 국적 선택권을 주느냐 마느냐에 대하여 정치권의 논의도 있었지만, 국적 선택의 대안으로 귀화를 활용하도록 함으로써 국적의 취득은 재일조선인의 선택이 아니라 일본 정부의 손에 달리게 되었다.

그리고 이보다 앞선 1946년의 일이지만 일본국 헌법 초안 작성을 위해 민정국이 마련한 GHQ 헌법 초안 제16조에는 "외국인은 법의 평등한 보호를 받는다"라고 규정하고, 제24조에는 "무상의 보통의무교육을 마련하여야 한다"라고 규정하여 일본인이든 외국인이든 누구나 평등한 교육을 받을 권리를 보장하도록 하고 있었으나 실제 성립된 일본 헌법에는 이러한 규정은 모두 삭제되고 교육권의 주체도 일본인에 한정된 경위에 대해서는 앞에서 언급하였다.

강화조약에서는 일본의 아시아 국가들에 대한 전후 처리 관점은 경시되고, 일본을 동아시아의 반공 요새로 구축하는 것이 우선시되었다(崔紗華, 2018). 그래서인지 강화조약에는 재일조선인의 국적에 관한 규정은 없었다. 일본 정부는 강화조약 제2조 a항에 규정된 영토 조항을 근거로 재일조선인은 점령 기간 중에 가지고 있던 일본 국적을 상실한다고 해석했다. 그리고 강화조약의 발효를 앞둔 4월 19일, 법무부 민사국장이 통달 제438호로 '강화조약에 따라 조선인 대만인 등에 관한 국적 및 호적 사무의 처리에 관하여'를 통지했다.

1952년 4월 28일 강화조약 발효 전의 이 민사국장 통달에 의해 조선인과 대만인은 일본 국적을 상실하게 되었다. 이미 일본 정부는 외국인 등록령(1947년 5월 2일 공포·시행)의 적용에 한해 재일조선인 및 일부 대만인은 '당분간 외국인으로 간주한다'(제11조)라고 하여 입국의 금지, 외국인 등록의무, 등록증 제시 의무, 위반 시의 벌칙과 퇴거 강제 대상으로 하였지만, 출입국관리령의 적용 대상에서는 제외하였다. 이 통달에 의해 '내지(일본 국내)에 주재하고 있는 조선인과 대만인은 일본 국적을 보유하지 않는 자'가 되어 전면적으로 출입국관리령과 외국인 등록법(1952년 4월 28일 공포·시행)상의 외국인으로서 취급되었다.

4) 공백 상태의 교육

이 국적 상실 조치는 재일조선인과 대만인을 무권리 상태로 만드는 결과를 초래하였다. 왜냐하면 일본 헌법에는 국적에 의한 차별 금지 규정이 없으나 인권의 향유 주체를 국민으로 한정하고 있어, 실제 전후 일본의 사회보장 법제 대부분이 그 대상을 일본 국민만으로 했기 때문이다(鄭榮恒, 2013).[12]

이 법적 지위의 전환은 지금까지의 재일조선인 권리의무 관계를 크게 변경하는 것이므로 각 부처에서도 재일조선인 정책을 시급히 재검토하게 되었다. 강화조약 체결 후 두 달이 지난 11월 15일, 외무성은 재일조선인의 국적 변경이 지금까지의 권리의무 관계에 많은 변화를 가져온다고 판단하여 관계 각 부처에 조회하였는데, 문부성은 외무성의 조회에 대해 '재일조선인 교육에 관하여 재검토할 필요가 있다'라고 회신했다(浅野 外, 2010). 문부성의 주장 논리는 재일조선인이 외국인이 되면 의무교육의 대상이 되지 않기 때문에 재일조선인 아동을 공립학교에 수용하는 의무는 없어지고, 사립학교법 규정에 따라 도도부현 지사의 인가를 받아 조선인학교를 설립할 수 있으므로 공립 민족학교를 존속시킬 필요가 없다는 것이었다.

문부성은 이 정책의 재검토를 위해 먼저 한국 정부에 협의를 요청했다. 한일 양국 정부 간에는 재일조선인 문제 해결을 목적으로 1951년 10월 20일부터 한일예비회담이 열리고 있었다. 이 회담은 한국 정부가 강화조약에 초청되지 못했기 때문에 전후(戰後) 한일 관계는 양국 간의 협상을 통해 문제 해결을 도모할 필요가 있었고, 그 필요성을 특별히 요구했던 미국 정부의 주선도 작용하여 개최되었다. 실제로 조선인학교 문제가 검토된 것은 1952년 1월 말의 한일예비회담 국적소위원회에서였다. 2차 학교 폐쇄령 당시의 교훈이 작용했는지 이 위원회에는 문부성도 참여했다.

문부성도 참가한 이 회담에서 한국 정부가 최종적으로 주장한 것은 "의무교육을 받을 권리와 생활 부조를 받을 권리가 국민 고유의 권리에 속하는지 여부는 향후 거류민들 사이에 문제가 발생했을 경우 일본 측의 국내 조치에 맡기기로 하고 본 협정에서 제외한다"(マキー, 2014)라는 것이었다. 즉, 한국 정부는 재일조선인의 교육 문제 처리에 대해 일본 측에 위임한 것이다. 한국 측의 이러한 판단에는 경제적인 고려가 있었다.

교육 문제와 함께 생활보호에 대해서도 한일 간에 논의가 이루어졌지만, 한국 정부는 재일조선인의 생활보호 비용을 부담하는 것은 '현실적으로 불가능하다'(浅野, 2015)고 했다. 이 회담을 계기로 재일조선인의 교육에 대해서는 일본 정부가 주도권을 가지게 되었다. 한국 정부는 재일조선인 교육 문제 처리에 대해 일본 측에 위임했지만 요구사항은 제시했다. 한국 정부의 요망은 재일조선인이 일본에 세금을 내는 만큼 재일조선인의 일본 교육기관 취학은 허용되어야 한다는 것이었다. 다만 한국 측의 요망은 어디까지나 개인의 취학에 관한 것이었다. 이 회담에서는 조선인학교의 상황에 대해서도 논의되었으나 특별한 방침은 결정되지 않았다. 한일 간의 조정을 거쳐 문부성은 1952년 여름 법무부와 재일조선인 아동 및 조선인학교에 대한 조치 방침을 확정했다.

이 조치 방침은 재일조선인의 취학에 관한 방침과 공립 조선인학교에 관한 방침, 두 가지로 구성되어 있다. 첫 번째 방침은 재일조선인은 일본 국적을 상실하기 때문에 취학의무를 상실한다는 것이다. "다른 외국인과 같은 취급을 받는다"라는 문언은 재일조선인은 일본 국적 보유자와 동일하게 취급되지 않는다는 것을 의미한다. 그리고 두 번째 방침은 현존하는 공립 조선인학교를 장래에 폐지하고 새로운 공립 조선인학교의 설치를 금지한다는 것이다. 남아 있는 학교에 대해서는 재학생이 졸업할 때까지는 존속을 인정하지만, 신입생을 인정하지 않음으로써 이들 학교를 점진적으로 폐지해 나가겠다는 것이었다. 또한 존속하는 동안 민족 과목의 교수도 금지되고 공립 조선인학교를 신설하는 것도 금지되었다. 문부과학성이 공비 지출에 의해 운영하는 공립 민족학교의 전면 폐지 방침을 밝힌 것이다.

5) '편의의 제공'으로서 교육

그로부터 6개월이 채 지나지 않아 문부과학성은 앞서 언급한 첫 번째 방침을 통달로 통지했다. 이 통지가 1953년 2월 11일의 '조선인의 의무 교육학교 취학에 대하여'(문부성 초등중등국장 통달 文初財 74호)이다. 이 통지의 요지는 재일조선인 아동의 취학은 강화조약의 발효로 재일조선인이 일본 국적을 보유하지 않게 됨에 따라 학령부에 등재할 필요가 없으며, 또한 취학의무 이행 독촉이라는 문제도 없지만, 재일조선인은 종래의 특수한 사정도 있으므로 우호 정신에 입각하여 가능한 한 편의를 제공한다는 것이었다. 이는 한일예비회담에서 한국 측의 요구가 어느 정도 반영된 것으로 보인다.

재일조선인을 일본의 학교에서 완전히 배제하기보다 일본의 학교 안에서 동화해 가려는 것이었다. 재일조선인 아동의 일본 학교 취학은 '은혜적'이므로 취학하는 때에 몇 가지 사항을 서약하도록 하였는데, 서약서의 내용은 '일본국의 명령과 학교 규칙에 따르겠습니다', '다른 아동에게 폭력을 하거나 괴롭히는 행위를 하지 않겠습니다', '교과서 기타 학용품을 반드시 지참하겠습니다', '급식비 기타 학급에서 징수되는 비용은 완납하겠습니다', '학교에 수용 능력에 없게 된 때는 재학을 중단시켜도

이의를 제기하지 않겠습니다'와 같이 대부분 비교육적인 내용이었다.[13]

두 번째 정책, 즉 공립 조선인학교 폐지에 대해 문부성은 결론을 내릴 수 없는 상황이었다. 이는 "관계 당국자는 한일 양국의 문제로서 해결해야 할 점이 산적해 있으며, 이들 문제가 해결되면 일부분인 교육 문제도 금방 풀릴 것으로 보고 있다. 따라서 현 단계에서는 가능한 한 재일조선인을 자극하지 않고, 말하자면 정세를 지켜보며 수수방관하는 것 이외에는 방법이 없는 것이 실정인 것 같다"라는 문부성의 설명에서도 나타나고 있다(崔紗華, 2018).

공립 조선인학교 폐지에 대해 문부성은 고심했는데, 그 이유는 첫째, 한일회담과의 균형과 문부성 내에서의 공통된 견해를 찾지 못했기 때문이다. 다나카 요시오[田中義男] 초중등교육국장은 "사립 이관이 아직 결정되지 않은 것은 공립 그대로가 좋지 않겠느냐는 의견도 있는 데다가 한일회담의 성과를 기다리거나, 여러 가지 이유로 오늘까지 미뤄진 것이다"[14]라고 하였다. 문부성으로서는 한일회담의 성패가 재일조선인 교육 정책을 결정하는 데 있어 중요한 요소였다. 히다카 다이시로[日高第四郎] 문부차관은 조선인학교의 사립 전환은 '법리적으로는 당연하다'고 인정하면서도 "조선인에 대한 정부의 전반적인 태도가 결정되지 않으면 이 문제도 해결되지 않는다"[15]라고 했다.

둘째, 조선인학교 문제는 강화조약 체결 이후에도 치안 문제와 직결되는 것으로 간주되었다는 점이다. 공안조사청은 사립 이관에 대해서는 문부성에서 신중하게 대책을 토의 중이므로 조만간 성안을 보게 될 것으로 전망하면서, 재일조선인 단체에서 강력히 반대하는 방침을 내놓고 있으며 활발한 반대 투쟁의 전개가 예상되기 때문에 지도적 분자를 파악하는 등 사전 기초조사를 완료하여 사태 발생에 대비하여 유감없도록 노력하겠다고 하면서 교육 문제가 치안 문제로 연결될 가능성을 우려했다.

1953년 5월 제5차 요시다 내각에서 문부대신으로 임명된 오다치 시게 오[大達茂雄]는 조선인학교 문제가 미칠 영향을 우려하여 12월 8일 문부위원회에서 "문부성으로서는 대체적인 입장을 정리하여, 실은 관계 방면과 협의하여 지금에 이르렀습니다만, 실은 아직 각 방면의 충분한 이해를 얻는 데에는 이르지 못했습니다. 이는 물론 교육 또는 학교 운영의 문제입니다만, 실은 치안 문제와 관련이 있으므로 치안 당국의 납득을 말씀드리지만, 아직 납득을 얻지 못하여 현재까지 결론에 달하지 못했습니다. 문부성의 견해를 우선 정리하여 총리부의 심의실 등 관계 방면과 협의를 진행하고 있습니다"[16]라고 진술했다.

오다치는 문부성의 입장에서 대략적인 생각을 정리하고 관계 부처와 협의를 하고 있지만 충분한 이해를 얻지 못하고 있다고 전제하면서 조선인학교 문제는 물론 교육이나 학교 운영의 문제이지만 사실은 치안 문제와도 관련이 있으므로 치안 당국과의 협의 등이 필요하여 아직 결론에 도달하지 못했다는 내용으로 보고하고 있다.

이렇게 공립 조선인학교의 폐지는 미뤄졌지만, 문부성은 폐지의 뜻을 고수했다. 1953년 8월 22일, 외무성 주재로 조선문제연락협의회가 개최되었다. 이 협의회는 '대조선 문제는 일본에서도 점차 큰 정치적 문제가 되고 있다'는 점에서 종합적인 대책 입안을 목적으로 개최된 것으로, 그 목적의 일환으로 조선인학교 문제도 논의되었다. 폐지 방법 등에 대한 구체적인 논의는 이루어지지 않았지만, 협의회에 참석한 문부성은 '금후 재일조선인 자녀들만 다니는 독립교를 사립으로 전환하는 대책'이 필요하다는 견해를 제시했다.

두 달 뒤인 10월 27일, 문부성이 작성한 '재일조선인의 교육적 취급에 관한 기본방침안'에는 재일조선인의 취학 의무 중단과 공립 조선인학교의 폐지가 모두 담겨 있었다. 그리고 기본방침안 제4항의 '잠정적'이란 현재 재학하고 있는 학생이 당해 학교를 졸업할 때까지의 기간으로 한다고 부기하고 있다(淺野 外, 2010). 이 기본방침은 내용을 보면 1952년 여름에 수립된 조치 방침을 계승한 것이지만 양자에는 큰 차이가 있었다. 차이점은 첫째, 이번의 기본방침안은 각의에 제출하기 위해 작성되었다는 점이다. 각의에 상정한다는 문부과학성의 행동에서 문부성이 조선학교 폐지를 시급히 대처해야 할 사안으로 인식하고 있었음을 알 수 있다.

둘째, 기본방침안에서는 조치 방침보다 행정의 재량을 더 많이 인정하고 있다는 점이다. 기본방침안에는 "조선인을 다수 집단적으로 수용하는 학교에 대해서는, 관계 당국은 특히 관리를 충분히 하고 법령의 준수, 질서유지에 노력하며, 적정한 학교 운영을 확보할 수 없는 경우 학교 폐쇄를 실시한다"라고 명시되어 있다. 조치 방침에는 명기되지 않았던 '폐쇄'라는 문구가 추가되어, 학교가 법령을 위반했을 경우 행정이 강경한 조치를 할 수 있도록 한 것이다. 그러나 이 기본방침안은 각의에 제출되지 않았다.

6. 공립의 민족학교

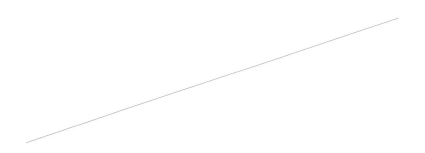

1) 자주적 민족교육의 후퇴

1949년 10~11월에 전국의 조선학교 362개교에 대하여 집행된 학교 폐쇄 조치에 따라 조선학교에 취학하고 있던 약 4만 명의 아동에게는 거주지 학교구의 공립학교에 전입학하도록 조치되었다. 그러나 전입학할 학교의 수용 체제 불비 등의 문제가 있어 폐쇄한 조선학교 교사와 교지를 그대로 활용하여 공립학교 또는 공립학교의 분교로 운영하는 '공립 조선인학교'가 1949년부터 1966년 사이에 도쿄도에 15개교, 가나가와현에 5개교, 아이치현에 3개교, 오사카부에 1개교, 효고현에 8개교, 오카야마현에 12개교, 야마구치현에 1개교 등 전국적으로 45개교가 점정적으로 설치되게 되었다(도쿄도를 제외하고는 모두 분교 형태).[17]

근년 영국에는 이슬람계 자녀를 주된 교육 대상으로 하는 공립 이슬람학교가 생기고 오스트레일리아는 선주민의 교육을 위한 공립학교를 설립하여 민족의 아이덴티티를 국가 차원에서 보호·육성하고 있다. 또한 스리랑카는 인구의 약 70%를 차지하는 싱할라족과 20%를 차지하는 타밀족 간에 영국 식민지 정책의 유산을 극복하지 못하고 내전을 겪었지만, 대학입시에서 각 민족에게 일정한 비율의 정원을 배정하는 등 민족 간 통합 정책을 실시하고 있다. 그런데 반세기 전 일본에서 타민족을 위한 교육에 국민의 세금이 원천인 공공 재정을 사용하여 유지하는 공립학교가 존재하였다는 사실은 민족교육의 역사뿐만 아니라 전 세계적으로도 매우 특이한 사건이었다.

1940년대의 민족학교 대부분은 조련이 경영하거나 운영에 관여하고 있었다.[18] 그 후 '단체 등 규정령'에 의하여 조련이 해산되자 문부성은 1949년 10월부터 11월에 걸쳐 사립 조선인 교육시설을 일제히 폐쇄하였다. 이때 문부성이 조선인의 교육시설을 합법적으로 폐쇄할 수 있었던 것은 1948년 3월 1일 문부성의 '각종학교 취급에 관하여'(학교교육국장 통달)가 있었기 때문이다.

이 통달에서는 "한 개 이상의 교과, 기술 또는 교과, 기술 쌍방을 교수하는 교육시설로, 2인 이상의 교원과 20명 이상의 학생을 가진 교육시설은 모두 학교교육법 제84조의 규정에 의한 각종학교로 간주"하여, 각종학교의 설치 인가를 받아야 한다고 하였다. 그리고 "만약 인가를 신청하지 않은 경우에는 도도부현 감독청이 각종학교로 지정할 수 있다"라는 내용이었다. 문부성은 1948년 1월 24일 통달과 3월 1일 통달을 근거로 하여 재일동포 학생을 대상으로 한 모든 교육시설의 폐쇄를 강행할 수 있었다.

2) 일본 정부의 조치

1949년 10월 12일 각의에서는 '조선인학교 처리 방법'에 관하여 '조선인 자제의 의무교육은 공립학교에서 실시하는 것'을 원칙으로 하고, '의무교육 이외의 교육을 실시하는 조선인학교에 대하여는 엄중히 일본의 교육법령 기타 법령에 따르도록 하고 무인가 학교는 인정하지 않으며', '조선인이 설치하는 학교의 경영 등은 자기 부담에 의하여야 하며 국가 또는 지방공공단체는 당연히 원조를 필요로 하지 않는다'라는 방침을 결정하였다.

각의 결정 다음 날인 10월 13일, 문부성 관리국장과 법제부 특별심사국장은 각의 결정 사항을 시행하기 위하여 도도부현 지사와 도도부현 교육위원회에 '조선인학교에 대한 조치에 관하여'를 통지하였다. 이 통지는 '학교교육법 기타 교육 관계 법령 등에 의한 감독청의 명령 준수', '국정교과서 또는 문부성 검정교과서 사용 원칙', '무인가 학교의 인가', '구 조선인연맹 관련자의 학교 관여 금지' 등이 주요 내용이었다.

10월 19일에는 문부성 모리타 마사노부[森田正信] 총무과장이 담화를 발표하였는데, "공립학교에 해산된 학교의 아동을 수용하는 것은 민족의 독립성, 문화의 자주성을 말살하여 일본에 동화시키는 정책으로 보지는 않을까 여부"에 대하여 "조선인 독자의 자주성을 무시하는 것은 조금도 없다. 조선어를 학교에서 가르치는 것은 어떠한 지장도 없다. 이 점에 오해가 있다. 단, 소·중학교는 의무교육이며 학교교육법에 의거 의무교육 과정을 수료하여야 하며, 따라서 문부성 검정 또는 저작 교과서에 의해 소정의 시간을 이수할 필요가 있다. 그 외에 과외로 조선 독자적인 과목을 가르치는 것은 자유이다"라는 내용이었다.

그리고 같은 날, 각 도도부현 지사는 조련 경영의 학교로 간주한 92개교에 대하여 폐쇄 접수 명령을 발하였다. 그리고 그 이외의 245개교에는 개편 통고를 발하여 2주 이내에 사립학교 신청 절차를 이행하도록 명령하였다. 같은 해 11월 14일에는 개편 명령을 받은 학교 중 권고에 응하지 않은 113개교는 폐교하는 것으로 간주하였다. 그리고 개편 절차를 이행한 128개교는 문부성이 일괄적으로 심사를 하였다.

1949년 11월 1일, 문부사무차관은 도도부현 지사와 도도부현 교육위원회에 '공립학교에서 조선어 교육 등의 취급에 관하여'를 통지하였다. 통달 내용은 "공립학교에서 조선인에 대하여 조선어, 조선 역사 등을 가르치는 것이 가능한지", "교원의 자격이 있는 조선인을 공립학교에 채용할 수 있는지"의 질의에 대한 회답 형식이었는데 통달 말미에 "수용할 조선인 학생은 일반학급에 편입하는 것이 적당하지만, 학력 보충 기타 부득이한 사정이 있는 때에는 당분간 별도 학급 또는 분교를 설치하는 것도 무방하다. 아울러 학구에 관하여는 일본인 학생과 동일하게 하는 것을 원칙으로 한다"라고 부기하고 있다.

이 통달에서 나타난 바와 같이 문부성은 조선인 학생을 일반학급에 편입하는 것을 원칙으로 하면서 '부득이'한 경우에 '당분간'에 한하여 조선인 학생만을 대상으로 하는 공립분교의 설치를 인정한 것이다. '당분간'이라는 조건이 있기는 하였지만, 공립 민족학교는 재일동포의 민족교육 역사에서 특이한 위치를 차지하고 있었을 뿐만 아니라 세계적으로 유례가 드문 사례였다.

3) 한국 정치권의 대응

앞에서 언급하였듯이 민족학교 중 오사카백두학원이 운영하는 건국

소학교, 건국중학교, 건국고등학교 3개교만 인가를 받았으며 나머지 학교는 불인가 처분을 받아 폐쇄되었고 재산도 일본 정부에 접수되었다. 1949년 10월 19일부터 11월 4일까지, 폐쇄된 사립 조선인 교육시설은 37개 도도부현에서 소학교 302개교(학생 수 35,095명), 중학교 16개교(학생 수 3,703명), 고등학교 4개교(학생 수 306명), 각종학교 40개교(학생 수 1,489명) 계 362개교(학생 수 40,593명)였다.

1949년 10월 3일, 한국 국회 본회의에서는 '문교사회위원회'로부터 재일동포 교육 상황을 조사하기 위한 3명의 '조사위원 파견 긴급동의안'이 제출되었다. 그러나 조사단 파견을 하지 않고 재일사절단을 통하여 외무부에 조사 결과를 보고하도록 결정하였는데 당시 이 문제와 관련하여 의원 다수의 발언이 있었다. 발언 요지는 1949년 10월 30일 자《동아일보》에 게재되어 있다.

> **권태휘 의원**: 일본의 동포학교 폐쇄는 거류민단의 재산몰수를 위한 흉계이다. 문교부에는 재일동포에 대한 예산이 없을 뿐만 아니라 이에 대한 조사도 하지 않고 있는 것은 유감이다.
>
> **윤치영 의원**: 국제법상으로 일본이 한국의 식민지가 아닌 이상 일본에서 우리 학교를 경영할 권리가 없다. 한국 학생에 대한 차별 대우가 있었다면 항의할 수 있지만, 학교 경영에 대해서는 일본 법령을 무시할 수 없다.
>
> **김준연 의원**: 인구수가 많다고 하여 법적 문제를 생각하지 않고 국회에서까지 떠든다는 것은 국제적으로 정당하지 못한 것이다.
>
> **이영준 의원**: 국책에 위반이 없는 한 학교 경영은 용인되어야 할 것이고 우리가 이를 묵살한다면 독립국가로서 위신상의 문제이므로 진상조사단을 파견해야 한다.

신익희 의장: 국제법상 독립국가에 가서 살려면 그 나라 법률에 복종해야 한다. 인구의 과다로 학교 경영 운운하는 것은 부당하고 치안에 저촉되지 않는 한 비정식 학교 경영은 용인될 것이다.

문교부장관: 일본 정부가 예고도 없이 폐쇄한 것은 공산주의의 구실로 재산몰수를 기도한 것이다. 국제적, 민족적 체면을 손상하지 않는 한 국회에서 조사하는 것은 무방하다.

조헌영 의원: 조련에서는 일본 정책과 대한민국 정책에 반대되는 교육을 해방 직후부터 5년간 계속하였다. 폐쇄가 아니고 개편인 만큼 외교적 방침을 세워야 하고 조사단 파견은 친선상으로 불리할 뿐만 아니라 효과도 얻지 못한다.

당시 국회에서도 조사단 파견을 지지하는 의원과 신중하자는 의원 간에 의견이 분분하였다. 다만 곤란에 처해 있는 재일동포 자녀의 교육 현실에 대한 정확한 실태 파악이나 청취보다는 '국제법상', '친선상' 등 외교적 문제를 우선적으로 고려하였다는 것은 당시 일본에 대해 강한 발언권이 있었던 상황인데도 국민의 대표기관으로서 너무 소극적인 태도가 아니었는지 의문스럽다.

4) 도쿄도립조선인학교

이하에서는 도쿄도립조선인학교를 중심으로 공립 민족교육기관의 운영을 개관하고자 한다. 사립이든 도립이든 조선인학교를 기술하고자 하는 때에는 그 소속이 민단인가 총련인가 하는 이분법적인 사고는 타당하지 않다고 본다. 당시나 지금이나 일본 사회는 정치적 성향에 따라 민단과 총련으로 이원화되어 있고(양쪽이 속하지 않는 중립계도 있다), 민단에 가입하느냐 총련에 가입하느냐에 따라 한 사람의 국적과 정치적 색깔이 규정되어 버리는 정형화는 무시할 수 없다. 그러나 '교육의 장'만큼은 민족교육이라는 공통적 가치 안에서 민단계와 총련계의 분리가 정치적 분리처럼 고정적이고 정태적인 것이 아니라 동태적 구조이다.

한국의 경제발전과 국제적 행사의 성공, 한국문화의 일본 유입 등의 국력 향상으로 정치적 신념의 변화가 급속하게 이루어지고 있으므로 정치적인 성향이 항상 정태적이라고 하는 것도 맞지 않고, 1950년대 초부터 시작하여 1965년 재일한국인법적지위협정 이후로 민단과 총련의 정치적 색채가 더 공고히 되어 가고 있다고는 하지만, 식민지 역사의 산물이라는 동질성을 가진 같은 민족으로서 억압과 차별 속에서 살아가는 재일동포의 가슴속 저변의 민족의식은 정치적 성향보다 상위의 가치일 수 있기 때문이다. 특히 교육적 분야는 정치적 조직에 비하여 이완되어 있는 것이 현실이다. 지금도 한국학교에는 일부나마 조선적 자녀가 취학하고 있고, 조선학교에는 더 많은 수의 한국 국적 자녀가 취학하고 있다는 것이 종종 일본 정치계나 언론 보도를 통하여 확인되고 있다.

조선인학교의 폐쇄 및 개편 기한인 1949년 11월 2일 이후 어떠한 움직임도 없는 도쿄도 당국에 대하여 조선학교 측은 당초 재단법인 설립 수속을 통하여 사립학교로서 인가를 요구하였다. 그러나 도쿄도는 이러한 조선학교의 요구에 대하여 설립 부족 문제와 시간 종료 등의 구실을 가지고 부정적으로 대응하는 한편, 같은 해 11월 18일 '현지 조사'를 실시하는 등 조선학교의 도립화를 위한 준비를 착실히 진행하고 있었다. 도쿄도는 이틀 후인 20일, 고시 제118호 학교 폐지(도쿄제1조선소학교 외 16개교)를 공시하고, 도교육위원회 명으로 교위 제13호 도쿄도립조선인학교설치규칙(1949년 12월 17일 제정), 조선인학교 취급 요령을 발표하였다.

이와 같이 도쿄도의 조선인학교 14개교는 모두 도립화되었는데, 조선인학교 도립화에 대해서 김덕룡은 '동화 정책적 의도에 의한 최초의 구체적인 움직임'이었다고 지적하고 있다(金德龍, 2004).

〔표 2〕 공립 조선인학교 소재지, 설치·폐지 연도

연번	학교명	소재지	설치 연월일	폐지 연월일
1	東京都立第1朝鮮小學校	荒川區	1949.12.20.	1955.3.31.
2	東京都立第1朝鮮小學校(分校)	文京區	1949.12.20.	1955.3.31.
3	東京都立第2朝鮮小學校	江東區	1949.12.20.	1955.3.31.
4	東京都立第3朝鮮小學校	板橋區	1949.12.20.	1955.3.31.
5	東京都立第4朝鮮小學校	足立區	1949.12.20.	1955.3.31.
6	東京都立第5朝鮮小學校	葛飾區	1949.12.20.	1955.3.31.
7	東京都立第6朝鮮小學校	大田區	1949.12.20.	1955.3.31.
8	東京都立第7朝鮮小學校	品川區	1949.12.20.	1955.3.31.
9	東京都立第8朝鮮小學校	世田谷區	1949.12.20.	1955.3.31.
10	東京都立第9朝鮮小學校	杉並區	1949.12.20.	1955.3.31.
11	東京都立第10朝鮮小學校	墨田區	1949.12.20.	1955.3.31.
12	東京都立第11朝鮮小學校	立川市	1949.12.20.	1955.3.31.
13	東京都立第12朝鮮小學校	南多摩郡	1949.12.20.	1955.3.31.
14	東京都立朝鮮人中學校	東京都 北區	1949.12.20.	1955.3.31.
15	東京都立朝鮮人高等學校	東京都 北區	1949.12.20.	1955.3.31.
16	神奈川縣橫浜市立靑木小學校澤渡分校	神奈川區	1949.11.11.	1965.11.24.
17	神奈川縣橫浜市立下野谷小學校小野分校	鶴見區	1949.11.11.	1965.11.24.
18	神奈川縣川崎市立桜本小學校分校	川崎市	1949.11.4.	1965.11.24.
19	神奈川縣川崎市立高津小學校分校	川崎市	–	1965.11.24.
20	神奈川縣橫須賀市立諏訪小學校分校	橫須賀市	1949.11.24.	1965.11.24.
21	愛知縣名古屋市立牧野小學校分校	名古屋市	1949	1966.3.31.
22	愛知縣名古屋市立大和小學校分校	名古屋市	1949	1966.3.31.

23	愛知縣名古屋市立西築地小學校分校	名古屋市	1949	1966.3.31.
24	大阪本庄中學校分校(西今里中學校)	大阪市	1950.7.1.	1961.8.31.
25	兵庫縣尼崎市立武庫小學校守部分校	尼崎市	1949.11.24.	1966.4.11.
26	兵庫縣尼崎市立大庄小學校分校	尼崎市	1950.4.1.	1965.7.18.
27	兵庫縣尼崎市立大島小學校大島分校	尼崎市	1950.4.1.	1965.7.18.
28	兵庫縣尼崎市立立花小學校分校	尼崎市	1950.4.1.	1966.4.11.
29	兵庫縣尼崎市立園田小學校分校	尼崎市	1950.4.1.	1966.4.11.
30	兵庫縣伊舟市立神津小學校桑津分校	伊舟市	1950.8.25.	1966.4.11.
31	兵庫縣明石市立林小學校船上分校	明石市	-	1966.4.11.
32	兵庫縣高砂市立高砂小學校木曽分校	高砂市	-	1966.4.11.
33	岡山縣岡山市立中學校分校	岡山市	1949.11.4.	1950.8.31.
34	岡山縣岡山市立小學校分校	岡山市	1949.11.4.	1950.8.31.
35	岡山縣和気郡伊部小學校光が丘分校	和気郡	1949.11.4.	1950.8.31.
36	岡山縣浅口郡連島西浦小學校亀島分校	浅口郡	1949.11.4.	1950.8.31.
37	岡山縣浅口郡連島中學校亀島分校	浅口郡	1949.11.4.	1950.8.31.
38	岡山縣倉敷市西小學校向市場分校	倉敷市	1949.11.4.	1950.8.31.
39	岡山縣津山市立小學校分校	津山市	1949.11.4.	1950.9.12.
40	岡山縣久米郡吉岡久木小學校藤原分校	久米郡	1949.11.4.	1950.9.12.
41	岡山縣阿哲郡井倉小學校井倉分校	阿哲郡	1949.11.4.	–
42	岡山縣兒島市立小學校砂走分校	兒島市	1949.11.4.	–
43	岡山縣倉敷市立連島町小學校分校	倉敷市	–	–
44	岡山縣倉敷市立連島中學校分校	倉敷市	–	–
45	山口縣下關市立向山小學校大坪分校	下關市	1949.12.19.	1953.3.15.

출처: マキー(2014).

이처럼 조선인학교가 도립으로 전환됨에 따라 1949년 12월 20일 자로 도쿄도교육위원회의 인사 발령을 받은 일본인 교사들이 도립조선인학교에 부임하였다. 당시 도립조선인중고등학교에는 약 30명의 일본인 교사가 부임하였는데 다음 해 1월의 직원회의에서 조선인 교사가 일본인 교사에게 '외국인에 대하여 어떻게 교육을 하려고 왔는가' 등을 따져 물었다고 한다. 이러한 분위기에 압도되어 일부 일본인 교사는 부임하자마자 사임하는 사태도 있었다.

도립화 직후인 1949년, 조선인학교는 14개교(1개 분교)에 87학급, 3,672명에 교사는 145명이었다. 도쿄도 교육당국은 도립화한 후 ① 교육 용어는 일본어로 한다. ② 민족 과목은 과외로 하고 중학교에서는 조선어를 외국어로 다룬다. ③ 현재 시설을 더 이상 확충하지 않도록 한다. ④ 조선인 교원은 민족 과목 이외는 담당시키지 않도록 한다는 4원칙을 작성하여 학교 측이 이를 지키도록 강요했다.

그리고 조선인 교원은 도립학교 교원 자격이 없어 학급담임에서 제외되고 민족 과목을 방과 후에 지도하는 강사로 대우하였다. 교사 비율은 일본인이 3, 조선인이 1의 비율이었으며, 급료에서도 일본인 교사에 비하면 월등히 적었다. 예를 들면 1952년 도립조선인학교 교직원의 월평균 급여는 일본인 교장 31,365엔, 교사 21,861엔, 전임강사 21,650엔이었는데, 조선인 전임강사(조선인은 전임강사와 시간강사뿐이었다)는 13,589엔으로, 일본인의 62.8% 수준에 그쳤다(梶井, 2014).

1950년 12월 20일에는 도쿄도교육위원회가 조선인학교 취급 요령을 발표하였는데, 주요 내용은 '조선인 자제는 원칙적으로 자기의 거주지를 통학 구역으로 하는 공립학교에 분산 입학시켜야 하지만, 잠정적인 조치로 종래부터 존재하는 각 조선인학교에 재학하는 학생은 도립학교로 운영되는 현재 재학하는 학교에 입학시킬 수 있으며', '조선어·조선 역사 등은 과외수업으로 하고 교육 용어는 원칙적으로 일본어로 하되, 중학교·고등학교 이외에서 조선어는 외국어로서 학생의 선택에 맡기며', '학교장은 원칙적으로 일본인의 유자격자로 충당하고 기타 교원의 조직은 학교장의 의견을 들어 편성하지만 조선인은 교직원적격심사에 적격의 판정을 받은 자격을 가진 자 중 선발하여 채용한다'라는 것이었다.

도쿄도교육위원회로부터 4원칙의 준수를 강요받은 동포 교사와 학생은 교육당국과 싸워 결국 종래와 같이 조선어, 조선 역사, 조선 지리 등 민족 과목을 정규 과목으로 하고 학급담임도 조선인 교사가 담당할 수 있게 되었다. 일본의 공립학교에서 일본의 공공 재정으로 민족교육[19]을 하였다는 사실은 민족교육사에 있어 매우 의미 있는 일이었다.

먼저 민족학교의 폐쇄는 일본 정부의 통제 정책이 직접적인 원인이었지만 1940년 중반 이후 조련이 직접 경영하거나 운영에 관여한 조선인 학교의 교육 내용에 북한의 정치체제와 사상이 그대로 반영된 교육을 하였으므로 폐쇄를 자초한 면도 적지 않다. 조선학교의 교육에 북한의 정치체제와 사상이 그대로 연계되어 있었다는 것은 이미 밝혀진 사실이다.

미국 라이스(Rice)대학의 교수인 사회인류학자 쇼나 량은 부모가 한국 출신이지만 총련계로, 그녀도 조선학교에서 교육을 받았는데 2012년의 저서에서 "나는 위대한 수령(Great Leader) 및 북한에 충성을 세뇌하는 북한 스타일의 혁명 전사로 물들어 가는 학교시스템에서 교육을 받았다. 이런 의미에서 결국 나는 북한에 송환된 사람처럼 되었을지도 모른다. 내가 받은 교육은 사상의 주입이었지만 그러한 교육은 자유주의 사회라고 불리는 일본에서 일어났다. 이것은 내가 급우들과 북한이라는 제도의 대대적인 몰입 교육을 피할 수 있었다는 것을 의미한다. 대신에 우리는 북한에 좌우되는 일본의 조선인사회에서 우리에게 필요로 하는 것과 전체적으로 일본 사회에서 주류로 간주되는 것을 구별할 수 있었다. 그러나 북한에 송환된 사람들은 이러한 이중성이 결여되어 있었다"(Ryang, 2012)라고 조선학교에서의 교육 체험을 적고 있다. 아피차이 시퍼(Apichai W. Shipper)도 총련은 조선학교의 관리를 통하여 북한과의 민족적 유대감을 고취하고 있으며, 이것은 원거리 민족주의(long-distance nationalism)를 강화하는 것이라고 지적하였다(Shipper, 2010).

인간의 바람직한 성장을 의도하는 교육에서 정치적, 사상적 편향은 현대 공교육의 이념을 정면에서 부정하는 것이다. 지속 가능한 민족교육을 위해서는 지지하는 정부의 정치에 좌우되지 않고 중립성을 확보할 수 있는 교육 내용과 조건 정비가 필요하다. 후술하겠지만 정부 관계자, 민단 등 민족단체, 교육전문가, 학부모 등이 참여하는 조직을 설립하는 것도 검토되어야 한다.

재차 강조하지만 조련이라는 정치적 조직이 민족학교의 교육 내용에 크게 관여함으로써 공산주의 교육이 이루어졌고, 이것이 GHQ와 일본 정부를 자극하여 민족학교 폐쇄령으로 이어졌다. 학교 폐쇄 후 민족학교는 자주학교 43개교(소학교 38개교, 중학교 3개교, 고교 2개교), 공립학교 14개교(소학교 12개교, 중학교 1개교, 고교 1개교), 공립분교 18개교(소학교 17개교, 중학교 1개교), 특설학교 78개교(소학교 68개교, 중학교 10개교), 야간학교 21개교(소학교 20개교, 중학교 1개교)에 학생 수는 17,740명(소학교 14,266명, 중학교 2,903명, 고교 571명)으로 줄어들었다.

학교 규모의 위축뿐만 아니라 공립학교에서는 일본인 교사에 의하여 일본의 교과목을 학습하였으므로 민족교육의 자주성과 독립성도 크게 훼손되었다. 즉, 민족학교 공립화는 일본의 전후사에서 민족교육의 위축을 초래한 전환점이라 할 수 있다.

5) 공립 민족학교의 폐지

1953년 12월에 도쿄도교육위원회는 조선인학교 PTA 연합회에 ① 이데올로기 교육을 하지 말 것, ② 민족 과목은 과외로 할 것, ③ 학생 정원을 지킬 것, ④ 학생의 집단 진정을 멈출 것, ⑤ 미발령(무자격) 교원을 교단에 세우지 않을 것, ⑥ 교직원 이외의 자를 직원회의에 넣지 말 것 등 6개 항목을 문서로 회신하도록 요구하였다. 도쿄도교육위원회가 6개 항목에 대한 회신을 요구한 것은 당시 조선인학교에 근무하는 일본인 교사들이 체험 수기를 언론에 연재하는 등 교육 내용과 학교 운영을 문제시한 것도 원인이 되었다.

언론에 실린 일본인 교사들의 체험 수기는 "학교 교실에 김일성의 초상화를 걸고 매시간 공산주의 교육을 하고 있다", "이과 시간 및 방과 후에는 화염병 만드는 방법을 지도하고 있다", "조선인학교에서는 금지하고 있는 조선어를 사용하여 수업을 하고 일본어는 무시하고 있다"라는 등의 내용이었다(梶井, 2014). 도쿄도교육위원회와 조선인학교 PTA 연합회의 자체 심의와 절충을 거쳐 6개 항목이 전부 승인되었는데, 도쿄도교육위원회가 요구한 6개 항목에 대한 조선인학교 측의 답변은 다음과 같다.

① 이데올로기 교육 관련: 교육기본법 정신에 따라 오해를 불러일으키지 않도록 노력한다.
② 민족 과목의 취급 관련: 교육 법규에 따르는 것을 원칙으로 하고 아동의 현실성에 맞도록 처리한다.
③ 학생의 정원 문제: 자연증가를 고려하여 별도로 정한다,
④ 학생의 집단 진정 관련: 교육위원회가 학교의 실정을 존중해 줄 것을 신뢰하여 학생의 집단 진정은 피한다.
⑤ 미발령(무자격) 교원 문제: 교원 정수는 학교 실정에 맞게 별도로 정하여 미발령 교원이 교단에 서지 않도록 노력한다.
⑥ 직원회의 관련: 교직원 이외의 자는 교장의 이해 또는 요청 없이는 참가하지 않는다.

1954년 8월 6일 오타쓰 문부대신은 "조선인학교를 폐교하여야 하며 조선인의 집단교육을 인정하지 않는다"라는 담화를 발표하였다. 1952년 강화조약의 발효, 1953년 문부성 통달 등 일련의 정치, 외교 행위와 문부성의 공립 조선인학교 폐지 방침에 의하여 1955년 3월 31일부로 폐교 결정이 통보되었다.

도쿄도교육위원회 모토시마 히로시[本島寬] 교육장은 폐교 통고에서 "뒤돌아보면 과거 5년간에 걸쳐 도쿄도는 잠정조치라고는 하지만 재경 조선인 자제 교육을 위하여 특히 도립조선인학교를 경영하여 수많은 비판을 받아 가면서도 학교를 정상적으로 운영하기 위하여 모든 노력을 계속하여 오늘에 이르렀다. 그런데도 이 기간 동안 조선 측의 협력을 얻지 못하고 도립학교로서 소기의 성과를 거두지 못하였다는 것은 매우 유감스러운 바이다"라고 소회를 밝히고 있다. 그 후 조선인학교가 도립에서 사립으로 전환하는 시점에서 교육의 정치적 중립성이 무시되고 북한에 충성을 맹세하는 교육이 강화되었다.

해방 후 일본 사회의 운명공동체였던 재일조선인 사회의 분열은 누가 무슨 원인을 제공하였든지 간에 조련과 민단의 분열이 계기가 되었으며, 1948년 남북한 정부 수립으로 그 분리가 견고해졌다. 교육에서 정치적 색채가 분명하게 노출되기 시작한 것은 도립에서 사립으로의 전환이 분기점이었다. 도쿄도교육위원회의 폐교 통지에서도 알 수 있듯이 도쿄도는 이러한 상황적 맥락에 대하여 잘 알고 있었다. 그리고 도쿄도가 도립 조선인학교의 교육 운영에 대하여 문제의식을 가지고 조선인학교에서의 이데올로기 교육을 배제하기 위하여 고심하던 시기에 한국 정부가 지원하고 민단이 주축이 되어 설립한 학교법인 도쿄한국학원이 도쿄도 지사의 인가를 받아 도쿄한국학교를 개교하였다는 것은 매우 의미 있는 일이었다.

주석

1 1946년 9월 말까지 조련은 소학교 525개교, 중등학교 4개교, 고교 또는 학원 12개를 홋카이도[北海道]에서 규슈[九州], 가고시마[鹿兒島]까지 설치하는 데 성공하였으며, 1947년 10월에는 소학교 541개교, 중학교 7개교, 청년학교 22개교, 고교 8개교로 증가하고, 학생 수 62,000명, 교원 수 1,500명의 규모로 성장하였다.

2 1946년 11월 20일 GHQ 발표 자료에 의하면 919,000명의 재일동포가 귀국하였으며, 일본에 남아 있는 약 60만 명 중 75,000명이 귀국을 신청하였다.

3 State-War-Navy Coordinating Committee(국무·육군·해군 조정위원회), 1944년 2월 설치된 미합중국 연방정부 위원회로 제2차 세계대전 종결 이후 점령 등에 관한 정치적·군사적 제 문제의 처리를 목적으로 하였다.

4 "경찰국에서는 준비한 방송차의 스피커를 통하여 해산 명령을 시달하고, 대표지도 단상에 서서 군중을 위로하며 귀가를 종용한 다음 대표자 자신도 퇴장할 때 투쟁을 완강히 주장하는 과격파는 대표자의 무능에 욕을 하면서 트럭에 돌을 던지기 시작하였으므로 [오사카]시 경찰은 응급수단으로 소방펌프를 사용하여 방수한 결과 일시적으로 진정된 것으로 보였지만 일부 조선인은 공격의 방향을 바꾸어 경찰에게 투석하고 나무 몽둥이를 들고 경찰을 향해 왔으므로 다시 방수하여 제압하고 더 세차게 저항하는 자에게는 권총 위협 사격을 하여 진압하였다"(大阪市, 1956).

5 최근 일본에 있어서 조선인 교육기관을 강제로 탄압하고 또 각지에서 충돌 사건이 일어나 조선 사람들의 울분을 풀 길이 없다는 흥분된 외전이 고국에 전하여져 국내 동포들의 일본 정부의 부당한 탄압을 타마하는 여론이 연일 비등하여 가고… 현재 일본에는 약 50여 개의 우리의 초등교육기관이 있어 각각 학교관리조합에 의하여 운영되어 왔던 것이며 그중에는 30여 학교가 우리 자제들의 전용학교이며 기타는 일본인의 것을 빌려 쓰고 있는 형편이다. … 지난 3월 재일본 조선민중대회를 소집하고 결의안을 작성하여, ① 조선인 교육은 조선인 자신의 자주성에 일임할 것. ② 조선인 교육은 일본에서 특수기관으로 할 것. ③ 조선인 교육비는 일본 정부에서 부담할 것. ④ 교육용 자재를 일본인 시설과 차별 없이 배급할 것. ⑤ 점령군 당국에서 조선인 교육기관에 주는 자재 배급을 공평하게 할 것. ⑥ 조선인 교육에 대하여서는 일체 간섭을 말 것 등을 일본 정부에 건의하였던바… 그 후 3월 20일경 일본 내에 있는 조선인 교육책임자들이 모이어 대책을 강구 중에 있으며 과도 정부 문교부와 외무처에서도… 조선 사람들이 집중적으로 거주하고 있는 도쿄와 대판의 주일공관 내에 교육공서(敎育公署)를 새로이 설치하고 문교부의 교육방침을 그대로 재일동포 자제들에게 철저하게 하여… 오로지 모국 정부의 시책에 의한 교육기관의 운영을 하도록 할 것이라고 한다.

6 제5회 국회 문부위원회 제24호(1949.5.21.).

7 교토제1조련초등학교는 1960년에 교토조선제1초급학교로 학교명을 개칭하였으며, 2012년 4월에 휴교하였다.

8 강화조약은 1951년 9월 4일부터 9월 8일까지 미국 샌프란시스코에서 52개국의 대표가 참가하여 제2차 세계대전에 의한 법적 전쟁 상태의 종식을 위하여 개최한 강화회의 결과 1951년 9월 8일에 48개국이 서명한 조약으로, 정식 명칭은 '일본국과의 평화조약(Treaty of Peace with Japan)'이다. 조약의 발효는 1952년 4월 28일이며, 조약의 발효에 의해 연합군의 점령이 종료되고 일본은 독립을 회복하여 국제사회

에 복귀하였다.

9 제7회 국회 중의원 외무위원회 제1호(1949.12.21.).

10 제12회 국회 중의원 평화조약 및 미일안전보장조약특별위원회 제5호(1951.10.29.)

11 제12회 국회 중의원 평화조약 및 미일안전보장조약특별위원회 제10호(1951.11.5.)

12 다른 연구에 따르면, 일본 정부와 외무성은 1946년 1월경부터 강화조약의 구체적 검토를 시작했지만 당초 재일조선인의 국적 문제는 송환과 세트로 생각하고 있었다. 따라서 재일조선인에게 국적 선택권을 부여하여 조선 국적을 선택한 자에 대해서는 일본 정부가 '퇴거를 명하는 권리'를 가진다는 안이었다. 그러나 1950년 7~9월경에 재일조선인 공산주의자가 일본 국적을 취득하는 것을 기피한 내각총리대신의 이니셔티브에 의해 국적 선택권을 인정하지 않고 일본 국적의 취득은 국적법에 의한 '귀화'만으로 하는 방침으로 전환하여 국적 상실 조치를 채택하게 되었다(松本, 1988).

13 日本の學校に在籍する朝鮮人兒童生徒の教育を考える會資料センター編集部. 資料集Ⅳ 在日朝鮮人兒童生徒の教育を考えるための資料.

14 極左の指令で動く朝鮮人學校: 無視される法規 手ぬるい當局に批判の聲(**讀賣新聞**, 1952.8.26.)

15 名目は移管でも實際は閉鎖: あの辱しめ、もう御免だ(**社會タイムス**, 1952.7.12.).

16 제18회 중의원 문부위원회 제2호(1953.12.8.).

17 공립 조선인학교 폐지 시기는 지역에 의해 다르지만 대략 오카야마현 1950년, 야마구치현 1953년, 도쿄도 1955년, 오사카부 1961년, 가나가와현·효고현·아이치현 1966년이다.

18 당시에는 민단 구성원은 조련에 비하여 열세였던 것으로 알려지고 있다. 1949년 12월 13일 GHQ가 한국 정부에 보낸 비밀보고서 Korean Situation in Japan에 의하면 공산주의 지지자를 전체의 70%인 약 42만 명으로 보고 있다. 민단 자료에는 1950년 한국적 77,433명(14.2%), 조선적 467,470명(85.8%)으로 기록하고 있다. 한국적이 조선적보다 많아진 것은 1969년이다(在日本大韓民國民團中央本部, 1997).

19 당시 공립조선인학교 전 과정에서 민족교육을 실시한 것은 아니다. 1년의 세 학기 중 한 학기(1, 2학기는 일본 교육과정을 운영하고 학기가 가장 짧은 3학기에 민족교육 과목 일부를 운영)에 한하여 재일동포 교사에 의한 민족교육을 실시하였지만, 도쿄도의 지시에 의하여 계속 실시하지는 못하였다.

제4장

한일기본조약 이후의 민족교육

1. 한일기본조약과 민족교육

1) 교육 관련 합의 내용

대한민국과 일본국 간의 기본 관계에 관한 조약(이하 "한일기본조약")은 1965년 6월 22일 서명하고, 12월 18일 공포 및 효력 발생을 고시(효력은 1966년 1월 17일 발생)하였다. 한일기본조약에는 재산 및 청구권에 관한 문제 해결 및 경제 협력에 관한 대한민국과 일본국 간의 협약, 재일한국인 법적지위협정 등 많은 부수협약이 있다. 한일기본조약 및 재일한국인법적지위협정에서 교육과 관련한 내용은 다음과 같다.

제1조 1 일본국 정부는 다음 어느 하나에 해당하는 대한민국 국민이 본 협정의 심사를 위하여 일본국 정부가 정하는 절차에 따라 본 협정의 효력 발생일로부터 5년 이내에 영주 허가의 신청을 하였을 때에는 일본국 에서의 영주를 허가한다.

(a) 1945년 8월 15일 이전부터 신청 시까지 계속하여 일본국에 거주하고 있는 자

(b) (a)에 해당하는 자의 직계 비속으로서 1945년 8월 16일 이후 본 협정의 효력 발생일로부터 5년 이내에 일본국에서 출생하고 그 후 신청 시까지 계속하여 일본국에 거주하고 있는 자

…

제4조 일본국 정부는 다음에 열거한 사항에 대하여 타당한 고려를 하는 것으로 한다.

(a) 제1조의 규정에 의거하여 일본국에서 영주가 허가되어 있는 대한민국 국민에 대한 일본국에 있어서의 교육, 생활보호 및 국민건강보험에 관한 사항

제5조 제1조의 규정에 의거하여 일본국에서의 영주가 허가되어 있는 대한민국 국민은 출입국 및 거주를 포함하는 모든 사항에 관하여 본 협정에서 특히 정하는 경우를 제외하고 모든 외국인에게 동등하게 적용되는 일본국의 법령의 적용을 받는 것이 확인된다.

그리고 위 재일한국인법적지위협정의 '합의의사록'에는 재일한국인법적지위협정 제4조에 관하여 "일본국 정부는, 법령에 따라 협정 제1조의 규정에 의거하여 일본국에서의 영주가 허가되어 있는 대한민국 국민이 일본국의 공립의 소학교 또는 중학교에 입학을 희망하는 경우에는 그 입학이 인정되도록 필요하다고 인정하는 조치를 취하고 또한 일본국의 중학교를 졸업한 경우에는 일본국의 상급학교에의 입학을 인정한다"라고 기록하고 있다. 재일한국인법적지위협정과 '합의의사록'에 의할 경우, 일본 정부는 재일한국인의 교육에 대한 '타당한 고려'(제4조)와 더불어 재일동포 자녀가 원하는 경우 '법령에 따라' 의무교육학교(소학교 6년과 중학교

3년)에 취학할 수 있도록 '필요하다고 인정하는 조치'를 하여야 한다.

바꾸어 말하면 재일동포 자녀에게 일본의 의무교육학교에 취학할 권리는 없지만, 취학 의사가 있는 경우에는 일본의 교육을 받도록 선처해 주겠다는 취지이다. 그런데 의무교육학교가 아닌 고등학교에 대한 규정은 어디에도 찾아볼 수 없다. 당시 민단계의 4개 한국학원에는 고등부가 설치되어 있었는데[1] 오사카백두학원의 건국학교는 이미 1조교로 전환되었으므로 일본의 학교와 동일하게 고등학교 졸업 자격이 인정되고 일본의 대학 입학 자격도 부여되어 있었다.

그러나 도쿄한국학교와 금강학교, 교토한국학교는 각종학교였으므로 고등학교 졸업 자격 및 상급학교 입학 문제를 안고 있었는데 합의의사록 등 외교문서에 이에 대한 언급은 어디에도 없었다. 제7차 한일회담 '법적 지위협정위원회' 제26차 모임(1965. 4. 23.)에서 "상급학교 진학 자격조차 인정하지 않는다는 것은 이해할 수 없다"라고 한국 대표가 발언한 기록은 있지만, 이 역시 문서로 공식화한 것은 아니다.

한일협정에 참가한 양국의 대표단은 합의의사록이 완성되기까지 여러 번의 의견 교환과 자구 수정을 거쳤다. 특히 중요한 문구에 대한 상호 이해에 대하여는 '토의의 기록'에 쌍방의 발언을 기재하고 서로 확인하도록 하였다. '토의의 기록' 전문에는 "재일한국인의 법적 지위 및 대우에 관한 협정의 체결을 위한 교섭에서는 한일 쌍방으로부터 각각 다음의 발언이 있었다"라고 기재하고 있는데, 일본 측 대표는 "협정에 관하여 합의된 의사록 중 협정 제4조 1 '필요하다고 인정하는 조치'란 문부성이 현행 법령에 따라 실시하는 지도, 조언, 권고를 말한다"라고 발언하였으나, 이에 대한 한국 측 대표의 발언은 따로 찾아볼 수 없다.

2) 일본 정부의 입장

재일한국인법적지위협정 및 합의의사록에 대하여 이사카와 지로[石川二郞] 문부대신 관방참사관은 "문부성으로서는 영주가 허가된 한국인이 공립소·중학교에 입학을 희망하는 경우에는 가능한 한 입학을 인정하도록 요망하겠지만, 경우에 따라서는 희망자가 많아 학구 내의 학교에 공석이 없게 된 경우는 타 학구 또는 타 시정촌의 학교에 입학의 편의를 도모하는 것도 있을 수 있다는 것이 대표단에서 양해되었다"(石川, 1965)라고 적고 있다.

문부성의 이러한 기본적 태도는 문부성 초등중등교육국장이 협정 조인에 즈음하여 "협정이 발효한 다음에는 영주 허가를 받은 한국인 자녀의 일본 학교의 입학에 관하여는 가능한 한 편의를 도모하고 교육상 취급에 관해서도 가능한 한 호의적으로 하고 한일 양국민의 상호 이해를 높여 양국 친선의 기초를 교육에서 배양하도록 하겠다"라고 발표한 담화에서도 확인된다.

일본 정부는 '가능한 한', '호의적' 등의 문구를 사용하면서 적극적인 조치에 대한 언급은 없었다. 1965년 6월, 한일기본조약 체결에 즈음하여 한일 외무장관은 "양국 외무장관은 … 양국 상호의 이익을 증진한다면 이번에 서명한 문서에 포함하지 않는 사항에 대해서도 양국 정부가 상호 이해와 협조 정신을 가지고 논의하여야 한다는 확신을 피력하였다. 이 외무부장관[이동원 당시 외무부장관을 말한다]은 재일한국인 자녀의 학교교육과 관련하여 제반 문제를 설명하였다. 이에 대하여 시이나 에쓰사부로[椎名悦三郞] 외무대신은 현행 법령에 의거 가능한 것인지를 계속 검토하겠다고 하였다"라는 내용의 공동성명을 발표하였다.

양국 간의 협정에서 일본에 재류하는 한국인의 교육에 대하여 타당한 조치를 하도록 하였고 재일동포 자녀의 취학에 필요하다고 인정되는 조치가 합의되었는데도 일본 정부는 "한국인 자녀의 교육 문제에 관하여는 가능한 한 호의적으로 대처한다"라는 상당히 소극적인 태도를 가지고 있었다. 문부성의 태도는 "이번 협정에 의해 앞으로 백 년 이상에 걸쳐 한국인의 일본 영주가 약속되었기 때문에 이러한 한국인이 우리나라의 사회에서 잘 적응하는 조화적 인재로 될지 어떨지는 우리 나라 사회의 안정, 진보를 위하여 문제이지만, 한국인 자신에게도 안정되고 충실한 생활로 행복한 나날을 보낼 수 있을지 갈림길에 있다. 그들[재일한국인]이 우리 나라 사회에 조화하는 존재로 될지 안 될지는 교육에 의하여 길러지므로 그들이 앞서 있는 우리 나라의 학교에 취학하도록 하고 일본 측으로서는 그들을 일본의 학교에 적극적으로 받아들이도록 하여 유소년기부터 양국 자제가 생활과 학습을 같이하여 자연스럽게 친화적 관계를 맺도록 하는 것이 중요하다고 생각한다"라는 이시카와의 글에서도 잘 나타나고 있다(石川, 1965).

문부성의 의도는 앞으로 계속 일본에서 살아갈 재일한국인 자녀가 안정되고 충실한 생활을 보내기 위해서는 일본의 학교에 취학하여 일본 사회에 조화로운 존재가 되는 교육, 즉 일본인으로 동화하기 위한 일본식 교육을 받는 것이 필요하다는 것이었으므로 자주적 민족교육에 대해서는 부정적인 태도가 엿보이고 있다. 문부성은 종전 남북한 국적과 관계없이 재일동포를 재일조선인으로 일원화하여 교육 및 사회적으로 처우하였으나, 재일한국인법적지위협정을 계기로 하여 한국 국적을 보유하는 재일동포 자녀와 조선적을 보유하는 재일동포 자녀의 교육을 분리하여 처우하고자 하는 정책 방침이 확고하게 된 것으로 보인다.[2] 그리고 일본 정부는 총련이 운영하는 조선학교가 국가의 행정권을 무시하는 데 대하여 '세계에서도 전례가 없는 사태'로 인식하고 일본의 주권과 관련되는 방치할 수 없는 문제로 보고 있다.

재일한국인법적지위협정이 공포된 후 며칠도 지나지 않은 1965년 12월 28일, 문부사무차관은 두 개의 통달을 각 도도부현 지사와 교육위원회에 통지하였는데 '일본에 거주하는 대한민국 국민의 법적 지위와 대우에 관한 협정의 교육 관련 사항의 실시에 관하여'(이하 "1965통달a")와 '조선인만을 수용하는 교육시설의 취급에 관하여'(이하 "1965통달b")이다.

먼저 '1965통달a'에서는 재일한국인법적지위협정은 1965년 12월 18일, 조약 제28호로 공포되어 1966년 1월 17일부터 효력이 발생하며, 이 협정에서 교육 관련 사항으로는 "일본에 영주를 허가받은 대한민국 국민에 대하여 일본에서 교육에 관한 사항에 관하여 일본 정부는 타당한 고려"를 하도록 규정되어 있고, 타당한 고려는 "영주를 허가받은 자가 일본의 공립소학교 또는 중학교에 입학을 희망하는 경우에는 입학이 되도록 필요한 조치를 하고, 일본의 중학교를 졸업한 경우에는 일본의 상급학교에 입학 자격을 인정하도록 하는 것"이므로 한일 양국 국민의 상호 이해와 친화 촉진의 견지도 고려하여 사후처리에 실수가 없도록 처리하도록 통지하고 있다.

그리고 '1965통달b'에서는 '조선인만을 수용하는 대부분의 공립소학교 분교의 실태는 교직원의 임명·구성, 교육과정의 편성·실시, 학교 관리 등에서 법령의 규정을 위반하고 비정상적인 상태가 상당하다고 인정'되므로 '조선인만을 수용하는 공립소학교 분교에 대해서는 법령 위반 상태의 시정 기타 학교교육의 정상화에 필요한 조치를 강구'하고, '공립소학교 분교에서 학교교육의 실태가 개선되어 정상화되었다고 인정되는 경우에 이러한 분교의 존속을 검토'하며, '조선인만을 수용하는 공립소학교 또는 중학교, 분교 또는 특별학급은 앞으로 설치할 수 없'고, '학교교육법 제1조에서 규정하는 학교의 목적을 감안하여 조선인학교는 동법 제1조의 학교로서 인가해서는 안' 되며, '조선인학교는 일본 사회에서 각종학교의 지위를 부여할 적극적인 의의를 가지지 않으므로 각종학교로 인가해서는 안' 된다고 하고 있다. 그리고 통달의 말미에서는 '조선인을 포함하여 우리 나라에 재류하는 외국인만을 수용하는 교육시설에 관해서는 국제친선 등의 견지에서 새로운 제도를 검토하여 외국인학교를 통일적으로 관리하고자 한다'라고 명기하여 외국인학교와 관련한 새로운 제도를 예고하고 있다. 위 통달은 민족교육에 어떠한 함의를 가지고 있을까? 통달의 내용에서 알 수 있듯이 '금지', '통제' 등 일본 정부의 의도가 명백히 드러나고 있으므로 민족교육을 장려하기 위한 의도가 아니라는 것을 쉽게 알 수 있다. 이 통달에 대하여 일본의 교육사학자인 에비하라 하루요시는 "재일조선 공민의 민주적 사업인 민주적 민족정신에 대하여 제한·억제를 의도"(海老原, 1991)하였다고 지적하였다.

그리고 오자와도 1965년 12월의 문부차관 통달과 관련하여 '1965통달 a'에서 동화교육의 제도화를 선언하고, '1965통달b'에서는 "조선인학교에 대한 간섭의 정책화를 공표하고 새롭게 조선인학교에 대한 전면적인 통제=외국인학교법안의 출발을 고한 것"이었다고 평가하고. 이 통달은 전체로서 재일조선인 청소년의 '일본인'화를 의도한 교육체제의 확립을 선언한 것이라고 하였다(小澤, 1977).[3]

2. 민족교육의 새국면, 외국인학교 제도

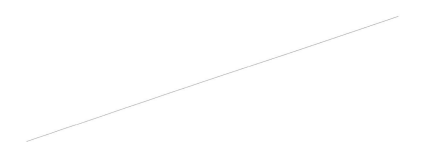

1) 일본 정부의 의도

일본 정부의 민족학교 감독행정은 통달에 의하여 이루어졌다. 그러나 외국인학교를 법률로 제도화하여 민족학교 운영에 대한 감독을 강화하기 위한 의도는 통달 이후 정부가 작성한 법안의 내용에서 쉽게 파악할 수 있다.

먼저 외국인학교 제도 법안의 추이를 개관하면 다음과 같다. 1966년에 학교교육법 일부 개정 법률안을 만들어 전수학교와 외국인학교 두 제도를 맞물려 추진하려고 각의 결정은 하였지만 반대에 부딪혀 국회에 상정은 하지 못하였다. 1967년에는 같은 명칭의 법안이면서도 전수학교안을 주된 내용으로 하고 외국인학교는 '별도의 법률로 정한다'라고 변경하여 저항을 최소화하려고 하였으나 제55회 특별국회에서 폐안이 되었다. 1968년에는 역으로 각종학교에서 외국인학교만을 빼내어 외국인학교법안으로 단행법을 제출하였으나 이 법안도 제58회 통상국회(우리나라의 정기국회에 해당. 매년 1월에 1회 소집하며 법정회기는 150일이다)에서 폐안되었다. 이에 정부는 1971년, 전략을 바꾸어 전수학교법안을 단행법으로 작성하여 제출하였으나 좌절되었으며, 1972년에는 의원입법으로 다시 제출하여 중의원을 통과하였지만 참의원에서 폐안이 되었다.

일본 정부는 1965통달b 말미에서 새로운 외국인학교 제도를 예고한 바와 같이 1965년 재일한국인법적지위협정 발효로부터 3개월이 지난 1966년 4월부터 외국인학교 제도 창설을 위하여 6년간 전력을 다하였지만 뜻을 이루지 못한 것이다. 이하에서는 민족단체, 일본 지식인 등의 저항이 가장 많았던 외국인학교 제도 창설 시도에 대하여 살펴보고자 한다.

1966년도 예산안 심의가 종료되자 정부 여당은 외국인학교 제도 창설 구상을 드러냈다. 자민당 문교조사회 외국인학교소위원회의 최종 요강으로 정리하여 같은 달 8일 자민당 문교부회·동 조사회 합동회의 및 정부·여당 연락회의에서 이를 합의하였다. 다음 날 9일, 일간신문은 일제히 이를 조선인학교 감독 정책으로 보도하였으며 야당은 이에 반발하고 국회에서 투쟁할 것을 예고하였다. 민족학교 문제가 우리 민족의 차원을 넘어 일본 국내의 정치적 문제로 부상하게 된 것이다.

정부 여당이 표면적으로는 각종학교의 목적, 범위를 명확하게 하는 등 각종학교 제도를 개선하고 외국인을 주된 대상으로 조직적인 교육을 실시하는 시설의 특수성에 비추어 새롭게 외국인학교 제도를 창설할 필요가 있다고 밝혔던 법안의 요강에는 다음의 내용이 포함되어 있었다.

(1) 학교교육법을 개정하여 외국인학교 제도 창설.
(2) 일본에 재류하는 외국인 자녀를 대상으로 수업연한 1년 이상, 정령 (政令)에서 정하고 있는 규모 이상의 조직적 교육을 실시하는 시설을 외

국인학교로 정의.

(3) 외국인학교에서의 교육은 일본과 외국 간의 이해 및 우호 관계를 증진하는 것을 목적으로 하여야 하며 일본국의 이익과 안전을 해하지 않을 것.

(4) 감독청은 문부성으로 하고 문부대신에게 외국인학교의 설치, 폐지 및 설치자의 변경 인가와 감독권 부여.

(5) 외국인학교가 인가 조건에 합치하지 않는 경우에 설비, 수업 등의 변경 명령, 수업의 중지 명령, 학교의 폐쇄 명령, 문부대신의 수업내용 보고 요구 및 출입 검사 실시

(6) 외국인학교의 확장, 교사의 임면, 교과서, 학칙을 문부대신에게 보고.

(7) 기설교의 신제도 이행에 수반하는 인가 신청의 사무 및 신청의 권고는 도도부현 지사에게 위탁.

(8) 외국인학교만을 목적으로 하는 법인 설립은 인정하지만 그 경비는 설치자가 부담.

(9) 중지 명령, 폐쇄 명령의 위반, 신고의무 위반에 대한 벌칙 마련.

(10) 법률 공포 6개월 후 시행.

요약하면 법률에 외국인학교의 규제를 명확히 한 다음 '국익' 개념을 도입하여 '반일 교육'을 감독의 기준으로 하되, 감독을 국가(문부대신)가 직접 하겠다는 것이었다. 정부는 법안 요강을 1966년 5월 31일 각의에서 의결하고 요강을 근거로 하여 학교교육법 개정 법률안을 작성하여 국회에 제출하려고 하였다. 학교교육법 개정 법률안은 학교교육법에 제7장의 3을 신설하여 제82조의 11에는 외국인학교 제도의 목적, 제82조의 12에는 외국인학교의 정의, 제82조의 13에 외국인학교의 교육 등 학교 운영에 관한 세부적인 내용을 담고 있었다.

일본 정부가 외국인학교 제도를 창설하고자 한 이유는 법안 요강에 나타나 있는 것처럼 일본국의 이익과 안전을 해하지 않는다면 민족교육을 인정하지만 일본국의 이익과 안전을 해하는지 아닌지에 대한 판단을 국가(문부대신)가 하도록 하여 일본 정부의 자의적인 판단에 의하여 외국인학교의 운명이 결정되게 되는 문제점을 내포하고 있었다. 그러나 겐노키 도시히로[劍木亨弘] 문부대신은 외국인학교 제도 창설이 민족교육의 탄압이라는 인상을 주는 것을 최대한 피하며 "각종학교 제도가 생기면 외국인학교를 보호할 법률이 없어진다. 그래서 민족교육을 보호하기 위하여 외국인학교 제도가 필요하다"라는 논리로 국회에 임하겠다는 방침을 언론에 밝혔다(日本経済新聞, 1967. 4. 13.).

이 법안에 대하여 민주주의 과학자협회 법률부회는 외국인학교 제도가 1948년의 세계인권선언, 1959년의 아동권리선언 등의 국제법 차원에서 인정되고 있는 민족교육의 권리를 침해한다고 비판하였다. 특히 법안에서 일본국의 이익과 안전, 즉 '국익'을 둘러싸고는 사회 각계각층에서 비판이 집중되었다. 그리고 일본 헌법 제26조가 "모든 국민은 법률이 정하는 바에 의거 그 능력에 교육을 받을 권리를 가진다"라고 규정하고는 있지만, 기본적 인권은 외국인에게도 보편적 일반원칙으로서 보장되어야 한다고 주장하였다. 다행스럽게도 일본 정부의 외국인학교 제도를 만들고자 한 의도는 일본 내 각계의 반대에 부딪혀 좌절되었다. 그러나 일본 정부는 외국인학교 제도 창설 의지를 쉽게 포기하지 않았다.

2) 민족단체의 대응

일본 정부는 1966년에 또다시 외국인학교 제도 창설을 위한 학교교육법의 개정을 의도하였지만, 법안으로 성립되지는 않았으며, 그 후에도 학교교육법에 '제7장의 3 외국인학교를 신설하는 법률안'을 작성하는 등 몇 차례 시도하였으나, 실행에 옮기지는 못하였다. 학교교육법을 개정하여 외국인학교 제도를 창설하고자 하였던 자민당과 문부성의 법안이 좌절된 이후 정부 여당은 다시 단독법안으로 외국인학교법안을 마련하게 되었다.

외국인학교법안은 1967년 6월 27일 자민당 총무회에서 승인된 후 1968년 3월 1일 각의에서 의결하여 3월 12일의 제58회 통상국회에 제출되었다. 이 법안의 내용은 1966년과 1967년에 국회에 제출한 학교교육법 개정안과 큰 차이가 없었다. 이 법안은 끝내 처리되지 않고 폐안되었지만 일본 정부와 집권 여당이 주도하여 3년에 걸쳐 외국인학교를 강력히 규제하는 법안을 작성하여 국회에 제출한 의도는 충분히 읽을 수 있다.

1966년과 1967년에 일본 정부가 제출한 학교교육법 개정안과 단독법안 형식으로 제출한 외국인학교법안은 일본 정부의 민족교육에 대한 거부감이기도 하였지만, 일본 정부에 저항적 태도로 일관한 총련계 조선학교를 규제하기 위한 측면도 크게 작용하였다. 즉, 정치적인 목적을 가지는 법안이라는 지적이 가능하다. 당시 일본에 거주하는 외국인의 87.7%가 한국 및 북한 국적으로(당시의 국세조사에 의하면 일본 거주 외국인 총수는 594,038명으로, 그중 한국·조선적은 515,349명이었다), 학교에 취학하고 있는 자녀는 약 15만 명이었다. 학교에 취학하는 15만 명의 자녀 중 11만 명은 일본인학교에 재학하고, 나머지 4만 명은 민족학교에 재학하였다.

특히 정치적으로 북한을 지지하는 총련이 운영하는 조선학교에는 북한 국적의 자녀가 많이 취학하고 있었으므로 외국인학교법안을 제정하고자 한 의도가 조선학교에 대한 감독 강화라는 지적은 설득력이 높다. 그렇지만 총련이 운영하는 조선학교만을 통제하기 위한 법안이라는 전제가 정당화되려면 민단은 외국인학교법안을 환영하거나 침묵했어야 한다. 그러므로 외국인학교법안에 대하여 재일한국인의 권리 옹호 단체인 민단이 어떻게 대응했는지를 살펴보는 것은 매우 중요하다.

일본인 전문가, 사회단체 등의 외국인학교법안 저항 운동에 비하면 많이 늦었지만 그래도 민단계로서 가장 먼저 저항적 태도를 보인 단체는 재일본한국청년동맹(이하 "한청")이었다. 한청의 '민족교육 사수 외국인학교법안 상정 반대 재일한국청년 중앙결기대회'는 일본 정부가 외국인학교법안을 단독법안으로 국회에 제출하기로 결정(1968.3.1.)한 이후인 3월 25일, "60만 재일한국인은 일제 치하 36년에 걸쳐 가혹한 식민지 침략과 착취에 의해 경제생활이 파괴되고, 침략 전쟁에 희생되어 징용·징병에 의해 강제 연행되어 도일(渡日)하지 않을 수 없었던… 이러한 특수한 역사적 배경에서 우리의 자손은 일본에 거주한 것이며, 민족 주체성을 견지하고 한국인으로서의 교육을 향유할 정당한 권리를 가지는 것"인데, 외국인학교법안은 "우리 민족사에 깊은 흔적을 남긴 일제 통치하의 공포스러운 역사적 기술을 해석 여하에 따라서는 '반일'로 부당하게 해석을 하여 우리가 신성시하고 침해해서는 안 될 민족교육에 개입하여 방해하려는 기도를 간명하게 나타낸 것"이라고 하고 "외국인학교법안 상정 반대", "자주적이고 민주적인 한국학교의 강화" 등을 결의하였다. 그리고 한청은 같은 날 동일한 취지의 청원문을 작성하여 각계에 호소하였다(在日韓國靑年同盟中央本部, 1970).

외국인학교법안에 대하여는 북한 측의 전방위적 저항이 뚜렷하였다. 일본인 측도 지식인, 교육 관계자가 중심이 되어 계속적으로 반대 의사를 발표하였으며, 대학과 사회단체 등은 독립 민족의 자주성을 재차 침해하지 않는다는 입장에서 민족교육의 위기와 권리 옹호의 정당성을 호소하고, 일본교직원노동조합, 정당, 노동조합, 대중단체 등도 일제히 반대 태도를 분명히 하였다.

주된 반대 논리는 일본 정부의 외국인학교 제도 창설 시도를 '한일조약의 구체적 실시'의 일부로 이해하고 법안의 폐안 투쟁을 한일회담 반대 투쟁의 연속상에 위치시키는 한편, 일본 정부의 '국익'론에 의한 민족교육 탄압을 비판하고 조선인학교의 교육은 한일 친선의 교육이라고 정부에 반론하고, 외국인학교법안은 재일조선인의 기본적, 민주적, 민족 권리를 유린하는 것으로 세계인권선언 등 국제 관례에 반하는 것이라고 주장하였다(小澤, 1977).

한청의 결기대회가 있기 이틀 전인 3월 22일, 민단 문교분과위원회는 외국인학교법안에 대하여 '① 반대한다. ② 태도 결정은 위원장과 문교 국장이 상담하여 [3월] 27일 발표한다. ③ 한청의 운동에 관하여는 불문에 부치고 자주성이 맡긴다'라는 결정을 하였지만, 3월 26일의 민단 3개 기관장(단장, 의장, 감찰위원장) 회의에서는 '① 민단으로서는 외국인학교법안에 반대하지 않는다. ② 외교적 절충을 통하여 해결한다. ③ 세 조항(법안 제3조, 제9조, 제13조)의 삭제를 요구한다'라는 세 가지를 결정하였다.

그리고 결정한 안을 제12회 민단 중앙위원회(3월 28일)에 제출하였지만 민단 문교분과위원회 및 3개 기관장 회의, 대사관 장학관실의 입장(대사관 장학관실과 민단은 법의 적용에서 한국학교는 제외하도록 하는 각서를 일본 정부로부터 받도록 노력하겠다는 등의 약속이 있었다) 등 전말을 잘 아는 중앙위원으로부터 '민족의 양심에서 반대하여야 한다', '민단이 [외국인학교법안에] 찬성하는 것은 일본 정부의 민족 상호 간 이간 정책에 동조하는 것이다' 등의 혹독한 성토가 있었다.

제12회 민단 중앙위원회에서 채택된 강령에서는 일본에 재류하는 한국인이 자기의 문화를 찾고 발전시키는 데 있어서 자기의 말의 상용을 중심으로 하는 민족교육의 향상을 추구하는 것은 가장 우선시되는 중요한 것이라고 강조하였다(在日本大韓民國民團中央本部, 1997). 그리고 초안을 수정하여 민단의 태도가 결정되었는데, 민단이 발표한 외국인학교법안에 대한 입장은 다음과 같다.

1. 우리들은 일본에서 외국인학교 제도가 창설되는 것에 대하여 별로 이의는 없으나 현재 일본 정부 각의에서 결정하여 일본 국회에 제출한 외국인학교법안에 대해서는 법안 중 수 개조의 내용에 대하여 그 시정을 강력히 요구한다.

2. 이 법안에 대한 시정 요구 및 교섭 등은 적대 진영에 이용되지 않도록 주의하여야 하며, 특히 국교가 정상화된 한일 양국 간 외교기관의 교섭을 강력히 요구한다.

3. 우리들은 앞으로 이 법안에 대해서 예의 주시하면서 때에 따라서는 강력히 대처한다.

4. 우리 민족교육기관이 현재 당면하고 있는 곤란한 제 문제에 대하여 우리 정부 책임하에서 처리할 것을 요구하며, 외국인학교법안에 의해 우리 교육기관에 우려와 장해가 없도록 정부가 어떠한 형식을 통해서라도 절대적으로 보증할 것을 요구한다(在日韓國青年同盟中央本部, 1970).

민단은 이처럼 외국인학교법안이 창설되는 것에 대하여 별로 이의는 없지만, 몇 개 조항의 시정을 요구하는 정도의 소극적인 태도를 가지고 있었다. 외국인학교법안에 대하여 일본의 연구자들 사이에서 비판적인 연구가 있었지만, 장차 일본 정부의 민족교육에 대한 바른 인식을 위하여 몇 가지 지적을 해 두고자 한다.

3) 치안입법의 노골화

외국인학교법안은 "외국인학교 제도를 마련함으로써 우리 나라에 거주하는 외국인에 대한 조직적인 교육 활동이 국제적 우호 관계의 증진에 기여하고 아울러 자주적인 교육이 우리 나라의 이익과 조화를 유지하면서 발전할 수 있도록 하는 것"을 목적으로 하고 있다. 그리고 각 조문에서는 외국인학교 교육의 방향(법안 제3조), 교장과 교직원의 자격에 관하여 학교교육법의 준용(제5조), 시정 명령(제8조), 폐쇄 명령(제9조), 문부대신에게 보고 및 문부대신의 검사(제10조) 등이 마련되었다.

먼저 이 법안의 문제점 중 하나는 외국인학교를 국가가 직접 통제하는 것과 '국제적 우호 관계'의 상관관계이다. 법안 제출 당시의 학교교육법에는 외국인학교가 각종학교에 속하고 관할청은 도도부현 지사로 되어 있었다. 외국인학교는 1947년 학교교육법이 성립한 이래 약 20년간 도도부현 지사의 감독하에 있었으며, 이런 감독 체계하에서도 국가는 적극적으로 관여하고 수시로 통제를 하였다.

그런데 갑자기 '국제적 우호 관계'를 표면에 내세우면서 입안한 외국인학교법안은 교육법학계의 지적처럼 실제 법의 목적과는 전혀 딴판의 통제 법안이었다. 감독청인 문부대신은 외국인학교에 명령 또는 법률의 위반이 있는 경우에는 직접 시정 및 폐쇄 명령이 가능하고 스스로의 판단으로 벌칙을 받게 할 수도 있도록 하고 있었기 때문이다. 즉 학교교육법의 체계에서 각종학교의 지위를 가지는 경우에는 불이익 처분을 하고자 하는 경우 사립학교 설립 주체 등으로 구성되는 사립학교심의회의 심의를 거치는 등 민주적인 절차가 마련되어 있지만, 외국인학교법안에서는 감독행정기관으로서 문부성이 외국인학교를 자의적인 판단으로 폐쇄 명령까지 할 수 있는 권한을 가지도록 하였다.

이러한 일본 정부의 의도는 '민족적 또는 사회적 출신, 재산, 출생 또는 기타의 신분 등 어떠한 종류 구분에 의한 차별 없이' 모든 권리의 향유를 인정하는 아동권리선언(1959년 10월 20일 국제연합 제14회 총회에서 채택)에도 위반하는 것이라 할 수 있다. 또 다른 문제로 외국인학교법안 제3조 제2항이 "외국인학교에서는 우리 나라와 외국 간에 있어서 이해 및 우호 관계를 현저하게 저해하거나 우리 나라 헌법상의 기관이 결정한 시책을 비난하는 교육 기타 우리 나라 이익을 해한다고 인정되는 교육을 실시해서는 안 된다"라고 한 점이다. 외국인학교는 민족의 언어와 문화, 고유 전통 등 주체성과 정체성을 기르는 교육을 실시하는 교육의 장이므로 일본 헌법상의 기관이 결정한 시책과 대립되는 교육 내용도 있을 수 있다. 예를 들면 침략 전쟁 등 과거사 문제, 영토 문제 등이 그것이며, 민족교육의 내용에는 국가 간의 상반된 이데올로기적 요소가 존재하기 마련이다.

한 가지 예를 들면 일본의 중학교 학습지도요령과 고등학교 학습지도요령의 영토에 관한 기술(독도 문제)을 들 수 있다. 일본의 입장에서 볼 때 위 학습지도요령은 국가이익과 밀접하게 관련되는 부분이다. 바꾸어 말하면 재일한국인 등을 대상으로 하는 민족학교에서 '독도는 한국 땅'이라고 교육을 할 경우, 일본 정부의 입장에서는 '헌법상의 기관이 결정한 시책을 비난하는 교육 기타 우리 나라 이익을 해한다고 인정되는 교육'이 되어 버린다. 그러므로 외국인학교법안에 의할 경우 문부대신은 외국인학교에 대하여 시정 또는 폐쇄를 명령하여 존속할 수 없도록 만들 수도 있으며, 징역 등에 처벌하도록 하여 민족교육을 억압하고 결과적으로는 민족교육을 위축시킬 수도 있다.

이것은 일본 정부가 직접 외국인학교의 교육 내용에 부당하게 간섭하는 것이 되어 "외국인학교가 널리 국제적인 우호 관계의 증진에 기여하는 자주적 교육을 장려"한다는 동 법안의 목적을 스스로 위반할 뿐만 아니라 오히려 목적을 스스로 부정하는 교육에 관한 치안입법임을 방증하는 내용으로밖에 볼 수 없다. 나다오 히로키치[灘尾弘吉] 문부대신은 중의원 문교위원회 법안 심사 과정에서 "말하자면 민족교육을 받고 게다가 일본에 오래 체재하는 경우에 있어서는 역시 일본 국민의 이익, 일본 국민과의 사이의 우호 친선 관계 내지 일본이 추진하는 것에 대해서도 협조하여 서로 평화적으로 해 나가는 자세가 바람직하다고 생각"한다고 답변하였다. 이 법안이 타민족의 주체성을 인정하는 것이 아니라 일본국 또는 일본 국민의 이익을 우선하는 치안입법이라는 사실을 인정하는 발언이다.

오자와는 외국인학교법안이 총련이 운영하는 조선학교를 탄압하기 위한 법안이라고 지적하며 "외국인학교법안에서 가장 반론이 많았던 점은 '국익'이란 무엇인가, '반일 교육'이란 무엇을 가리키는가라는 민족적·계급적 이해에 관련되는 점이었다. 법안 작성의 경과와 이 점과 관련되는 논의를 통하여 외국인학교법안이라고 칭하면서 그 본질은 조선인학교를 규제하기 위한 치안입법 그 자체였다", "외국인학교법안은 '국익'론과 내정간섭의 논리로 구성되어 있다. 여기에는 일본의 '국익' 옹호를 위해서는 민족교육의 공리를 단념하고 조선 민족의 교육을 희생하도록 하는 배타주의의 이데올로기가 고동치며 흐르고 있다"(小澤, 1977)라고 비판하였다.

특히 법안의 내용에서 조선학교만이 감독의 대상이 되는 것이 아니라 한국학교도 탄압의 대상이 될 수 있는 법안이었다는 점도 주목하였어야 했다. 한국과 일본 간에 국교가 수립되어 외교 관계가 구축되고 경제적 교류가 다른 나라에 비하여 많은 것은 사실이지만, 과거사 문제, 영토 문제 등이 두 나라의 정치적, 외교적 관계에서 늘 긴장을 만들고 있는 것은 그때나 지금이나 다르지 않기 때문이다.

3. 대학 수험 자격 문제

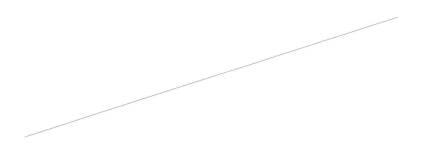

1) 선택적 배제

고등교육의 발전단계는 취학률을 기준으로 ① 엘리트 단계, ② 대중 단계, ③ 보편 단계로 구분하여, ①은 당해 '학령인구의 15%'가 취학, ②는 '15%에서 50%'까지가 취학, ③은 '50% 이상'이 취학하는 것으로 정의한다(Trow, 1973). 이 고등교육 발전단계는 한 국가에 적용되는 특징이 아니라 선진 산업사회에서 공통된 이상적 제도 시스템의 설명이므로 국가 간의 교육 발전 정도를 비교하는 지표로서 유용한 준거가 되고 있다.

일본의 학교 단계별 취학률을 살펴보면 소학교의 경우 6년의 의무교육이 실시된 1900년대 초에 완전 취학률에 도달하였고 중학교도 1947년의 학교교육법 성립으로 의무교육의 연장과 동시에 거의 완전 취학률에 도달하였다. 고등학교 진학률은 1950년대 중반 50%에서 완만하게 증가하여 1970년대 중반에는 95%에 도달하였으며, 고등교육기관도 1970년대 초반 30%에서 2022년에는 진학률이 83.8%(4년제 대학 56.6%, 단기대학 3.7%, 전문학교 등 23.5%)로 10명 중 9명 가까이 고등교육기관에 진학하고 있다. 우리나라나 일본 모두 대중 교육 사회를 거쳐 이미 고학력 사회가 도래하여 학력이 국가와 사회발전에 미친 공헌만큼이나 사회적 문제도 적지 않게 만들어 내고 있다. 최근 우리나라 정부 발표와 언론에서 청년 실업률이 문제가 되고 있는 것도 고학력의 패러독스이다. 하지만 현대 대중교육 사회에서 고등교육의 기회 여부는 개개인의 삶의 질을 좌우하는 중요한 요소가 된다. 재일한국인이 일본인과 비교하여 고등교육 기회를 누리지 못하거나 부족한 기회를 가진다면 이를 시정하기 위한 제도적 모색을 하여야 한다.

많은 연구자는 주류사회 내의 소수민족의 교육을 논할 때 헌법 또는 교육 관계 법령의 확대 해석을 통하여 권리를 확장하려는 시도와 국제적으로 승인된 법규(조약, 협정 등)를 준거로 하여 차별을 문제시하는 경향이 있다. 후자로는 국제적으로 합의된 조약의 교육 관련 조항을 국제교육법으로 보아 외국인의 교육에 관한 권리를 확대하여야 한다는 주장이 점점 더 설득력을 얻어 가고 있다. 세계인권선언이나 아동권리조약이 국제교육법이 되는 근거는 일본국이 이들을 지키겠다고 자발적으로 서명했다는 데에도 있지만, 무엇보다 일본 헌법 제98조 제2항이 "일본국이 체결한 조약 및 확립된 국제법규는 성실히 준수하는 것을 필요로 한다"라고 규정하여 최고법규에서 국제법규의 '성실한 준수'를 규범화하고 있기 때문이다.

일본이 1994년에 비준한 아동권리조약 제2조의 1에서는 아동에 대하여 "인종, 피부색, 성별, 언어, 종교, 정치적 의견, 민족적, 인종적 또는 사회적 출신, 재산, 무능력, 출생" 등을 이유로 하는 어떠한 차별도 금지하고 협약에서 규정한 권리를 존중하고 보장하도록 하고 있다. 그리고 아동권리조약 제28조 1에서는 "고등교육의 기회가 모든 사람에게 능력에 입각하여 개방될 수 있도록 모든 적절한 조치를 취하여야 한다"라고 규정하고, 협약의 이행을 담보하기 위하여 협약의 진전 상황에 대한 보고서를 5년마다 제출하도록 하고 있다.

아동권리조약을 비준한 일본 정부는 과연 협약의 내용을 충실히 이행하였을까? 결론부터 말하면 그렇지 않다. 이하에서는 한국학교가 일본 정부로부터 대학 수험 자격을 취득한 경과를 살펴보고자 한다. 1948년 5월 31일 '문부성 고시 제47호'(이하 "고시 47호") '학교교육법 시행규칙 제150조 제4호에 규정하는 대학 입학에 관하여 고등학교를 졸업한 자와 동등 이상의 학력이 있다고 인정되는 자'를 발췌하면 다음과 같다.

10. 조선교육령, 대만교육령, 재관동주 및 만주국제국신민교육령 또는 재외지정학교규칙에 의한 학교에서 정한 각호의 1에 해당하는 자.

11. 고등학교 고등과 학력검정시험 또는 전문학교 졸업정도 검정시험에 합격한 자.

...

20. 스위스 민법전에 의거 재단법인 국제바칼로레아(International Baccalaureate) 사무국이 수여하는 국제바칼로레아 자격을 보유한 18세에 달한 자.

21. 독일 연방공화국의 각 주에서 대학 입학 자격으로 인정하는 아비투어(Abitur, 독일 국내 및 유럽 각국의 대학에 진학하기 위한 자격시험) 자격을 보유하는 자로 18세에 달한 자.

22. 프랑스 공화국에서 대학 입학 자격으로 인정하는 바칼로레아 자격을 가진 18세에 달한 자.

1947년 3월 31일 학교교육법이 제정되고 같은 해 5월 23일 학교교육법 시행규칙이 제정된 이후 이듬해 고시 47호가 나올 때까지 일본 내의 외국인학교에 대해서는 대학입시 수험 자격이 인정되지 않았다. 고시 47호의 특징은 식민지 시대 점령지에서 받은 교육은 일본 국내에서 교육을 받은 경우와 동일하게 인정하였다는 것으로 식민지 이후의 민족교육에 대한 고려는 없었다.

당시의 민족교육 상황을 고려하면 이러한 문부성의 정책 지침이 큰 문제가 되지는 않았다. 왜냐하면 1947년경의 재일한국인 민족교육은 대부분 초등교육 수준으로 실시되었기 때문이다. 1946년 10월 당시 조선인학교는 소학교 525개교 학생 수 42,182명, 중학교 4개교 학생 수 1,180명이었으며 1년이 지난 1947년에도 소학교 541개교 학생 수 46,961명, 중학교 7개교 학생 수 2,761명으로 늘었지만, 고등학교가 설치되어 운영된 것은 1949년부터이므로 대학 입학 인정 여부 자체가 민족교육에서 중요한 이슈로 된 시기는 아니었다. 그러나 고시 47호는 민족학교의 양적 확대와 고등교육의 수요가 생긴 때에도 민족학교에 다니는 재일한국인의 고등교육 기회를 제약하는 기준이 되었다.

그 후 1953년 문부성 대학국장이 회답 형식으로 한 '조선고급학교 졸업생의 일본 대학 입학 자격에 관하여'에서도 "학교교육법상 당연히 각종학교 졸업생에게는 대학 입학 자격은 인정되지 않는다", "조선학원, 한국학원 등은 각종학교이므로 고급학교(고등학교 과정)의 졸업생이라도 대학의 입학 자격은 없고 대학자격검정시험을 거쳐야 하므로 이러한 학교 졸업생의 입학원서를 받아서는 안 된다"라고 통지하여 재차 불인정을 확인해 준 셈이다.

당시 재일한국인의 교육은 일본의 학교에 취학하는 학생이 80% 정도로 매우 높았고 한국학교와 조선학교에는 약 20%가 취학하였던 것으로 추정된다. 일본의 학교에 다니는 재일한국인 자녀의 경우 학교교육법에 의거 일본의 대학을 수험할 수 있는 자격이 주어지므로 큰 문제가 없었지만, 한국학교의 경우 학교교육법상 각종학교이므로 진학이나 자격 취득에 큰 벽이 있었다.

예를 들면 간호사 자격을 취득하고자 하는 경우에도 중졸 또는 고졸 등의 학력 기준이 있어 대학수험자격검정시험에 합격하든지 일본의 정시제 또는 통신제 고등학교에 진학하지 않으면 자격 취득 자체가 불가능하였으므로 직업선택의 자유도 크게 침해되었다. 일본 헌법 제22조 제1항에서는 "누구도 공공의 복리에 반하지 않는 한 거주, 이전 및 직업선택의 자유를 가진다"라고 규정하고 있으므로 일본 국민이든 외국인이든 공공복리에 반하지 않는 한 직업선택의 자유가 인정되어야 하는 것은 당연한 이치인데도 말이다.

이러한 일본의 대학입시 정책은 한국학교가 학교교육법상 각종학교에 해당되므로 제도적·정책적으로 일본의 교육과정을 운영하는 학교교육법 제1조교와는 다른 처우를 받아야 한다는 데서 오는 한계이기는 하지만, 일본 법령의 틀 안에서 민족교육을 실시하기 위해서는 각종학교인 외국인학교로 운영되는 것 외에는 선택의 여지가 없다는 점에서 본다면 불합리한 정책이라고 하지 않을 수 없다.

만약 각종학교로 설치하지 않고 학교교육법 제1조에서 규정하는 학교로 설치 인가를 받는 경우, 학교교육 과정은 일본 정부가 부여하는 교원자격증 소지자에 의하여 일본의 학습지도요령을 기준으로 만들어진 교과서로 배워야 하므로 민족교육의 실시는 매우 제한적(정규시간 외의 선택과목 정도)일 수밖에 없다.

일본의 각종학교에는 외국인학교뿐만 아니라 일본어학교, 각종 전문학교가 포함되어 있지만, 재일동포를 대상으로 하는 민족학교는 다른 외국인학교와 같이 취급할 수 없는 특수한 학교라는 것을 일본 정부가 인정하지 않았다는 점도 문제였다. 예나 지금이나 학교 체제는 일본의 1조교와 큰 차이가 없지만 민족학교에서는 민족관, 민족정신 등 민족의 정체성과 민족문화를 전통 계승하는 교육을 하고 있어 일본 정부는 역사적으로 반감을 가졌다는 이유도 있다.

일본 정부는 고시 47호에서 스위스, 독일, 프랑스 등지에서 취득한 고등학교 졸업자격시험은 인정하고 일본 국내에서 정규교육과정을 이수한 민족학교 출신자에 대해서는 각종학교라는 이유를 들어 생존에 필요한 자격 취득 및 고등교육을 받을 기회를 제약하였다는 것은 이중차별이라고밖에 여겨지지 않는다.

이와 같은 일본 정부의 정책은 민족학교의 존립 위기를 초래하였으며, 사회적, 교육적 불이익을 감수하면서 한국학교를 민족학교로 유지할 것인가 그렇지 않으면 학습자인 재일동포 자녀 개개인의 교육 기회 확대를 위하여 일본의 법령이 요구하는 학교로 재편할 것인가 중 하나를 선택할 수밖에 없었다. 고시 47호와 1966년부터 일본 정부가 추진한 외국인학교 법안의 영향으로 민족교육의 위기를 느낀 민단은 수도권에서 유일하게 한국학교로 설치되어 운영되던 도쿄한국학교(초등부, 중등부, 고등부)의 1조교 전환을 일본 정부에 요청하였다는 역사적 사실이 이를 증명하고 있다.

당시의 도쿄한국학교에 대한 1조교 전환 요청은 민족교육의 실시 주체로서 책임 있는 자세였다고는 말할 수 없다. 민단이 도쿄한국학교를 1조교로 전환해 주도록 요청한 시기에 총련의 조선학교는 70여 개 학교를 각종학교로 인가를 받는 등 민족교육의 자주성을 확보하기 위하여 노력하였다는 점에서 서로 비교된다. 민단이 일본 정부에 도쿄한국학교의 1조교 전환 요청을 한 계기에는 학교 재정 부담의 문제 등도 있었으며,

일본 정부가 외국인학교를 통제하려는 의도로 끊임없이 추진한 외국인 학교 제도 신설에 대한 위기감도 있었을 것이다. 아울러 개교 후 누적된 재일동포 자녀들의 고등교육 기회의 박탈에 대한 문제 제기라는 교육적인 측면도 컸을 것이다.

문부성은 1981년 10월 3일에 '문부성 고시 제153호'(이하 "고시 153호") '학교교육법 시행규칙 제150조 제1호의 규정에 의거 외국에서 12년의 학교교육 과정을 수료한 자에 준하는 자'의 범위를 다음과 같이 발표하였다.

1. 외국에서 학교교육 12년 과정을 수료한 자와 동등한 학력이 있는지에 관한 인정시험이라고 인정되는 당해 국가의 검정(국가의 검정에 준하는 자를 포함한다. 다음 호에서도 같음)에 합격한 자로 18세에 도달한 자.

2. 외국에서 고등학교에 대응하는 학교의 과정을 수료한 자(이와 동등 이상의 학력이 있는지 여부에 관한 인정시험이라고 인정되는 당해 국가의 검정에 합격한 자를 포함한다)로 문부과학대신이 따로 정하는 바에 따라 지정한 우리 나라 대학에 입학하기 위한 준비 교육을 하는 과정 또는 별표 1의 상단과 중단에서 열거하는 시설에서의 연수 및 같은 표의 하단에 열거된 시설에서 우리 나라 대학에 입학하기 위하여 필요한 교과목과 관련한 교육으로 편성된 당해 과정을 수료한 자.

3. 외국에서 고등학교에 대응하는 학교의 과정(그 수료자가 당해 외국의 학교교육에서 11년 이상의 과정을 수료하였다고 인정된 자일 것 기타 문부과학대신이 정하는 기준을 충족하는 것에 한한다)에서 문부과학대신이 별도로 지정하는 것을 수료한 자.

4. 우리 나라에서 고등학교에 대응하는 외국의 학교 과정(그 수료자가 당해 외국의 학교교육에서 12년의 과정을 수료한 것으로 인정되는 자에 한한다)과 동등한 과정을 가진 것으로 당해 외국의 학교교육 제도에 위치하는 별표

2에 열거된 교육시설의 당해 과정을 수료한 자.

5. 우리 나라에서 고등학교에 대응하는 외국의 학교 과정(그 수료자가 해당 외국의 학교교육에서 12년의 과정을 수료한 것으로 인정되는 것을 제외한다)과 동등의 과정을 가진 것으로 당해 외국의 학교교육 제도에 위치하는 별표 3에 열거하는 교육시설의 당해 과정을 수료한 자로 제2호의 준비 교육을 실시하는 과정을 수료한 자.

고시 153호의 본문만 보면 한국학교도 각종학교에 속하는 외국인학교이므로 대학 수험 자격을 부여받아야 하였지만, 일본 정부는 별표에 자격부여 대상 학교 명단을 열거하면서 각종학교로 운영되는 한국학교는 포함하지 않았다. 고시 153호는 오사카금강중고등학교(2021년에 오사카금강인터내셔널소중고등학교로 교명 변경)가 1985년에 1조교로 전환하는 데에 있어 직·간접적인 원인이 되었을 것이다. 현 단계에서 금강학원의 1조교 전환에 대한 구체적인 자료는 찾지 못하였으나 당시 일본의 외국인학교 정책 등 사회적 맥락에서 판단해 보면 고등교육 진학 기회 문제가 오사카금강중고등학교의 학교 체제 전환과 상관관계가 크다고 할 수 있다.

1984년에는 나카소네 내각총리의 법적 자문기관으로 '임시교육심의회'가 설치되어 '전후 교육의 총결산'이라는 슬로건을 내걸고 일본 교육의 병리 현상과 이를 타파하여 교육을 재생하기 위한 개혁 방향을 총 4회에 걸쳐 내각총리에게 제출하였다. 그러나 3년간에 걸쳐 활동을 한 '임시교육심의회'의 답신에는 유학생의 수용 확대 등 교육의 국제화 방침 등은 포함되어 있었지만 재일한국인의 교육적 차별 문제에는 관심도 없었고 외국인학교 졸업자의 대학 수험 자격 문제에 대해서도 일절 언급하지 않았다. 이후 1989년에는 아동권리조약이 체결되고 일본 정부는 1994년에 이 조약을 비준하였는데, 이 조약 제28조에서는 "고등교육의 기회가 모든 사람에게 능력에 입각하여 개방될 수 있도록 모든 적절한 조치"를 취하도록 하고 있는데도 소수자의 고등교육 기회는 무관심을 넘어 차별을 하고 있었던 것이다.

2) 아동권리위원회의 권고

1989년 11월 20일 국제연합총회에서 만장일치로 채택된 아동권리조약은 일본에 거주하는 외국인의 교육에도 영향을 미쳤다. 아동권리조약은 제2조 '차별의 금지', 제3조 '아동의 최선의 이익', 제12조 '아동의 의견 존중'을 규정하고 있다.

아동권리조약은 제43조 1에서 "협약상의 의무 이행을 달성함에 있어서 당사국이 이룩한 진전 상황을 심사하기 위하여 이하에 규정된 기능을 수행하는 아동권리위원회를 설립한다"라고 하고, 제43조의 2에서는 "위원회는 고매한 인격을 가지고 이 협약이 대상으로 하는 분야에서 능력이 인정된 10명의 전문가로 구성된다. 위원회의 위원은 형평한 지리적 배분과 주요 법체계를 고려하여 당사국의 국민 중에서 선출되며, 개인적 자격으로 임무를 수행한다"라고 규정하였다.

이 규정에 의거 아동권리위원회(Committee on the Rights of the Child, 이하 "CRC")가 설치되었으며, 이 위원회는 18명의 위원(Independent experts)으로 구성되어 있다(당초에는 10명의 위원이었으나 2003년 3월부터 18명으로 증원되었다). 1998년 6월 5일, CRC는 재일한국인의 고등교육 접근 기회 등에 관한 최종 견해를 정리하여 다음과 같이 일본 정부에 권고하였다.

C. 주된 우려 사항

...

13. 위원회는 차별의 금지(제2조), 아동의 최선의 이익(제3조) 및 아동의 의견 존중(제12조)의 일반원칙이 특히 아이누 및 한국, 북한인과 같은 민족, 종족적 소수자에 속하는 아동, 장애아, 시설 내 또는 자유를 빼앗긴 아동 및 적출이 아닌 어린이와 같이 특히 양자의 범주에 속하는 아동과 관련하여 아동에 관한 입법정책 및 프로그램에 충분히 포함되지 않은 것을 우려한다. 위원회는 한국 출신 아동의 고등교육시설에의 불평등한 기회 및 아동 일반이 사회 전체의 부분 특히 학교 제도에 참가할 권리(제12조)를 행사할 때에 경험하는 곤란에 대하여 특히 우려한다.

...

D. 제안 및 권고

...

35. 위원회는 조약의 일반원칙, 특히 차별의 금지(제2조), 아동의 최선의 이익(제3조) 및 아동의 의견 존중(제12조)의 일반원칙이 단순히 논의 및 의사결정의 지침에 머물지 않고 아동에게 영향을 주는 법 개정, 사법적·행정적 결정에 있어서도 모든 사업 및 프로그램의 발전 및 실시에 있어서도 적절히 반영될 것을 확보하기 위하여 한층 노력을 하여야 한다는 견해이다. 특히 적출이 아닌 어린이에 대하여 존재하는 차별을 시정하기 위하여 입법 조치가 도입되어야 한다. 또한 위원회는 조선 및 아이누의 아동을 포함한 소수자의 아동의 차별적 취급이 언제 어디에서 일어날지를 조사하여 충분히 조사하여 배제되도록 권고한다. 위원회는 남자 및 여자 어린이의 혼인 최저연령을 동일하게 하도록 권고한다.

이에 따라 1999년 9월, 문부성은 드디어 외국인학교 학생에게도 대학 입학 자격을 인정하는 내용의 학교교육법 시행규칙을 개정하였다. 이 개정으로 대학입학자격검정 및 중학교 졸업인정시험의 수험 자격 인정 기준이 완화되었다. 국제화의 진전 등에 의한 인터내셔널 스쿨 졸업자와 외국인학교 졸업자 또는 여러 사정에 의해 의무교육을 수료하지 않은 자에 대하여 대학 및 고교에 입학 자격을 부여하자는 국내의 요망이 높아지고 있음에도 불구하고 대학입학자격검정 및 중학교 졸업정도인정시험의 수험 자격이 인정되지 않고 닫혀 있었던 진학의 문이 열린 것이다.

국제화의 진전과 인력의 유동화, 사회의 변화에 적절히 대응하고 개인 학습의 성과가 적절히 평가되는 평생학습 체제로 이행한다는 관점에서 개개인의 학력을 공적으로 판단하여 진학의 길을 제도적으로 열어 주고 대학입학자격검정 및 중학교 졸업인정시험 수험 자격의 탄력화를 기하고자 하는 일본 정부의 정책 전환이었다. 그렇지만 1999년의 개정은 한국학교에 적용되지 않았다. 일본 정부는 1979년 경제적·사회적 및 문화적 권리에 관한 국제협약(A규약)과 시민적 및 정치적 관리에 관한 국제조약(B규약), 1985년 여성에 대한 모든 형태의 차별 철폐에 관한 협약, 1994년 아동권리조약, 1995년 모든 형태의 인종차별 철폐에 관한 국제협약을 비준했으며, 특히 국제연합이 일본 정부의 외국인학교 정책 및 외국인의 교육에 대해 우려하고 권고를 하였지만 계속 무시하는 태도를 보였다.

1999년 9월의 개정에서는 대학입학자격검정 수험 기회 확대 방안으로 "중학교 졸업 자격을 보유하지 않는 경우에도 만 16세 이상인 자에 대하여는 대학입학자격검정 수험을 인정"(18세에 달하지 않는 시기에 합격한 경우에는 18세가 되어야 대학입학자격검정 합격자로 인정한다)하고, 이 경우 대학입학자격검정 합격자는 중학교 졸업정도인정시험 합격자로 간주하도록 하였다. 새로 개정된 내용에는 인터내셔널 스쿨, 외국인학교 졸업자 및 재학자, 불등교 등의 여러 가지 이유에 의해 취학의무 유예면제(상당한 사유가 있다고 문부대신이 인정하는 것을 포함한다)를 받지 않고 의무교육을 수료하지 않은 자도 대상으로 하고 있다.

그러므로 16세를 넘긴 자가 가정형편으로 중학교를 졸업하지 못한 경우 종전에는 중학교 졸업인정시험 합격 후 대학입학자격검정시험도 합격하여야 가능하였는데 1999년의 개정으로 대학입학자격검정시험에만 합격하면 대학에 지원할 수 있을 뿐 아니라 중학교 졸업인정시험에도 합격한 것으로 간주되었다. 2001년 3월 20일에는 다시 인종차별철폐위원회(Committee on the Elimination of Racial Discrimination, CERD)가 '인종차별철폐위원회의 최종 견해'를 다음의 내용으로 일본 정부에 통보하였다.

C. 우려 사항 및 권고

…

16. 위원회는 한국·조선인 소수민족에 대한 차별에 우려를 가진다. 한국·조선인학교를 포함한 외국인학교의 마이너리티 학생이 일본의 대학에 입학할 때에 제도상의 장애의 일부를 제거하려는 노력을 하고 있지만 위원회는 특히 한국어로 학습이 인정되지 않고 있는 점, 재일한국·조선인 학생이 고등교육에의 기회가 불평등하게 취급을 받고 있는 점에 우려를 가지고 있다. 체결국에 대하여 한국·조선인을 포함한 마이너리티에 대한 차별적 취급을 철폐하기 위하여 적절한 조치를 할 것을 권고한다. 또한 일본의 공립학교에서 마이너리티의 언어 교육 기회가 확보되도록 권고한다.

3) 전방위적 압력의 성과

일본 내각부에 설치된 종합규제개혁회의의 규제 개혁 추진에 관한 제 1차 답신(2001.12.11.)에서는 "근년 외국으로부터의 대일 투자 증가 등에 따라 우리 나라에 중·장기적으로 체재하는 외국인이 증가하고 있어 외국인 자녀 대부분이 우리 나라의 인터내셔널 스쿨에 다니고 있다. 향후 교육의 국제화의 관점에서 우리 나라 학교 제도와의 정합성을 감안해 가면서 인터내셔널 스쿨의 설치가 촉진될 것으로 기대된다"라고 교육의 국제화를 밝히고 있다.

그리고 2002년 3월에는 '규제 개혁 추진 3개년 계획'(개정)을 각의 결정하였다. 동 계획의 교육 부문 중점 계획 사항에는 "인터내셔널 스쿨에서 일정 수준의 교육을 받고 졸업한 학생이 희망하는 경우에는 우리 나라 대학이나 고등학교 입학 기회를 확대한다"라고 하여 인터내셔널 스쿨 졸업자의 진학 기회 확대를 포함하였지만, 여전히 한국학교를 포함한 아시아계 학교의 진학 기회 확대에 대해서는 전혀 언급이 없었다.

2003년 3월 6일에 문부과학성은 외국인학교의 대학 수험 자격을 사실상 영미계 학교에 한정하여 인정한다는 방침을 중앙교육심의회에 제출하였다. 이 문부과학성의 방침에 대하여 3월 12일, 야 3당의 간사장이 아시아계 학교를 인정하지 않는 것은 이상하다고 하여 자격 확대 요구에 대한 의견 일치를 보았다. 아울러 지자체에서도 아시아계 민족학교의 배제를 문제시하여 6월 20일에 오사카부, 교토부, 효고현 지사가 연명으로 아시아계 학교도 인정하도록 하는 요망서를 문부대신에게 제출하였다.

2003년 6월 25일에는 국립대학의 수험을 희망하는 민족학교 학생의 대리인으로 도쿄도 내 변호사 그룹이 히토쓰바시 대학과 도쿄대학에 입학 자격 인정서를 제출하였다. 각종학교는 2003년 당시만 해도 국립대학에 입학을 하고자 하는 경우, 대학입학자격검정에 합격하여야 가능하였지만 학교교육법 시행규칙에 의거 대학 측이 개별적으로 판단하여 입학 자격을 부여할 수는 있었다. 국립대학이 외국인학교 졸업생에게 입학 기회조차 부여하지 않는 배경에 대하여 다나카는 "1994년에 외국인학교 졸업생에게 입학 자격을 인정하는 대학은 공립대학과 사립대학 179개교가 있었지만 국립대학은 1개교도 없었다. 대학의 자치에 속하는 것이라고는 하지만 국립대학이 일치단결하여 배제한 이면에는 문부성의 영향이 컸다는 증거일 것이다"라고 지적한다(田中, 2013).

당시에는 고등학교에 준하는 모든 외국인학교에 국립대학 입학 자격과 1조교와 동일한 재정 조치를 요구하는 공동성명에 찬성하는 자가 4,412명에 이르는 등 모든 '외국인학교의 대학 입학 자격을 요구하는 실행위원회'(이하 "실행위원회")가 중심이 되어 일본 정부를 상대로 다양한 활동을 하였다. 실행위원회에서는 문부과학성을 방문하여 요망서를 제출하는 등 외국인에게도 공평한 교육의 권리를 주장하였다(**민단신문**, 2003.6.25.).

외국인학교·민족학교의 문제를 생각하는 변호사 유지(有志)회는 2003년 3월 6일 인터내셔널 스쿨 16개교에 한하여 일본 대학의 입학 자격을 인정한다는 일본 정부의 방침과 같은 달 28일 민족학교도 포함하여 재검토한다는 발표에 대하여 2003년 6월 5일, 도야마 아쓰코[遠山敦子] 문부대신에게 질문서를 제출하는 등 적극적으로 대응하였다. 또한 실행위원회는 2003년 6월 18일, 민족학교 관계자를 초청하여 국회 중의원 의원회관에서 '교육 권리에 관한 외국 국적 주민 공청회'를 개최하는 등 교육 기회 보장 운동을 확대해 갔다. 당시 공청회에 참가한 학교 관계자는 인터내셔널 스쿨만을 특혜적으로 인정한 문부과학성의 태도는 공정하지 않다고 주장하고 영국, 미국의 민간 평가기관으로부터 인정을 받은 학교는 수험 자격을 인정하고 한국 정부로부터 인정을 받은 학교는 인정해 주지 않는 문부과학성의 태도를 비판하였다.

이 시기의 대학 교원을 중심으로 한 외국인학교 지지 움직임은 주목할 만하다. 2003년 7월 25일에는 도쿄외국어대 외국어학부 교수회가 문부과학성과 학장에게 외국인학교 학생의 수험 자격 인정을 요구하는 결의를 제출하였다. 교수회는 조선학교 등 외국인학교 졸업생의 대학 입학 자격을 문부과학성이 인정하지 않는 문제는 "교육의 기회균등에 반하는 차별"로 전제하고 동 대학이 독자적으로 자격 인정을 하도록 학장에게 요구하였다. 외국어학부는 동 대학의 유일한 학부라는 점, 결의에 찬성한 교원 64명, 반대 14명, 백지투표 16명이었다는 결과에서 나타나듯이 대학 교원의 3분의 2가 외국인학교 대학 수험 자격 부여를 지지하였다는 것은 의의가 크다.

그 후 8월 1일에 문부과학성은 모든 외국인학교 졸업생에게 수험 자격을 원칙적으로 인정한다는 방침을 발표하였다. 2003년 9월 19일 문부과학성 통지 '학교교육법 시행규칙의 일부 개정 등에 관하여(인터내셔널 스쿨의 제도 정비)'에서는 '1981년 문부성 고시 제153호(외국에서 학교교육의 12년 과정을 수료한 자에 준하는 자를 지정하는 건)의 일부를 개정하는 건'(2003년 문부과학성 고시 제151호) 등의 취지를 "교육의 국제화 등의 관점 및 사회인, 다양한 학습력을 가진 자의 대학 및 전수학교 전문과정에 입학 기회 등의 확대 등을 도모하는 관점에서 우리 나라 학교교육 제도에 제도적인 접속을 기본으로 하면서 대학 및 전수학교 전문과정에 대한 입학 자격의 탄력화를 도모하는 것"이라고 밝혔다. '제1 학교교육법 시행규칙(1947년 문부성령 제11호) 제69조 제1호 관계'의 '1981년 문부성 고시 제153호(외국에서 학교교육의 12년 과정을 수료한 자에 준하는 자를 지정하는 건)의 일부를 개정하는 건(2003년 문부과학성 고시 제151호)에 대하여'의 내용은 다음과 같다.

1. 대학 입학 자격과 관련하여 외국에서 학교교육의 12년 과정을 수료한 자에 준하는 자로 다음을 추가할 것(제3호 관계).

우리 나라에서 고등학교에 대응하는 외국의 학교 과정(그 수료자가 해당 외국의 학교교육에서 12년의 과정을 수료한 것으로 인정되는 자에 한한다)과 동등한 과정을 가진 것으로서 당해 외국의 학교교육 제도에서 규정된 교육시설(별표 제2)의 당해 과정을 수료한 자로 만 18세에 달한 자.

2. 본 고시 적용일 전에 당해 과정을 수료한 자에 대해서도 입학 자격을 인정할 것.

3. 별표 제2의 교육시설에 관해서는 향후 추가가 있을 수 있음.

4. 또한 교육시설의 과정이 12년 미만인 경우에도 당해 과정이 외국의 12년 미만 학교의 과정과 동등하게 위치하는 경우이면 당해 교육시설의 과정 수료 후 준비 교육과정을 수료하고 18세에 도달한 자에 대해서는 금후 문부과학성 고시를 개정하여 대학 입학 자격을 인정할 예정임.

그리고 금회 외국의 학교교육 제도에 위치하는 교육시설로서 고시 별표에 열거한 학교 5개교는 도쿄인도네시아학교, 도쿄한국학교, 도쿄중화학교(이상 도쿄도 소재), 요코하마중화학교(가나가와현 소재), 교토한국중학(교토부 소재)으로 민단계의 한국학교 5개교 중 2개교가 포함되었다. 일본의 전후사 반세기 기간 중 민족학교 졸업자에게만 봉쇄되어 있던 고등교육 기회가 일본 정부의 인도주의적 조치가 아니라 일본의 지식인층과 인권단체의 노력, 국제연합 인종차별철폐위원회의 권고 등 전방위적 압력에 의해 드디어 개방된 것이다. 다만 아쉬운 점은 문부과학성이 한국학교 등에 고등교육 기회를 확대한 정책을 실시한 같은 해에 교토한국학교(2003년 교토부에 1조교 인가를 신청하면서 교토국제학원으로 교명 변경)가 일본의 학교교육법에 의한 1조교로 전환하였다는 것이다.

주석

1 일본 정부의 자료에 의하면 1965년에 재일동포 자녀 15만 명 중 11만 명이 일본의 공립학교에 취학하였고, 민단계 한국학교는 9개 학교에 6천 명, 총련계 조선학교는 150개교에 약 4만 명이 재학하고 있었다(川上, 1965).

2 石川가 "의무교육 단계에서 영주를 허가받은 자와 허가받지 못한 자를 차별한다는 것은 교육상 기타 이유에서 곤란하며 바람직하지 않은 현상이 생길 것으로 생각된다. … 종전에 일본인이었다는 역사적 사정은 양자(영주를 허가받은 자와 허가받지 못한 자)가 같다는 것을 고려하지 않으면 안 되며, 그들이 일본 사회와 조화롭게 존재하기 위해서는 우리 나라의 학교교육을 받도록 하여야 하는 것이 바람직하다. … 북조선계 단체인 조선총련 및 재일본조선인교육회 등에 의해 가나가와, 아이치, 효고현의 공립학교 분교를 이용하여 일본의 교육과정을 무시하고 교육위원회의 학교관리권을 침해하는 것을 간과하여서도 안 되고 이러한 상태가 방치되어서는 안 된다는 것은 굳이 물을 것까지도 없다"라고 한 것에서도 일본 문부 행정의 의도를 읽을 수 있다.

3 외무성 동북아시아과는 1962년 9월 26일 작성한 극비문서에서 "다수의 재일조선인이 언제까지도 외국인으로서 우리 나라에 재류하는 것은 우리 나라에 있어 상당히 중대한 문제이다. 따라서 장래에 큰 화근이 남지 않도록 그들을 일본인에 동화해 가지 않으면 안 된디는 점에서는 이론이 없는 것이다"라고 시작하는 일본 외무성 북동아시아과가 작성한 극비문서 '귀화에 의한 재일조선인의 동화 정책에 관하여'에서는 자연증가 하는 인구수에 비하여 귀화자 수가 한참 미달하므로 귀화를 추진하기 위한 특별입법 등 강력한 조치를 강구하여야 할 필요성을 강조하고 있다. 外務省東北アジア課(1962.9.26.), 帰化による在日朝鮮人の同和政策について(極秘), 日韓國交正常化問題資料 第Ⅲ期 1961年-1962年 第4卷.

제5장

민단과 한국학교

1. 민단과 민족교육

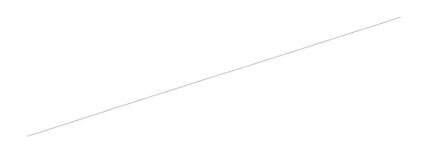

1) 자유민주주의 민족 결사의 탄생

1945년 8월 15일의 해방 직후인 10월 15일에는 재일동포 사회의 각계각층을 총망라한 집결체로 조련이 결성되었다. 조련은 일제강점기 재일조선인 활동가들이 중심이 되어 결성되었는데, 이들이 전국적인 단체로 급속히 성장한 배경은 1939년에 설립된 협화회의 네트워크를 역으로 이용한 데 있었다(金英達, 2003). 일본 정부의 통치기구였던 중앙협화회 조직에서 '일시동인(一視同仁)'(모두를 평등하게 본다는 의미)에 봉사하였던 사람들이 '민족', '조국'을 등에 업고 애국자, 우국지사로 급조되었다.

'조련'은 반일 사상을 바탕으로 좌익사상의 영향을 받은 사람들을 중심으로 재일조선인의 70%가 결집한 자주적인 단체로 결성되어 전국적인 민족운동을 전개했다(高贊侑, 1996). 즉, 조련은 공산주의 사상이 지배하고 있었다. 그래서 자유민주주의 주창자들은 조련에 반기를 들고 1945년

11월 16일 '조선건국촉진동맹'과 1946년 1월 20일 '신조선건설동맹'을 결성하였다. 그리고 두 단체가 주동이 되어 1947년 10월 3일 '재일조선인거류민단'(1994년 4월 '재일본대한민국민단'으로 개칭)을 결성하였는데 이 단체가 바로 민단의 전신이다. 민단의『민단 50년사』에서는 그 당시의 상황을 "우후죽순같이 동포단체가 결성되어 그 수가 300을 넘었다. 이러한 상황에서, 사상과 이념을 초월하여 60만 재일동포 사회의 각계각층을 망라한 총집결체로서 결성(1945.10.15.~16.)된 것이 재일조선인연맹인 것이다. 그러나 공산주의 계열은 결성대회 둘째 날인 10월 16일 청년들을 대거 동원하여 폭력 쿠데타를 감행하여, 민족 진영 인사들을 폭행·구타·감금하고, 이들의 존재를 말살시킨 것이다. 이렇듯 조련의 결성대회는 처음부터 음모와 폭력으로 점철되었고, 대다수의 재일동포와 그 자신을 공산주의 지배하에 넘기도록 하였으며, 재일동포 사회에 불신과 분열의 씨를 뿌리게 되었다. 이 조련의 공산화에 반기를 들고 궐기한 자유민주주의 주창자들의 결사가 곧 조선건국촉진동맹(1945.11.16.)이며, 또 신조선건설동맹(1946.1.20.)인 것이다"(在日本大韓民國民團中央本部, 1997)라고 기록하고 있다.

민단의 민족교육의 공죄에 대해서는 그간의 선행 연구에서 잘 다루어지지 않았으며, 일본인 연구자들은 총련의 민족교육 운동에 대한 상대적 관점에서 민단의 민족교육 노력을 낮게 평가하고 있다.

2) 민단의 민족교육에 대한 평가

먼저 오자와는 "재일조선인의 학교는 민족의 분단에 속박을 받아 조선인학교와 한국학교로 나뉘었지만, 조선인으로서의 교육을 더 촉진한 점에서는 조선인학교가 우위에 있었다고 말하지 않을 수 없다. 그것은 조선의 말, 문화, 역사를 철저히 가르쳐 조선인으로서의 자각과 능력을 쌓아 가는 교육 내용과 학교 체계가 소학교에서 대학까지 정비되어 있다는 점에서 확실히 탁월하기 때문이다. 특히 외국에서 소학교부터 대학까지의 학교 체계를 이루어 낸 것은 재일조선인뿐으로 세계에서 그 사례가 없다"라고 평가하였다(小澤, 1977).

그리고 오자와와 함께 '일본교육학회 교육제도연구위원회 외국인학교 제도연구소위원회' 활동을 하였으며 1960년대 재일조선인 교육에 관한 다수의 연구논문을 발표한 사카모토는 "민단의 경우에는 자주적 민족교육의 필요성을 이러한 역사적 체험과 결합시켜 절실하게 생각하지 않는다. 민족교육의 필요성을 부정하지는 않지만, 그것을 홍익인간의 형성이라는 일반적 이념으로서 이해하고 있다. 그 때문에 학교 수도 적고 영향력도 적다. 양 조직(민단과 총련)의 조직 상황에 관해서는 상세한 점은 명확하지 않지만 양 조직 사이에는 조직 방침과 이데올로기 측면에서 큰 대립이 있는 것은 주지의 사실이다. 그리고 민족교육에 관한 한 민단계에 속하는 부모들은 그 필요성에 관한 자각이 희박하다는 것은 부정할 수 없다"라고 하였다(坂本, 1971).

그런데 재일한국인의 민족교육을 평가한 일본인 전문가들이 민단의 민족교육 노력을 낮게 평가한 것이 타당한가, 그들의 평가에 대해서 반론의 여지는 없는가가 중요하다. 먼저 오자와의 평가대로 조선학교는 한국학교보다 수적인 면에서 탁월하고 비록 각종학교이지만 고등교육기관인 조선대학교도 설립하였으므로 교육 내용 등 교육의 본질적 요소를 고려하지 않을 경우 이러한 평가가 무리는 아닐 것이다. 1948년 3월 시점에서 조련계 학교는 573개교에 56,300명, 민단계 학교는 54개교에 6,500명이 재학하였다. 그러나 조선학교가 실시하는 민족교육은 북한을 지지한다는 정치 노선이 교육에도 그대로 반영된 이데올로기 교육이었다는 점에 주목할 필요가 있다. 한국학교의 교육은 정치, 사상으로부터 중립적인 위치에 있었으며, 민단도 한국학교에 대한 재정 보조 등 교육 외적인 사항 이외에는 학교교육에 관여하지 않았다는 점에서 대조적이었다.

아울러 사카모토가 민단의 경우 민족교육의 필요성을 부정하지는 않지만 그것을 홍익인간의 형성이라는 일반적 이념으로 이해하고 있기 때문에 학교 수도 적고 영향력도 적다고 한 것은 민주·민족교육의 개념에 대한 이해 부족으로밖에 볼 수 없다. 그런데 위 두 명의 일본인 연구자들은 민단의 민족교육에 대한 소극적 태도를 지적하였다기보다는 총련의 민족교육 운동의 적극성을 평가한 것이다.

1946년에 조선인학교는 초등부 525개교, 중등학교 4개교, 고급학교 또는 학원 12개교를 홋카이도부터 규슈, 가고시마까지 설치하는 데 성공했다(1946년은 민단계, 총련계의 구별이 없던 시기이다). 1947년 10월에는 학교 수가 소학교 541개교, 중학교 7개교, 청년학교 22개교, 고급학원 8개교로 증가하고 학생 수 62,000명과 교원 수 1,500명의 규모가 되었다. 민단계와 총련계의 분화가 이루어진 1948년에 민단계의 학교가 소학교와 중학교 50여 개교에 학생 수가 6천 명(김영달, 2003)이었던 것과 비교하면 10배 이상의 규모였다. 즉, 가시적인 학교 시설만 놓고 본다면 총련계 조선학교는 그 수가 민단계 한국학교에 비하여 월등히 많았다.

해방 직후 조선인학교는 정치적 목적과 이데올로기를 가지지 않은 우리말, 우리글, 우리 전통 등의 민족정신을 교육하기 위한 잠정적이고 과도기적 형태의 교육기관이었다. 지금과 같은 체계적이고 정비된 학교 형태도 아니었고 전문교육을 받은 교사도 많지 않았다. 잠정적으로 운영되었던 민족교육기관은 북한의 정부 수립과 더불어 총련의 관리하에서 정치적 중립성을 잃고 학교가 개개인의 인격 형성을 위한 교육의 장이라기보다는 주체사상의 주입 및 선전 창구로 변질되었다. 학교 운영도 총련 등 정치 조직에 의하여 좌우된 것이다.

이러한 정치적 목적이 있었으므로 자유민주주의 교육을 지향하는 일본의 학교에서 절대 허용할 수 없는 정치적 이데올로기를 교육하기 위해서는 독립된 민족학교 형태로 운영하는 것이 불가피하였을 것이다. 조선학교 총학생 수는 1970년대까지 약 3만 명을 유지하였지만, 최근 총련의 조직 축소와 일본 학교 진학 증가로 학생 수가 격감하여 현재는 5천~6천 명 선으로 격감(産経新聞, 2016. 3. 26.)한 것도 조선학교에서 이루어지는 교육 내용의 문제가 일정하게 작용하였을 것으로 생각된다.

1956년에는 2년제의 조선대학교가 설립되었다. 당시 조선대학교는 미인가 학교로 학생 수 67명의 아주 작은 학교였다. 민단에서는 조선대학교가 공산주의화를 위한 요원을 양성하는 기지가 될 것이라는 우려를 가지고 인가권자인 미노베 료기치[美濃部亮吉] 도쿄도 지사를 면담하고 각계의 협력을 바탕으로 저지 투쟁을 하였다. 한국 정부도 조선대학교가 설립되면 한국의 국익에 반하는 결과를 초래할 것이라는 점을 들어 일본 정부와 여당에 입장을 전달하고 주일한국대사관에서는 현지의 분위기를 수시로 국내에 보고하였다.

조선대학교는 각종학교로 인가를 신청하였으므로 학교 설립 인가는 마르크스 경제학자 출신의 좌익계 인사인 미노베 도쿄도 지사의 손에 달려 있었다. 한국 정부의 요청에 대하여 일본 정부 및 여당은 도쿄도 사립학교심의회가 보수계 인사 중심으로 구성되어 있어 미노베 지사를 견제하는 의견을 낼 것이며, 정부와 여당이 추진하는 외국인학교법안도 외국인학교 설립 요건을 강화하고 있어 저지가 가능할 것이므로 인가가 되지 않을 것을 확신하였지만 미노베 지사는 사립학교심의회의 부정적 의견에도 불구하고 1968년에 조선대학교를 각종학교로 인가하였다.

주일대사는 사토 에이사쿠[佐藤榮作] 내각총리를 면담하고 박정희 대통령의 메시지를 전달하는 형식으로 시정을 요구하였고, 사토 총리도 일본 정부와 여당의 반대에도 불구하고 미노베 지사가 인가를 한 것은 유감이라고 하고 한국의 요구를 실무적으로 검토하겠다고 답변하였지만, 인가권자의 인가가 마무리된 시점에서 어떠한 조치도 사후약방문이자 속수무책이었다.

이와 같은 논란 속에서 설립된 조선대학교는 학문의 발전이라는 아카데미로서 본래의 사명보다는 장차 총련에 봉사할 요원을 양성한다는 비판을 받고 있다. 조선대학교를 졸업하고 총련의 요원이 되거나 조선학교의 교원이 되는 것이 일반적인 루트이기 때문이다.[1]

3) 현실적 선택

위에서 언급한 일본인 연구자의 평가가 타당한지를 검토하기 위해서는 민단의 민족교육의 공죄를 분명히 할 필요가 있다. 민단의 민족교육 공죄는 민족교육의 의지, 즉 학교 설립 의지, 대안적 민족교육의 실시, 한국 정부의 민족교육 지원, 소재국의 제도적, 상황적 맥락 등을 전반적으로 검토하여 시시비비를 판단하여야 한다. 이하에서는 민단의 민족교육 의지를 중심으로 고찰하고자 한다.

1940년대와 1950년대 초반에는 민단계의 학교가 50여 개교 있었던 것으로 일부 자료에 소개되고 있으나 미인가 또는 잠정적 교육기관이었으므로 학교의 상세에 대해서는 확인할 수 없다. 한국 문교부의 통계에 실린 1970년대 민단계의 한국학교는 유치원 1개원, 소학교 3개교, 중학교 4개교, 고교 4개교에 2,207명이 취학하고 있었다. 학교 수로 비교하면 조선학교에 비하여 월등히 적은 건 사실이다.

대도시를 중심으로 3개 지역에 설치된 4개교만으로 수만 명에 달하는 재일한국인 자녀에게 민족교육을 실시한다는 것은 불가능하였다. 당시 재일한국인이 홋카이도에서 규슈까지 일본 전역에 분포되어 있었으므로 한국학교가 없는 지역의 재일한국인이 민족교육을 받고자 희망하는 경우에는 민단계인 경우에도 어쩔 수 없이 조선학교에 진학하는 사례도 빈번히 있었기 때문이다.[2]

김덕룡은 "당시 조련 2회 중앙위원회와 제2회 임시전국대회에서 조직의 최대 현안이었던 귀국을 위한 북송 문제가 일단락되었지만 다른 한편으로는 국어강습소의 통폐합에 의해 설립되어 있었던 초등학원의 교재 대책이 긴급히 요청되었던 조련 제2회 임시전국대회(1946.2.26.~27.)는 실질적으로 남북한으로 분단되어 있는 상황하에서 북한을 지지한다는 정치 노선을 보다 분명히 밝혔다. 민족교육에 대해서도 이러한 정치적 노선에 입각하여 기본방침이 명확하게 되었다"(金德龍, 2004)라고 적었다. 즉, 조련은 '민족교육=정치적 노선에 입각한 교육'이라는 방향을 분명히 하고 북한의 정치이념과 사상적 기반을 교육의 기본방침으로 하였다는 것은 사실로 받아들여지고 있다.

조련 선전부가 1948년에 펴낸 『조선민주주의인민공화국해설(朝鮮民主主義人民共和國解説)』에 의하면, 1948년 9월 정식으로 국가 수립을 선포하기 3년 전에 이미 '정강(政綱)과 시정 방침'을 만들어 놓았는데 정강 제1항목 '일본제국과 봉건적 잔재 세력의 일소'(정강은 총 4항목이다)에서는 "우리들은 일본제국과 봉건적 잔재 세력을 일소하고 전 민족의 정치적, 경제적, 사회적 기본 요구를 실현할 수 있는 진정한 민주주의에 충실을 기한다"라고 하고 있다. 그리고 26개의 시정 방침 중 첫 번째에서 세 번째까지의 시정 방침을 일본 제국주의 타파로 정하는 등 국가 수립에서 반일(反日)

이 가장 중요한 정치 이데올로기였다.

　이러한 북한의 정치적, 사상적 지배하에 있었던 조련은 표면적으로는 민족교육을 내세웠지만, 교육의 내실은 "김일성·김정일의 초상화를 걸고 두 사람을 찬미하는 노래를 학교 행사에서 제창하고 근현대사는 김일성 개인의 혁명운동사를 가르치는 등 정치사상교육에 편중"하였다(김영달, 2003). 유치원부터 고등학교 졸업까지 15년간을 조선학교에서 배운 원지혜도 "당초 재일동포를 위한다는 순수한 생각에서 시작된 민족교육. 이국에서도 민족의 말과 역사를 배워 자부심을 가지고 살아간다는 이념은 간단하게 뒤집어져 목적이 크게 왜곡되었다. 그리고 당시 대두해 갔던 김일성을 신으로 숭배하고 다른 가치관은 일절 인정하지 않는 유일 절대 사상을 근본으로 한 왜곡된 교육의 장으로 변해 갔다"(萩原·井澤, 2011)라고 교육 경험을 증언하였다.

　또 일본공산당중앙위원회 일간지인《아카하타[赤旗]》에서 20년간을 근무하고 1972년부터 평양특파원도 지냈으며 미국 공문서관의 북한문서 160만 페이지를 독파한 후『조선전쟁(朝鮮戰爭)』을 집필한 하기와라 료[萩原遼]는 조선학교의 중학교 2학년에서 고등학교 3학년까지의 역사 교과서를 일본어로 번역하였는데 김일성 우상화가 역사 교과서의 목적으로 날조된 것을 두고 "세계의 역사 상식이 통용되지 않은 무서운 전후사"라고 평가하였다.

　이처럼 조련이 북한을 지지한다는 정치 노선을 분명히 밝힌 것과는 대조적으로 민단은 1946년 10월 3일 개천절에 있었던 '민단 제1차 선언'에서 자신들은 정치적으로 중립적 노선을 견지하는 자주적 단체라는 점을 "본단은 자체가 결코 일종의 사상이나 정치단체가 아니고 또한 본국 또는 해외의 어떠한 사상이나 정치의 주류에도 편도(偏倒)하지 않고 그중의 하나를 지지하거나 혹은 가담하지 않는다"라고 밝혔다.[3]

제2차 세계대전 후 현대사회의 교육은 각 개인의 인격 완성과 국가와 사회의 형성자를 육성하는 것을 목적으로 하고 있으므로 교육이 정치적으로나 사상적으로 치우치지 않고 중립적으로 실시되는 것이 가장 기본적인 이념이다. 영국의 프라우덴 보고서[4]가 "학교는 단순히 지식·기술을 가르치는 장소가 아니다. 제반 가치와 태도를 전달하는 장소여야 한다. 또 학교는 아동이 장래 어른으로서 준비뿐만 아니라 아동으로서 살아가는 것을 배우는 공동사회이다. 학교는 아동들을 위하여 적정한 환경을 준비하고 각자에게 적합한 방법과 속도로 발달해 가도록 배려하며 모든 아동에 대하여 평등한 기회를 제공하여 핸디캡을 보상하기 위하여 노력하여야 한다"라고 강조하고 있는 것처럼 교육에서는 아동이 가장 중시되어야 한다(김상규, 2017b). 그런데 배타성이 강한 학교를 만들어 아동들의 인격 형성의 시기에 정치적 노선이나 특정 사상을 교육하는 것은 현대 공교육의 이념에 전혀 타당하지 않은 것이다.

4) 한국 정부의 태도

민족교육 문제는 1947년과 1948년에 있었던 민단 전체 대회에서도 대두되어 논의되었으나 재정 문제 때문에 학교의 설립에는 이르지 못하였다. 그래서 학교가 설립될 때까지 "정규학교는 일본의 학교를 이용하고 야간이나 휴일을 이용하여 한글 교육을 보강"하는 대안적인 방법으로 민족교육을 하겠다는 입장을 가졌다.

학교 폐쇄령으로 민단계인 미인가 민족학교가 대부분 폐쇄된 직후 한국학원은 두 곳(오사카금강학원, 교토한국학원)뿐이었다. 1953년, 민단은 중앙대회(1월 8일의 중앙이사회였을 것으로 추정된다)에서 민족교육을 위한 학교 설립 방침을 수립하고 지방에 민족학교 13개교의 설치를 결의하는 한편 본국 국회에 6명의 옵서버 파견도 결의하였다. 당시 옵서버는 민단 김재화 단장, 김광남 의장 등 총 6명으로 구성되었다.

3월 24일 옵서버는 대한민국 국회에서 재일동포의 교육 문제 해결을 요청하였다. 발언은 민단 의장이 담당하였는데, 재일동포의 노력만으로는 교육을 실시하는 데에 어려움이 있으므로 한국 정부의 지원을 요청하는 내용이었다.[5]

당시 언론에서도 민단에서 파견한 옵서버가 국회에서 "일본에 교육관을 파견하여 교육 문제를 해결하여 줄 것", "민족교육 대책을 수립하여 줄 것", "재일유학생 대책을 수립하여 줄 것" 등을 요청하였다고 보도하고 있다(**경향신문**, 1953. 3. 26.). 그러나 민단의 요청에도 한국 정부나 국회는 특별한 움직임이 없었다. 그리고 5년 반이 지난 후인 1958년 8월 26일 제29회 국회 임시회 본회의에서 이옥동 의원 외 69명이 제안한 '재일동포 민족교육 대책에 관한 건의안'이 통과하였다. 건의안은 ① 민족교육을 담당할 수 있는 교사를 일본에 파견해서 민족교육의 기초 마련, ② 교사를 초청해서 충분한 강습 실시, ③ 우리나라의 국가사업으로 민족학교의 증설이 주요 내용이었다.[6]

'재일동포 민족교육 대책에 관한 건의안'은 문교부의 재일동포 교육시책에 바로 영향을 주었다. 같은 해 12월 31일, 문교 당국은 신년도 주요 시정 계획의 하나로 '재일동포학교 시설 보조'를 내용으로 하는 계획을 발표하였는데, 시책의 내용은 "모범학교 신설: 9학급 내지 12학급 규모의 모범중학교 신설", "동포학교 교육 보조: 1957년 이래 계속 사업으로 5개 민족학교 진영에 계속 시설비 보조", "교사 파견: 전년도의 현지 교사 봉급 보조를 강화하여 10명의 교사 파견", "장학금 지급: 100명에 대한 장학금 지급" 등이었다(**동아일보**, 1958. 12. 31.).

민단의 한국학교 증설 문제는 한일기본조약 체결(1965.6.22.) 후인 제5회 중앙위원회(9.7.~8.)에서 "60만 재일동포 자녀들의 교육 대책에 대하여 아직까지도 구체적인 입안이 되지 않은 현실"을 지적하고 '교육재단 설립 계획'을 수립하였다. 설립하는 한국학교는 "교육의 중립성을 견지함으로써 일본법에 의한 사립학교도 민족교육을 하는 것이 가능"하다고 하였으므로 각종학교가 아닌 학교교육법 제1조교로 설립할 계획이었다. 구체적으로는 도쿄에 대학 1개교를 설립하고, 초중등교육기관으로 도쿄 2개교(1개교 신설, 1개교 확충), 요코하마 1개교(신설), 나고야 1개교(확충), 교토 1개교(확충), 고베 1개교(신설), 오사카 3개교(신설), 북규슈 및 시모노세키 지구 1개교(신설), 삿포로 1개교(신설), 센다이 1개교(신설) 등 12개교의 설립을 계획하였다.

민단은 재일한국인법적지위협정에 의하여 초중등학교는 무상의무교육이 가능한 일본의 학교에 취학하는 것을 원칙으로 하고 민족교육은 고등학교 교육에 집중하겠다고 밝혔는데 당시 정주화가 공고히 되어 가는 재일한국인사회의 맥락에서 '주류 교육'으로서 민족교육보다는 '대안 교육'으로서 민족교육을 선택한 것으로 보인다. 이러한 원대한 계획에도 불구하고 결과적으로는 한 개의 학교조차 설립하지 못하였다는 것은 민단의 민족교육이 일본 사회, 지식인들로부터 저평가되는 원인이 되고 있다.

5) 민단의 재평가

총련의 교육방침에 일본 정부에 대하여 저항적 태도(반일 교육)를 가진 사상적, 정치적 목적(공산주의 교육)이 있었던 것과는 다르게 민단의 교육 이념과 목적은 정치적 체제가 크게 다르지 않은 일본 사회에 융합하고 공생할 수 있는 방법적 모색이었으며, 자유민주주의 교육으로서의 공통성을 기반으로 재일동포 자녀의 기초교육은 일본의 의무교육학교에서 이수하도록 하여 일본 사회의 적응력을 높이고 아울러 사회적으로 저소득층이 많은 재일한국인의 교육비 경감을 기하고자 하였다는 기본 방향을 평가할 수 있다

재일동포 자녀가 일본학교에 취학할 경우, 일본인 교사와 일본의 교과서에 의하여 교육이 이루어지고, 학교생활도 다수의 일본인 학생에 의한 일본 문화의 헤게모니로 인하여 민족문화가 쇠퇴할 것임은 불 보듯 뻔한 일이다. 그러므로 일본의 학교에서 민족교육이 가능할 수 있는 여건 조성(일본의 공립학교에 민족학급의 개설), 주말 등을 활용한 민족교육 등을 통하여 인지적 능력에만 의존하지 않고 사회 정서적 능력으로 민족교육의 방법을 모색하는 것도 매우 중요하다.

민단은 우리나라 국민 됨과 국제인으로서의 필수적인 교육을 실시하고 지덕체의 완전한 발달과 인격의 도야(1946년 10월 3일 민단 제1차 선언), 우리의 세대 및 자손이 민족교육 및 국제인으로서 필요한 교육(1966년 6월 6일 민단 제4차 선언) 등 '홍익인간'의 교육이념을 토대로 정치, 사상으로부터 최대한 중립성을 유지하는 것을 민족교육의 방침으로 하였다. 민단은 제4차 선언에서 "재일동포가 대한민국의 국민인 동시에 일본이란 지역사회의 구성원임에 대하여 깊은 자각을 가지고 일본 사회에서 존경과 신뢰를 받는 모범적인 한국인이 되기를 목표하며 우리의 조상이 일본의 문화 발전에 크게 기여하였음을 상기하면서 우리도 재일동포와 일본 국민 간의 우호와 협조를 조성하며 한일 양국이 호혜평등의 원칙 아래서 상호 번영과 발전을 도모함을 노력한다"라고 기본자세를 밝히고 있다.

요약하면 민단의 민족교육은 일본이라는 영토에서 인생을 살아가야 하는 현실을 긍정해 가면서 민족교육의 일상화·개방화를 추구하였다.

민족학교의 설립이라는 과업을 이루지는 못하였지만 각 지역에 설치된 대체교육시설을 설치하거나 지원하는 등 민족교육을 평생교육의 일환으로 위치시키고자 노력하였다.

재일한국인에게 민족교육의 기회를 제공하는 교육시설은 정규교육기관인 한국학교 이외에 한글 교육 등 민족 관련 강좌를 하는 '한국학원'과 '교육문화센터'가 있었다. 1970년 4월 1일을 기준으로 한국학원은 일본 전역의 26개 지역에 26개 학원과 21개 분원이 설치되어 상시 1,984명이 취학하였으며, 교육문화센터도 일본 전역의 23개 지역에 109개소가 설치되어 상시 2,136명에게 민족교육을 제공하였다. 1975년에는 한국학원이 31개원으로 증가하고 상시 참가 인원도 2,228명으로 많아졌으며, 재일교육문화센터도 139개소에 2,924명으로 증가하였다.

또 다른 특징으로는 민족교육 프로그램인 '민족교육 50시간 의무제'를 들 수 있다. 1974년에 나고야한국학원에서 처음 시작하여 1978년에는 일본 10대 도시의 민단지방본부와 30개 지부에 222개의 민족교육실이 설치되어 연간 11,137명이 수료하였다. 민족교육시설 중 한국 정부와 민단이 1962년에 설립한 나고야한국학원은 일본의 학교교육법상 정규교육기관은 아니다. 그러나 민족교육을 희망하는 사람이 어느 때나 자유롭게 교육 기회를 접근할 수 있다는 점에서 민족교육기관으로서 의의가 크다.

민족교육의 방법 중 일본의 공립학교에 설치된 민족학급의 역할도 중요하다. 오사카 등 지자체에서는 일본인학교에 민족학급을 설치하여 민족교육의 기회를 제공하는 사례가 적지 않다. 일본의 학교에서 운영되는 민족교육은 재일동포 자녀를 대상으로 하는 일방적인 민족교육이 아니라 일본인 교장이나 교사가 민족교육에 참여함으로써 상호 이해를 증진한다는 점에서 서로의 민족적 아이덴티티를 이해하고 공생의 가치를 창조해 가는 쌍방향적 교육이다. 국가 간, 민족 간, 인종 간의 상호 이해 증진이 필수적인 글로벌 사회, 다문화 공생 사회에서 역할 가능성이 크다.

이와 같이 대안적인 방법으로 민족교육의 일상화·개방화가 가능한 이유는 한국과 일본의 교육제도 및 교육 내용의 동질성 때문이다. 양국의 교육제도는 미국의 민주적 교육제도가 근간이 되었으므로 일본에서 지적 교육을 받고 사회생활에서 대안적 방법으로 민족교육을 받는 것이 충분히 가능하였다.

그러나 일본의 정규학교에서 교육을 받는 것이 정치이념이나 사회에 동화하기 위한 교육이 되어서는 안 된다. 비록 일본이라는 지리적 공간에서 정주하지만, 일제 식민지 시대의 억압에 대한 경험, 민족 독립 노력과 투쟁 등의 역사를 계승하고, 독도 문제, 일본의 잘못된 역사 인식이 용인되어서도 안 되며, 아울러 재일한국인의 지위 향상, 참정권 실현 등 정치적 차별 철폐, 사회·문화적 권익 보호를 위하여 민족의 힘을 모으고 일본의 정치권, 사회단체 등과 긴밀한 협력을 해 나가는 것은 민단의 존재 이유이기도 하다.

예를 들면 2016년 6월 3일, 외국인에 대한 차별적 언동을 금지하는 것을 내용으로 하는 일본 외 출생자에 대한 부당한 차별적 언동의 해소를 위한 대책 추진에 관한 법률(약칭 "차별언동해소법")이 공포되었는데, 여기에는 민단이 국제연합에 전문가를 파견하여 재일한국인의 인권 보장을 호소하고 일본의 정치, 사회단체 등과 협력하는 등 일정한 역할을 하였던 것처럼 말이다.

재일조선인의 민족교육을 열성적으로 연구한 오자와를 비롯한 일본의 연구자들이 민단보다 총련의 노력과 성과를 높이 평가한 것은, 민족교육의 연구 시각을 일본 정부의 차별·억압과 총련의 저항·투쟁이라는 이항 대립적 관계로 설정하였기 때문이다. 그러므로 차별과 억압에도 불구하고 저항의 산물인 가시적인 학교 시설 그 자체가 민족교육의 성과로서 중시되었다. 교육에서 학교는 교육시설이라는 공간적인 개념보다는 일정한 연령의 학생들이 모여 문화와 특정한 가치를 공유하고 발전시켜 가는 심리적, 문화적 공간이다. 그러므로 학교 안에서 이루어지는 교육은 현대적 교육이념과 바람직한 아동관이 반영되어야 하며, 교육 내용과 방법도 중립적 가치를 가져야 한다. 그러나 일본인 연구자들의 연구 시점은 총련의 조선학교에서 이루어지는 교육 내용 및 방법에 대해서 블랙박스 취급하였다는 한계를 가지고 있다.

민족교육 저항 운동이 활발하였던 시기는 일본의 교육학계가 국가의 교육에 대한 관여(국가교육권론)를 비판하고 국민교육권을 주장하며 저항적 태도를 가졌던 시기와 같다. 그러므로 총련과 조선학교가 일본 정부의 민족교육 정책에 대해 적극 투쟁하였던 것도 민주교육 운동의 한 맥락으로 보아 이에 대한 많은 연구가 있었던 것은 사실이다. 당연한 결과이겠지만 가시적인 학교 시설도 많지 않고 학교 설립 노력도 부족한 민단보다는 학교의 설립에 적극적인 총련과 조선학교야말로 연구 대상으로서 매력적이었을 것이다.

민족교육에 관한 선행 연구의 분석 시각, 즉 일본 정부의 민족교육 억압과 재일조선인의 저항을 이항 대립적 관계로 설정한 것은 일본 사회의 소수민족으로서 재일한국인의 정치적·이데올로기적 분리라는 이분법을 민족교육에 그대로 적용하여 교육을 정치적·이데올로기적 관계로 고정하여 파악하려고 하였다는 것으로서 선행 연구가 가지는 한계이다.

그러나 필자는 일본 정부가 재일한국인을 차별적 상태에 두었다는 것을 정당화하는 것도 아니고 일본 사회에 동화하는 것을 당연시하는 것도 아니다. 일본 교육기본법 제16조가 선언하는 것처럼 교육은 부당한 지배에 굴하지 않고 실시되어야 하는 공정하고 중립적 활동이라는 점을 새긴다면 얼마나 많은 학교가 설치되었는가의 문제가 아니라 교육 내용이 정치적 이데올로기에 치우치지 않고 한 인간이 바르게 성장할 수 있는 내용적 구성인지 아닌지가 더 중요하다는 점을 강조하는 것이다.

> 본단(민단)은 자체가 결코 일종의 사상이나 정치단체가 아니고 본국 혹은 해외의 어떠한 사상이나 정치의 주류에도 치우치지 않고 그중의 하나를 지지하거나 혹은 거기에 가담하지 않는다(민단 제1차 선언, 1946년 10월 3일).

> 우리는 일본 제국주의의 한국 침략의 역사적 과정에서 일본에 와 살게 되었다. 이미 겨레가 해방되고 조국이 독립되었으나 이 땅에서 생활의 토대를 닦아 온 우리는 일본 사회의 편견과 차별에도 불구하고 계속하여 살고 있는 것이다. 이리하여 우리와 우리의 자손은 모국을 바라보며 이역에서 살게 되었으나 조상의 역사를 이어 한국인으로 살아 나아가는 것이 참된 삶의 길임을 믿고 우리의 자손들에게도 겨레의 빛나는 얼과 전통이 길이 이어 나가기를 바라 이에 민족교육의 기틀을 밝히고 그 지표를 세운다(민단 재일한국인교육지침 1969년 3월 25일).

위의 '민단 제1차 선언' 및 '재일한국인교육지침'은 일본이라는 영토 안에서 영원히 살아가야 하는 재일한국인이 민족적 동일성을 잃지 않으면서 정치적, 사회적, 경제적, 문화적으로 공생·융합하면서 평등하게 처우되고, 이러한 사회적 기반하에서 인간답게 살아가는 것을 목표로 하고 있다.

그러나 민단의 민족교육 방침에 문제점이 전혀 없다는 것은 아니다. 민단이 수차례 계획을 세우고도 민족학교를 설립하지 못하였다는 소극성, 일본의 3개 한국학교가 학교교육법 제1조의 학교로 전환되어 학교교

육이 일본의 교과서, 일본의 교육과정에 따라야 하므로 민족교육의 자주
성과 독립성에 지장을 초래하고 있는 점, 일본 정부가 외국인학교 제도
창설을 시도하였던 시기에 각종학교로 운영되고 있는 도쿄한국학교를
1조교로 전환해 주도록 요청하였다는 점 등을 과오로 지적할 수 있다.

특히 일본 정부의 외국인학교 제도 창설 시도가 조선학교만을 대상으
로 한 것이 아니라 한국학교도 대상이 되었다고는 하지만 이러한 탄압적
인 정책하에서도 조선학교 101개교(1966년 39개교, 1967년 29개교, 1968년 8개
교, 1969년 4개교, 1970년 10개교)가 혁신적 태도를 가진 지자체로부터 인가를
받았다는 사실, 그리고 이러한 결과가 민족교육의 자주성·적극성이라는
점에서 높은 평가를 받고 있다는 점도 지적해 두고자 한다.

2. 일본의 한국학교

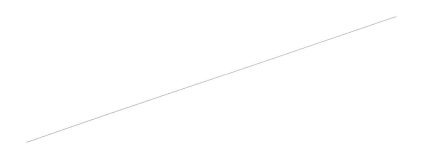

1) 한국학교 현황

일본에서 재일동포의 민족교육을 담당하는 제도권의 교육기관은 민단계의 한국학교와 총련계의 조선학교[7]가 있으며, 그 외의 교육시설로는 일본의 공립학교에서 방과 후에 민족 관련 교과목(한국어, 한국사 등)을 학습하는 민족학급이 있다. 민단계의 한국학교는 도쿄와 교토 각 1개교, 오사카 2개교 등 4개교가 있으며 외국인학교(각종학교)의 지위를 가지는 도쿄한국학교(소학교, 중학교, 고등학교 병설) 외에 나머지 세 곳, 오사카의 건국유소중고등학교(이하 "건국학교"), 오사카금강인터내셔널소중고등학교(2021년 교명 변경, 이하 "금강학교"), 교토국제중학고등학교(2004년 1조교 전환 시 교명 변경, 이하 "교토국제학교")는 원칙적으로 일본의 교육과정과 교과서, 일본의 교원 면허를 가진 교사에 의해 수업이 이루어지는 1조교이며, 이들 학교에는 일본인 학생도 다수 입학을 하고 있다.

〔표 3〕 1조교와 각종학교의 비교

구분	1조교	각종학교
근거 규정	학교교육법 제1조	학교교육법 제134조
대상 학교	유치원, 소학교, 중학교, 의무교육학교, 고등학교, 중등교육학교, 특별지원학교, 대학, 고등전문학교	외국인학교, 간호학교, 어학학교 등
학교 명칭	교명에 '한국' 사용 불가	교명에 '한국' 사용 가능
적용 법령	교육기본법, 학교교육법, 소학교설치기준, 중학교설치기준, 고등학교설치기준 등	교육기본법, 학교교육법 각종학교규정 등
교육과정	일본의 학습지도요령을 중심으로 운영 민족 교과목(국어, 역사, 사회 등)은 과외 또는 허용된 범위 내에서 운영	교육과정은 자유롭게 편성 운영
교과서	문부과학성의 검정을 통과한 교과서만 사용	제한 없음
교원의 자격	교직 면허 소지 필수	제한 없음
교육재정	사립학교 진흥조성법에 의거 경상경비 지원 기부금의 세제상 우대 조치 사립고교 재학생 취학지원금 지급 ① 오사카부: 2025년까지는 소득 구간 별로 보호자 부담액이 다르지만, 2026년 부터 사립고교 수업료 완전 무상화 ② 교토부: 생활보호 세대와 연수입 590만 엔(4인 가족, 외벌이 가정 기준) 세대는 연간 396,000엔 지원. 연수입 590만 엔 이상 910만 엔 미만 세대는 연간 11억 8800만 엔 지원	기부금의 세제상 우대 조치 사립학교진흥조성법에 의한 경상경비의 지원은 없으며 지자체가 외국인학교 교육 장려를 위하여 일부 경비를 보조하고 있으나 지역에 따라 차이가 있음 각종학교의 고등학교 과정 재학생에게는 취학지원금을 지원하고 있으나 조선학교는 지원 대상에서 제외되어 있음
일본 내 대학 입학	제한 없음	제한 없음(2003년 1조교와 동일하게 대학 수험 자격 인정)
학교급식	전국학교급식회연합 지원 제도 있음.	전국학교급식회연합 지원 대상이 아님.
학생활동	전국중학체육연맹, 전국고교체육연맹 참가 자격 인정	전국중학체육연맹, 전국고교체육연맹 참가 자격 없음

출처: 필자 작성

한국학교 설립 시기는 오사카백두학원과 금강학원, 교토국제학원은 1940년대 후반이며 도쿄한국학원은 가장 늦은 1954년이다. 한국학교 설립자는 오사카백두학원이 재일동포 사업가이며, 오사카금강학원과 교토국제학원은 재일동포 단체인 '조선인교육회'가 재일동포 사회의 기부금 등을 재원으로 설립하였다. 도쿄한국학원은 재일한국대표부(국교 정상화 이전의 외교조직)의 지원하에 민단이 주축이 되었으나 학교 부지 매입 및 교사 신축 비용은 대부분 한국 정부가 지원하였다. 한국 정부는 최초의 '한국학교 모범학교' 사업으로 도쿄한국학교와 교육 환경이 열악하여 이전을 추진하였던 교토한국학교 두 곳을 지원하였다. 도쿄한국학교는 모범학교 예산으로 건물을 신축하였지만, 교토국제학원은 주민들의 반대에 부딪혀 오랜 기간 뜻을 이루지 못하다가 1984년에 현재 위치로 이전을 완료하였다.

2) 도쿄한국학원

정부 지원의 최초 민주·민족교육기관

강화조약에 따라 1952년부터 독립국가가 된 일본은 재일외국인에 대한 태도가 변하였으며, 외국인 의무교육에 대한 책임을 원칙적으로 회피하였다. 이 같은 일본 정부의 태도 변화로 인하여 재일한국인 자녀의 교육 문제는 긴급한 과제가 되었다.

1953년 4월 12일에 개최된 민단 중앙전체대회에서는 도쿄, 오사카, 교토 기타 주요 지방에 소학교와 중학교 13개교를 설립하기로 결의하였으며, 학교 운영 실적을 본 후에 점진적으로 학교 설립을 확대하기로 하는 '민족교육을 위한 학교 설립 기본방침'을 수립하였다. 그리고 본국 정부에 민단의 결의 내용과 실정을 보고하고 설립 계획서와 예산서를 첨부하여 민족교육 육성비를 신청하였다. 아울러 민단 문교국에서는 재일동포 유력자 등 재일한국인 사회에 민족교육기관 설립에 대하여 협력을 요청하였다.

1954년 1월에 재일한국인과 공사관 등 관민을 총망라한 도쿄한국학원 설립기성회가 창설되고 주일대표공사인 김용식이 회장에 취임하였다. 이 기성회 창립 후 도쿄한국학교창립이사회가 조직되었으며 이사장에는 민단 중앙단장인 김재화가 취임하였다. 1954년 4월 26일에는 도쿄한국학교 개교식을 거행하고 학원장에는 민단 중앙감찰위원장인 김종재가 부임하였다. 도쿄한국학교의 설립에는 주일한국대표부와 민단, 재일한국인 사회가 참여하였으며 일본에서 민단이 설립한 최초의 민족교육기관이다. 민단 설립 이듬해부터 한국학교 설립이 논의된 이래 9년여가 지난 후에 한국 정부 등의 지원으로 숙원을 이룬 것이었다.

개교 당시에는 학생 수가 26명이었으며, 교실도 초등학교 4칸, 중학교 2칸에 불과한 소규모의 학교였지만 자유민주주의 진영의 합의에 의하여 설립한 최초의 학교라는 점, 대한민국 정부의 공식적인 지원하에서 설립되었다는 점에서 재외한국학교의 교육사에서 중요한 의미를 가진다. 개교 후인 1954년 6월 13일 개최된 민단 중앙전체대회에서는 민단 육성비로 받은 본국 정부 보조금 35,000엔을 한국학교 육성비로 사용하기로 결의하고 도쿄한국학교와 오사카, 교토 등에 있는 한국학교에 보조금을 분배해 주는 등의 지원을 하였다.

도쿄한국학교는 설립 이듬해인 1955년 1월 14일에 도쿄도 지사에게 도쿄한국학원 기부행위 인가 신청, 도쿄한국학교 초등부 및 중등부 설치 인가 신청 등 3건의 인가를 신청하여 같은 해 2월 3일 도쿄도로부터 기부행위 인가와 초등부 및 중등부의 설치 인가를 받았다. 1955년에는 초등부 6개 학년과 중등부 3개 학년에 학생 수가 110명으로 개교 1년 만에 4배 증가하였다. 1955년에는 최초의 이사회가 민단 중앙본부, 민단 도쿄 본부, 민단 산하단체 임원 등으로 구성되었다.

1955년 1월부터 시행된 도쿄한국학원 기부행위 부칙에 기재된 이사

명단에 의하면 민단 단장이 이사장이고 이사는 민단의 임직원으로 구성되었으나 최초 구성된 이사회의 재임 기간은 확실하지 않다. 설립기성회 조직 시점과 제2기 이사회가 구성되기까지는 약 2년 정도의 간격이 있었으므로 학교법인 설립을 위하여 잠정적으로 구성된 이사회로 보는 것이 타당하다.

1955년에는 이사회를 새롭게 구성하였는데 개교 당시에 민단 임직원 중심으로 구성되었던 이사회를 개편하여 학식 경험자와 공사관의 추천을 받은 경제적 능력이 있는 인사가 중심이 되었으며, 학원장(교장) 재신임, 부학원장제 폐지, 교직원 임명권은 학원장이 이사회의 동의를 얻어 행할 것, 교직원 인건비 및 학원 경상비는 4월부터 일반이사가 지출하는 부담금으로 지불할 것 등을 결의하였다.

1956년에는 중등부 졸업생이 생김에 따라 고등부 설치의 필요성이 대두되었다. 민족교육이라는 학교법인 설립 목적을 달성하기 위해서는 초등부과 중등부, 고등부의 3단계 보통교육기관의 설치가 필요하다는 긴급대책이 마련되었다. 이처럼 학교가 나날이 발전해 가게 되었지만 도쿄 한국학원의 설립 인가 과정이 그렇게 순탄한 것은 아니었다. 학교 설립 준비 시기에 도쿄도립조선인학교가 공산주의 교육을 강요하고 있다는 이유 등으로 학교 존폐 문제가 대두되고 도쿄도 의회 등지에서 이에 대한 대책 등이 논의되고 있을 때였다.

조선인학교를 도립에서 폐지하고 사립학교 체제로 전환하도록 하였으나 도쿄도사립학교심의회에서는 조선인학교에 대하여 어떤 자격을 줄 것인가가 논란이 되고 있었다. 도사립학교심의회에서는 도쿄한국학원 인가 및 자격 부여 자체가 향후 외국인학교에도 적용된다는 점 등을 지적하기도 하였지만 외국인을 교육하는 도쿄한국학원에 대하여는 그 교과 내용의 여하를 불문하고 다르게 취급하겠다는 의견이 동 심의회의 대세를 지배하게 되었다. 그러한 과정을 거쳐 1955년 2월 3일 자로 도쿄도 지사는 도쿄한국학원을 사립학교법에 의한 학교법인으로 인가하였다. 1962년 2월 28일에는 본국 정부로부터 교육법 제85조 및 동법 시행령 제63조 내지 제65조 규정에 의거 학교 설립 인가를 받고자 문교부장관에게 신청서를 제출하여 같은 해 3월 16일 문교부장관의 학교 인가서가 발부되었다.

설립 취지 및 건학 이념

도쿄한국학원은 "반세기에 걸친 일제의 질곡에서 벗어나 새로운 국가 건설에 매진하고 있는 재일동포들은 벌써부터 교포 민족교육기관 설치에 노력해 온 결실로 이번 본국 정부의 특별 보조를 받게 되었다. 그리하여 주일대표부와 민단, 그리고 일본 교포의 삼자가 화합·협력하여 기성회를 결성하고 재일교육기관의 표준교로서 창설한 것이 본 학원이다. 그러므로 본 학원은 조국의 국시를 준수하여 점차 일본 국내에 설립될 우리 교육기관의 모체가 되도록 학교 시설과 그 운영에는 만전을 기할 것이며, 일본 교육법에 따른 학교법인으로서 자유스럽고도 희망에 넘치는 명랑한 학원을 운영할 것을 취지로 한다"라고 설립 취지를 밝히고 있다.

도쿄한국학원의 설립 취지에는 ① 대한민국이 지향하는 교육목표, ② 민족교육기관의 모델학교로 발전, ③ 자유롭고 민주적인 학교 운영 등의 이념이 들어 있다. 이 중에서 재일교육기관의 '모델교'로서 위치시켜 일본 내 여러 지역에 설립하는 민족학교의 모범교로서 위치하고자 하는 의지가 있다. 그러나 결과적으로 도쿄한국학교 이외의 한국학교 설립의 뜻은 이루지 못하였다.

도쿄한국학원 건학정신에서도 민족교육의 방향이 잘 나타나 있다. 건학정신이란 사립학교의 창설자가 학교 개설을 하는 때에 육성하고자 하는 인재상에 대한 이념, 의도, 방침 등을 말한다. 건학정신은 사립학교뿐만 아니라 공립학교에도 있지만, 특히 사립학교의 경우 개인의 사재를 출원하여 설립하는 특수성으로 말미암아 건학정신은 중요한 의미를 가진다. 도쿄한국학원은 "자유와 민주주의를 신봉하고 반공을 국시로 하는 대한민국을 지지하는 입장에서 재일동포 자녀들에게 민족교육을 실시함으로써 훌륭한 한국인을 양성하여 조국 근대화와 발전에 기여"하고, "학생들에게 말과 글과 한민족의 역사와 전통, 미풍양속을 가르침으로써 민족의 혼과 자부심과 긍지를 가질 수 있는 교육목표"를 공고히 하고자 창립한 것이다.

아울러 "올바른 마음 건강한 신체 지성 있는 선량한 의지와 풍부한 정조를 가진 대한민국 국민을 육성"하는 것을 교육의 사명으로 "학생들이 대한민국 국민으로 태어나 자랑과 자신을 가지고 그 천성을 개발하여 장래 조국 발전의 원동력이 되며 널리 민족문화 창조에 공헌"할 수 있도록 하는 것을 교육의 기본방침으로 하였다.

민족교육의 위기, 1조교 전환 요청

1967년 3월 25일, 민단은 도쿄한국학원을 일본의 학교교육법 제1조의 학교로 전환해 주도록 다음의 내용으로 도쿄도에 요망서를 제출하였다.

일본교육법(학교교육법)의 일부 개정안(외국인학교규제법)이 지금 특별국회에 제출되어 그 가부가 결정되기로 되어 있으나 그 내용을 보면 일본국 정부가 바라는 '일본과 제 외국과의 이해 및 우호 관계의 증진을 목적으로 일본국의 이익과 안전을 해하여서는 아니된다'라는 취지는 이해가 되나 동 법안의 규제 내용에 있어서는 이미 한일 양국 문제에 있어서의 우호 관계를 수립하고 또한 교육 내용에 있어서도 일본국의 교육법에 따른 교육을 행하고 있는 우리 한국인학교에 대해서는 거듭되는 요청에도 불구하고 아무런 우호 관계가 취해지지 않음에 대하여 유감으로 생각하며, 동 법안으로 인하여 어떠한 부당한 규제를 받지는 않을까 우려되므로 우리로서는 재일한국인의 교육기관의 보호 육성은 물론 한일 양국의 우호와 유대를 강화, 촉진하는 도의적 법안인 것을 간절히 바라는 바이다. ⋯ 재일한국인학교가 일본국 학교교육법에 의한 사립학교로서 인가를 받도록 기회가 있을 때마다 요청하고 진정해 왔으나 아직도 학교교육법 제1조에 규정된 사립학교로 인가를 받지 못하고 있다. 이는 막 높아지려는 한일 양국의 우호 분위기를 저해하고, 장래 한국을 짊어질 젊은 세대의 국제친선, 특히 일본국과의 우호 관계에도 크게 영향을 미칠 것으로 본다. 현재 우리 한국학교 졸업생은 사립학교로서 인가가 되어 있지 않으므로 상급학교 진학의 길이 열리지 않고 있으며 취직 문제에도 지장을 가져오고 있는 실정이다. 우리 교육은 자유민주주의를 기본이념으로 해서 모국어, 역사를 습득시켜 국제인으로서 일본사회에 협조할 수 있는 인간을 양성하는 것을 목적으로 하고 있다. 그러므로 외국인학교 규제 법안의 상정을 계기로 우리 한국인학교에 대하여 학교교육법 제1조에 해당하는 학교로서 자격을 부여할 것을 요청한다(在日本大韓民國民團中央本部, 1997).

당시 외국인을 대상으로 교육을 제공하는 각종학교가 일본의 이익과 안전을 해친다고 판단되면 일본 정부가 폐쇄 명령까지도 가능한 규제 법안(외국인학교법안)을 준비하고 있었던 특수한 상황이었다. 1조교로 전환을 요망한 배경을 확인할 수 있는 자료가 남아 있지 않아 정확한 의도는 알 수 없으나 당시의 정치적, 교육적 맥락에서 다음의 몇 가지를 추정해 볼 수 있다.

첫째, 도쿄한국학교가 일부 민족 교과목을 제외하고는 일본의 학교와 동일한 교과서를 사용하고 있었다는 점이다. 1960년 문교부 섭외교육과장이 일본의 한국학교를 방문한 후 기고한 글에 의하면 도쿄한국학교 초등부의 주당 수업시수 28시간 중에서 한국에서 보내 주는 교과서에 의하여 교육을 하는 과목은 국어, 사회, 음악, 미술로 반 정도인 14시간이었다(한국에 관한 소개 등을 하는 특별교육 활동 1시간 포함). 그리고 중등부는 주당 수업시수 34시간 중 14시간, 고등부는 주당 수업시수 32~35시간(3학년 2학기 32시간, 2학년 2학기 및 3학년 1학기 33시간이며 나머지 학기는 35시간) 중 민족교육 관련 과목의 수업시수는 6~10시간이었다.

이처럼 민족 교과목은 초등부에서 고등부로 올라갈수록 줄어들어 고등부의 경우 일본의 1조교와 거의 동일한 교육과정을 운영하고 있었다. 그러므로 민단의 입장에서는 일본의 학교교육법 제1조에서 규정하는 사립학교로 전환한다 하더라도 민족교육 자체가 지장을 받거나 금지되는 것은 아니라고 판단했을 것이다. 민단이 일본 정부에 제출한 1조교 요망서에 "일본국의 교육법에 따른 교육을 행하고 있는 우리 한국인학교"로 적었던 것도 그 때문이었을 것으로 생각된다.

둘째, 자격 취득 및 고등교육 진학 기회의 제약 문제이다. 도쿄한국학교가 고등학교 졸업 및 대학 수험 자격을 인정받은 것은 2003년이므로 1960년대에는 대학수험자격검정시험에 합격하여 고졸 자격을 인정받아야 대학입시를 볼 수 있었다. 게다가 일본의 직업 중 중졸, 고졸 등의 자격이 있어야만 지원할 수 있는 경우에는 직업선택의 자유에도 큰 제약을 받았다.

예를 들면 중학교 또는 고등학교를 졸업하고 간호사가 되고자 간호학교로 진학하고자 하는 경우에도 대학수험자격검정시험이라는 난관의 극복은 필수였다. 그렇지만 한국 교육과정과 일본 교육과정을 병행하여 운영하는 한국학교를 졸업한 학생들이 대학수험자격검정시험에 합격하는 것도 쉽지 않은 일이었으며, 일본 국내에서 일본 학교와 동일한 학제를 운영하는 학교의 졸업생은 외국인학교 출신이라는 이유로 일본 정부가 자격을 인정하지 않았다는 것은 타민족, 특히 아시아 국가 출신자에 대한 차별이었다. 그리고 고등교육 진학 기회에도 대학수험자격검정시험이라는 큰 벽이 있었다.

일생을 일본에서 살아가야 하는 운명을 가진 재일한국인이 일본에서 경쟁력 있는 존재가 되기 위해서는 일본의 대학에 진학하여 일본 사회에서 필요한 지식을 익히는 것은 필수적인데 이러한 기회 자체가 벽에 부딪혀 많은 학생이 한국의 대학에 진학할 수밖에 없었다. 그리고 일본의 학교와 동등한 교육과정을 운영하고 있음에도 불구하고 재정적 원조는 커녕 고등학교 졸업 자격도 인정되지 않아 졸업검정시험을 통과하여야 대학에 입학할 수 있는 자격이 부여되는 등 일본의 사립학교와는 차별적 지위를 가지고 있었으므로 민단에서는 학생들의 장래를 우선하여 일본 정부에 1조교로 전환을 요청하였을 것으로 생각된다. 즉, 민단이 도쿄한국학교를 1조교로 전환하도록 일본 정부에 요망한 배경에는 한국학교 출신 학생들의 고등교육 기회 확대라는 측면도 작용하였다.

셋째, 한국 정부의 한국학교에 대한 재정 지원 문제를 지적할 수 있다. 한국 정부가 일본의 한국학교에 재정을 지원한 것은 1956년부터이지만 그 액수는 많지 않았다. 학교 경상경비 중 가장 높은 비율을 차지하는 인건비의 경우 정부 예산 사정에 따라 비정기적으로 지원하였으며 그 액수도 많지 않았다. 학교 재정 사정은 1959년 도쿄한국학교 교장(주낙필)이 한국의 교련 사무국을 방문하여 나눈 일문일답에서도 잘 나타나 있다.[8]

문교부는 "우리나라의 교육비 지원이 늦었다고 하더라도 매년 배가(倍加)되고 있음은 재외교포 교육을 위하여 경하할 일"이라고 자평하고 있지만, 당시 한국학교에는 그 효과가 별로 와 닿지 않았다. 그나마 교원 인건비 등 교육비 보조는 1967년 이후에 증가하였지만, 총련이 운영하는 조선학교가 북한으로부터 지원받는 예산에 비하면 그 규모는 매우 작았다.

북한은 1955년 12월 29일에 외무상이 '재일동포 자녀의 민족교육을 보장'하기 위하여 "부족한 교과서 및 교원을 보충하고 조국에서 교육을 받기 위해 귀국하는 학생을 환영하며, 일체의 생활과 학업을 보장하고 일본에서 공부하고 있는 학생에게도 일정한 장학금을" 보낼 의향이 있다는 뜻을 밝힌 후 북한 정부의 교섭과 총련에 의한 국회 요청 등이 이루어지고 1956년 3월에는 기시 수상이 북한 정부로부터의 송금을 받아들인다는 의향을 국회에서 표명했다. 그리고 1957년 4월에 북한적십자사로부터 일본적십자사를 통하여 교육회 중앙회장을 수신인으로 121,099,086엔이 교육지원금과 장학금으로 보내졌다(呉永鎬, 2019).

이러한 실정에 대해서는 1960년에 일본의 한국학교를 방문한 문교부 섭외교육과장이 "조총련계는 북한에서 교육비 조로 일화(日貨)로 10억 원을 일찍부터 투입하여 각지의 교지 교사를 마련하는 한편 대대적인 선전과 경제성 있는 취학 독려 등 조직적인 학생 모집을 하고 있는 실정으로, 심지어 도쿄에다 조선대학교를 설치하게끔 되었다"라고 확인하고 있다.[9]

유의할 점은 1960년대 중반 민단계 학교는 3개교였지만[10] 총련계 학교는 290개교(1967년 기준, 초급 90개교, 중급 45개교, 고급 9개교, 대학 1개교)였으므로 북한에서 지원한 조선학교 교육비가 학교 단위의 실제 교육비 수요에는 충분하지 않았을 것이라는 점이다.

한편 한국 정부의 지원 규모 또한 아주 적었으므로 인건비 등 학교 운영비는 부족하였다. 그러므로 부족분은 학부모로 구성되는 PTA와 학교 법인 이사회의 자금으로 충당할 수밖에 없었다. 예를 들면 이사회의 자금 지원 규모는 1966년도의 경우 이사회가 학교 운영을 위한 보조금으로 3,762,000엔을 보조하였는데 총 학교 회계 수입액의 9.6%에 해당하는 금액이었다.

〔표 4〕 도쿄한국학교 학교교육비 부담 주체별 비율(1959~1970년, %)

구분	1959	1960	1961	1962	1963	1964	1965	1966	1967	1968	1969	1970
정부 보조	15	14	27	15	17	11	7	34	34	35	33	25
이사 회비	54	47	32	23	19	14	14	10	10	14	23	27
수업료	19	24	21	37	47	46	47	37	31	42	36	37

출처: 이영훈(1972), 『재일동포교육론: 그 방향과 과제를 위한 분석』, 해외교포문제연구소

이사회 보조금은 계속 늘어 1970년 13,047,000엔(학교회계수입액의 26.14%), 1974년 28,026,036엔(39.7%), 1997년 48,919,335엔(14.9%)이 되었다. 학교법인에서는 학교 운영에 소요되는 재정을 확보하기 위하여 기부행위(정관)에 기재되어 있는 이사 정원보다 현원을 늘리는 방법으로 학교 운영자금을 모집하였다. 이와 같이 민단이 도쿄한국학교를 1조교로 전환하고자 한 요청에는 학교 운영비 조달 문제 등이 결합되었을 것으로 생각된다.

공교육의 경계선상에 서서

1965년 재일한국인법적지위협정으로 한국과 일본의 외교 관계가 상당히 개선되었고, 일본 정부가 추진한 외국인학교 제도 마련을 위한 학

교교육법 개정안도 법률가 및 교육전문가, 사회 일반의 비판에 부딪혀 좌절되어 가는 상황에서 한국 정부의 모델교로 국고 지원에 의하여 설립된 도쿄한국학교가 한국 정부와는 어떠한 상의도 없이 독단적으로 1조교로의 전환을 결정한 후 일본 정부에 요망한 것은 타당한 결정도 아니요, 민족교육에 대한 인식 또한 희박했음이 지적될 수 있다.

도쿄한국학교는 1954년 학생 수 26명으로 출발하여 다음 해에는 110명으로 약 4배가 증가하였다. 1960년에는 717명으로 급증하는 등 도쿄를 포함한 수도권에 거주하는 재외국민의 민족교육을 담당하는 유일한 교육기관이 되었다. 1965년 재일한국인법적지위협정 후에는 재일한국인의 일본 영주가 늘고 일본 학교의 무상의무교육 실시, 대학 진학 자격 등의 문제 등이 복합적으로 작용하여 학생 수가 급격히 줄어 1970년 408명, 1978년 476명으로 줄어들었다.

이후 1986년 서울아시안게임과 1988년의 서울올림픽 등을 계기로 한국의 위상이 높아짐에 따라 학생 수는 800명대로 증가하였으나 1997년의 IMF 외환 위기를 겪으면서 학생 수는 다시 감소하였다. 2000년에 접어들어 한일월드컵 공동 개최, 초등부 이머전 교육 실시 등의 대내외적 환경 변화로 학생 수가 증가하여 2004년에는 900명으로 늘어났다.

2003년 9월 19일에는 문부과학성 고등교육국장·생애학습정책국장 통달 '학교교육법 시행규칙의 일부 개정안에 관하여' 및 독립행정법인 대학입시센터 이사장 발신의 '학교교육법 시행규칙 일부 개정 등에 따라 새로 대학 입학 자격이 인정되는 자가 2004년도 대학입시센터 시험에 출원하는 때의 출원 방법에 관하여'에 의하여 도쿄한국학교는 일본 정부의 학력이 인정되고 대학입시를 위한 센터시험에 응시할 수 있게 되었다.

도쿄한국학교는 한국 정부로부터 인가를 받은 사립학교이면서도 국내의 사립학교가 누리는 정부 정책의 사각지대에 있으며, 일본 학교교육법상의 각종학교이므로 정규학교인 1조교가 누리는 교육 행·재정상의 혜택에서 상대적인 불이익을 받고 있는 공교육의 경계선상에 있다. 하지만 각종학교라는 제도적 이점을 활용하여 재외국민 교육과 민족교육을 균형 있게 운영하는 하이브리드형 교육은 세계 유일의 사례이자 모범이라고 평가할 수 있다.

3) 교토국제학원

민족교육의 발아

1946년 7월 '교토조선인교육회'(이하 "교육회")는 재일조선기독교교토교회에서 교육 관계자 80여 명이 참가하여 준비회를 가지고 여러 차례에 걸쳐 협의를 하였다. 그 결과 1946년 9월 20일 히가시야마구[東山區] 만주지[萬寿寺]에서 정식으로 교육회를 결성되었다. 조련은 협의에 참가는 하였지만 사상적인 문제로 교육회의 결성에는 가담하지 않았다.

교육회는 사쿄구[左京區] 기타시라카와[北白川]에 있던 고등학교 교사 목조 2층 건물 740평을 대여금 25,000엔에 차용(뒤에 학교 측에서 매입)하여 1947년 4월 8일에 교육회 부회장(김원수)을 법적 수속 대표자로 교토조선중학교 설립 인가를 신청하였다. 5월 9일과 10일에는 1, 2학년과 전수과의 입학고사를 실시하여 12일에 합격자를 발표하고 13일에 개교식을 거행하였다. 개교식에는 학부모 130여 명과 학생 120여 명이 참가하고, 학부모와 재일동포 유지의 기부금 34,500엔이 모였다. 같은 달 15일에 입학식을 하고 17일에는 보결 입시를 실시하였으며 19일에 수업을 개시하였다. 학생 수는 1학년 105명, 2학년 27명, 전수과 18명 등 총 150명으로 교직원은 교장 대리와 전임교사 4명, 강사 5명이었다.

1947년 9월 8일에는 교토부 지사로부터 각종학교 설치 인가를 받았다. 당시의 사료가 확실하지 않아 구체적인 정황은 확인하기 어렵지만 해방 직후 교토 등지에는 교토한국학원 이외에도 민단계의 소학교가 37개교 더 있었던 것으로 알려지고 있다(中島, 1990). 1948년에 GHQ와 일본 정부가 조선학교 폐쇄령을 발한 시기에는 교토대학, 리쓰메이칸대학, 도시샤대학의 총장과 종교인, 문화인 등이 결집해 학교를 지키는 투쟁을 전개하였기 때문에 폐쇄를 면하였다.

교토한국학원은 설립 당시부터 민단계의 학교로 출발하였다. 당초에는 입장이 다른 재일동포 자녀도 다녔으며 어떤 때에는 중립계의 학교를 지향하려는 시도도 있었지만 점차로 한국계의 입장이 선명해졌다(高贊侑, 1996). 한국전쟁이 발발한 1951년 12월에는 사단법인 동방학원이 설립되어 동방한국학교로 교명을 바꿨다. 그리고 1958년 4월 학교법인 교토한국학원이 설립되어 교토한국중학교로 개칭하였으며, 1960년 한국 문교부는 학교가 제출한 모범학교 건설 계획을 승인하고 1961년에 정식으로 문교부장관의 학교 인가를 받았다. 1963년에는 같은 부지 내에 2학급 73명으로 교토한국고등학교를 설치하였다.

1조교 전환

2003년에는 교토부로부터 1조교로 인가를 받고 2004년 4월 학교법인 명을 교토한국학원에서 교토국제학원으로 개칭하였다. 1조교는 일본 정부가 발행하는 교직 면허를 소지한 교사가 일본의 교과서와 교육과정에 의해 일본인의 양성을 목표로 하는 학교이므로 교명에 특정 국가의 명칭을 사용할 수 없어 부득이하게 변경한 것이다. 교토한국학원이 교명에서

'한국'을 지우면서까지 일본의 교사(각종학교에서 1조교로 전환되면서 기존 교사들이 통신교육 등을 통하여 교사 자격을 받은 관계로 일본인 교사 비율은 약 절반 정도이다)와 일본의 교과서를 배우는 1조교로 전환한 배경에는 무슨 사연이 있었을까.

교토한국학원이 교토국제학원으로 명칭을 변경하면서 1조교가 된 이유는 크게 재정적 측면과 학생 진로 측면 두 가지이다. 먼저 재정적인 측면으로 각종학교일 때의 학교 운영비 대부분을 보호자와 학교법인 이사의 부담, 한국 정부의 지원금, 민단의 보조금으로 충당하였으며 교토부나 교토시의 지원금은 학생 1인당 4.8만 엔 정도에 불과하였다. 따라서 행정으로부터 안정적인 재정 지원을 받고자 1조교 인가를 받으려는 움직임도 있었지만 1조교로 인가되면 민족 과목의 수업이나 교사의 자격 등에 큰 제약을 받는다는 이유에서 반대 의견이 강하여 뜻을 이루지 못한 경험이 있었다.

또 한 가지는 학생 진로와 관련한 것으로 각종학교의 지위를 가지는 경우 전국고교체육연맹에 가맹할 수 없으며, 대학 수험 차별 등 학생 교육 활동의 제약에서 벗어나기 위해서는 1조교의 지위를 유지하는 것이 상당히 유리했다. 그리고 매년 직업안정소로부터 각종학교에 보내오는 구인표는 중소기업뿐으로 대기업에서 보내오는 경우는 거의 없었다. 민족학교에서의 교육 경험이 취업의 차별로 나타나는 것이 현실이었다. 다만 대학 수험 자격 문제는 일본의 교육계 등을 중심으로 차별 해소 운동의 결과 2003년 8월에 문부과학성이 각종학교 졸업생에게도 대학 수험 자격을 부여하였으므로 1조교 변경 이유로는 설득력이 떨어진다.

교토국제학교 고등부의 경우 중고 일관 코스, 고교 진학 코스, 고교 종합 코스가 개설되어 있는데 주당 수업 시간 35시간 중 한국어, 한국 지리, 한국 역사, 재일한국인사 등 민족교육 과목은 3~4시간 정도이다. 각국의 교과서는 자국의 '국익'이나 자국의 시각에 의한 '근대사'이므로 민족의 국익과 민족의 역사와는 상반되거나 대립할 수밖에 없다. 바꾸어 말하면 1조교의 전환으로 민족교육의 자주성·독립성이 크게 훼손되고, 학교 운영 및 교육 방법도 제약을 받고 결국에는 일본인의 의식으로 동화될 가능성도 크다는 점을 부인하기 어렵다.

편견의 극복과 지역적 공공권의 구축

1960년에 교토한국학원이 한국 정부로부터 모범학교 지정을 받은 것을 배경으로 신교사의 건설이 필요하게 되었다. 당시 교실은 노후하고 배구코트 한 면밖에 되지 않는 운동장 등 교육 환경이 열악하여 1961년에 인근 지역의 토지 3천 평을 마련하여 이전을 계획하였다. 당시 한국 정부의 모델학교 사업 예산으로 자연이 수려한 교토시 사쿄구 긴가쿠지[銀閣寺]의 산지를 구입하여 이전을 위한 조성 공사를 시작하였지만 지역 주민들이 격렬히 반대하여 이전을 단념하였다.

그 후에도 주민 반대에 부딪혀 3차에 걸쳐 계획이 좌절되어 1978년 12월 현재 학교 부지로 변경한 후 1984년에야 겨우 이전하게 되었다. 학교 이전에 이르기까지 이전을 추진할 때마다 지역 주민은 여러 가지 방법을 써서 학교 건설과 이전을 반대했다. 이러한 학교 이전 반대 운동에 대하여 항의하는 시민단체의 활동이 뒤에서 소개하는 '외국인 교육의 기본방침(시안)'을 책정하는 계기가 되었다는 점은 민족교육사에 있어 흥미로운 사실이다.

학교 이전을 추진하는 과정에서는 생각지도 않은 사태가 일어났다. 지역 주민이 건설 반대 운동을 일으켜 불도저를 사이에 두고 학교 측과 주민 측이 대치하는 사태로 치달았다. 표면적으로는 환경 보전 등을 이유로 내세웠지만 반대 운동의 근저에 민족 차별의식이 작용하였다는 점은 쉽게 상상할 수 있다. 불도저 반입에 성공하여 90% 정도 공사가 진행된 단계에서 주민 반대 운동에 압력을 받았던 교토시는 돌연 공사 중지를 명령했다. 2, 3년 계속된 고착 상태에서 학교 측은 이전을 고려하고 교토시도 대체 토지를 제공하기 위해 노력했다.

학교 이전 구상이 크게 변하여 히가시야마구 6천 평의 토지를 취득하게 되었다. 그런데 이번에는 교문으로 통하는 도로의 소유자가 토지 매각을 거부했다. 도면상에는 매입한 토지에 진입로 부분도 포함되어 있었지만 실제 소유권이 달라서 생긴 일이었다. 부득이 세 번이나 방침을 변경하여 현재의 장소에 설립하려고 했지만 여기서도 환경 문제 등이 현안이 되어 재판 투쟁으로까지 번졌다.

학교 이전을 반대하는 주민들은 '조선이 오면 땅값이 내려간다. 여성과 어린이들이 심야에 외출할 수 없게 된다'라는 등의 차별 구호를 내걸고 불도저 앞을 가로막는 등 반대 행동을 하여 결국 공사를 단념할 수밖에 없었다. 방해 행동은 더 확대하여 세 번째 학교 건설 예정지(현재 학교 부지)인 히가시야마구[東山區] 혼다야마[本多山]에서도 '녹지를 지키자, 환경 파괴 반대' 등의 명목으로 주민들의 반대 운동이 시작되었다. 주민들은 공사 실시로 인한 재해 불안과 환경 침해를 주장하면서 지역 일대에 입간판을 세우고 공사를 감시하는 초소를 만들기도 하였다.

반대 운동에는 주민자치회에서 각 정당의 지방의원까지 포함되어 있었으며, 노조, 교직원 노동조합까지도 참가하였다. 교직원 노동조합의 경우 표면적으로는 전후(戰後) 일본의 민주교육이 진행되는 상태에서 민족 차별은 시대에 맞지 않는 논리라고 주장하면서 과학적으로 근거도 없는 '재해 불안'을 반대 이유로 내세우는 이중적인 행동을 하였다. 당시 재일동포에 대한 편견은 '한국학원이 오면 학생부장을 할 사람이 없다', '한국학원 학생과의 사이에 트러블이 일어난다' 등과 같이 근거도 없는 유언비어가 되어 반대 운동에 불을 지피는 부싯돌이 되었다.

이러한 재일동포에 대한 편견에 문제의식을 가지고 학교 이전을 지지하는 여러 개의 운동단체가 동시에 조직되었으며 이들 조직이 모체가 되어 1974년에 '교토한국학원 건설 촉진 연락회의'(이하 "연락회의")가 결성되었다. 이 회의에는 교토의 학자, 문화인을 비롯하여 교원, 학생, 종교인, 시민 등이 참여하였다.

이후 학교 건축 조건을 정비하고 민족교육을 보장하기 위한 행정 교섭이 계속되었다. 1975년에는 '교토재일한국·조선인 학생의 교육을 생각하는 모임'도 만들어졌다. 이러한 움직임은 일본인의 한국인에 대한 민족 차별, 배제의식을 일본인의 손에 의하여 바로잡으려고 한 운동이었다는 데에 의의가 있다. 이 운동은 단지 학교 건설·이전에 머물지 않고 재일동포 자녀가 학교에서 안고 있는 문제를 테마로 연수회, 강연회, 심포지엄 등을 개최하는 등 외국인 교육 보장 운동으로 발전하였다.

1970년대에는 일본의 학교인 공립학교에 취학을 희망한다면 재일동포도 일본의 공립학교에서 받아 줄 수 있다는 자세였다. 따라서 재일동포에 대한 차별과 편견이 존재하면서도 이들 과제에 대응하는 시책이 당시의 공립학교에는 존재하지 않았다. 이러한 재일동포에 대한 의식의 희박함이 시민운동을 통하여 표면화되어 재일동포 아동을 둘러싼 문제가 교육계를 중심으로 공유되었으며 1977년에 연락회의는 교토시에 공개 질문서를 제출하였다.

그 후 교토시교육위원회와 교섭하는 가운데 연락회의는 재일동포라는 것을 감추지 않고 재일동포와 일본인이 서로의 배경을 존중하면서 '본명을 부르고 본명을 사용'하는 것이 가능한 학교 조성과 재일동포가 다수 재학하는 학교에 외국인 담당 교사를 배치할 것을 요구했다. 그 성과로

1978년에 교토시교육위원회에 외국인교육연구추진위원회가 설치되어 '외국인 교육의 기본방침(시안)'의 작성 준비가 개시되었다(磯田, 2021). 그리고 1981년에 교토시교육위원회가 '시안'을 발표하게 되었으며, 교토의 교육 운동은 타 지자체에도 영향을 주었다.

이처럼 문제가 과도하게 장기화되었으므로 학교 측에서는 1979년에 노후화된 교사를 3층 건물로 개축하여 사용할 수밖에 없었다. 그러나 일본인 가운데 학교의 비참한 상황을 두고 볼 수 없었던 학자, 종교인, 학생 등이 '교토 외국인 교육을 보호하는 모임'을 결성하여 지원 운동을 추진하고, 재판에서도 승소하게 되었다. 이전 계획이 수립된 때부터 20년이나 지난 1984년 8월이 되어서야 신교사의 준공식을 맞이하게 되었다.

교토국제학원 이전에 대한 지역사회의 반대 운동과 지원 단체의 운동이 교차하는 과정에서 지자체가 중심이 되어 갈등을 조정하고 의견을 통합한 결과 교토국제학원의 이전이 이루어지고 외국인 교육에 관한 기본방침이 만들어진 모범적 사례는 다른 지자체에도 시사를 주고 있다.

4) 백두학원(건국학교)

학교설립 전사(前史)

백두학원 건국학교는 민단계 학교 중 가장 오랜 전통을 가지고 있으며 민족학교로서는 최초로 1조교 인가를 받은 학교이다. 백두학원은 1906년 제주도에서 태어나 17세 되던 해에 일본에 건너온 조규훈 초대 이사장(이하 "조규훈")이 설립자이다. 조규훈의 부친은 교육자 출신으로 독립운동을 하다가 행방불명이 되었고 모친도 9세 되던 해에 사망한 관계로, 조규훈은 가난해서 학업을 단념하고 농사에 전념하다가 10대 후반에 일본에 건너왔다.

그는 일본에 건너와 재봉틀 공장에 취직하였는데 밤늦게까지 열심히 일한 대가로 20세 무렵에는 17~18명의 부하가 생기게 되었다. 22세 되던 해에 하루 20시간을 일하는 등 열심히 노력하여 저축한 5천 엔으로 장사를 시작하여 1941년에는 고무공장을 인수하여 사업을 본 궤도에 올려놓았다.

사업도 순조롭게 되던 1943년경, 그는 공산당원으로 밀고를 당하여 헌병에 체포되었으나 오해가 풀려 바로 석방되게 되었는데 당시 헌병대장으로부터 "지금 효고현에는 조선에서 데려온 청년 2천 명 정도가 있다. 최근에는 조금 진정이 되었지만 먹을 것 입을 것이 없다고 데모를 일으키고 일을 하지 않는다. 무슨 방법이 없는지 지혜를 빌려 달라"라는 요청을 받았다. 그는 헌병대장의 요청을 받아들여 조국에서 온 배고픈 청년들에게 먹을 것을 나눠 주었다. 그리고 해방이 된 해의 추석에 청년들과 '백두동지회'를 결성하였다. '백두동지회'는 '머리[頭]가 하얗게[白] 되더라도 조국 부흥을 위하여 힘을 쏟자'라는 의미를 가졌으며 강령은 '일치단결하자, 조국과 민족을 지키자, 국가 재건의 기초가 되자'로 정했다.

조규훈이 학교를 설립한 계기는 동포 사회의 미래를 걱정하며 자라나는 아이들에게 우리 손으로 참된 교육을 받게 하자는 '민족교육 정신'과 모국의 산업 발전에 이바지한다는 '애국심'이었다. 당시 우연한 기회에 만나게 된 교사 경험자와 회사에서 영입한 독일인 기술자를 교사로 오사카시의 전기공업학교 폐교 부지 구입비 170만 엔과 건물 수리비용 등을 합쳐 200만 엔을 마련하여 1946년 3월에 건국공업학교와 건국고등여학교를 병설하여 개교하고 1947년에 건국중학교로 개칭하였다. 그 후 1948년에 건국고등학교, 1949년에 건국소학교가 설립되었다. 당시 민족단체 등이 운영하는 민족교육기관은 비조직적이고 체계적이지 못한 국어강습소가 대부분이었다는 점에서 건국공업학교의 설립은 민족교육의 역사에서 모범적 사례였다.

이하에서는 학교법인 백두학원 창립 60주년 기념지『건국』(白頭學院創立 60周年記念誌委員會, 2006)을 참고로 하여 백두학원 설립 경위와 한국 정부의 인가에 이르기까지의 경과를 정리하고자 한다.

백두학원의 설립

학교법인의 명칭으로 '백두동지회'의 '백두'를 딴 백두학원은 "재건하는 우리나라를 민주적이고 평화적인 문화국가로 건설하고 세계 평화 및 인류사회에 기여할 민족교육을 위해 재일동포 자녀들에게 필요한 교육을 제공할 수 있는 교육기관의 설립이야말로 급선무 중의 급선무라는 점을 통감한다. 그러나 이러한 사업은 그 순서를 고려할 때 기초인 초·중·고의 기초교육기관 없이는 도저히 소기의 목적을 달성할 수 없다는 것이다. 이러한 견지에서 유지 일동이 상의하여 본 법인을 설립하고 재일동포의 자녀교육을 실시함으로써 조국 문화 건설의 목적 달성에 기여하도록 한다"라고 학교 설립 취지서에서 밝히고 있다.

백두학원의 건국공업학교는 교사 150평 4개 교실, 운동장 200평, 교직원 15명, 학생 수 200명(1949년 기준)으로 그 규모가 크지는 않았지만, 지원자가 1천 명을 넘어 교실 수용 능력의 한계로 모두 수용할 수 없었으므로 교사 증축 문제가 긴급 과제가 되었다. '건국'이란 학교명을 사용하게 된 배경은 당시 우리나라의 가장 우선적인 국가적 과제가 '건국'이었으므로 조국의 건국에 기여한다는 이념이 포함되어 있었을 것으로 생각된다.

이듬해인 1947년에는 일본의 학교교육법이 제정되어 6·3·3·4제가 시행되었으므로 남녀공학 중학교 3학년 과정(정원 300명)을 마련하고 1학년을 마친 학생들의 월반을 허용하여 학년별 편제를 완성하였다. 그러나 교실 수는 여전히 4개 교실이었으므로 500명의 학생을 오전과 오후로 나누어 2부제 수업을 실시하였다. 학교법인에서는 2부제 수업을 해소하기 위하여 1948년에는 교실도 준공하고 운동장도 600평에서 1,500평으로 확장하였다. 아울러 영국인과 대학 교원에 맞먹는 실력을 갖춘 교사를 영입하는 등 교육의 질 개선에도 힘을 쏟았다.

당시 일제 식민지에서 벗어난 지 불과 2년도 되지 않은 기간에 학생 수 500명에 정식 학교 시설을 갖춘 학교로 발전한 것은 당시 민족교육기관 대부분이 무인가 시설이거나 다른 건물의 일부분을 빌려 쓰는 경우가 많았다는 민족교육의 현실과 비교하면 놀랄 만한 일이었다. 외부의 지원이 전무한 상태에서 재일동포 개인의 사재로 체계적이고 조직적인 학교 체계를 갖추었다는 사실은 당시로서는 이례적이었다. 왜냐하면 일본 정부도 의무교육 3년 연장과 신제 고등학교 제도 신설로 인하여 학교 시설이 부족하여 애로를 겪고 있었던 시기였기 때문이다.

이러한 성과는 설립자의 육영정신과 부족한 학교 운영자금을 메우기 위하여 전 교직원이 솔선수범하고 헌신적으로 노력한 결과였다. 그 덕분에 개교 3년 차인 1949년에는 교사 500평, 25개 교실, 2,700평의 운동장, 학생 수 850명의 대규모 학교로 발전하였다. 그리고 건국중학교를 졸업한 학생들이 계속적으로 민족교육을 받도록 하기 위하여 1948년에는 중학교 졸업생 21명으로 건국고등학교를 개교하였다.

민족교육의 위기 및 극복

1948년에 민족학교 폐쇄가 원인이 되어 촉발한 한신교육사건에 대한 배경과 저항 운동 등에 관해서는 일본에서 발간한 민족교육 관련 저술 및 논문 등에 잘 소개되어 있다. 다음은 백두학원 창립 60주년 기념지 『건국』에 실린 글이다.

이 당시 조련 학교의 교육방침은 조선인의 교육은 조선인에 맡겨야 하고 교육의 특수성을 인정하라는 것으로, ① 교육 용어는 조선어로, ② 교과서는 조선인 교재편찬위원이 만들고, ③ 학교 경영은 동 관리조합에서, ④ 일본어를 정규과목으로 한다는 내용으로 사립학교 인가를 신청하였다(인가는 되지 않았다). 그러나 당시 미군정하에 있는 일본 행정부는 그들(미군정)의 명령에 충실하였고, 미국의 반공·반소(反蘇)적 사상은 일본의 정치에 그대로 반영되어 나타났다. 한편 공산주의 사상이 일세를 풍미하는 전후 태세 속에서 조련 내에 있는 일부 극좌 분자들의 폭력혁명파가 교육에까지 사상교육을 실시하고 학생들을 동원하였다. 미군정과 일본 정부의 입장에서 보면 500여 개의 [조선인]학교와 5만여 명의 청소년을 조직화한 조련 단체가 신경 쓰이지 않을 리 없었고, 민족교육 이전에 치안 문제로 간주되어 기회를 보아 해산시킬 생각이었다. 그래서 한신교육사건 전인 1948년 1월에 문부성은 조선인 설립 학교의 취급에 관하여라는 문서에 조선인 아동은 일본 학교에 취학할 의무가 있다고 하여 각종학교 설립을 인가하지 않았고, 3월 말까지 일본 [학교]교육법에 준한 사립학교 인가를 신청하라는 지시 명령을 내렸다. 이와 같이 시간을 준 다음 야마구치현에서부터 조선인학교 폐쇄령이 내려졌고, 점령 미군정에서는 조선인에게 경고한다는 성명을 발표하여 마침내 강제적으로 해산을 집행하였다. 여기에 맞서 민족교육을 사수하자는 명분하에 4월 24일 효고현청 앞에서 만여 명의 동포들이 학교 폐쇄령 철회를 요구하였고, 오사카에서도 오테마에 광장에 3만 명 규모의 집회와 시위가 23일과 26일 양일에 걸쳐 거행되었다. 이런 가운데 16살의 김태일 군이 경찰의 총탄에 의해 사살되었다. 이 집회에는 백두학원의 교직원들도 민족교육을 사수한다는 공통된 입장에서 조련의 요청에 따라 학생들을 인솔하여 참가하였다. 시위를 하는 동포들을 향해 경관들은 대량의 물을 뿌리는 등 집회를 방해하였다. 다행히 백두학원에서는 한 사람의 부상자도 발생하지 않은 채 귀교할 수 있었다(白頭學院創立 60周年記念誌委員會, 2006).

백두학원의 학교 운영자금은 조규훈이 사재를 털어 전액 부담하였지만, 1950년 여름까지 계속하여 사재를 학교 운영에 투자하기 위하여 공장의 기계를 처분하는 등 각고의 노력을 하였음에도 불구하고 사업 부진으로 더 이상 운영 자금을 부담하지 못하게 되었다. 1949년 GHQ는 조련이 학교교육을 빙자하여 공산당 활동을 하고 있지는 않은지 의심하고 조선학교는 학교로서 조건을 충족하지 않으므로 부적격하다는 이유로 정치적으로 학교의 폐쇄를 시도하였으며 대부분의 학교가 폐쇄당하고 말았다. 그러나 '조선인교육대책위원회'와 문부성의 각서에 의해 조선인의 교육은 일본의 학교교육법이 허용하는 범위 내에서 조선의 독자적 교육을 실시한다는 전제가 있었으므로 백두학원은 각종학교로 인가를 받게 되었다.

일본 정부의 학교 폐쇄령에 의거 조선인학교가 대부분 폐쇄되었는데 백두학원만이 폐쇄를 면하였다는 것은 민족교육사적 의의가 있다. 백두학원은 오사카와 고베의 조선인학교가 폐쇄되어 민족교육을 받던 자녀들이 일본인학교에 전·편입을 하고 있는 상황을 지켜볼 수 없어서 1949년 4월에 건국소학교를 개교하였다. 당시 재일동포의 교육은 언어, 역사 등 민족교육을 통한 애국심 교육, 민족혼 고취 등 사회 정서적 능력 배양도 중시하였다. 해방 전에 교육의 기회도 가지지 못했고 설령 일본인학교에 입학하더라도 멸시와 차별 등으로 제대로 교육을 받을 수 없었던 피억압 민족이 해방이 되어 자결권을 가진 민족으로서 교육을 통하여 스스로의 미래를 설계할 수 있었다는 데에 의의가 컸다.

1조교 전환

당시 일본 정부는 1949년 11월 15일 문부차관 통달 '조선인 사립 각종 학교의 설치 인가에 관하여'를 도도부현에 통지하였다. 주요 내용은 "구 조련 재산이거나 조련의 재산으로 의심되는 시설을 이용하는 각종학교 는 인정하지 않으며", "언제든지 필요하다고 인정되는 경우에 실시하는 감독청 직원의 실지 조사를 거부하거나 방해하거나 기피해서는 안 되며, 구 조련의 주장, 행동을 선전, 지지하는 일체의 경향을 불식시킬 것" 등 의 내용이었다. 백두학원은 이러한 요건을 충족하였으므로 폐쇄의 위기 에서 벗어나 사립 각종학교로 인가를 받을 수 있었다.

당시의 정치적 상황에서 학교장이 도쿄에 상경하여 문부성과 교섭한 결과 '시간이 걸려도 좋으므로 재단법인의 자격에 맞춰 설비를 정비한다 는 서약서를 법인 이사장 명의로 제출하는 조건으로 존속을 허가한다'라 는 답변을 받을 수 있었다. 백두학원이 재단법인 백두학원으로 인가를 받은 것은 당시 일본의 사립학교법이 제정되기 전이므로 과도기적 조치 였다. 그 후 1949년 12월 15일 제정되어 1950년 4월부터 시행된 사립학 교법 부칙에서는 민법에 의한 재단법인으로 사립학교를 설치하는 자는 법률 시행일로부터 1년 이내에 학교법인으로 조직을 변경할 수 있도록 하였다.

1951년 3월 백두학원이 설치·경영하는 건국학교(유치원, 초등부, 중등부, 고등부)의 학교교육법 제1조교로의 변경이 인가되었다. 백두학원이 왜 자유롭게 민족교육을 실시할 수 있는 각종학교로 남지 않고 일본의 학교교육법에 의거 일본인학교와 똑같은 학교 제도적 기준을 적용받으며 교육을 하는 1조교로 인가를 받았는지에 대하여 검토해 볼 필요가 있다. 외국인학교 현상의 탐구를 중심 테마로 일본의 17개 외국인학교의 특징을 연구한『일본의 외국인학교[日本の外國人學校]』에서 백두학원을 집필한 다나다는 나카지마를 인용하여 백두학원의 1조교 전환을 "건국[학교]이 1조교를 의도한 것은 재정적으로 어려웠다든가 학교 폐쇄를 회피하기 위한 이유가 아니다. 건국이 1조교를 의도한 것은 오로지 상급학교에 진학 자격이 부여되지 않아 학교라고는 할 수 없었으므로, 재일조선인에게 필요한 것은 민족교육을 실시하면서 대학에 진학할 수 있는 학교라는 초대 교장의 신념에 의한 바가 크고 1조교는 개교 전부터 목표였다"(棚田, 2014)라고 적고 있다.

이러한 평가는 초대 이경태 교장이 학교를 설립하려면 무엇보다도 일본인학교와 동등한 자격을 가져야 비로소 일본 사회에서 인정받을 수 있다고 강조한 맥락을 참고했을 것으로 생각된다. 그러나 당시의 정치적, 사회적 맥락에서 백두학원의 1조교 전환은 고등교육 기회의 차별 이외에도 다음과 같은 이유도 있었을 것으로 추론해 볼 수 있다.

첫째, 백두학원은 민단계에도 총련계에도 속하지 않은 중립계 학교였으므로 학교 운영에 관한 선택이 상대적으로 자유로웠을 것이라는 점이다. 1960년 문교부 관료가 재일 한국학교를 시찰하고 기고한 글 등에서 백두학원은 중립계 학교라고 언급하였듯이 1976년까지도 민단계, 총련계 어디에도 속하지 않는 중립계로 운영되었다.[11] 백두학원 설립 이래 중립의 입장에 있는 이사회에는 민단계, 총련계의 인사가 함께 참가하였지만, 정확히 30년을 맞이한 때부터 중대한 전기를 맞이하게 된다.

1976년에 쌍방으로부터 "중립이란 무엇인가"라는 의견이 표출되었기 때문이다. 1976년은 한국에서 박정희 정권과 학생·민주 진영 사이에 격렬한 충돌이 반복되고, 8월에는 판문점에서 북한 인민군이 미국 2명을 살해하는 도끼만행사건이 발생하는 등 정세가 긴박한 시기였다. 한반도의 긴장 관계는 재일동포 사회에도 강력한 영향을 주었다.

1976년 9월에 이사회는 한국학교로서 노선 확립을 결의하고 10월에는 백두학원 정상화 추진 5개년 계획에 의거 한국 정부로부터 1차년도 자금이 송금되었다. 백두학원이 중립계를 포기하고 대한민국의 국시를 따르는 민단계 학교로 전환하는 것에 대하여 학부모뿐만 아니라 교직원, 졸업생, 기타 학교 관계자의 비판도 있었지만 1977년 8월에는 태극기를 게양하여 한국학교라는 것을 대외적으로 공표하고(棚田, 2014, 105), 1978년부터는 교사의 파견이 이루어졌다. 중립계로 유지되었던 1976년까지는 학교 운영에 관하여 다른 민족학교에 비하여 상당한 자율성을 가졌을 것이라는 점이다.

둘째, 재정 부족으로 인한 학교 운영의 한계를 들 수 있다. 앞서 언급한 다나다의 논문에서는 건국학교가 1985년 '일본사립중·고등학교연합회'에 가맹할 때까지는 오사카부로부터 경상비 보조를 받지 않았으므로 각종학교에서 1조교로 전환한 것은 재정 문제와 관계가 없다고 하고 있다. 그러나 1950년대에는 재단 이사진의 사업 부진과 학생들의 수업료 등이 부족하여 학교 경영이 나날이 어려워져 교사 급료는 일본 학교의 3분의 2에도 미치지 못했으며 월급도 일괄 지급이 아니라 몇 번에 나누어 지급하는 사례도 종종 있었다. 당시 오사카부로부터 교육보조금을 받았다고는 하지만 방대한 교육 사업에 필요한 금액을 충당하기에는 역부족이었다.

1950년을 전후로 하여 사립학교인 1조교에 대하여 '교직원 대우 개선비 학교 운영비' 등의 보조가 실시되었으므로 학교 재정 문제를 타개하기 위해서는 안정적으로 교직원 인건비가 지원되는 1조교로의 전환이 고려되었을 것이다. 비록 재정 문제가 1조교 전환의 직접적 요인은 아니라 하더라도 1조교 전환을 반대하는 학부모와 교원들을 설득하기 위한 중요한 명분은 되었을 것이다.

셋째, 백두학원이 민단계에도 속하지 않고 총련계에도 속하지 않는 중립계 학교로서 자율성을 가지고 있었지만, 학교 운영 측면에서는 1960년대 이전부터 민단계 학교로 전환이 진행되고 있었다. 백두학원은 중립계 학교였지만 한국의 문교부에서는 1960년대부터 사실상 한국학교(국회도서관에는 1965년도 이후)에 포함하고 있었다.

그리고 한국 정부는 백두학원에 교사를 파견하였는데, 1976년 일본의 언론이 "종래는 중립의 교육을 목표로 하였던 어느 법인 설립의 학교에 한국 정부 파견 교사가 늘어 지금은 학교의 한국화가 완료해 가고 있는 현실"(每日新聞, 1976. 12. 3.)을 지적한 것처럼 1960년대에 사실상 한국학교로의 전환 과정에 있었다. 그러나 사실상 민단계 학교로 전환이 진행되었다고는 하지만 중립계 학교로서 어느 편에도 치우치지 않았으므로 1조교 전환에 대해 저항이 크지 않았을 것으로 생각한다.

5) 금강학원

혼란의 민족교육

금강학원의 연혁에 관해서는 1986년 11월에 발행된『일본 정부 정규학교 인가 취득 창립 40주년 기념지』에 상세하게 소개되어 있다. 기념지 첫

머리에서 "현재 재일한국인 사회에는 4개교의 민족학교가 있지만, 우리 금강학원처럼 많은 우여곡절과 불행한 운명을 뒤로 고난의 역사를 새겨 온 학교는 없다"라고 적고 있는 것처럼 금강학원이 걸어온 길은 고난과 역경 그 자체였다. 이하는 고찬유(高贊侑, 1996) 등을 참고하여 정리한 금강학원이 걸어온 길이다.

1945년 8월에 일본의 식민지에서 해방되고 10월에 조련이 결성된 뒤, 11월에 재일동포 밀집 지역이었던 니시쿄구[西京區]에도 조련 지부가 설치되었다. 당시 덴가차야[天下茶屋] 지구 일대에는 많은 동포가 비누 제조와 판매로 호황을 누렸다. 니시쿄지부에서는 아동들의 민족교육에 관하여 반복적인 토의를 통하여 동포 비누업자 등으로부터 기부금을 모집하였다. 그리고 구 내에 있는 일본 소학교인 마쓰노미야[松宮]소학교와 센본[千本]소학교의 일부를 빌려 1946년 4월에 니시쿄조선인소학교를 개교하고 마쓰노미야소학교의 교사를 제1교, 센본소학교의 교사를 제2교로 명명하여 데라코야식(작은 단위 집단학습) 수업의 민족교육을 개시했다.

그러나 조련이 좌익의 색깔로 물들어가자 민족주의자와 반공주의자는 조련을 떠나 1946년 10월에 '재일본조선인거류민단'을 결성하였다. 1947년 9월에는 니시쿄구에 민단 지부가 발족하였으며, 발족 다음 달에 니시쿄조선인소학교건립기성회를 만들었다. 기부금은 한 달이 되기도 전에 230여만 엔이 모집되었으며, 12월에는 현재 위치에 800평의 학교 용지를 매수했다. 그러나 조련 측과 민단 측의 사상적 대립과 분열이 격심했기 때문에 학교 운영에 있어서도 폭력 사건 등의 문제가 빈발했다.

1948년 3월에는 7개의 교실과 직원실 등을 갖춘 목조 기와 1층 건물이 준공되어 학생 전원이 신교사로 옮겨 갔다. 그런데 조련계와 민단계 사이에 이전을 둘러싸고 투쟁이 격화하였으므로 좌우 어디에도 기울지 않는 엄정 중립적인 교육을 실시한다는 타협안으로 혼란은 일단 수습되었다.

1949년 4월 25일에는 조련계의 교사와 청년들이 국기 게양대에 인공기를 게양하고 학원 점거를 선언했다. 이 중대 사태에 대해 학원 측과 민단은 바로 민단 회원을 동원하여 실력을 행사하여 수 시간 후에는 인공기를 내려 사태를 수습했다. 이 불상사의 발생이 계기가 되어 학원과 민단은 중대한 결의를 바탕으로 학원 내의 좌익 교사를 일소하고 중립 교육을 파기하였으며, 한국의 문화정책을 준수하는 교육으로 전향을 선언함과 동시에 학원 내의 국기 게양대에는 태극기를 게양하고 각 교실 및 직원실에도 태극기 액자를 걸게 되었다.

민족교육 토대 마련

그러나 일본 정부의 1949년 10월 조선인학교 폐쇄령으로 금강학원도 조련계 학교와 동일하게 강제 폐쇄되었다. 학교 폐쇄 후 학원과 민단 측은 행정당국에 학교 설립 인가를 신청하여 1950년 3월에 학교법인 금강학원의 설립과 금강소학교(1조교) 설치 인가를 받았다. 교명을 니시쿄조선인소학교에서 금강학원·금강소학교로 개칭하고 보육원도 병설하였다.

그러나 일본 경제가 서서히 부흥해 가는 것에 반비례하여 재일동포 비누업계 등은 불황에 빠졌고 교사와 민단 지부 직원 급료까지 지급하기 어려울 정도로 재정 사정이 악화되어 1951년부터 1957년까지 교장이 네 명이나 교체되는 이상 사태가 계속되었다. 이사회와 민단은 의무교육과정의 체계 확립을 위해 1954년부터 금강중학교 개교 방침을 세우고 교실 증축 비용 지원을 민단중앙본부를 통하여 한국 문교부에 요청하여 7월에 1만 달러(약 270만 엔)가 지원되었다. 이 자금에다가 오사카에 거주하는 동포 경제인 등의 기부를 보태 10월에 중학교용 건물을 낙성했다. 그럼에도 학생 수는 증가하지 않고 학교 운영은 정체된 상태가 지속되었다.

주일대표부 오사카사무소 영사를 중심으로 대책을 협의한 결과 7월에 사카모토방적 사장인 서갑호(일본명 "사카모토 에이치[阪本榮一]")가 이사장에 초빙되었다. 서 이사장은 롯데그룹 창업자인 신격호와 동향으로 1915년에 경상남도 울산에서 태어나 14세이던 1928년에 도일하여 견습공으로서 직물 기술을 배웠다. 여러 가지 직업을 경험한 후에 군수물자 유통으로 부를 쌓은 후 폐기 처분 수준의 방적기를 매집하여 사카모토방적을 설립하였다. 한국전쟁에 의한 특수 경기로 사카모토방적은 급성장하여 1954년에는 구 가와사키중공업 공장을 매수하여 오사카방적을 설립하게 된다.

2년 후의 1956년에는 경영 부진의 히다치방적을 매수하는 등 방적업에서 놀라운 급성장을 하였다. 1960년에는 간사이 지역에서 억만장자 1위를 하였으며 다음 해에는 연간 매출액 100억 엔을 달성하여 서일본 최대의 방적왕이라고 불릴 정도로 성장하였다. 사업을 부동산과 호텔 부문으로 확장하여 납세액에서 전국 5위에 들어간 유명인이 된 적도 있었다.

오사카에서는 재일한국인 사회의 유력 기업가로서 태두하여 두 번에 걸쳐 재일한국인상공회 회장을 역임하였으며 1950~1960년대 전반기에 재일한국인 사회를 위하여 큰돈의 기부를 하였다. 오사카민단에 매년 500만 엔의 찬조금 외에 한국계의 학교에 매년 2400만 엔을 기부했다. 그리고 민족교육기관인 금강학원의 이사장에 취임하는 한편 거액을 투자하여 재일한국대표부 용지를 구입하여 무상으로 대여하는 등 다양한 공헌 활동을 실시하였다(永野, 2010).

1조교 전환

금강학원은 1960년에 고등학교를 개설하였다. 다음 해에 한국 문교부로부터 고등학교로 정식 인가를 받았으며 3명의 파견 교사가 처음 부임하였다. 1963년에는 화재로 교사 대부분이 소실하였지만, 다음 해 5월에 중고등학교용 교사가 완성되었다. 1968년에는 문교부장관의 인가를 받아 교명을 오사카한국중학교, 오사카한국고등학교로 변경하였으며, 1970년에는 한국 정부로부터 1700만 엔의 국고보조금을 받아 건평 230여 평의 증축 교사가 낙성했다. 그리고 1972년 5월 처음으로 문교부로부터 교장이 파견된 이후 파견 교장 체제가 이어지고 있다.

1967년에 서갑호 이사장이 서울에서 급서하게 되자 학원은 다시 심각한 재정 위기에 직면했다. 후임으로 박한식 신용조합오사카쇼긴[信用組合大阪商銀] 이사장에 이어 1981년에 박승완이 제4대 이사장에 취임했다. 30대의 젊은 나이에 신용조합오사카쿄긴[信用組合大阪興銀]을 설립하고 후에 회사를 경영하던 실업가였다. 그는 학원의 발전과 운영에 장해가 되고 있는 최대 요인은 1조교 인가를 취득하지 않는 것이라고 결론을 내리고 선두에 서서 1조교 전환을 이끌었다. 그리고 1985년 11월 19일에 금강학원의 중고교는 교토부로부터 1조교 인가를 받았다.

2007년 9월에는 바다와 녹지로 둘러싸인 최적의 입지에 철근 콘크리트 4층 건물(연면적 4,500평방미터), 부지 면적 8,703평방미터인 신교사를 완공하였다. 건물은 구교사의 2.7배, 운동장은 4배에 이르는 양호한 교육 환경이 마련된 것이다. 구교사는 1990년 오사카시 도시 계획 사업으로 도로 확장을 위해 편입되어 이전 대상이 되어 학교와 오사카시 사이에 대체 부지를 두고 여러 차례 교섭이 이루어져 구교사 부지를 8억 엔에 매각하여 신교사 건축 비용에 충당했다. 2021년에는 "21세기에 활약할 국제인을 육성한다"라는 표어를 내걸고 오사카금강인터내셔널소중고등학교로 교명을 변경했다.

주석

1 2016년 《統一日報》는 조총련쇠망사(朝総連衰亡史)를 연재하고 있다. 2016년 7월 6일 자 3면의 '平日の書に數十人(평일 낮에 수십명)'에는 다음과 같은 글이 실려 있다. "조총련은 왜 朝青(재일본조선청년동맹)에 조대(조선대학교) 졸업생을 우선적으로 배치하는가? 그것은 朝青이 조총련의 조직을 유지하는 핵심 지지체이기 때문이다. 조선대학교가 전교생에게 기숙사 생활을 의무하고 있는 것은 朝青 생활을 통하여 조직의 후계자, 즉 노동당원을 보충하기 때문이다. 그 때문에 朝青의 생활은 기본적으로 외부에 공개하지 않고 홈페이지도 폐쇄적으로 운영되고 있다."

2 2010년 2월 25일 도쿄조선고등학교 교장은 기자회견에서 학생의 49%가 한국 국적이라고 밝힌 바 있다(**통일일보**, 2010.3.3.). 2012년 12월 26일 자 《한겨레》 신문 보도에 의하면 도쿄조선중고급학교에 재학하는 470명 중 53%가 한국 국적이다(2012.12.26.).

3 다만 제1차 선언은 논리적 정합성이 결여되어 있다. 민단은 제1차 선언에서 자주적·중립적 단체임을 강조하면서도 "본단은 재류동포의 협동에 의한 자치조직이고 장차 본국 및 그 외의 필요한 관계 당국이 승인하는 자치단체로 발전하거나 혹은 이러한 관설기관의 보조기관이 될 것을 목표로 한다"라고 선언하고 있기 때문이다(在日本大韓民國民團中央本部, 1997).

4 이글은 1966년 10월 영국 교육·과학부의 자문기관인 중앙교육심의회(Central Advisory Council for Education)가 교육·과학부장관에게 제출한 보고서 아동과 초등학교(Children and Primary School, 중앙교육심의회 의장 Bridget Plowden의 이름을 따서 프라우덴 보고서로 불림) 제15장 505에 있는 내용이다.

5 대한민국 국회. 국회 정기회의 속기록 제40호(1953.3.24.).

6 제4대 국회 제29회 제42차 국회 본회의(1958.8.26.).

7 조선학교는 1949년 조선인학교 폐쇄령 이전인 1948년 4월, 소학교 566개교(58,930명 재학), 중등학교 7개교(2,416명 재학)로 최고조에 달하였으며 1990년대 초반에는 재일동포 자녀의 10% 정도가 재적하였으나, 이후 점차 감소하여 2019년 기준으로 전국에 64개교, 5,223명이 재학하는 것으로 나타나고 있다(金賛汀, 1994).

8 교련 사무국 관계자의 "학교 경비는 어떻게 마련되는 것입니까"라는 질문에 "학원 이사가 열 분 있는데 매달 이분들이 40여만 원을 내주시고, 학부형회에서 10만 원 정도, 수업료가 5, 6만 원 들어옵니다만, 7, 80만 원이 부족합니다. 이것을 또 별도로 대책을 세우고 있습니다"라고 답변하였다.

9 문교부(1960). 재일교포교육 시찰을 마치고, **문교월보**, 54, 25.

10 1959년 9월 11일 도쿄한국학교 주낙필 교장이 교련사무국을 방문하여 한 일문일답에서 "백두학원은 성격이 다소 달라서 중립적인 색채를 띠고 있지요"라고 발언하였다(조선교육연합회(1959). 일본의 한국학원, **새교육**, 11(10), 93). 1960년 문교부 섭외교육과장 민경천은 일본의 한국학교를 방문하고 기고한 글에서 "한국인이 경영하는 학교임에도 대한민국의 국시를 따르는 것도 아니요, 공산 교육도 부정하는 소위 중립계라고 표방하는 학원"으로 분류하였다(문교부(1960). 재일교포교육 시찰을 마치고, **문교월보**, 54, 23). 중립계인 학교법인 백두학원(건국학교)이 정식으로 중립계 학교에서 민단계 학교로 전환한 것은 1976년 한국 정부로부터 한국학교로 인가받으면서부터이다.

11 대부분의 자료가 백두학원이 한국 정부를 지지하고 민단계의 학교가 된 시기를 1970년대 중반으로 기술하고 있다. 그런데 문교부의 『문교통계연보』에는 1970년 이전부터 한국학교에 포함되어 있다.

제6장

주요국의 재외국민 교육정책

1. 우리나라의 재외국민 교육정책

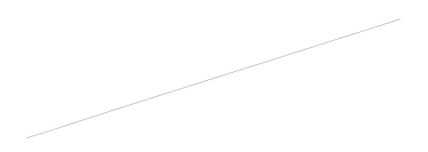

1) 재외국민 교육기관 현황

재외국민의 교육을 담당하는 한국학교는 해외에 34개교가 설립·운영
되고 있다. 한국학교는 1970년대 이후 전체 학교 중 80% 이상이 설립되
었으며, 국가별로는 중국이 13개교로 가장 많고 일본 4개교, 대만·베트
남·사우디아라비아 각 2개교, 싱가포르, 인도네시아, 캄보디아, 태국, 필
리핀, 러시아, 파라과이, 브라질, 아르헨티나, 이란, 이집트가 각 1개교이
다. 80% 정도가 아시아 국가에 설립되어 있으며, 영어권 국가와 유럽에
는 한국학교가 없다. 학생 수를 기준으로 하는 경우 97.5%가 아시아 국
가에 있는 한국학교에 재학하고 있다(교육부, 2022).[1]

한국학교 설립의 역사적 배경은 국가에 따라 다르다. 해방 후 민족교
육을 실시하기 위하여 설립한 일본의 민족학교, 글로벌 경제활동 영역의
확장으로 외국에 파견되거나 고용된 국민의 자녀를 교육하기 위하여 설

립한 중국 등지의 한국학교 등 그 경위가 근본적으로 다르다. 한국학교의 교육과정 운영도 학교에 따라 큰 차이가 있다. 대다수의 한국학교는 본국의 교육과정을 중심으로 운영하고 영어, 현지어 등을 편성하여 운영하고 있지만, 일본의 한국학교 4개교 중 각종학교인 도쿄한국학교를 제외한 나머지 3개교는 일본의 학교교육법에 의한 1조교로 전환하여 다수의 일본인 자녀가 입학하며, 일본의 교육과정과 일본 정부의 검인정 교과서에 의해 일본인 교사가 중심이 되어 교육을 담당하고 있다. 이들 학교에서는 학년 단계별로 차이가 있지만 한국어, 한국사회 등 민족 관련 교과목은 선택과목으로 주 3~4시간 정도 개설하고 있다.

2) 재외국민 교육 지원 법령

우리나라에서 재외국민 교육 지원에 관한 최초의 규정은 1976년 12월 31일 '구교육법' 제162조의 2(국가는 외국에 거주하는 국민에게 필요한 학교교육 또는 사회교육을 실시하기 위하여 적절한 교육시책을 강구하여야 한다)이다. 같은 조 제2항(재외국민 교육시책에 관하여 필요한 사항은 대통령령으로 정한다)에 의거 다음 해인 1977년 2월 28일에는 '재외국민의 교육에 관한 규정'이 제정되었다. 동 규정에서는 재외국민 교육기관 등에 대한 지휘·감독, 재외국민교육심의회의 설치, 학교의 설립, 학력의 인정, 보조, 공무원의 파견 등을 규정하였다.

이 규정은 2007년 3월 21일 '재외국민의 교육 지원에 관한 법률'(이하 "재외국민교육법")이 제정되고 같은 해 9월 22일 같은 법 시행령이 제정되면서 폐지되었다. '재외국민교육지원법'은 제1조에서 "재외국민에 대한 학교교육 및 평생교육을 지도하기 위하여 외국에 설립하는 한국학교를 재외교육기관과 재외교육단체의 설립·운영 및 지원" 등을 목적으로 하고 있으며, 국가의 책무(제3조), 한국학교의 설립(제5조), 설립 및 운영 승인의 취소(제6~7조), 교육과정(제8조), 수업(제8조의 2), 학력의 인정(제9조), 수업료(제10조), 학교운영위원회(제11조)와, 학교법인의 운영에 관한 사항으로 정관의 변경(제13조). 임원 및 임원 선임의 제한(제14조), 임원의 승인(제15조), 임원의 직무집행정지(제15조의 2), 이사회의 기능(제16조), 재산 관리(제18조) 등을 규정하고 있다. 그리고 한국학교 교원 및 직원의 임면, 학교장의 직무, 교원의 자격, 징계, 보수, 복무 등을 아주 상세하고 구체적으로 규정하고(제21조~제27조), 제42조에서는 벌칙까지도 정하고 있다. 이처럼 아주 상세하고 구체적으로 규정하고 벌칙까지도 포함하고 있다.

이 법률 제정 후의 재정 지원 상황이나 정부 시책의 방향 등을 고려할 때 한국학교 교육의 진흥이나 재학생들의 교육을 받을 권리의 실현이라는 교육적 측면보다는 설립·운영의 감독에 경도된 '규제법'으로서 기능을 하고 있다는 점을 우선 지적할 수 있다. 법률 제정 시 국회교육위원회 검토보고서에서도 "학교 설립·운영에 감독할 수 있는 제도를 마련하여 그 운영의 투명성과 책임성을 제고"하는 것이 입법 취지라고 밝히고 있는 것에서도 법률의 제정 배경을 읽을 수 있다. 정부의 적극적인 재정 조치 등 교육의 진흥보다는 우리나라의 주권이 미치지 않는 외국에서 역사적 경위를 바탕으로 설립된 한국학교를 국내의 학교와 거의 동일한 기준을 설정하고 벌칙까지 규정하고 있어 문제의 소지가 있다.

법률의 제정 과정에서 일본의 한국학교에서는 이의를 제기하여 당초 법률안이 상당 부분 수정되었는데 그 경과는 다음과 같다. 2005년 법률안이 입법 예고된 후 일본의 한국학교에서는 법률안 입법 예고 이전부터 설립·운영되고 있는 한국학교에 대하여 소재국의 특수성을 전혀 고려하지 않고 한국의 사립학교와 동일한 규제 대상으로 취급하는 것에 대하여 강력하게 이의를 제기하였다. 그리고 법률안 입법 예고 이전에 설립된 학교에 대한 특수성 존중, 자율성에 대한 고려, 기계적이거나 불필요한 간섭이 아니라 진정한 의미에서의 보완 역할, 거주국의 법인격을 취득한 기존 학교에 한해서는 학교 운영상의 자율성을 최대한 보장 등의 의견을 주일본대사관을 통하여 교육부(당시는 교육인적자원부)에 제출한 것이다.

일본에 있는 한국학교의 이의 제기에 대하여 교육부에서는 담당 실무자를 일본에 보내 일본 지역 민족학교 관계자, 대사관 관계자, 민단 관계자 등 총 28명이 참석한 설명회(2005.5.30.)를 열었다. 설명회에서 민족교육 관계자들은 '재외교육시설을 재정적으로 대폭 강화하겠다는 본국 정부의 자세는 매우 고무적'이지만, 교육과정, 교원 자격, 해산 명령 등 한국학교에 대한 규제 강화를 문제점으로 지적하였다.

2005년 8월 19일에는 민단 단장이 교육인적자원부장관을 예방하고 법률안 중 문제가 있는 규정에 대하여 교육인적자원부와 재일본한국인학교연합회 실무자 간에 법률안을 절충하기로 합의하였다. 장관 예방 직후인 2005년 8월 22일 교육인적자원부에서 양측 실무자 간에 법률안에 대한 절충이 있었는데, 일본의 한국학교 관계자는 재외국민교육지원법과 거주국 법률이 상충되거나 중복된 규정이 있는 때에는 거주국 법률을 우선 적용한다는 조항을 추가할 것을 요망하였고, 교육부 담당자는 상충될 때에는 거주국 법을 우선 적용한다는 조항을 신설하겠다는 수용 의사를 회신하였다.

이와 같은 절충과 조정을 거쳐 재외국민교육지원법 제40조에 "이 법의 규정에 불구하고 재외교육기관 및 재외교육단체가 소재하는 국가의 법령에서 이 법의 규정과 다른 규정을 두고 있는 경우에는 당해 외국 법령과 상충되지 아니하는 범위 안에서 이 법을 적용한다"라는 규정을 새로 추가하여 2005년 11월 7일에 국회에 제출하였으며, 이 법안은 국회 본회의 의결(2006. 12. 7.)을 거쳐 2007년 1월 3일에 공포되었다.

3) 재외국민 교육의 지원

우리나라는 일본의 도쿄한국학교를 한국학교 모델교로 설립하기 위해 설립 자금을 지원하고 일부 교과목의 교과서를 무상 공급하였으며, 1950년대 후반부터 산발적으로 재정을 지원하였다. 1962년까지는 일본 내에 있는 한국학교에 운영비를 약간 지원하는 정도에서 그쳤지만 1963년부터는 운영비 지원액이 서서히 증가하였다. 1957년 2200만 환을 재일한국학교에 지원하였던 재정 규모는 계속 늘어 1980년에는 재외국민 교육기관 투자 예산이 43억 원으로 증가하고 2009년도에는 435억 원으로 10배가 증가하였다.

그러나 한국 정부의 소극적인 행·재정 정책은 일본의 한국학교 4개교 중 3개교가 일본의 공교육 체제 안으로 흡수되는 결과로 이어졌다. 1960년대 초반 한국 정부가 최초로 재정을 지원한 재외한국학교 모범교인 도쿄한국학교가 대학 수험 자격 문제와 재정 사정으로 일본 정부로부터 재정을 안정적으로 지원받을 수 있는 1조교로 전환을 요청하고, 1985년 오사카금강학교, 2003년 교토한국학교가 1조교로 전환한 사례 등이 그것이다.

최근에는 학교 설립 자금, 교사 임차료, 교직원 인건비, 학교 운영비 보조, 교과서 보급, 저소득층 학생 지원 등 재정적 지원이 늘고 있다고는 하지만 우리나라의 사립학교처럼 교부금 지원 제도가 없으므로 정치적 판단에 의해 재정 규모가 좌우되거나 교육부의 재정 확보의 적극성에 연동되는 불안정한 구조는 여전하다.

한국학교는 학교법인이 설립한 사립학교이지만 한국 국내의 사립학교와 일본의 한국학교와는 재정 정책에서 큰 차이가 있다. 우리나라 사립중학교는 의무교육학교이며, 사립고등학교는 무상교육에 포함되어 입학금과 수업료, 교과서 구입비 등이 지원되고 있지만[2] 한국학교는 시설에 필요한 경비의 지원 기준 외에 인건비, 운영비 등 경상경비의 지원 기준은 따로 없다. 한편 일본의 사립학교는 학생의 선택에 의해 입학하는 학교이지만 2010년부터 시작된 고등학교 취학지원금 제도에 의해 사립고교 재학생에게도 학생 가정의 연간 소득을 기준으로 수업료가 보조되고 있으며,[3] 사립학교에는 '사립학교진흥조성법' 등에 의거 경상비 보조금이 지원되고 있다.

예를 들면 일본의 한국학교인 오사카건국학교는 정규 사립학교인 1조교이므로 관할청인 오사카부로부터 보조금(사립학교 경상보조금과 고등학생에 대한 취학지원금)을 지원받고 있으며, 교육부에서도 경상경비를 보조하고 있다. 2022년도 수입(결산 기준)에서 한국 정부 보조금 18.6%(자금수지계산서에 기부금 수입으로 계상), 일본 정부 및 오사카부 지원금 20.0%이므로 학생 수업료 등 교납금이 학교 전체 예산에서 차지하는 비율은 10.1%에 불과하다.[4]

우리나라 대학입시에서는 '재외국민 특별전형'이라는 특별한 제도를 두고 있다. 재외국민 특별전형 제도는 미국의 적극적 차별 철폐 정책(Affirmative Action, 영국의 Positive Action)과 유사한 제도로 국내에서 교육을 받지 못하는 재외국민에 대해 특별히 배려하는 정책이다. 대학입시에서 특별 정원을 마련하여 보상적 교육정책으로 지원하는 것도 매우 중요하다. 그러나 중요한 것은 교육의 격차가 이른 시기부터 학교교육의 과정에서 생성된다는 점이다. 교육의 기회균등을 보장하기 위해서는 의무교육에 해당하는 한국학교의 초등학교와 중학교 과정에 대한 학비 경감 정책이 병행되어야 한다.

　일본인학교의 경우 대부분의 교사를 문부과학성이 파견하고 있으나 우리나라는 한국학교 전체 교사 1,321명 중 파견 교원은 91명으로 그 비율이 6.9%에 불과하다. 교육부에서 한국학교에 인건비 등 경상경비를 일부 지원하고 있으나 정부 지원금이 학교 예산에서 차지하는 비율은 크지 않다. 학교교육법 제1조에서 규정하는 학교가 아니므로 일본 정부나 관할청인 도쿄도의 지원금이 많지 않은 도쿄한국학교의 2022년도 수입(결산 기준)에서 한국 정부의 보조금은 34.8%이고 학생 수업료가 54.1%를 차지하고 있다.[5] 낮은 정부 보조금은 학생들에게 과도한 수업료를 부담하도록 하여 상대적으로 부담이 적은 일본의 학교에 입학하게 하거나 재학생 간에 교육 격차를 생성하는 요인이 된다.

2. 일본의 재외국민 교육정책

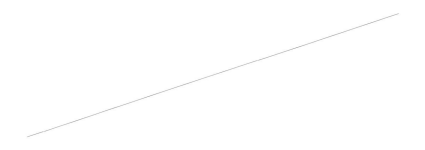

1) 재외교육시설 현황

일본의 재외교육시설로는 일본인학교, 보습수업교, 사립 재외교육시설 등 세 종류가 있다. 일본인학교는 1956년 태국 방콕에 처음으로 설립된 이래 95개교가 설립되어 16,633명이 재학하고 있으며, 일본 국내의 소학교·중학교·고등학교의 교육과 동등한 교육을 실시하는 전일제 학교로 학력이 인정되며 교원의 대부분은 일본 정부가 파견한 교원으로 구성되어 있다. 지역별로는 유럽 21개교, 중동 8개교, 아시아 35개교, 북미 4개교, 대양주 3개교, 중남미 14개교 등이다. 우리나라의 경우 북미와 유럽의 영어권 국가에는 한국학교가 없으나 일본인학교는 영어권 국가에도 설치되어 있다.

229개교에 21,617명이 재학하는 보습수업교는 토요일이나 방과 후 등을 이용하여 일본어, 수학·산수 등 일부 과목의 수업을 실시하는 학교이며 학력은 인정되지 않지만, 교원 중 일부는 일본 정부에서 파견하고 있다. 그리고 일본의 학교법인 등이 외국에 설립한 사립 재외교육시설은 7개교(163명 재학)가 있으며, 일본인학교와 동등한 학력이 인정되고 있다.

일본에서 해외의 자녀교육이 절실한 교육 문제로서 부상한 것은 해외의 아동이 급증한 1960년대 중반부터였다. 1949년 중앙교육심의회가 정리한 '교육·학술·문화에서의 국제교류' 답신 부속서에서 일본인학교에서의 설비 및 교재 정비가 불충분하다는 것이 지적되었으며, 1976년 문부성 해외자녀 교육 추진의 기본적 시책에 관한 연구협의회가 정리한 '해외자녀 교육의 추진에 관한 기본적 시책에 관하여'에서는 "정부는 소극적인 정책으로 일관하지 않고 민간의 열의와 노력을 기초로 하면서도 우리 나라 교육의 일환으로서 해외자녀 교육을 위치"시킬 필요성을 역설하였다. 1988년에는 '해외이주심의회' 답신 '국민의 해외 거주에 수반하여 생기는 제반 문제에 대한 대응책에 관하여'에서는 일본어학교의 충실 및 보습수업교의 근본적 정비에 더하여 일본인학교 고등부 설치 검토 등이 제시되었다.

1980년대 후반부터는 문부성에 설치된 '해외자녀 교육에 관한 조사 연구회'가 '금후 해외자녀 교육 추진에 관하여'(1989.10.27.), '재외교육시설 문부과학대신 지정 제도의 개선에 관하여'(1991.7.19.), '보습수업교에서의 교육의 충실 방책에 대하여'(1992.6.22.), '귀국자녀 교육의 충실 방책에 관하여'(1993.6.25.), '일본인학교에서의 교육의 충실 방책에 관하여'(1995.6.29.) 등과 같이 순차적으로 현황과 문제점을 정리하고 정책 제언을 하였으며 이를 바탕으로 재외교육시설에서의 교육을 개선하기 위한 시책이 추진되었다. 해외자녀 교육 사업에 대한 일본 정부 예산(문부과학성과 외무성 예산)은 1976년 31.8억 엔에서 2021년 212억 엔으로 그 규모가 50년이 되지 않은 기간에 6.7배가 증가하였다.

2) 재외교육시설 관련 법령

일본의 재외교육시설에 관한 법률상의 규정은 오랜 기간 '문부과학성 설치법'에서 재외교육시설에 대한 문부과학성의 소관에 관한 규정[6] 외에 재외교육시설을 일본의 학교 교육과정과 동등한 과정으로 인정하기 위하여 제정한 '재외교육시설의 인정 등에 관한 규정'(1991년 문부성 고시 제114호, 이하 "재외교육시설 인정 규정"), '재외교육시설 교원 파견 규칙'(1981년 문부성 훈령 제27호)을 제외하고는 재외 일본인 자녀의 학습 보장에 관한 법적 근거가 없었다. 재외교육시설 인정 규정에서는 일본인학교의 인정 기준, 설치자, 수업연한, 교육과정, 학급 편제, 교직원, 운영 기준, 인정 절차 등을 정하고 있다. 그리고 '재외교육시설 교원 파견 규칙'에는 파견 교원의 위촉, 직무, 파견 기간, 여비 지급, 근무수당(지급액, 지급 기간, 지급 방법) 등이 규정되어 있다.

재외교육시설 인정 규정은 재외교육시설이 소재하는 국가의 법령에 의해 설립되어 운영되므로 일본의 학교 교육과정과 동등한 학력을 인정하기 위하여 교육과정, 학급 편제, 교직원, 시설·설비, 인정 신청, 인정의 취소 등 최소한의 가이드라인을 정하는 것으로 교육에 관한 권리의 실현 등 학습 보장과는 거리가 있었다. 그래서 일본은 2022년 제208호 통상국회에서 '재외교육시설진흥법'(2022년 법률 제73호)이 중의원·참의원 전원 일치로 가결·성립하여 같은 해 6월 17일 공포·시행되었다.

그간 일본 정부는 외국에 있는 일본인에게 헌법 제26조에서 규정하는 교육을 받을 권리 및 자녀에게 교육을 받게 할 의무가 있는지에 대해서는 원칙적으로 헌법 제26조의 규정이 적용되지는 않지만 헌법 정신에 비추어 외국의 일본인 자녀의 교육을 전개할 필요가 있다는 것이 일본 정부의 태도였다.

1978년 2월 14일 국회 중의원 예산위원회에서 사나다 히데오[真田秀夫] 내각 법제국장은 오쿠노 세이스케[奧野誠亮] 의원의 '해외의 학교에 대해서도 헌법의 정신을 살려 헌법 정신에 맞게 운용이 되는 것이 바람직하다'라는 의견에 대하여 헌법 제26조의 교육을 받을 권리 및 교육의 의무는 해외에서는 적용되지 않지만, 해외에 있는 자녀가 적어도 의무교육을 부담 없이 받을 수 있도록 방법을 찾는 것이 헌법 제26조의 정신에 부합한다는 점을 명확히 하였다.[7] 이러한 의미에서 재외교육시설진흥법은 재외교육시설에 재학하는 일본인 자녀의 교육을 받을 기회 확보에 대하여 처음으로 중요성을 언급하고 있으며, 재외교육시설 지원에 관한 법적 근거를 명확히 한 것이다.

재외교육시설진흥법의 제1조에서는 '재외교육시설이 해외에 재류하는 일본인 자녀의 교육을 받을 권리 확보에 중요한 역할'을 하고 있으므로 재외교육시설에서의 '교육 진흥에 관한 기본이념과 국가의 책무를 명확히 하고', '교육의 진흥에 관한 시책의 기본이 되는 사항을 정'하여 '교육의 진흥에 관한 시책을 종합적·효과적으로 추진하여 국제사회에서 활약할 수 있는 풍부한 인간성을 갖춘 창조적인 인재의 육성에 이바지하고 국제 상호 이해의 증진에 기여'하는 것을 목적으로 명확히 하고 있다.

재외교육시설진흥법은 14개조로 구성된 짧은 법률로 기본이념(제3조), 국가의 책무(제4조), 재정상의 조치 등(제6조), 기본방침(제7조), 재외교육시설의 교직원 확보(제8조), 교직원 연수의 충실(제9조), 교육 내용 및 방법의 충실(제10조), 안전대책(제12조), 재외교육시설을 거점으로 한 국제적인 교류의 촉진(제13조) 등 교육 진흥에 관한 내용이 중심으로 되어 있다.

이 법 제3조의 기본이념에서는 ① 재외 일본인 자녀의 교육을 받을 기회의 보장, ② 교육 환경을 일본 국내 학교와 동등한 수준으로 정비, ③ 외국의 일본인 자녀가 다른 문화를 존중하는 태도를 함양하고 소재국이 일본에 대하여 이해를 증진하도록 기여 등 세 가지를 들고 있다. 일본 정부가 우리나라처럼 법률을 제정하여 재외교육시설의 설립·운영에 관하여 규제하지 않는 이유는 일본인학교가 일본의 주권이 미치지 않는 외국에 소재하고 있어 소재국의 법령이 우선적으로 지배를 받는다는 환경적 요인을 고려하여 최소한의 법적인 가이드라인만을 설정한 것이다. 법률 제정에 후속하여 2023년 4월, 문부과학성과 외무성이 작성한 '재외교육시설에서의 교육의 진흥에 관한 시책을 종합적이고 효과적으로 추진하기 위한 기본적인 방침'에서는 재외교육시설진흥법을 구체적으로 실현하기 위한 제반 시책을 마련하고 있다.

3) 일본인학교의 교육 운영

일본인학교 대부분은 의무교육과정인 초등부와 중등부만 운영하고 있는 것이 우리나라와의 차이점이다. 예외적으로 2011년에 상하이일본인학교에 고등부를 신설하였지만, 그 외의 일본인학교는 초등부와 중등부만을 운영하고 있다. 그러므로 우리나라가 대학입시 시 별도 정원을 마련하여 우대하는 것과는 달리 일본은 고등학교 입시에서 귀국자 특별전형을 마련하고 있다. 일본인학교의 초등부와 중등부를 마치고 일본에 귀국하면 귀국 학생에 대하여 일본어 지도 등의 지원 제도가 있으며, 국립대학 부속학교를 중심으로 귀국 학생에 대한 지원을 하고 있다.

일본인학교는 자국의 교육과정을 준수하여 운영하고 있다. 예를 들면 아래 〔표 5〕의 서울일본인학교 교육과정에서 알 수 있듯이 일본인학교는 자국의 교육과정을 중심으로 운영하고 소재국의 언어와 문화 등의 교과를 추가로 편성하여 운영하고 있다. 그러나 일본인학교의 교육과정 운영을 한국학교와 평면적으로 비교하는 것은 피해야 한다. 일본인학교는 주로 일본에 귀국할 자국민을 대상으로 운영하는 교육기관이지만 한국학교는 귀국할 일시체류자 자녀 외에 일본에 정주할 재일한국인의 교육에 중점을 두고 있으므로 정주자 및 귀국자의 교육 요구를 동시에 충족하여야 하므로 교육과정 운영에는 차이가 있을 수밖에 없다.

〔표 5〕 서울일본인학교 중학부 연간 수업시수

과목	일본 국내 중학교 수업시수			서울일본인학교 중학부 수업시수		
	중1	중2	중3	중1	중2	중3
국어	140	140	105	140	140	105
사회	105	105	140	105	105	140
수학	140	105	140	140	105	140
이과	105	140	140	105	140	140
음악, 미술	90	70	70	90	70	71
보·체, 기·가*	175	175	140	175	175	140
외국어	140	140	140	140	140	140
도덕	35	35	35	35	35	35
특활 등**	85	105	105	85	105	105
국제 이해 교육	-	-	-	영어 회화 35 한국어 35	영어 회화 35 한국어 35	영어 회화 35 한국어 35
독자적 특별활동				42	42	42
합계	1,015	1,015	1,015	1,127	1,127	1,127

출처: 서울일본인학교 2022년도 학교 요람

주: 1. *보건·체육·기술·가정 **특활, 종합적 학습 시간
  2. 일본 국내 중학교 수업시수는 학교교육법 시행규칙 별표 제2(제73조 관련) 교육과정 편성 기준임

4) 일본의 정책적 특징

재외교육시설진흥법 제정 전에는 재외국민 교육 지원에 관한 법령이 재외교육시설 교원파견규칙(문부과학성 훈령) 등 내부 조직에 대해서만 구속력을 가진 훈령이었으며 대부분의 정책은 고시 또는 통달에 의하고 있었다. 고시로는 재외교육시설의 인정 등에 관한 규정이 있는데, 외국에 소재하는 일본인학교의 설립·운영과 관련하여 따로 법령을 두는 경우 소재국의 법령과 상충이 불가피하므로 이를 피하기 위한 조치였다고 볼 수 있다.

일본의 재외교육시설 지원의 특징으로는 해외자녀교육진흥재단의 설립과 문부과학성과 외무성의 협업을 들 수 있다. 해외자녀교육진흥재단은 1971년 내각부 소관 공익재단으로 설립되었다. 설립 목적은 "해외에 근무하는 일본인의 자녀 및 해외 근무를 종료하고 일본에 귀국한 일본인의 자녀교육 진흥을 도모하기 위하여 필요한 교육·연수 지원, 조언·정보 제공, 조사 등에 관한 사업을 실시하여 해외 근무 생활의 안정에 기여"하고자 함이었다. 재단의 사업은 ① 해외자녀에 대한 통신교육, 귀국자녀에 대한 보습교육, 해외 근무자에 대한 부임 전 교육, ② 해외 일본인학교 및 보습수업교 등에 대한 운영상 및 교육상 지원, ③ 해외 근무자에 대한 교육 상담·정보 제공 및 해외자녀·귀국자녀 교육 진흥을 위한 조사·연구 등이다.

재단의 주요 수입은 문부과학성의 보조 및 의뢰 사업 수익과 국고보조금이며, 지원 대상은 일본인학교와 보습수업교에 대한 교원 파견, 주재국과의 교류를 촉진하기 위한 국제교육 디렉터 파견, 교재 정비를 위한 보조, 교원 연수 및 순회지도, 위기관리 및 건강 안전대책 등이다. 그리고 1977년에는 도쿄학예대학에 국제교육센터를 설립하여 해외 귀국 학생 교육 등에 대한 전문적인 조사·연구·개발을 하고 있다.

일본의 특징으로는 문부과학성과 외무성이 협력하여 일본인학교를 지원하고 있다는 점이다. 외무성의 지원으로는 일본인학교 및 보습수업교 임차료 일부의 지원, 치안이 좋지 않은 국가의 일본인학교에 대한 안전 대책비 지원, 현지 채용 교원 및 강사의 인건비 지원 등이 있다. 소재국의 사정을 잘 알고 있는 외무성은 소재국과의 외교 관계를 바탕으로 일본인학교의 권익을 보호하고 있으며, 문부성은 일본인학교에 대한 교원 파견과 교과서 등 교육적 지원을 하고 있다. 전문성에 의한 업무의 선택과 집중이다.

특징적인 것은 외무성과 문부성의 협업 이외에 일본인학교에 대한 지원을 국가적 차원의 과제로 다루고 있다는 점이다. 2015년 8월 총무성은 '글로벌 인재 육성에 기여하는 해외자녀·귀국자녀 등 교육에 관한 실태 조사 결과 보고서'에서 외무성과 문부과학성에 재외교육시설과 관련하여 권고한 사례가 대표적이다. 총무성은 외무성에 대하여 '보습수업교로서 정부 원조 요건을 충족하고 있음에도 불구하고 미승인된 시설의 해소를 위한 대책 책정'을 권고하고, 문부과학성에 대하여는 '정부 원조 요건을 충족하고 있는데도 불구하고 미승인된 시설 등에 대하여 원조에 관한 의견·요망을 파악하여 분석한 다음 필요한 원조'를 하도록 권고하였다. 그 외에도 글로벌 인재 육성 강화를 위하여 재외교육시설이 질 높은 교육을 하는 데에 필요한 파견 교원 확보 대책, 재외교육시설에서의 ICT의 활용 등에 관하여 문부과학성에 권고하였다.

5) 최근의 정책 동향

재외교육시설은 국가의 정책과 동시에 국제적인 동향에도 강하게 영향을 받는다. 신형 코로나 감염증, 정치정세의 불안정화, 더 나아가서는 지구온난화에 의한 세계 규모에서의 자연재해의 다발 등 세계의 정세가 크게 변화하고 있다. 글로벌화가 새로운 단계에 접어들고 있는 시점에서 재외교육시설에서는 이러한 세계정세에 대응한 교육이 필요해지고 있다.

첫째, 새로운 글로벌 시대에 필요한 자질·능력을 육성해 가는 것이다. 이를 위해서는 글로벌한 학습과제를 설정하고 해결을 위해 정보를 수집·분석하거나 동료들과 협동하면서 진행해 가는 탐구적인 학습이 필요하다.[8]

둘째, 재외교육시설에서 배우는 아동들의 다양화가 진행되고 있으며, 이 다양성을 학습의 장에서 활용하는 노력이 요구되고 있다. 일본인학교 소학부에서는 영어는 물론 현지 언어의 학습이 이루어지고 있으며, 일본어를 모국어로 하지 않는 아이들에게는 일본어 학습이 제공되고 있다. 이러한 다언어적인 환경을 활용한 교육을 실시하는 것은 다문화 공생에도 연결되고 있다. 복수의 언어를 적절히 사용하면서 다양한 아이들이 서로 배울 수 있도록 하는 실천이 이루어지고 있는 것이다.

셋째, 재외교육시설 간 및 일본 국내 학교와의 연계와 교류의 강화이다. 신형 코로나 감염증의 영향으로 재외교육시설에서는 학생 수가 감소하고 있다. 학생 수가 적은 재외교육시설의 경우 독자적으로 다양한 교육 프로그램을 운영하는 것이 불가능하므로 여러 학교가 협력하여 학습의 장을 조성할 필요가 있다. 예를 들면 복수의 학교에서 SDGs의 목표를 선정하여 각각의 국가와 지역을 조사하여 상이점과 공통점을 정리하여 해결의 방법을 토론해 가는 것은 중요한 학습이다. 또한 ICT를 활용하여 여러 학교가 강점을 공유하는 등 교사 연수의 기회를 만드는 것도 중요하다.

그간 일본의 재외교육시설은 장래 귀국한 후에 일본에서 학습이 곤란하지 않도록 하는 것에 초점을 두었다. 그러나 현재는 해외에 있다는 환경을 최대한으로 활용하여 독자적인 교육을 전개하여 새로운 글로벌 시대의 프런티어로서 역할을 하는 것에 중점을 두는 정책으로 전환하고 있다. 해외에서 배우는 일본인 아동들은 다양하지만, 해외에서 살면서 일본에 연결되어 있다는 것은 공통이다. 이러한 공통성을 핵으로 서로 배우는 기회를 축적하여 다양한 공간에서 활약할 수 있는 차세대를 육성하는 것을 지금부터 재외교육시설이 나아갈 방향으로 하고 있는 것이다.

재외교육시설 글로벌 인재 육성 강화 전략(2016)

문부과학성에 설치한 '재외교육시설 글로벌 인재 육성 강화 전략 태스크포스'가 2016년 5월 19일 제출한 '재외교육시설 글로벌 인재 육성 강화 전략'에서는 재외교육시설을 글로벌 거점으로서 일본의 교육·문화를 적극적으로 공유하는 것을 기대하고 있다. 그리고 글로벌 인재 육성의 최전선인 재외교육시설의 교육의 질 향상을 기하는 것이 일본의 글로벌화 전략에서도 매우 중요하고 유효한 시책이라고 보고 있다.

그리고 ① 일본인학교 등의 글로벌 거점으로서의 활용·발신의 강화, ② 고도 글로벌 인재 육성 거점으로서의 일본인학교 등의 교육 수준의 강화, ③ 파견 교원의 확보·충실, ④ 파견 교원의 질 확보, ⑤ 학교 운영에서의 연계 강화 등을 재외교육시설에 대한 구체적인 시책으로 전략적으로 대응한다는 방침이었다.[9]

이 전략에서는 재외교육시설에 파견 교사 비율을 80%까지 개선한다는 방침을 가지고 있었는데. 파견 교원이 2016년 1,229명에서 2020년 1,322명으로 7.5%가 증가하였다.[10] 그리고 재외교육시설을 글로벌 인재 육성의 최전선으로서 인식함을 바탕으로 '재외교육시설 고도 글로벌 인재 육성 거점 사업'을 시작하였으며 일본인학교 6개교를 지정하여 운영하는 등 실질적인 성과가 나타나고 있다.

재외교육시설 미래 전략 2030(2020)

문부과학성에 설치된 '재외교육시설의 금후 존재의의에 관한 검토회'는 2020년 6월 3일 해외에 재류하는 일본인 아동에 대한 교육의 이상적인 모습을 실현하기 위한 전략을 정리한 '재외교육시설 미래 전략 2030'(이하 "전략 2030")을 보고하였다.

전략 2030의 책정 배경에는 '해외자녀 수의 상당한 증가', '해외에서 교육을 받는 아동의 다양화', '재외교육시설에 대한 욕구 다양화', 'ICT 기술의 비약적인 향상', '재외교육시설에서의 미래형 일본어 학교교육의 구축', '지속 가능한 개발을 위한 목표에 입각한 해외 아동의 교육 기회 보장', '신형 코로나 감염증 등의 영향'이 전제가 되었다.

검토회는 이 전략을 작성하게 된 목적을 ① 2016년의 '재외교육시설 글로벌 인재 육성 강화 전략' 책정 후 5년 정도가 경과한 시점에서 이 전략에 의하여 실시하는 시책을 발전시키기 위한 것, ② 재외교육시설에서 학습하는 아동들은 장래 일본에 일조하는 '글로벌 인재의 원석'이므로 '일본 국내와 동등한 교육 환경의 정비' 및 '재외교육시설이 아니면 어려운 특색 있는 학습을 지원하는 것은 일본의 미래를 개척하는 중요한 시책이라는 점, ③ 해외에 재류하는 아동의 교육을 받을 권리를 보다 적극적으로 보장하는 관점을 포함하여 글로벌 사회에 대응하여 해외 아동 교

육에 대하여 국가전략으로서의 지원 방책의 구체화 세 가지를 제시하고
있다.

그리고 2030년을 목표로 추진할 시책 방향은 ① 다양한 재외교육시설
에 대응하는 특색을 살리는 지원 강화, ② 글로벌 교사를 육성하는 선순
환의 창출·가시화, ③ 안정적·효율적인 운영을 위한 지원 강화, ④ 다양
한 관계자 간의 연계·협동의 추진, ⑤ 해외 아동 학습 보장의 한층 강화
등 다섯 가지이다. ①은 '다양한 욕구를 포섭하는 재외교육시설의 특색
화 지원'과 '국내와 동등한 교육 환경의 정비 및 해외만의 특색 있는 학습
의 양립'을 위하여 구체적인 시책을 제시하고 있으며, ②는 '교사를 파견
하는 교육위원회와 교사 본인에 대한 인센티브 강화', '질 높은 연수 프로
그램으로서의 재외교육시설에서의 직무의 충실', '재외교육시설에서 경
험의 국내 환원' 등을 내용으로 하고 있다.

3. 한국과 일본의 재외국민 교육정책 비교

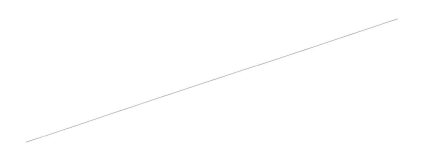

한국과 일본의 재외국민 교육정책을 비교하면 [표 6]과 같다. 그중에서 '재외국민 교육 지원 관련 법제도', '재외교육시설에 대한 재정 지원', '재외교육시설의 교육과정 및 교원 정책' 등 세 가지에서 차이점이 나타나고 있다.

[표 6] 우리나라와 일본의 재외국민 교육정책 비교

구분	한국	일본
법적 근거	재외국민의 교육 지원에 관한 법률(2007년 제정), 같은 법 시행령·시행규칙	재외교육시설에서의 교육의 진흥에 관한 법률(2022년 제정) 재외교육시설의 인정 등에 관한 규정(1991년 문부성 고시)
학교 수	34개교(2022년 4월 기준) ※ 아시아 27, 중동 4, 남미 2, 모스크바 1	95개교(2020년, 일본인학교 수) ※ 아시아 41, 대양주 3, 북미 4, 중남미 15, 유럽 21, 중동 8, 아프리카 3 ※ 보습수업교 229개교 설치
학생 수	13,619명(2022년 4월 기준)	16,633명(2020년, 일본인학교 재학생 수) ※ 보습수업교에는 21,617명 재학

설립 주체	소재국의 법령에 따라 학교를 설립할 수 있는 법인 또는 단체(설립 주체는 주로 학교법인)	일본인회 등 재류 일본인 조직 등 ※ 서울일본인학교는 Seoul Japan Club(구 서울일본인회)가 설립
교육과정	국내의 학교와 동일한 교육과정을 운영하는 것이 원칙 일본의 한국학교 4개교 중 3개교는 일본의 교육과정과 교과서를 사용	일본 국내의 소·중등학교에서의 교육과 동 등의 교육 실시
재학생	한국인 자녀(일본의 3개 학교 재학생은 일 본인 자녀가 대부분)	일본인 자녀(기업 등 주재원, 영주자 자녀)
법령상의 규정	재외국민의 교육 지원에 관한 법률에 의거 설립·운영하도록 규정 실제로는 소재국 법령에 의해 설립되어 운영	설치·운영을 직접 규제하는 법률은 미제정 일본인학교 인정 요건은 문부과학성 고시에 서 규정 재외교육시설교육진흥법에서 교육을 받을 권리 등 학습권 보장
상급학교 입학 자격	국내 초·중등학교 졸업자와 동등한 학력 인정	중학교 졸업자는 고등학교에, 고등학교를 졸업한 자는 대학 입학 자격 인정
교원 조직	대부분 현지 채용 또는 한국 현직 교사 고용 휴직 채용 ※ 정부 파견 교원 91명	문부과학성의 파견 교원이 중심 ※ 정부 파견 교사 1,322명(2020년) 주재국 현지 교과목 지도 등을 위한 현지 교 사 채용
국가의 지원	교직원 인건비 등 경상경비, 장학비, 교육과 정 운영경비 일부 지원 파견 교사는 국내 보수, 체재비(재외수당, 주택보조수당 등) 지급	문부과학성과 외무성이 역할 분담하여 일본 인학교 등을 지원 문부과학성: 교원 파견, 교과서 무상급여, 교 재 정비 사업 보조, 통신교육, 순회지도 외무성: 일정 요건을 충족하는 경우 현지 채용 교사 급여 지원, 교사 임차료, 안전대책비 등

출처: 필자 작성

1) 재외국민 교육 지원 관련 법제도

우리나라는 1976년 '구교육법'에 재외국민 교육 지원을 위한 근거 규 정이 마련되고 2007년에는 재외국민교육지원법이 제정되었다. 일본은 2022년에 재외교육시설진흥법이 제정되기 전까지 문부과학성 훈령인 '재외교육시설 교원파견규칙'과 고시인 '재외교육시설 인정 규정'에 의했 다. 이후 2022년 정부 입법으로 제정된 재외교육시설교육진흥법은 일본 인학교 등의 설립·폐지 등을 규제하는 목적이 아니라 재외교육시설에서의 교육 진흥을 위한 기본이념, 국가의 책무, 기본적 시책에 관한 방향을 규정하는 '진흥법'이다.

학력 인정은 학교교육법(제57조, 제90조), 학교교육법 시행규칙(제95조, 제150조)에서 규정하고 있으며, 문부성 고시에서는 재외교육시설로 인정을 받는 기준으로서 명칭, 설치자, 학칙, 수업연한, 교육과정, 학급 편제, 교직원, 시설·설비, 재무 계산 서류, 인정의 신청 등에 관하여 정하고 있다. 그리고 문부과학성 내부 기준인 '재외교육시설의 인정 기준, 운영 기준 및 인정 절차에 관하여'(1991.11.14.)에서는 일본인학교 등 재외교육시설의 인정 기준을 구체적으로 정하고 있다.

재외국민 교육 지원 법제에서는 우리나라가 더 체계적으로 정비되어 있는 것으로 보일 수 있다. 그러나 재외국민교육지원법의 내용을 보면 교육을 지원하거나 진흥하기 위한 법이라기보다는 한국학교를 규제하기 위한 성격이 매우 강하다. 한국학교는 외국에 재류하는 국민에 대하여 교육을 실시하므로 교육 운영에 일정한 규율은 필요하지만, 각 학교의 역사성뿐만 아니라 한국이 아닌 외국에 소재하는 교육기관이라는 점도 고려하여야 한다. 일본의 한국학교의 경우 현지 법에 의한 학교로서 지위와 재외국민교육지원법에 의한 한국학교로서 지위를 아울러 가지고 있다. 학교법인 및 학교에 관한 권리의 발생과 소멸은 현지 법에 의해서 결정되므로 현지 법과의 관계는 '인가' 관계로 볼 수 있으며, 한국학교로서 인정을 받는 것은 재외국민에게 교육을 제공하는 대가로 재정 지원 등 일정한 이익을 받는 것이므로 '특허' 관계라고 할 수 있다.

그런데 재외국민교육지원법의 제정으로 학교 운영에 있어 소재국의 법령과 상충 문제가 생길 수 있다. 이러한 상충 문제를 해결하기 위하여 재외국민교육지원법 제40조에서는 '재외교육기관 등이 소재하는 국가의 법령에서 이 법의 규정과 다른 규정을 두고 있는 경우에는 당해 외국 법령과 상충하지 아니하는 범위 안에서 법을 적용'한다고 규정하여 소재국 법령과의 관계를 규정하고 있기는 하지만, 소재국의 법령과 어떤 경우에 상충 문제가 생기는지에 대한 판단은 한국 정부가 하는 것이므로 한국학교는 법령에 구속되어 운영될 수밖에 없다.

2) 재정 지원 규모

재외국민교육지원법 제31조에서는 "국가는 재외교육기관·재외교육단체 및 학교법인에 대하여 예산의 범위 안에서 대통령령이 정하는 바에 따라 다음 각호의 경비를 지원할 수 있다. 1. 한국학교의 설립에 소요되는 경비의 전부 또는 일부, 2. 재외교육기관 및 재외교육단체의 운영과 사업에 필요한 경비의 전부 또는 일부"로 규정하고 있으며 같은 법 시행령에서는 예산 지원 기준을 보다 더 구체화하고 있다.[11] 그러나 법령에 지원 근거가 있다고는 하지만 교부를 의무하는 실체적 법령이 없으므로 한국학교에 지원하는 예산은 교육부의 매년 예산 사정 등에 의하여 영향을 받을 수밖에 없는 불안정한 구조이다.

한국학교 지원 예산은 2021년도 557억 원에서 2023년도 565억 원으로 소폭 증가하였다. 항목별로는 인건비 44.5%, 운영비 31.7%, 임차료·시설 설비비 17.3%이며 나머지는 저소득층 학비 지원, 교수학습자료 지원 등이다(교육부, 2023).

일본의 경우에도 법령에 구체적인 예산 지원 근거는 없다. 그러나 일본인학교에 교원 정원의 80% 가까운 교원을 일본 정부가 파견하고 있으며, 교사 임차료 및 수선료, 현지 교사 채용 인건비, 학교 안전대책비 등을 문부과학성과 외무성이 역할을 분담하여 지원하고 있다. 2022년도 일본의 재외교육시설 예산 규모는 외무성 34억 7900만 엔, 문부과학성 189억 8600만 엔 등 총 224억 6500만 엔이며, 주요 지원 사업은 아래〔표 7〕과 같다.

〔표 7〕 일본의 재외교육시설 관계 예산(2022년도)

부처별	사업 구분	예산액(억 엔)			2022년도 세부 사업
		2021년	2022년	증감	
외무성	일본인학교 지원의 충실	21.69	21.83	0.14	교사 임차료 등 지원 9.77억엔 현지 채용 교사 급료 4.95억 엔 일본인학교 안전대책비 7.11억 엔
	보습수업교 지원의 충실	12.88	12.96	0.08	교사 임차료 보조 3.73억 엔 현지 채용 강사 급여 8.35억 엔 보습수업교 안전대책비 0.88억 엔
	소 계	34.58	34.79	0.21	
문부 과학성	재외교육시설 교원 파견 사업 등	170.61	169.58	△1.03	재외교육시설 교원 파견 사업 재외교육시설 파견 교원 경비 위탁 재외교육시설 파견 교원 선발·연수
	해외 자녀교육 추진 체제 정비	0.55	0.77	0.22	재외교육시설 인정조사 재외교육시설 안전 관리 체제 구축 재외교육시설 교육 지원 사업 재외교육시설 중점 지원 플랜 귀국 교사 네트워크 구축 사업 재외교육시설 유치부 등 조사
	해외자녀 교육 활동 지원	1.38	1.37	△0.01	재외교육시설 교재 정비 사업
	청소년 국제교류 추진	0.51	0.51	0	청소년 국제교류 추진 사업 지역의 청소년 국제교류 추진 사업 기획추진위원회 개최
	고교생 국제교류 촉진	6.33	6.31	△2	국비 고교생 유학 촉진 사업 글로벌 인재 육성 기반 형성 사업 아시아 고교생 가교 프로젝트
	외국인 학생 등에 대한 교육의 충실	9.10	11.32	2.23	귀국·외국인 학생 지원 사업 외국인 아동 취학 지원 사업 일본어 지도 필요 학생 지원 사업 일본어 지도 실태 조사 연구 사업 고등학교 일본어 지도 체제 정비
	소 계	188.46	189.86	1.40	
	합 계	223.04	224.65	1.61	

3) 교육과정 및 교원 정책

　다음은 재외교육시설의 교육과정 및 교원 정책이다. 일본은 재외교육시설 인정 기준에서 학교교육법, 학교교육법 시행규칙 및 학습지도요령을 따르도록 하고 있지만, "지역사회, 신청 시설 또는 학생 실태 등에서 특별히 필요가 있으며 국내 학교와 동등의 교육 수준이 확보된다고 인정되는 경우"에는 특별한 교육과정을 운영하도록 하고 있다.

　우리나라도 재외국민교육지원법 제8조에서 한국학교의 교육과정은 초·중등교육법 제23조의 규정에 따라 교육부장관이 정하는 교육과정에 준하여 편성하여야 하지만, 소재국의 특수성을 고려하여 교육과정 또는 교과 내용을 일부 변경하여 편성할 수 있도록 하고 있다.

　일본인학교는 상하이일본인학교를 제외하고는 의무교육학교인 초등부와 중등부만을 운영하고 있다. 문부과학성은 재외교육시설을 "해외에 재류하는 일본인 자녀를 위하여 학교교육법에서 규정하는 학교에서의 교육에 준하는 교육을 실시하는 것을 주된 목적으로 해외에 설치된 교육시설"로 정의하고 있지만 주로 의무교육학교를 대상으로 재외교육시설 인정을 하고 있다. 일본인학교의 경우 대부분의 학교에 고등부가 설치되어 있지 않고 유치원도 많지 않은 점, 학교 수가 많지 않으므로 원거리 통학을 하는 점, 학생 수가 적은 학교가 많으므로 교육 수준이 저하되는 점 등이 문제점으로 지적되고 있다.

　이에 비하여 한국학교는 초등부에서 고등부까지 운영하므로 교육과정 간의 연계가 가능하다는 장점이 있으나 교원 정책에 있어서는 일본이 우리나라보다 적극적이라고 평가할 수 있다. 한국학교가 학교장을 제외한 교원을 현지에서 채용하거나 한국의 현직 교원이 소속 기관에 휴직을 하고 채용되는 경우(고용 휴직자 채용)가 대부분인데, 일본인학교는 정원의

70% 이상을 일본 정부가 파견하고 있다. 파견 교원의 수는 2014년 기준으로 1,138명이며, 최근에는 퇴직 교원(시니어 교원)의 파견을 늘리는 추세이다.[12]

그리고 재외교육시설을 거점으로 현지와의 교류를 촉진하기 위하여 국제교류 디렉터도 추가로 파견하고 있으며 교육진흥재단이 주관하여 교재 정비 사업, 학교 설립 지원, 해외학교 설명회, 일반기부금의 모집 중개, 전임교원 채용 지원, 자금 원조 등의 사업을 폭넓게 지원하고 있는 것도 우리나라와는 비교되는 특징이다.

4. 주요 국가의 재외국민 교육정책

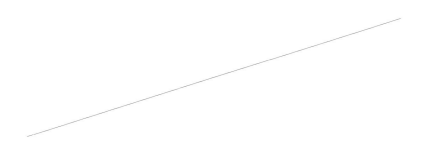

미국·독일·프랑스의 해외 자국민 교육정책을 일본과 비교하면 〔표 8〕과 같다.

먼저 미국은 연방정부 조직으로 국무부 내의 해외학교부가 있으며 해외에 있는 학교의 구체적인 활동은 해외학교자문위원회(Overseas Schools Advisory, OSAC)가 연방정부의 지원을 받아 총괄하고 있다. OSAC는 1967년에 국무부가 미국 대기업의 자금을 지원받아 설립한 독립된 자문위원회이며 100개 이상의 기업·단체가 참여하는 연방에서 가장 오래된 자문위원회이다. 주요 활동 목표는 해외에 있는 미국인 자녀에게 보다 나은 교육을 제공하는 것이며, 미국 기업이나 개인을 대상으로 재외교육기관에 대한 기부를 요청하는 등 측면 지원도 하고 있다. OSAC는 연간 2회 정도 회의를 개최하고 있으며, 위원은 대부분 대기업의 임원으로 구성되어 있다.

미국의 재외교육시설은 136개 국가에 193개교가 설치되어 있으며,

136,000명이 재학하고 있다. 재학생 중 미국 국적 보유자는 30% 이내이다. 대부분의 학교는 미국 국내 교육과정에 준하여 운영하고 있으며, 국제바칼로레아 과정 등 다양성 있는 운영이 특징이다. 교원은 파견하지 않으며 현지 비영리단체 및 교원을 알선하는 기업의 서비스를 이용하여 각 학교가 독자적으로 교원을 채용하고 있다. 2014~2015년도 전체 교원 수는 17,645명이며 교원 중 미국 국적자는 7,503명(42.5%)이다.

그리고 독일의 재외교육시설은 연방행정부 산하의 독일재외교육센터(ZfA, 영어명은 "Central Agency for German Schools Abroad")가 관할하고 있으며 ZfA는 연방외교부 등 연방의 행정기관과 협력하여 재외교육시설을 지원하고 있다. 독일의 재외교육시설은 71개 국가에 140개교가 있으며, 77,000명이 재학하고 있다. ZfA는 독일의 재외교육시설 외에도 전 세계의 1,200개교를 지원하고 있다.

재외독일학교지원법에 재외교육시설에 대한 지원 근거를 두고 있으며, 주요 지원 대상은 교원 파견, 우수학교 표창, IT 활용 원격 교육, 학교 설립 경비 및 운영비 지원 등이다. 재외교육시설에 근무하는 교원은 본국에서 ZfA를 통하여 파견하고 있으며, 현지에서도 교원을 채용하고 있다. 재외교육시설은 뒤셀도르프협정 및 함부르크협정에 의거 교육과정을 편성하며 본국과 동일한 교육과정을 운영하는 것이 원칙이지만 국제바칼로레아 등 다양한 교육과정이 있다. 재외 독일학교의 졸업 자격이 있으면 독일 국내의 학교에 편·입학이 가능하다.

또 프랑스는 1990년에 프랑스의 외무부 관할 기관으로서 설립된 프랑스재외교육청(AEFE, 영어명은 "Agency for French Education Abroad")이 재외 프랑스학교의 지원을 총괄하고 있다. AEFE의 주된 임무는 재외 프랑스인 아동에 대한 공교육의 전개, 프랑스어 및 프랑스 문화의 보급, 프랑스와 외국의 교육 협력 등이다. 프랑스의 재외교육시설은 138개 국가에 566개교가 있으며 39만 명의 학생이 재학하고 있다(2022년 기준). 재학생 중 3분의 2는 프랑스 국적을 가지지 않은 학생이다.

재외교육시설은 직영학교, 협정학교, 파트너학교로 구분되는데, 직영학교 68개교, 협정학교 163개교, 파트너학교 321개교이다. AEFE 협정학교는 프랑스 국내 또는 해외의 민간단체에 의해 관리·운영되는 학교로 AEFE와 운영, 재정, 교육 협정을 체결하고 있다. 이 협정은 프랑스 공립학교 교원의 보수·신분, 공적 지원 등과 관련이 있다. 재외교육시설에 대해서는 교원 등의 파견뿐만 아니라 연수, 세미나 개최, 인건비 보조 등이 이루어지고 있다. 학생들의 장학금 수급률도 높아 약 21%의 재외 프랑스인 자녀가 장학금을 수급하고 있다.

[표 8] 주요국의 재외국민 교육정책 비교

구분		일본	미국	독일	프랑스
재외교육시설 설립에 관한 국가 관여 상황	관여 방침	소재국 일본인 단체 등의 신청에 의거 일본인학교로 인정하고, 일본인학교 및 보습수업교에 대하여 교원 파견 및 정부 재정 지원 정부가 일본인학교의 설립 및 폐지 등을 규제하지 않음	원칙적으로 1개 국가·지역에서 1개교의 해외학교를 지원 국제협력을 강화하기 위하여 대통령은 재외교육시설의 설립, 확충, 관리·운영 등 지원 가능 국무장관도 필요하다고 판단하면 재외교육시설에 대한 지원 가능	독일 연방정부는 재외교육시설의 설립에는 원칙적으로 관여하지 않고 운영에만 관여 재외학교센터(ZfA)로부터 조언을 받는 것은 가능	프랑스재외교육기구(AEFE)를 설립하여 재외교육시설의 설립을 지원(인가에는 미관여)
	관여 근거	'재외교육시설의 인정 등에 관한 규정'에 의거 일본인학교를 인정하여 교원 파견 및 재정 지원 정부 재정 지원에 관한 법령은 없으며, 인정된 일본인학교 등에 대하여 예산 범위 내에서 지원 해외 일본인 자녀의 교육을 받을 기회 확보 및 일본인학교 등 교육 진흥을 위하여 '재외교육시설교육진흥법' 제정(2022년)	The State Department Basic Authorities Act of 1956 The Foreign Assistance Act of 1961 Mutual Educational and Cultural Exchange Act of 1961	재외 독일학교에 대한 지원 근거는 학교진흥법(Gesetz Über die Förderung deutscher Auslandsschulen)에 규정 연방은 재외교육시설 중 기준을 충족한 시설을 재외 독일학교로 인정	1990년 7월 6일 법 제90-588호(해외 프랑스 교육기관 창설에 관한 법: Création de l'Agence pour l'enseignement Francais à l'étranger)에 의해 AEFE 설립
	관여 내용	인정 요건, 정부 지원 요건에 관한 상담에 대응 인정 및 정부 지원 신청에 대한 심사	Mutual Educational and Cultural Exchange Act Section 102에 대통령은 해외의 학교 및 교육시설의 설립, 확충, 관리·운영 및 해외에서의 미국 연구의 육성·지원할 수 있는 규정 포함	재외교육시설을 관할하기 위하여 연방행정부의 하부조직으로 ZfA 설립. ZfA는 재외학교의 설립에 관한 상담 실시 예외적으로 학교 건설 자금을 연방이 부담하는 경우도 있음	유럽·외무부의 감독하에 해외학교를 관리·정비하는 외부행정기구로서 AEFE 설립 해외학교 승인은 국민교육·고등교육·연구부가 담당
	기타	재외교육시설은 주재국의 일본인 단체가 설립한 사립학교에 해당 정부 원조 요건에 충족하더라도 예산 부족으로 원조가 비승인되는 경우가 있음. 이 경우에 기타 예산을 수반하지 않는 특별한 지원은 없음	국무성 내의 해외학교부(Office of Oversea Schools), 해외학교 자문위원회(OSAC) 외에 각국 지역에 있는 비영리단체, 기부 등을 실시하는 기업 등이 있음 재외 미국학교는 민간 단체가 운영하는 사립학교 형태이며, 미국 정부의 설립 촉진 방침이나 계획이 있는 것은 아님	재외교육시설은 대외문화·교육정책의 일부분이므로 본래는 외무성의 관할이지만 ZfA가 외무성으로부터 위탁을 받아 지원하고 있음	

구분		일본	미국	독일	프랑스
재외교육시설 개요	설립 목적	해외에 거주하는 일본인 자녀에게 일본의 학교와 동등한 내용의 학교교육 제공 일본 헌법 제26조에서 규정하는 교육을 받을 권리의 보장 및 교육에서의 기회균등 확보	해외에 종사하는 미국 정부 직원 자녀에게 최고의 교육 확보 미국인과 다른 나라 국민과의 상호 이해를 향상시키기 위하여 해외학교의 교육 활동에 재정적 지원 및 시설의 유지 관리 지원 해외학교가 없는 지역에는 아동을 위한 교육 기회의 질을 평가하여 교육 프로그램의 개발 등 지원	독일의 대외문화·교육정책의 일환	해외 프랑스 교육기관 창설에 관한 법에서 규정하는 목적은 '해외 주재 프랑스 국적 자녀의 교육', '프랑스 국적을 가진 아동을 위하여 프랑스와 외국의 교육 시스템 협력 강화', '외국 국적의 학생을 수용함으로써 프랑스 언어·문화 파급에 공헌'임
	설립 상황	일본인학교: 95개교, 16,633명 재학(2020년 기준) 보습수업: 229개교, 21,617명 재학(2020년 기준)	국무성이 지원하는 재외교육시설: 136개국 193개교, 136,000명 재학(미국인 약 30%, 외국인 약 70%) 학생의 27.6%는 유럽, 22.1%는 동아시아 지역임.	재외 독일학교는 71개 국가·지역에 140개교 설립. 그 외에 독일 연방군 재외학교가 5개국 7개교 설립되어 있으나 재외독일학교 진흥법의 대상에서 제외재외 독일학교의 인정을 받지 않았지만 연방이 관여하는 교육 관련 시설로는 독일어 시험을 실시하는 DCD학교·FIT학교, 독일 직업교육과정을 채용하는 학교가 있음 재외 독일학교에는 고교에 상당하는 과정도 병설하고 있음 학생 수는 33,387명(독일인 약 30%, 외국인 약 70%). 재학생의 약 48%가 중남미 지역, 약 23%가 유럽 지역임	인가된 해외학교는 138개국에 566개교. 직영 68개교, 협정 163개교, 파트너 321개교 • 학생 수는 약 39만 명임
재외교육시설 운영 지원 상황	지원 대상	정부 재정 지원 대상은 의무교육 단계의 일본인 장기체류자임	국무성이 지원하는 재외교육시설 193개교를 기본으로 하지만 지원교 이외의 시설도 대상으로 함(Project Base)	학생에 대한 지원은 없으며, 재외 독일학교에 대한 보조 제도를 마련하고 있음 기타 학교에 대하여도 독일어 시험을 실시하는 DCD학교·FIT학교, 직업교육 등은 대외문화·교육정책의 일환으로 지원을 하고 있음	최저 1년의 활동 경력이 있는 해외학교

구분		일본	미국	독일	프랑스
재외교육시설 운영 지원 상황	지원 근거	'재외교육시설에서의 교육의 진흥에 관한 법률'에서 재정상의 조치를 규정하고 있으나 지원 근거 법령은 없음	국무성 외무 매뉴얼 Foreign Affairs Manual Project Base에서는 Oversea Schools Program 외에 미국 국외 학교의 안전 확보, 폭동 등의 위협 축소 등을 목적으로 한 Soft Target Program for Overseas Schools에 의한 지원도 있음. Oversea Schools Program은 국무성 지원교 193개교가 대상임.	재외 독일학교 지원 근거는 재외독일학교진흥법임 지원 기준은 세부적으로 마련되어 있음	재외 프랑스 교육기관 창설에 관한 법(1990.7.6. 법 제90-588호)에 의거 AEFE가 지원을 담당
	지원 내용	2022년도 문부과학성 예산: 189.86억 엔 -교사 파견 사업 169.58억 엔 - 교육 추진 체제 정비 0.77억 엔 - 교육 활동 지원 1.37억 엔 - 청소년 국제교류 추진 0.51억 엔 - 고교생 국제교류 촉진 6.31억 엔 - 학생 교육의 충실 11.32억 엔 2022년도 외무성 예산: 34.79억 엔 - 임차료 지원 등 13.7억 엔 - 현지 채용 교사 급여 13.3억 엔 - 안전대책 지원 7.99억 엔	미국 정부는 구체적 운영 내용에 관여하지 않고 지원을 기본으로 함 직접 재외교육시설에 지원하는 Project Base와 비영리단체를 통한 지원이 있음 Oversea Schools Program 지원 실적은 1100만 달러(2012년)로 1건당 지원은 4만 달러 이하가 대부분 Soft Target Program for Overseas Schools 지원 실적은 500달러(2012년도 추계)로 1건당 평균 지원액은 7만 달러 비영리단체를 통한 보조: OSAC 보조 중 교육 Assistance Program에 의하면 비영리단체에 연간 약 15만 달러 보조. 27년 전 프로그램 개시부터 370만 달러(합계 196개교 상당) 보조	재정 지원(급부, 보조금, 인건비 부담) 기타 우수학교에 대한 표창 제도 IT를 활용한 원격 교육 실시 학교 설립 등에 연간 2억 2천만 유로 지원 필요한 교원은 ZfA가 알선하고 재외학교는 인건비를 부담하지 않음 독일 교육 자격 부여 등 일정 요건하에 지원 통신교육 교재 개발 등	현지 교육시설에 대한 상담, 어드바이스, 연수 및 세미나 개최 보조금, 학교 내 활동으로 4억 950만 유로 보조(2014년도)를 하고 있으나 주로 인건비 보조 장학금으로 1억 650만 유로 지원(2014년)

구분		일본	미국	독일	프랑스
재외교육시설 교원 상황	교원 파견	현직 교원은 지자체 등의 추천에 의거 문부과학대신이 위촉하여 장기연수 형태로 파견 급여에 재외근무수당을 추가하여 지급 일본인학교에 대하여는 의무표준법에 의거 학급수를 기준으로 산출한 교원 수의 80% 정도를 예산의 범위 내에서 파견(실적은 2020년 기준 76.9%) 보습수업교는 학생 수 100명 이상에 1명을 파견 귀국 후 승진 등 우대 조치 없음	교원 파견 제도 없음	본국에서 ZfA를 통하여 교원 파견 2013년 12월 현재 재외 독일학교에 1,340명 파견	AEFE가 주체가 되어 직원, 교원 파견 AEFE 파견은 관리직 등 1,132명, 교원 등 5,348명
	퇴직 교원 파견	문부과학성이 퇴직 교원을 모집하여 파견 재외근무수당은 정부가 지급(2014년도는 일본인학교 112명, 보습수업교 39명 파견)	파견 제도 없음	교원 연령 제한이 있으므로 원칙적으로 파견 없음	파견 제도 없음
	현지 채용 교원	해외자녀교육진흥재단이 일본 국내의 교원 면허증을 보유한 자를 모집하여 재외교육시설에 알선하거나 재외교육시설이 독자적으로 현지에서 채용 현지 채용 교사에 대해서는 외무성이 인건비 등을 지원	현지 비영리단체 및 인터내셔널 스쿨에 교원을 알선하는 기업의 서비스를 이용하여 각 학교가 독자적으로 채용 국무성이 지원하는 193개교 중 2014~2015년도 전체 교원 수는 17,645명이며, 미국 국적 교원은 7,502명(42.5%) 알선 전문업자는 세계 각지에서 채용설명회 등을 실시하여 인원을 모집하여 알선	현지에서 교원 채용	15,000명의 교직원을 현지 채용

구분		일본	미국	독일	프랑스
재외 교육 시설 학생 수용 상황		일본인학교: 일본인 보호자 85.1%, 외국인 보호자 14.9% 보습수업교: 일본인 보호자 53.6%, 외국인 보호자 46.4%	국무성이 지원하는 교육시설의 학생 수는 134,867명 (미국 국적보유는 27.0%. 현지 국적 보유자 및 기타 국적 보유자가 재학) 현지 국적 또는 미국 국적을 필수로 하는 학교, 국적을 필수로 하지 않는 학교, 영어 능력이 없어도 입학 가능한 학교 등 입학 조건은 학교마다 각각 다름	재외 독일학교에는 독일인 이외에도 재학 재외 독일학교 140개교 77,387명 중 독일인 20,120명(26.0%), 기타 국적 57,267명 재학생 약 23%가 중남미 지역, 약 23%는 유럽 지역	학생 수 약 33만 명 중 외국인 60%, 프랑스인 40% 지역별 비율은 아프리카 33.6%, 아시아 28.6%, 유럽 21.2%, 아메리카 16.6%
재외 교육 시설 교육 과정 상황	교육 과정	일본인학교에서는 학습지도요령에 의거 교육과정 편성	교육과정은 미국에 준하도록 하는 학교가 대부분 International Baccalaureate 인정, 미국과 소재국의 diploma 대응, New England 학교 대학협회(NEASC), 국제학교위원회(CIS), 영국국제학교위원회(COBIS)에서 교육과정의 인정을 받은 사례가 많음	뒤셀도르프협정 및 함부르크협정에 의거 교육과정을 편성 재외 독일학교에서도 원칙적으로 본국과 동일한 교육과정 운영	본국의 교육과정은 법령에 의하여 규정되어 있음 재외교육시설에서도 원칙적으로 본국의 교육과정에 준하여 편성
	졸업 후의 자격	일본인학교의 중등부 졸업 후는 국내 고교 입시 자격 부여 일본인학교 고등부 졸업자는 대학특례입학 제도가 있음. 일본 내의 대학과 컨소시엄을 구축하여 대학 입학에 연계	International Baccalaureate 또는 AP(Advanced Placement)가 일반적(공립의 경우에는 미국 및 현지의 고졸 자격 취득)	DIAP(독일 국제 Abitur 시험)과 현지 법, 국제바칼로레아 기구에 의한 교육과정이 있음	바칼로레아 시험을 통하여 자격 취득 바칼로레아 자격이 있는 경우 프랑스 국내와 동일하게 대우
	기타	학습지도요령에서 정한 각 교과 등의 수업시수를 넘는 교육과정 편성 가능 수업시수를 늘려 현지어 교육 및 현지 이해 교육을 실시 보습수업교에는 학습지도요령은 적용되지 않으며 휴일이나 방과 후에 주로 국어, 산수(수학) 학습 보습수업교를 졸업해도 일본 국내의 고교 수험 자격 미부여	학생이 아니라도 수강할 수 있는 영어 프로그램을 병설하거나 보호자의 현지어 및 영어 프로그램을 개설하는 등 지역의 어학교로서 역할을 하는 학교도 있음	통신교육과정은 연방이 지원을 하고 있으며, 학생에 대하여는 형제자매 수를 고려하여 할인 대부분이 기초학교부터 시작하여 12년제. 일본 등의 국가에서는 현지 의무교육 연한에 맞춰 단기인 경우도 있음	교육과정별로 초등교육, 중등교육, 유치원, 고등교육, 바칼로레아 이후의 교육에 이르기까지 폭넓은 교육을 하고 있음

구분	일본	미국	독일	프랑스
해외 자녀 가족 국가 지원 상황	자녀 동반을 직접 지원하는 사업은 없음 해외자녀 전원에게 무상으로 일본 국내의 교과서를 공급함 문부성의 보조를 받아 해외자녀교육재단이 통신교육 실시	특별한 사업은 없으나 특별교육을 필요로 하는 학생에 대해서는 각종 프로그램을 갖추고 있음 카운슬러 및 정신과 의사가 배치되어 있는 곳도 있음	가족에 대하여 직접 금전적인 지원은 하지 않음 재외교육시설 졸업 자격이 있으면 국내 학교에 편입·입학이 가능함 ZfA가 재외교육시설의 졸업 자격에 관한 정보를 제공함 KMK(문부장관회의)는 읽기 쓰기 등의 곤란한 아동에 대한 지원을 촉진하고 있음	학비 등에 대한 장학 제도가 있으며, 학비, 급식비, 기숙사비 등을 지원 장학금의 근거는 교육법전 D531-45조~D531-51조에 있음 장학금 수급자는 프랑스인 자녀 21%이며, 이 중에서 학비 등의 전액 보조를 받고 있는 자는 45%, 기타는 수입을 기준으로 하여 지급 바칼로레아 자격을 취득하면 국내 대학 입학 가능
귀국 자녀 가족 국가 지원 상황	각 지자체가 실시하는 귀국자녀의 수용 촉진, 일본어 지도의 충실, 지원 체제의 정비 등에 관한 사업에 대한 보조가 있음 고교 입학, 편입학에 특별정원이 마련되어 있음 국립대학 부속학교에 귀국자녀 교육 학급 등이 설치되어 있음	특별히 없음(부모가 미국 정부 관계의 해외 근무인 경우는 귀국 후에 정보 제공 및 가족에 대한 세미나, 표창 등이 있음) 연방 차원의 지원은 확인되지 않음	졸업 자격, 지식·능력 등의 기준에 따라 편입을 인정함 귀국자녀에 한정한 독일어 지원은 특별히 실시하고 있지 않음(읽기 쓰기가 곤란한 학생에 대한 지원은 있음)	재외학교에서의 편입은 국내 학교의 편입 절차와 동일하게 취급 바칼로레아 합격자의 대부분이 프랑스 국내의 교육기관에 진학하고 있음

출처: 総務省行政評價局(2015) 등을 참고하여 작성함

주석

1. 학교 규모는 학생수 10명 미만 2개교, 10명 이상 50명 미만 5개교, 50명 이상 100명 미만 4개교로 100명 미만의 소규모 학교가 전체 학교의 32.3%이다.
2. 초·중등교육법 제10조의 2에서는 고등학교 무상 대상 비용을 '입학금, 수업료, 학교운영지원비, 교과용 도서 구입비'로 정하고 있으며, 지방교육재정교부금법 제14조에서는 고등학교 무상교육 경비의 부담에 관한 규정을 두고 있다.
3. 그간 사립고교에 재학하는 학생에게는 공립고교 재학생 지원금에 추가하여 세대 연간 소득을 기준으로 연간 소득 270만 엔까지는 연간 297,000엔, 연간 소득 350만 엔까지는 연간 237,600엔, 연간 소득 590만 엔까지는 178,200엔을 지원하였다. 2023년부터는 지원 기준과 지원액을 상향하여 연간 소득 590만 미만의 세대 자녀에게는 일률적으로 396,000엔을 지원하고 있다.
4. 2022年度 資金收支計算書, https://keonguk.ac.jp/pdf/evaluation/2021/ hakuto/shikin_syushi.pdf.
5. 2022年度 資金收支決算書, http://www.tokos.ed.jp/school_1.brd/_107.115.12d36a87/?shell=/index.shell: 25.
6. 문부과학성 설치법 제4조(소관 사무) 제1항 제14호 "해외에 재류하는 일본인 자녀를 위한 재외교육시설 및 관계 단체가 실시하는 교육, 외국에서 귀국한 아동 및 생도의 교육과 일본에 재류하는 외국인 아동 및 생도의 학교생활 적응을 위한 지도에 관한 사항".
7. 제84회 국회 중의원 예산위원회 제12호(1978.2.14.).
8. 홍콩일본인학교 초등부에서는 IB의 시점을 포함하여 지역 및 글로벌한 과제를 교과 횡단과 영어로 배우는 탐구적인 학습을 추진하고 있다. 또한 싱가포르일본인학교에서는 지역의 SDGs를 테마로 한 탐구적인 학습이 이루어지고 있다. 기타 일본인학교 가운데서는 특정 교과에 관하여 영어 이머전 수업을 실시하거나 영어 실력의 향상을 기하고 있다.
9. 文部科學省 在外敎育施設グローバル人材育成強化戰略タスクフォース, 在外敎育施設グローバル人材育成強化戰略(2016.5.19.).
10. 재외교육시설에 대한 교원의 파견은 현직 교원이 상대적으로 줄고(2010년 1,210명 → 2020년 1,002명) 퇴직자를 대상으로 파견하는 시니어 교원이 증가(2010년 46명 → 2020년 312명)하고 있다. 그리고 2017년 9월에 출범한 '비약! 교사 프로젝트'의 일환으로 교원을 지망하는 청년을 대상으로 '예비교사 제도'를 2018년부터 실시하였다(2020년 8명 파견).
11. 재외국민의 교육 지원 등에 관한 법률 시행령 제18조에서는 한국학교 재정 상태와 물가 수준 및 학생 수, 학급 수, 교원 수 등을 종합적으로 고려하여 객관적인 예산 지원 기준을 정하여 예산을 지원하도록 하고 있으며(제1항), 교지 매입비 및 시설비의 50%, 시설 임차료의 70%를 지원하도록 하고 있다(제2항).
12. 시니어 교원의 파견은 2010년 13명에서 2014년 47명, 2014년 112명으로 증가하고 있다. 한편 현직 교원은 2010년 1,178명, 2012년 1,074명, 2014년 1,026명으로 파견자 수가 줄고 있다.

제7장

지금부터 해야 할 일

1. 재외국민 교육의 새로운 방향

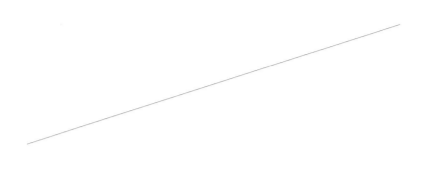

1) 재외동포교육진흥법 제정

우리나라는 2007년에 "재외국민에 대한 학교교육 및 평생교육의 지원 및 외국에 설립되는 한국학교 등 재외교육기관과 재외교육단체의 설립·운영 및 지원"을 목적으로 재외국민교육지원법을 제정하였다. 이 법 제2조의 정의에서는 '재외국민'을 "외국에 거주하는 대한민국 국민"이라고 하고 있으므로 대한민국을 출신 배경으로 하고 있으나 체류국으로 귀화 또는 다른 이유로 국적을 상실한 자는 원칙적으로 적용 대상에서 제외된다.[1]

한편 재외동포기본법(2023. 5. 9.) 제2조에서는 '재외동포'를 "가. 대한민국 국민으로서 외국에 장기체류하거나 외국의 영주권을 취득한 사람, 나. 출생에 의하여 대한민국의 국적을 보유하였던 사람(대한민국 정부 수립 전에 국외로 이주한 사람을 포함한다) 또는 그 직계비속으로서 대한민국 국적을 가지지 아니한 사람"으로 정의하고 있다. 즉, '재외동포'는 국적 보유와 관계없이 한반도에 뿌리를 둔 사람을 말한다. 재외동포기본법에서는 외교부 소속의 제일동포청장이 "재외동포를 대상으로 하는 교육·문화·홍보에 관한 정책"을 포함한 재외동포 정책을 수립하도록 하고, 외교부 장관 소속의 '재외동포정책위원회'에서 "재외동포 정책의 종합적·체계적 추진을 위한 주요 사항을 심의·조정"하며, "재외동포를 대상으로 하는 초청·연수·교육·문화·홍보 사업" 등을 추진하기 위해 재외동포협력센터(구 재외동포재단)를 둔다고 규정하고 있다.

재외국민교육지원법에 의하는 경우 한국학교에 재학하는 대한민국 국민만이 재외국민교육지원법의 지원 대상이 되며, 재외동포 중 국적을 가지지 않은 자(재류 국가로 귀화한 자 등)는 재외동포기본법의 규정에 따라야 하는 이중 행정의 문제가 생긴다. 그런데 재외동포청 직제 및 직제 시행 규칙의 규정에 의하면 재외동포청의 업무는 한글학교이며 한국학교는 대상이 되지 않는다. 따라서 대한민국에 배경을 가지고 있지만 특별한 사정 등으로 국적을 가지지 않게 된 자는 한국학교에 재학하더라도 지원을 받을 수 없는 공백 상태가 생길 수 있다.

이러한 문제의 해결 방안으로 두 가지를 제시하면 먼저, 현행 재외국민교육지원법을 재외동포교육진흥법으로 변경하는 것이다. 우리나라 헌법 제2조 제2항에 의거 국가는 "법률이 정하는 바에 의하여 재외국민을 보호할 의무"를 진다. 그리고 재외동포법에서는 재외동포의 "대한민국 안에서 부당한 규제와 대우"의 제거를 규정하고, 재외동포기본법에서는 "재외동포가 한인으로서의 정체성을 함양"해 가는 데에 필요한 지원을 하도록 하고 있다. 즉 국가는 재외동포에 대한 국내에서의 부당한 차별을 제거하고 해외에서는 '한국인이라는 자부심'을 가지도록 정책을 추진할 책무가 있는 것이다. 그리고 '한국인이라는 자부심'은 교육을 통해서 배양되는 것이므로 국가는 대한민국 국적을 가지든지 가지지 않든지 간에 교육을 적극적으로 지원할 필요가 있다.

또 한 가지는 재외국민교육지원법의 내용 구성에 관한 것이다. 재외국민교육지원법은 우리나라의 주권이 미치지 않는 외국에 설립된 학교의 설립과 폐지, 감독 등을 폭넓게 규제·감독하는 규제 법률이므로 현지 법령과 상충하는 경우 당연히 효력이 미치지 않는다. 법률의 제정 과정에서 일본 등지의 한국학교로부터 이러한 문제점이 제기되어 제40조에 "소재하는 국가의 법령에서 이 법의 규정과 다른 규정을 두고 있는 경우에는 해당 외국 법령과 상충되지 아니하는 범위 안"에서 적용한다고는 하고 있지만, 상충이 되는지 되지 않는지의 판단은 한국학교가 아니라 우리나라 정부가 우선 권한을 가지고 있으므로 법률이 있다는 것만으로도 '전가의 보도'가 될 수 있다.

국내 법령으로 한국학교의 설립·폐지 등 권원 부여, 국내의 학교와 거의 동일한 학교 제도 기준의 적용 등 학교 운영을 세부적으로 규제하는 것은 실효성이 떨어지므로 법률 제명의 변경과 아울러 한국학교로 인정받기 위한 요건과 절차 등을 규정함으로써 한국학교로서 자격을 갖춘 학교를 선택하여 집중적으로 지원하여 재외국민 교육이 진흥될 수 있도록 재외동포교육진흥법을 제정하는 것이 필요하다.

2) 교육재정의 안정적 지원

우리나라 국내의 국민과 비교하여 재외국민의 교육권이 충분히 보장되어 있지 않다는 점에는 이견이 없을 것이다. 우리나라 헌법은 모든 국민은 균등하게 교육을 받을 권리가 있으며 의무교육은 무상으로 한다고 헌법과 교육기본법에서 명확히 하고 있다. 헌법과 교육기본법을 문언 그대로 해석하면 국내에 거주하든 국외에 거주하든지 관계없이 대한민국 국민에게 적용되므로 외국에 거주하는 재외국민도 교육을 균등하게 받고 무상으로 의무교육을 받을 권리가 있다.

　정치권에서도 재외국민의 교육에 관심을 가진 적이 있는데, 한국학교에 교부금 교부를 골자로 하는 '지방교육재정교부금법 개정 법률안'이 의원입법으로 2009년 8월 국회에 제출된 적이 있으나 폐안이 되어 재외국민의 교육 기회 확대, 특히 의무교육 대상자에 대한 지원 노력이 무산되었다. 우리나라 사립중학교는 무상의무교육 학교에 포함되어 학교 운영비의 전액을 지원받고 있으며 전체 고교의 41%(950개교 77만 명)에 이르는 사립고교도 수업료가 자율화되어 있는 일부 학교를 제외하고는 2021년에 완성한 무상교육으로 수업료 부담이 없어졌다.

　즉, 우리나라 사립학교의 경우 일부 수익자 부담을 제외하면 인건비 및 운영비 대부분을 공적 재정으로 부담해 주고 있다. 그런데 재외 한국학교의 경우 학교마다 다소 차이는 있지만 많아 봐야 인건비 및 운영비 소요액의 30% 이내를 보조하는 정도이다. 따라서 한국학교의 수업료는 현지 사립학교와 별반 차이가 없으며, 한국 정부의 보조금이 매년 유동적이므로 교육 기회의 격차뿐만 아니라 교육의 질도 저하되는 등 교육이 불안정하게 운영될 가능성이 크다.

　현재 한국학교 34개교에 13,619명이 재학하고 있으므로 정부가 지원하는 학생 1인당 평균 교육비는 4,086,776원 규모로 한국 사립학교의 절반에도 미치지 못하고 있다. 그러나 한국학교는 정부가 직접 설립한 학교는 아니지만 단순하게 사립학교로 분류하여 취급하는 것은 타당하지 않다. 왜냐하면 본국의 사립학교 법인이 외국에 학교를 설립하여 운영하는 경우와는 본질적으로 설립 목적이 다르기 때문이다. 한국학교가 재외국민 교육이라는 공공성이 강한 목적을 수행하고 있다는 것을 정부 정책에 충분히 반영하고 지원이 이루어져야 한다.

앞서 언급한 한국학교 교부금법의 경우 국가는 교육에 직접 책임을 지지 않고 지방교육재정교부금에 비용을 신설하려는 의도에는 문제가 있다. 재외국민의 교육 지원은 국가가 직접적으로 가지는 책무이지 지방교육을 지원하는 금액 중 일부를 잘라 은혜적으로 지원하는 것이 아니기 때문이다. 헌법의 이념과 재외국민교육지원법의 취지 등에 비추어 볼 때 재외동포교육진흥법을 제정하여 한국학교에 대한 교부금 근거 규정을 두어야 재정이 안정적으로 지원될 수 있다. 한국학교 예산 규모의 50% 정도는 정부 예산으로 보조하여 현재 학생들이 부담하고 있는 수업료를 경감시킴으로써 헌법 제31조의 교육을 받을 권리를 실현하고 재외국민의 교육 기회가 확대되도록 하는 것은 국가의 책무이기도 하다.

덧붙인다면 그간 정부에서는 한국학교의 본국 교육과정 이수 정도를 기준으로 재정 지원의 규모를 정하는 방안을 논의했다. 즉 한국학교를 국민국가의 '국민'을 양성하는 교육기관으로 위치시켜 놓음으로써 외국에서 정주하는 '민족'적 특성은 정부의 정책 시점에서 충분히 고려되지 않았다. 재일한국인은 일본이라는 지리 공간이 생활의 토대이므로 일본의 법과 제도에 따라 생활할 수밖에 없다. 정책적으로는 '민족교육'을 표방하면서 실제 지원은 '한국인 교사에 의한 한국의 교육과정'으로 한정하는 것은 현지 생활 적응력을 고려하지 않는 획일적인 국민교육이 될 수밖에 없다.

3) 재외동포교육지원센터 설립

우리나라는 재외국민을 대상으로 하는 정규교육기관의 정책 방향 설정과 정책 수립, 재정 지원 등을 교육부가 전적으로 담당하고 있다. 한국학교는 외국에 설립되어 있으므로 한국학교 전반을 효율적이고 전문적으로 관리하기 위해서는 소재국의 법령과 교육제도 등의 지식이 필수적임에도, 담당 직원들의 조직 내 이동이 빈번하므로 지속적이고 전문적인 정책을 수립하는 것이 쉽지 않다.

일본의 경우 재외국민의 교육 지원을 위하여 문부과학성 초등중등교육국 내에 국제교육과를 설치하여 정책의 기획과 집행, 보조 사업 등을 체계적이고 종합적인 관점에서 추진하고 있으며, 해외자녀 교육, 귀국자 및 외국인 학생 교육, 교직원 파견, 재외국민 자녀의 지원 등에 관한 각종 정보를 제공하고 있다. 그리고 1971년에는 해외자녀교육진흥재단을 설립하여 일본인학교 등에 대한 재정상, 교육상의 지원과 폭넓은 사업을 전개하고 있다. 아울러 도쿄학예대학에 국제교육센터를 설립하여 해외자녀 교육에 관한 전반적인 교육 연구 활동을 추진하고 있다.

특기할 만한 부분으로는 일본인학교의 지원을 위한 문부성과 외무성의 역할 분담을 들 수 있다. 일본인학교 소재국에 대하여 전문성을 가진 외무성이 재외국민 교육에 관여할 경우 현지의 실정을 충분히 알고 정책을 수립할 수 있다는 장점이 있다. 문부과학성의 경우 교원의 파견 등을 중심으로 지원하고 외무성은 교육시설 임차료, 현지 채용 교원, 학교 안전대책 등을 지원하고 있다. 우리나라에서는 2023년 5월에 재외동포기본법이 제정되고 외교부장관 소속으로 재외동포청(정부조직법 제30조 제3항)이 신설되었다. 그리고 외국의 한글학교를 지원하는 재외동포재단이 재외동포협력센터로 명칭을 변경하였다. 앞으로 재외동포에 대한 교육

지원은 교육부의 한국학교 및 한국교육원, 문화체육관광부 세종학당의 한국어 보급, 재외동포청과 재외동포협력센터의 한글학교 지원으로 분산되게 된다. 유사한 업무가 부처별로 분장되어 있으므로 이중·삼중 행정이 이루어지고 통합적 정책에는 한계가 있다.

재외동포 교육을 체계적이고 효율적으로 추진하여 재외동포의 교육 기회를 확대하기 위해서는 교직원의 선발 및 체계적인 연수 지원, 교육과정 편성·운영에 관한 정보 제공, 재외교육기관에 적합한 교재 등의 개발·보급, 지정기부금의 모집 중개, 학교 운영에 대한 정보 제공 등을 종합적으로 기획하고 집행할 수 있는 '재외동포교육지원센터'(가칭, 이하 "센터")의 설립이 필요하다. 신설될 센터는 교육과 외교의 전문성이 융합된 조직이 되어야 하지만, 관료 주도의 기구가 되어서는 안 된다. '복수의 정부와 민간, 시민 섹터의 상호의존과 상호작용, 신뢰와 교섭의 규범, 대등성과 자율성의 특징을 가진 여러 조직이 자기 조직화를 이루는 네트워크'로서 거버넌스가 효율적으로 작동되도록 하여야 한다.

센터에는 민족교육의 공통성을 회복하는 데에 중요한 역할이 기대된다. 재일동포 사회의 경우 민족학교는 민단계의 한국학교와 총련계의 조선학교로 양분되어 있다. 이러한 분리는 정치적, 사상적 중립성을 유지하여야 할 교육이 정치구조나 사상의 경계선을 중심으로 지지하는 국가에 따라 민족단체가 이편저편으로 분리되어 있기 때문이다. 정치적 중립성이 필요한 교육에 이데올로기가 침투하여 그 피해가 고스란히 아동에게 돌아가고 있다. 총련계 조선학교가 '납치 문제', '총련과의 밀접한 관계' 등을 이유로 일본의 외국인학교 중 유일하게 고교무상화 지원 대상에서 제외되고 있는 것이 대표적인 사례이다.

2. 삼위일체의 민족교육

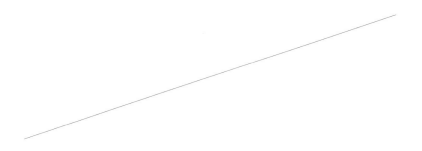

1) 사회·정서적 교육의 강화

비인지 영역의 발달과 관련해서는 2013년 런던대학 레슬리 거트먼과 인그리드 스쿤이 발표한 논문의 비인지적 능력 분류를 참고할 수 있다. 거트먼 등은 개략적으로 비인지적 능력을 자기 인식, 의욕, 인내력, 자제력, 메타인지 능력, 사회적 적성, 복원 및 대처 능력, 창조성 등으로 구분한다(Gutman & Schoon, 2013).

이러한 비인지 능력이 언제 형성되는가에 대해서는 페드로 카르네이루와 제임스 헤크먼의 연구가 있다(Carneiro & Heckman, 2003). 그들은 학습에 영향을 주고 생산성을 촉진하는 능력과 의욕을 개발하는 데 있어 빠른 시기의 중요성이 최근의 연구에서 증명되었다고 한다. 그리고 인지 및 비인지 장애는 학교교육 이전에 나타난다고 한다.

거트먼 등에 의하면 메타인지 전략, 창조성 등 인지 능력과 함께 발달하는 능력도 있으며, 자기 인식, 의욕, 인내력, 자제력 등의 능력도 있다. 학교교육만으로 개발될 수 없는 능력이 있는 것이다. 이러한 능력들은 짧은 기간에 형성되는 것이 아니며 자녀에 대한 부모의 관심 등 가정의 분위기, 지역사회에서의 사회화 과정, 학교에서 교사와 동료 간의 관계 등에 의하여 장기간에 걸쳐 형성되는 능력이다. 조숙한 아동들은 중학생 이전에 비인지 능력이 형성되어 있을 수도 있다. 그러므로 의무적으로 시행되는 프로그램이 학생들에게 반드시 유익하지 않을 수도 있다(김상규, 2017b).

21세기 초기에 지능검사가 개발되어 사회에 널리 알려짐으로써 지능을 비롯한 높은 인지 능력은 학교에서의 학업 성적, 학력, 수입, 심신의 건강, 그리고 수명에 이르기까지 영향을 미친다는 것이 연구를 통하여 보고되었다. 그러자 교육 및 양육의 과정에서 지능을 높이려고 하는 실천이 시도된 것은 자연스러운 흐름이었다. 이러한 시도 중의 하나가 후술하는 페리 프로그램이다. 연구 대상은 가난한 가정의 아이들이었으며, 랜덤으로 두 그룹으로 나눈 후에 한쪽의 그룹에는 특별한 교육 프로그램을 투입하여 추적조사를 하였는데, 프로그램에 참가한 아이들은 성인기에 범죄를 저지를 확률이 낮고 수입이 높으며 심신의 건강도 양호한 것으로 나타났다. 그러나 지능에 관해서는 도중까지는 향상이 기대되었지만, 그 후로는 효과가 사라졌으므로 양호한 사회적인 결과는 지능의 향상이 아니라 다른 요소가 중요하다고 생각하게 되었다.

비인지 능력에는 지능검사 및 학력검사로 측정되는 것 이외의 다양한 스킬이나 능력, 성격 특성이라는 광범한 심리 개념이 포함되어 있다. 예를 들면 비인지 능력의 정의를 충족하는 심리 개념은 (임상적·교육적) 개입으로 활성화할 수 있다. 다만 어떠한 형태의 개입을 통하여 비인지 능력의 향상을 목표로 하는 경우 몇 가지 점에서 유의할 점이 있다.

첫째, 효과의 크기이다. 이들 심리 개념에 대한 개념을 검증한 연구에서의 효과의 크기는 반드시 큰 것은 아니다. 개입하였다고 하여 전원에게 반드시 효과가 생기는 것이 아니라는 점에 유의할 필요가 있다. 둘째, 부작용의 가능성이다. 어떤 심리 개념은 별개의 심리 개념과 관련되어 있다. 예를 들면 성실성은 비인지 능력으로서 신장하여야 할 바람직한 개념이다. 그러나 성실성은 완전주의와 관련된다는 것이 연구에서 확인되고 있다. 개입할 때에 주의 깊게 변화를 보면서 성실성만을 신장하고 완전주의에 빠지지 않도록 할 수 있는지를 신중히 고려해야 한다. 셋째, 어느 연령대에 개입할 것인가의 문제이다. 심리 개념에 따라서는 유소년기에 개입해야 하는 것도 있으며, 연령대가 높은 시기에 개입의 효과가 나타나기도 하므로 주의가 필요하다. 마지막으로, 비인지 능력을 활성화하기 위한 개입은 사람들을 보다 바람직한 모습으로 되도록 하는 것이다. 따라서 무엇을 바람직한 것으로 볼 것인가에 대한 논의 또한 중요하다.

민족교육은 언어 교육, 역사 교육, 전통문화 등에 관한 지식 등 인지적 능력도 무시할 수 없다. 하지만 조국에 대한 의욕, 민족에 대한 태도 등은 비인지적인 사회 정서적 능력이므로 이를 배양하는 데에도 관심을 기울일 필요가 있다. 재일한국인에게 민족교육은 일본이라는 지리적·생활적 공간에서 개개인이 사회의 일원으로 경쟁력을 갖추고 당당하게 살아나갈 수 있는 '개인적 조건'에다가 언어, 역사, 문화, 생활양식 등을 공유하면서 민족의 동일성을 유지·계승하는 '집단적 조건'을 충족하는 교육이 되어야 한다는 것이다.

또 한 가지는 민족교육 방법을 다양화하는 것이다. 1조교 등 제도권의 학교에서의 민족교육은 한계를 가진다. 1조교는 일본의 '학교교육법'에 의하여 일본의 학습지도요령을 의무적으로 교육하여야 하며, 각종학교는 민족교육의 독자성을 가질 수 있지만 초중등교육기관의 특성상 민족교육보다는 대학입시 교육에 치우치기 쉽다. 이러한 교육 운영상의 문제점을 극복하기 위해서는 평생교육 차원에서 민족교육에 접근할 기회를 만들어 민족교육의 일상화·개방화를 추구할 필요가 있다. 한 가지 방안으로는 재외한국인이 제도권의 학교든지 비제도권의 학교(평생교육)든지 어느 장소에서도 민족교육을 이용할 수 있는 바우처(민족교육 쿠폰)를 지급하는 것도 고려할 수 있다.

2) 언어(모국어) 교육의 생활화

재능 시장은 글로벌로 확장되어 있다. 그러나 보통교육에 한정한다면 학교교육은 지역적인 경향이 강하다. 12년간의 보통교육은 국민국가의 일원으로서 성장하도록 하는 것에 목표가 있으므로 학습의 범위를 가능한 한 국민의 형성에 주력하고 있다. 그런 연유를 반영한 것인지 "한국 정부의 인가를 받고 있는 위에다가 한국인으로서의 국민적 교양과 민족의식의 계발을 교육목표의 주요한 일부로 삼고 있는 재일한국학교로서의 그 제1의적(義的)인 졸업자의 진로는 한국 소학교에서 한국 중학교로, 한국 중학교에서 한국 고등학교로, 그리고 한국 고등학교 졸업자는 모국의 대학으로라는 일관 교육체계의 그것이라야 할 것이며, 일본학교를 진학의 차상급학교로 택한다는 것은 용인될 수는 있으나 그것은 예외적 진로이지 결코 원칙적인 것이 되지 못할 것이다"(이영훈, 1972)라는 지적이 있다.

그러나 이러한 주장은 국민교육의 정의일 수는 있어도 민족교육의 정의는 되지 못한다는 점을 지적하고 싶다. 이 경우 주의를 요하는 것은 단기체류자의 교육 기회 문제이다. 조상의 뿌리를 가진 조국이 있어도 귀국하지 못하는 재일한국인과 달리 부모의 직업, 경제활동 등으로 해외에 동반 가족으로 온 학령 아동에 대해서는 국민국가의 국민을 육성하는 교육을 중심으로 구성되어야 함은 당연하다.

　보통교육의 범위에서 이루어지는 민족교육에서는 모국어 교육이 중요하다. 그러나 민족교육의 본질이 곧 모국어 교육이라는 의미는 아니다. 언어의 운명은 말하는 사람의 운명과 같다고 한다. 그리고 생각과 언어능력(speech) 사이에는 자연스럽게 상호의존이 생긴다.

　대니얼 네틀과 수전 로메인은 1962년에 실시한 북미 대륙의 언어 조사에서 79개의 북미 원주민 언어가 있는데, 언어를 말할 수 있는 연령이 대부분 50세를 넘긴 것으로 조사되었다고 하였다(Nettle & Rornaine, 2000). 재일한국인의 언어 사용 현실과 매우 흡사하다. 언어와 문화는 표리일체의 관계이다. 그렇지만 언어는 단지 문화적 배경만을 표현하는 것이 아니라 말하는 한 사람 한 사람의 아이덴티티를 표현하는 것이다. 언어의 상실은 민족의 가장 중요한 개념인 아이덴티티의 상실로 이어질 수 있다는 것이다. 또 언어는 전에 알려지지 않은 진실을 발견하는 수단이기도 하다(Kerényi, 1976). 바꾸어 말하면 언어를 통해서 우리는 민족문화의 유지·발전을 기대할 수 있다는 의미이다. 앞서 언급한 교토대학의 조사에서도 밝혀졌지만, 모국어를 잘하는 그룹과 모국어를 할 줄 모르는 그룹 사이에는 민족교육의 필요성을 느끼는 정도에 큰 차이가 생기고 있다. 모국어 구사 능력은 부모와 가정의 영향이 크게 작용하며 이는 민족의식의 보존 및 대물림에 영향을 미칠 수 있다. 다만 민족의식이란 가치관과 태도이므로 한글 교육을 민족교육의 본질로 규정하거나 모국어 구사 능력과 민족교육을 동일시하는 것은 타당하지 않다. 그러나 사피어-워프 가설이 말하는 것처럼 언어는 인간의 생각을 형성하고, 인식을 수정하고,

현실을 창조하는 데 중요한 역할을 한다. 주류사회의 마이너리티인 경우 언어를 통하여 민족이 기억되고 민족을 접하는 기회가 많아지게 되어 민족의식이 유지·발전해 가는 데에 도움이 된다는 것이다.

3) 민족교육의 조기화

다음은 민족교육 과제 중의 하나로 민족교육은 가급적이면 이른 연령 단계에서 실시되어야 한다는 점이다. 민단은 1968년 3월 28일 제12회 민단 중앙위원회에서 채택한 '교육재단 설립 계획'에서 의무교육은 일본의 학교에서 무상으로 받고 민족교육은 고등학교 교육에 집중시킨다고 하였다. 그러나 일본의 의무교육학교에 취학한 이후의 일본인 교사와 일본의 교과서에 의한 교육은 일본 문화의 헤게모니에 의해 민족문화의 아이덴티티를 약화할 가능성이 매우 높다.

인생의 이른 단계에서 교육에 더 많은 투입을 하여야 하는 이유는 페리 프로그램이 잘 말해 주고 있다. 2000년에 노벨경제학상을 받은 제임스 헤크먼이 하이스코프 교육연구재단의 지원으로 실시한 페리 프로그램은 미국 미시간주 입실랜티의 흑인 가정 중 빈곤 가정의 아동 58명을 대상으로 1960년대 초에 시작한 연구이다(Heckman, 2013).

이 연구는 3세에 시작하여 4세까지 2년간에 걸쳐 학기 중의 평일에는 인지적 능력 및 사회 정서적 능력 발달을 돕는 프로그램을 가지고 매일 2.5시간씩 지도하고 추가로 교사가 1주간 1회 가정 방문을 하여 개별적으로 지도를 하였다. 그리고 그 이후의 효과를 관찰하기 위하여 40세가 된 시점까지 실험집단과 통제집단을 비교했다. 연구 결과에 의하면 프로그램에 참가한 어린이는 참가하지 않은 어린이보다 학업 성적, 학력, 수입 등이 높았으며, 생활보호 수급, 범죄율 등은 낮은 것으로 확인되었다. 이 사례가 민족교육과 직접 관련성은 없지만, 이는 어린 나이에 교육을 투입할 경우 사회적 태도의 발달을 가져올 수 있는 가능성을 말해 주는 것으로 민족교육에 시사되는 바가 크다.

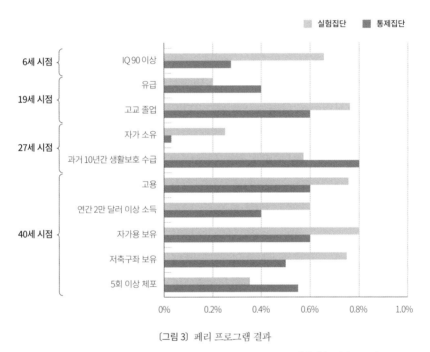

〔그림 3〕 페리 프로그램 결과

출처: Schweinhart et al. (2005).

헤크먼의 연구가 시사하는 바는 유아기의 아동들이 사회경제적 배경에 영향을 받지 않고 공평한 기회를 받도록 하는 것은 개개인의 출발점을 동일하게 하는 것으로 민족의식의 배양뿐만 아니라 취학 후의 교육의 기회균등에 상당한 영향을 줄 수 있다는 점이다. 헤크먼은 사회 전체에 미치는 좋은 영향을 추계하였는데, 페리 프로그램의 사회적 수익률은 7~10%까지 올라간다고 한다. 다른 경제학자의 추산에 의하면 사회적 수익률 7~10%는 4세 때 투자한 천원이 65세가 되면 6만 원에서 30만 원 정도가 되어 사회에 환원되는 효과라고 한다.

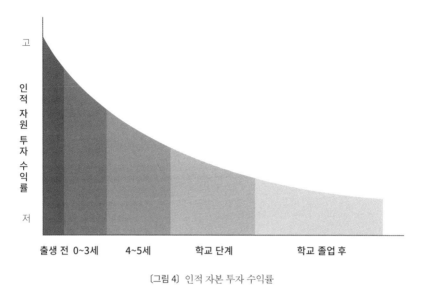

〔그림 4〕 인적 자본 투자 수익률

출처: Heckman & Krueger(2005).

〔그림 4〕는 헤크먼 등의 인적 자본 수익률을 연령별로 나타낸 것으로 세로축은 인적 자본 투자 수익률, 가로축은 학생의 연령을 표시하고 있다. 이 그림에서 잘 알 수 있듯이 인적 자본 투자 수익률은 아이의 연령이 낮을수록 높다는 것을 나타내고 있다. 취학 전에 가장 높고 그 후로는 계속 낮아지며 일반적으로 교육 비용이 더 많이 들어가는 고교와 대학 단계가 되면 인적 자본 투자 수익률은 취학 전과 비교하면 상당히 낮다는 것을 알 수 있다.

유아교육에 투자가 많이 이루어지면 질수록 삶에 긍정적인 효과는 커지고 사회에 나쁜 영향을 미치는 범죄, 사회보장 비용 등을 줄여 결과적으로 수십 배, 수백 배의 효과를 줄 수 있다. 이러한 결과는 인지 능력의 발달로는 설명할 수 없으며 사회 정서적 능력을 포함한 비인지 능력의 영향이라고 보는 경향이 강하다. 이는 민족교육에도 응용할 수 있는데 민족에 대한 애착 등 민족의식이 교과서적 지식보다는 자기 인식, 사회 인식 등 비인지 능력에 해당하므로 조기에 민족교육을 지원하면 할수록 민족 아이덴티티의 유지·발전에 효과적이라는 것을 시사하고 있다.

3. '다민족 창조' 사회의 조건

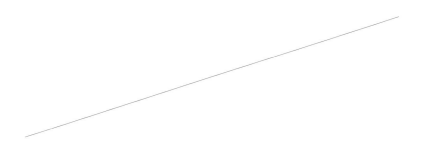

1) 공교육의 경계선, 각종학교

외국인학교는 '학교교육법' 제134조의 '학교교육법 제1조의 학교 외에 학교교육에 유사한 교육을 실시하는 학교'인 각종학교에 해당된다. 다만 다른 법률에 특별한 규정이 있는 학교(직업능력개발촉진법에 의한 직업훈련학교, 아동복지법에 의한 보육소, 다른 부처 소관의 항공대학교 등)와 전수학교는 각종학교에서 제외된다. 일본의 각종학교는 공업, 의료, 위생, 교육·사회복지, 상업 실무, 가정, 문화·교양, 대학 수험 준비, 학습·보습, 자동차 운전 등의 분야에 728개교가 있으며, 외국인학교는 136개교에 31,608명이 재학하고 있다(2023년 기준).

각종학교는 메이지 초기 교육령 시대부터 정규학교 이외에 각종의 교육을 실시하는 학교로서 다양한 분야에서 다종다양한 교육을 전개해 왔다. 전후에는 중학교·고등학교 졸업 후의 청년을 대상으로 양재, 이·미용, 조리, 타자 등 훈련 및 실생활에 필요한 지식·기술을 습득시키기 위한 목적으로 교육해 왔으며, 1975년에 전수학교 제도가 도입되면서 '우리 나라에 거주하는 외국인을 주로 대상으로 하는 학교를 제외'한다는 규정이 전수학교에 추가됨으로써 많은 각종학교가 전수학교로 개편되었으나 외국인학교는 각종학교에 그대로 남게 되어 다양한 교육적 혜택의 수혜자에서 멀어지는 결과가 되었다.

각종학교 설치 인가 기준으로는 '각종학교 규정'이 있다. 이 규정에서는 ① 수업 기간은 1년 이상. 단, 간이로 습득할 수 있는 과정은 3개월 이상(제3조), ② 수업시수는 연간 680시간 이상(제4조), ③ 동시에 수업하는 학생 수는 40명 이하(제5조), ④ 교원 3명 이상(제8조), ⑤ 교사 면적 115.70㎡ 이상으로 학생 1인당 2.31㎡ 이상(제10조) 등으로 규정하고 있다. 사립의 1조교는 학교법인만이 설립할 수 있으나 각종학교는 학교법인, 준학교법인(사립학교법 제64조) 외에 공익법인과 개인도 설치할 수 있다.

각종학교인 외국인학교는 공교육의 경계선에 있는 학교이므로 정규 사립학교에 비하여 교육 여건이 열악할 뿐만 아니라 공적 재정의 지원에서도 불이익을 받고 있다. 과거 각종학교에만 고등교육의 기회를 제한하여 문제가 된 적이 있었다는 역사적 사실은 앞에서 언급하였듯이 외국인학교에 대하여 선택적으로 대학 수험 자격을 부여한 것인데, 일본 정부의 태도에 대한 국내외의 비판과 압력의 결과 2003년에 대학 수험 자격에서의 차별 문제는 해소되었다. 그러나 고등교육 기회의 차별이 있는 기간 중에 한국학교 중 2개교가 각종학교의 지위를 버리고 일본의 정규학교인 1조교가 되었다는 사실은 민족교육에서 많은 것을 생각하게 한다.

외국인학교는 국가의 사학 조성 대상에서 제외되고 본국 정부도 재정 지원에 소극적인 경우가 많다. 그리고 '학교보건안전법', '일본스포츠진흥센터법'의 대상에서도 제외되어 재학 중 폭넓은 교육 경험을 가지기도 어렵고 일본인 학생들이 다니는 정규학교와의 교외 활동 등 교류 기회도 없으므로 사회성 발달에도 지장을 초래할 수 있다.

[표 9] 일본의 외국인학교 수·학생 수 추이

구분			2012	2013	2014	2015	2016	2017	2018	2019	2020	2021
영미계	학교 수		33	33	33	33	34	34	36	37	38	37
	학생 수	유	1,160	1,178	1,292	1,383	1,532	1,608	1,756	1,729	1,482	1,389
		소	3,892	3,888	3,960	4,157	4,658	4,993	5,494	5,778	5,828	5,526
		중	2,307	2,373	2,433	2,454	2,731	2,760	2,937	2,992	3,113	3,177
		고	2,407	2,465	2,571	2,728	2,972	3,091	3,144	3,240	3,291	3,296
		계	9,766	9,904	10,256	10,722	11,893	12,452	13,331	13,739	13,714	13,388
남미계	학교 수		14	15	15	15	15	15	15	15	15	15
	학생 수	유	195	192	205	187	174	157	181	151	11	11
		소	916	1,064	948	909	812	792	767	756	700	679
		중	782	827	797	729	721	761	806	851	811	736
		고	539	691	680	730	751	805	813	844	826	878
		계	2,432	2,774	2,630	2,555	2,458	2,515	2,567	2,602	2,348	2,304
유럽계	학교 수		4	4	4	4	4	4	4	4	4	4
	학생 수	유	251	272	311	331	356	358	368	369	371	339
		소	483	505	540	599	649	719	807	841	874	829
		중	420	415	430	472	508	514	552	590	626	618
		고	114	113	155	153	164	163	189	204	211	217
		계	1,268	1,305	1,436	1,555	1,677	1,754	1,916	2,004	2,082	2,003
중화학교	학교 수		5	5	5	5	5	5	5	5	5	5
	학생 수	유	96	105	105	96	112	103	91	96	91	11
		소	1,512	1,575	1,578	1,581	1,597	1,557	1,605	1,611	1,612	1,609
		중	466	465	513	555	583	600	599	604	595	582
		고	92	83	77	90	97	125	122	119	112	125
		계	2,166	2,228	2,273	2,322	2,389	2,385	2,417	2,430	2,410	2,327

조선학교	학교 수		73	71	68	68	66	66	64	64	64	63
	학생 수	유	757	769	729	721	686	682	600	593	557	487
		소	3,187	2,990	2,870	2,771	2,688	2,551	2,415	2,337	2,201	2,060
		중	1,788	1,712	1,566	1,481	1,422	1,362	1,303	1,209	1,108	1,041
		고	1,691	1,570	1,521	1,447	1,389	1,262	1,199	1,084	1,037	977
		계	7,423	7,041	6,686	6,420	6,185	5,857	5,517	5,223	4,903	4,565
한국학교	학교 수		1	1	1	1	1	2	2	2	2	2
	학생 수	유	0	0	0	0	0	0	0	0	0	0
		소	643	658	684	707	716	708	718	715	715	712
		중	251	288	303	314	336	349	359	358	358	347
		고	255	243	250	268	294	324	338	347	327	314
		계	1,149	1,189	1,237	1,289	1,346	1,381	1,415	1,420	1,400	1,373
합계	학교 수		130	129	126	126	125	126	126	127	128	126
	학생 수	유	2,459	2,516	2,642	2,718	2,860	2,908	2,996	2,938	2,512	2,237
		소	10,633	10,680	10,580	10,724	11,120	11,320	11,806	12,038	11,930	11,415
		중	6,014	6,080	6,042	6,005	6,301	6,346	6,556	6,604	6,611	6,501
		고	5,098	5,165	5,254	5,416	5,667	5,770	5,805	5,838	5,804	5,807
		계	24,204	24,441	24,518	24,863	25,948	26,344	27,163	27,418	26,857	25,960

출처: 月間イオ編集部(2022).

주: 1. 한국 정부로부터 인가를 받은 한국학교 4개교 중 3개교는 학교교육법 제1조에 의한 정식 사립학교이므로 외국인학교에 포함되지 않음
2. 한국학교 2개교는 도쿄한국학원과 2008년에 개교한 코리아국제학원이며, 이중 코리아국제학원은 한국 정부의 학교 설립 인가를 받지 않은 학교임

2) 교육의 중심은 '아동'

각종학교는 학습의 보장을 위한 각종 정책에서 배제되고 있는데, 2020년 문부과학성이 소·중·고등학교를 대상으로 한 '학교 재개에 따른 감염병 대책·학습 보장 등과 관련한 지원 경비', 유치원 등을 대상으로 지원한

'유치원에서의 마스크 구입 등 감염 확대 방지 사업' 등에 각종학교인 외국인학교는 포함되지 않았다. 즉 각종학교는 생명을 위협하는 질병 대응에서 사각지대가 된 것이다. 특히 차별적 문제가 생기는 두 가지는 '유아교육·보육 무상화 제도'(이하 "유아교육 등 무상화")에서의 각종학교 배제와 조선학교의 취학지원금 지원 대상 제외이다.

먼저 유아교육 등 무상화는 2019년 10월 1일 '아동·보육 지원법' 개정 법률의 시행으로 시작되었다. 이 제도에 유치원, 보육원, 인정어린이집에 인가 외 보육시설 등이 대상에 추가된 반면 인터내셔널 스쿨, 브라질인학교, 조선학교 등 각종학교로 인가를 받은 외국인학교의 유아교육·보육시설은 '유아교육을 포함한 개별 교육에 관한 기준이 없고 다종다양한 교육을 하고 있으며, 아동복지법상의 인가 외 보육시설에도 해당하지 않기 때문에 무상의 대상은 될 수 없다'라고 하여 유아교육 등 무상화 대상에서 제외되었다.[2]

그러나 각종학교인 외국인학교의 유아교육 등 시설은 학교교육법 제134조에 의하여 도도부현 지사의 감독을 받고 유아교육을 실시하고 있다. 또 다종다양한 교육을 하는 인가 외 보육시설이 유아교육 등 무상화의 대상으로 되어 있는 이상 다종다양한 교육을 이유로 각종학교를 유아교육 등 무상화에서 제외하는 것은 타당하지 않다. 아동·보육지원법은 "모든 아동이 건강하게 성장하도록 지원"한다는 것이 기본이념이므로 외국인학교 보육시설에 다니는 아동이라도 무상화의 대상으로 하는 것이 법률의 취지에 맞는 것이며 외국인학교가 각종학교로 인가 외 보육시설에 해당하지 않는다는 것을 이유로 그 대상에서 제외하는 것은 합리적이유가 없는 차별로 일본 헌법 제14조와 아동권리조약 제2조 제1항 등국제조약에 반하는 것이다. 따라서 국가는 본건 무상화 제도를 넓게 외국인학교 보육시설에도 적용하도록 법률을 개정하여야 하는 것은 당연한 이치이다.

　유아기부터 발달하는 개인의 아이덴티티는 자신이 태어나 자란 집단 문화의 가치에 관하여 타자와 대화하거나 자신 나름대로 해석해 가면서 개인의 가치관으로 구축해 간다. 부모의 인적 자본이 높고, 편입 양식이 해당 집단에 우호적일 경우 조화적 문화 변용 또는 선택적 문화 변용으로 이어지기 쉽지만 직면하는 문화적, 경제적 장애물(정부의 정책, 지역주민의 수용 태도)에 직면했을 때 도움이 되는 가족이나 지역사회의 자원이 충분하지 않으면 하향적 동화가 이루어지고 결과적으로 사회통합을 저해하는 요인으로 발전할 수 있다. 따라서 정부는 주류사회와 다른 세계관과 가치관을 가진 집단적 아이덴티티를 수용하고 그 존재를 승인하는 정책을 할 필요가 있다. 외국인학교의 설립 조건의 완화, 외국인학교에 대한 재정 지원 확대 등은 사회통합을 위하여 좋은 방법이 될 수 있다는 것이다.

　또 2010년 4월 1일 시행된 고교무상화법(公立高等學校に係る授業料の不徵收 及び高等學校等就學支援金の支給に關する法律)에 의거 공립고교 학생의 수업료 는 징수하지 않고 사립고교 등에 재학하는 학생에게는 공립고교의 수업료 상당액(연간 118,800엔)을 취학지원금으로 지급하는 제도가 시작되었다. 민주당의 정책 공약인 고교무상화를 법률로 성립한 것으로 당초 문부과학성 예산 요구에는 외국인학교도 포함되었다. 그러나 '북한에 의한 일본인 납치 문제가 진전이 없는 상황에서 북한을 압박하는 카드의 하나'로 하여야 한다는 정부 내의 주장에 입장이 바뀌어 같은 해 4월 30일 의 발표에서는 한국학교를 포함한 31개교의 외국인학교가 지원 대상에 포함되었으나 조선학교는 제외되었다.

　그리고 5월에 문부과학성에 설치된 전문가 검토회의가 같은 해 8월 30일에 제출한 보고서(高等學校の課程に類する課程を置く外國人學校の指定に關する基準 等について)에서는 "외교상의 배려에 의해 판단하지 않고 교육상의 관점에

서 판단할 것", "원칙적으로 전수학교 고등과정에 요구되는 수준을 기본으로 하는 것이 타당"하다는 의견이 있었으나 심사 절차가 미루어지다가 2012년 12월 26일 정권 교체된 자민당·공명당 연립정권에서 '납치 문제에 진전이 없'고, '조선총련과 밀접한 관계가 있'어 '국민의 이해를 얻을 수 없다'라는 이유로 법령의 관련 규정(문부과학대신이 정하는 바에 따라 고등학교 과정에 유사한 과정을 두는 것이라고 인정하여 문부과학대신이 지정한 것)을 삭제하고 2013년 2월 20일 조선학교 10개교에 불지정 처분을 통고하였다.

지난 민족교육사에서 총련의 조선학교 교육 관여와 북한의 사상 이식 등 민족교육의 정치 문제는 많은 시련을 야기하였으며, 1940년대 후반의 민족학교 폐쇄라는 쓰라린 사건의 원인이 되었다. 그러나 조선학교는 일본의 사립학교법상 도도부현 지사의 인가를 받은 학교법인 또는 준학교법인이 설치·경영하는 학교교육법상의 각종학교이며 관할청의 감독을 받는 공교육 체계에 있는 학교이다. 조선학교 재학생 중에는 조선적(재류카드, 특별영주증명서의 '국적·지역'에 '조선'으로 기재된 사람)이 많지만 대한민국 국적자도 적지 않으며 소수이지만 일본인 학생도 재학하고 있다. 따라서 정치적 기준으로 선을 그어 '조선적=북한을 지지하는 사람', '조선학교=북한의 사상에 채색된 교육'이라고 단정하는 것은 문제가 있다. 조선학교 재학생 대부분이 일본에서 태어나 자라고 장래에도 일본에서 살아갈 사회의 구성원인데도 취학 단계부터 차별하는 것은 사회 안의 경계선을 국가가 긋는 것과 같다.

또 한 가지는 고등학교 취학지원금 제도가 학교를 지원하는 경비가 아니라 학생 개개인의 학습권을 보장하는 공적 지원이라는 점이다. 2012년 문부과학성은 조선학교가 총련과 북한과의 밀접한 관계가 의심되며, 취학지원금을 수업료에 충당하지 않을 것이 우려된다고 하여 조선학교를 지원 대상에서 제외하였다. 그러나 '취학지원금법'(高等學校等就學支援金の支

給に關する法律) 제1조에서도 명확히 하는 것처럼 취학지원금은 '고교에 재학하는 학생이 수업료를 충당하기 위하여 취학지원금을 받을 수 있도록 하여 경제적 부담의 경감을 통하여 교육의 기회균등에 기여'하는 것이 목적이지 학교 운영비를 보조하는 것이 아니다. 그런데도 2020년 10월 최고재판소는 조선학교에 대한 취학지원금의 불지정 처분에 대하여 "본건 불지정 처분이 본건 학교에서 민족교육을 실시하는 것을 금지하는 것이 아니며, 학생이 동교에 진학, 통학하여 민족교육을 받는 것을 조금이라도 제약하는 것이 아니다"라고 하고, 조선학교에 취학지원금을 지급하는 것이 법률의 취지에 반할 우려가 생기므로 불지정 처분이 된 것이라고 하여 문부과학성의 처분을 정당화했다.[3] 영어를 수업 언어로 사용하며 국제바칼로레아를 주된 교육과정으로 운영하는 인터내셔널 스쿨(각종학교)에 재학하는 학생은 지원하고 조선학교 재학생은 차별하는 것이 타당한지 의문이 간다.

또 한 가지를 더 지적하면 일본 정부의 모순된 태도이다. 일본은 '적극적 평화주의'를 앞세워 국제사회의 평화와 안정에 적극적으로 기여한다는 것을 대외에 홍보하는 등 외향적 글로벌화에는 적극적이지만 국가 내의 소수민족을 배려하는 내향적 글로벌화에는 관심이 많지 않다. 해외의 일본인학교를 글로벌화 거점으로 위치시켜 시범학교 운영 등 적극적인 지원 정책을 추진하면서도 일본 국내의 외국인학교는 각종학교라는 이유로 공교육의 경계선에 두고 소극적인 태도로 일관하고 있다.

외국 국적의 아동에게는 취학의무가 없으나 취학을 희망하면 공립학교에서 무상으로 교육을 받을 수 있다는 일본 정부의 입장을 액면 그대로 받아들인다면 마치 외국인의 교육 기회가 충분한 것으로 오해할 소지가 있다. 그러나 이를 노골적으로 표현하면 교육 조건이 잘 정비되어 있고 제도적 혜택을 누리는 일본의 정규학교와 교육 조건이 좋지도 않고 재정의 부족에 허덕이는 외국인학교를 동등한 선택지로 한다는 것은 소수자의 선택권을 왜곡시켜 결과적으로는 일본의 교육을 받도록 만드는 동화 정책이나 다름이 없다. 글로벌 시대, 다문화 사회에서 국적을 기준으로 권리를 보장하는 근대적 국민국가 개념은 수정되어야 하며, 소수자에 대한 이해와 인정 등 다양성을 전제로 하는 정책이 모색되어야 한다.

일본 공립학교의 교육에서는 일본 민족 고유의 교육 내용을 배제할 수 없으며 결과적으로 민족교육을 받을 권리를 침해하게 된다. 교육은 내용 및 방법의 결정에 있어 필연적으로 일정의 가치 선택을 포함하고 있으며, 교육은 피교육자의 정신에 직접적으로 작용하는 성질을 가지는 활동이다. 특히 초중등교육 단계의 공교육은 학교라는 한정된 공간에서 가역성이 풍부한 아동을 대상으로 실시되므로 민족교육을 보장하는 것은 개인의 정신을 풍부하게 할 뿐 아니라 사회의 다양성에도 도움이 된다.

외국인 아동은 장래에도 일본에 거주하면서 공생 사회의 일원으로서 일본의 미래를 형성하는 존재이다.[4] 이 전제를 바탕으로 학습의 장에서는 공정을 중시하는 교육이 '인정'되어야 한다. 이 '인정'에는 주류사회가 설정한 공통성에 회수되지 않는 마이너리티 민족 고유의 본질적인 특징이 장려되고 국가가 공식적으로 지원하는 것도 포함된다. 다만, 특정 집단이 자신들의 고유성이나 자존 감정을 주장하면 할수록 집단을 넘어 공통된 사회의 가치를 기대하기 어렵다. 차별하지 않고 포용하는 사회문화, 외국인의 구조적 저위를 해체하는 '공정'한 제도 등은 '다민족 창조 사회'를 위해 우선적으로 검토해 볼 수 있는 과제이다. 교육에서는 외국인 아동이 일본의 공립학교나 외국인학교에서 교육을 받을 수 있는 선택지를 부여하고 외국인학교에 취학하여도 1조교와 동등한 혜택을 받을 수 있도록 제도를 개선하는 것이다.

지난 2010년 6월 15일에는 의무교육 단계의 '외국인학교 지원에 관한 법률안'이 의원입법(참의원)으로 제출된 바 있다.[5] 비록 이 법안이 성립되지는 않았지만 외국인 자녀에게 충분한 교육적 지원이 이루어지지 않고 있고, 외국인학교가 모국 교육에 중요한 역할을 하고 있다는 인식을 토대로 지원하고자 의도하였다는 점에서 의의를 찾을 수 있다.

일본 정부는 소수민족 문제가 장래 곤란하고 심각한 사회문제가 될 것이라는 인식을 토대로 동화 정책을 기조로 하고 있다. 이 원칙은 '조선인 문화인을 조선반도로부터 다수 유치하여 나라현에 집단 거주하였으므로 아스카[飛鳥] 문화가 발달하였지만 오늘날 그 자손은 어디에도 흔적이 남아 있지 않다'(内閣調査室, 1965)라는 일본 정부의 확신에서도 잘 나타나고 있다. 그러나 진정한 글로벌화는 다양한 문화, 민족, 인종 등을 제도적으로 승인하고 사회 안에 경계선이 남지 않도록 하는 것이다.

3) 궁극의 목표는 '민족의 복원'

재일한국인은 주류사회인 일본에 정주하는 민족적 소수자이다. 일본의 국민국가 성립과 식민지 지배라는 정치적·역사적 과정에서 생겨났다는 점에서 이민 국가 또는 다문화 국가의 마이너리티와는 다른 특징을 가지고 있다. 한편 재일한국인 사회는 해방 후 냉전체제 속에서 조국의 분단으로 각각의 정부가 공인한 단체(재일본대한민국민단, 재일본조선인총연합회)와 이를 지지하는 정치적 성향에 따라 민족이 재분단되어 시간의 경과와 더불어 한국 또는 북한과는 다른 독특한 생활세계가 만들어져 있다.

그러나 교육의 장은 분단된 민족을 실질적으로 복원할 수 있는 '가능성의 공간'이다. 그중 대표적 사례로 오사카에서 탄생하여 대안적 민족교육의 장 이상의 역할을 하는 '민족학급'을 들 수 있다. 2017년 기준으로 오사카부의 소·중학교 182개교에 민족학급이 있으며, 3,187명의 학생이 참가하고 있다. 한반도에 뿌리를 둔 오사카 학생 중 90% 이상이 일반학교에 다니고 있는데, 이 학생들이 민족교육을 받을 수 있는 장소는 '민족학급'이다. 민족학급에 참가하는 학생은 전체 학생 중 소학교 학생 약 50%, 중학교 학생 약 25%이다(朴永炅·竹下, 2019).

민족학급은 1940년대 후반 민족교육의 암흑기에 지방행정과 교섭의 결과로 생겨났다. 부락해방동맹이 피차별 통일전선을 제창하는 등 차별에 대항하여 다양한 사람들이 단결하려는 움직임이 활성화된 1970년대에는 오사카시립나가하시소학교[大阪市立長橋小學校]가 재일한국인 학생들의 민족교육 요구에 부응하여 교육행정의 지원 없이 교원을 중심으로 민족교육 강사를 모아 자주적 민족학급을 개설하였다. '유동적이며 가변적인 민족성에 대한 관심이 높아진 시기'인 1990년대에는 민족 강사, 재일한국인 학부모, 민족학급 졸업생, 일본인 교원 등의 끈질긴 노력으로 민족학급 강사의 처우 개선 등 민족학급이 서서히 공적인 위치를 차지하였다(河村, 2022).

민족학급에 다니는 아이들은 자신의 부모가 어떤 정치 노선을 따르는지와 관계없이 순수한 마음으로 민족을 배우고 이야기할 것이다. 2010년 3월 5일 중의원 문부과학위원회에서 이케노보 야스코 의원이 '이틀 전 도쿄조선고급학교를 시찰하였는데 재학생 중 북한 국적이 46%, 한국 국적이 53%, 나머지 1%가 일본 국적이었다'[6]라고 보고한 바와 같이 제도권의 학교인 한국학교와 조선학교에서도 청소년들은 '민족'이라는 공통성을 추구하고 있다.

21세기에 접어들어 재일한국인의 생활세계에는 다음과 같이 본질적인 변화가 생기고 있다. 첫째, 인구구조의 변화와 세대의 교체이다. 한국에서 출생하였거나 본국의 경험을 가진 1세, 2세에서 본국을 경험한 적이 없는 4세, 5세, 6세로 세대가 교체되고 일본의 정주가 고정화되면서 민족의식에 변화가 생기고 있다. 둘째, 일본 정부의 동화 정책과 제도적·사회적 차별은 재일한국인이 민족에 갇혀 있기보다는 일본인과 차이가 없는 권리 주체로서 살아가고자 하는 적극적인 주류사회 편입의식으로 나타나고 있다.

셋째, 최근 일본 국적 취득, 일본인과의 혼인, 일본인과의 사이에 출생한 자녀의 이중국적[7] 등이 증가하고 있으며, 재일한국인 자녀 대부분이 일본학교에서 교육을 받는 등 민족의식 유지 기반이 흔들리고 있다. 넷째, 1980년대 이후 급속히 진전하고 있는 글로벌화와 문화적 다원주의는 모든 인종적·민족적·문화적 집단을 사회의 일원으로 포용하는 인류 평등주의를 보편의 생활철학으로 만들어 일상생활 속에서 '나는 한국인인가', '한국문화란 나에게 어떤 의미인가'에 대해 의문을 갖게 하는 등 그간에 체화된 민족의식에 세계가 침투하여 한국인이라는 자기규정을 혼란스럽게 하고 있다. 이처럼 사회변화와 더불어 재일한국인 개인과 사회가 변화하고 민족적 자기 인식의 중요한 요소로서 민족 아이덴티티에도 양적·질적 변화가 일어나고 있다.

민족성(ethnicity) 또는 민족 아이덴티티(ethnic identity)를 이해하는 데에는 원초론(Primordialist Theories), 도구론(Instrumental Theories), 구축론(Constructivist Theories) 등 세 가지 기본적 접근 방법이 있는데(Wan & Vanderwerf, 2009), 재일한국인의 개인과 사회는 조국을 경험한 1~2세가 생래적인 애착이 형성된 '원초론'이었다면, 조국을 경험한 적이 없고 일본의 정주가 숙명이 된 3세 이후는 역사적이고 상징적인 민족의식은 보유하면서도 자신의 이익에 따라 실용적 상황을 선택하는 '도구론'의 관점으로 이해할 수 있다. 그리고 20세기 후반 이후 글로벌화와 다문화의 진전으로 국민국가의 경계가 느슨해지면서 특정 민족에 구속되기보다는 인류 평등주의적 태도를 가지고 새로운 아이덴티티를 스스로 구축하는 '구축론'적 경향이 나타나고 있다.

이처럼 재일한국인의 아이덴티티에 혼란이 생기고 있는 전환기이지만 그들의 의식 속에는 한반도가 뿌리라는 원초주의가 잠재되어 있다. 최근의 의식조사에서 재일한국인 대다수가 한민족으로서 민족의식을 가져야 한다고 응답하였으며 민족 아이덴티티를 유지하기 위해서는 한국어가 중요하다고 한다.[8] 언어는 문화와 표리일체의 관계이며 전에 알려지지 않은 진실을 발견하는 수단이 된다. 그러므로 언어의 상실은 민족의 가장 중요한 개념인 아이덴티티의 상실로 이어질 수 있다. 정리하면 재일한국인의 세대교체와 주류사회의 동화주의 등으로 소멸해 갈지도 모를 민족의식을 복원하기 위해서는 교육의 장에서 문자주의, 행동주의를 바탕으로 실천적 활동을 통하여 민족의식을 유지·발전해 가도록 해야 한다.

이를 현실화하기 위해서는 재일한국인에 대하여 행정적·기능적으로 분리되어 있는 정책을 통합하고 현재의 단기적 재정 지원 정책 중심에서 탈피하는 것이 중요하다. 그간 이루어진 다양한 분야의 역사적 연구와 일본의 제도 및 정책 동향, 외국의 사례, 일본 내 민족교육 운동 성과 등을 종합적으로 분석하여 재일한국인의 생활에 맞는 민족 개념을 재정의하고 아울러 체계적이고 지속적으로 민족의식을 유지·발전시킬 수 있는 '민족교육 모형'을 정립하여 일반화할 필요가 있다. 아울러 재일한국인에 대한 정책의 효과가 극대화할 수 있도록 민족교육 지원 체계를 점검하고 정부 중심 지원형에서 정부와 재일한국인 단체 간의 협력 네트워크를 구축하는 방안을 검토하여야 한다.

특히 재일한국인 사회에서 가장 중요한 과제는 민족교육에 의한 민족공동체의 복원이다. 재일한국인은 역사적·정치적 경위에 의해 일본에서 태어나 대부분이 일본의 학교에서 정규교육을 받고 일본어를 말하며 자신도 후손도 숙명적으로 일본을 정주 공간으로 하고 있다. 그런데도 필자의 설문조사 결과에 의하면 대부분이 정치적·경제적·사회적 차별을 받는 것으로 나타나고 있다.[9] 저출산과 일본으로의 귀화, 일본인과의 결혼 등으로 재일한국·조선인의 인구 및 가족 구조가 유동화되고 있어 차별의 회피와 민족의 가치는 교환관계가 될 가능성이 있다.

4) 글을 마치며

일본의 민족교육이 '귀국주의'에 구속되어 한국학교와 조선학교로 분리되어 있지만, 민족공동체의 복원이 불가능한 것만은 아니다. 비록 재일한국인 사회가 유기적 전체를 이루지 못하고 이데올로기의 경계선에서 양분되어 있지만, 교육의 장에서 민족은 '상상된 공동체'가 아니라 실체적인 공동체가 되고 있다. 이는 민족학교가 재일동포의 정치적, 사회적 체제 중에서 민족적 동일성을 유지·발전해 갈 수 있는 가장 중립적이면서 공통적인 민족적 공간이 될 수 있다는 가능성의 증거이다. 따라서 유치원·초중등학교 공통의 커리큘럼을 개발하는 등의 노력은 민족공동체의 복원을 위해 중요하다.

세대교체와 주류사회의 동화주의 정책의 영향으로 소멸해 가는 민족의식을 복원하기 위해서는 교육의 장에서 문자주의, 행동주의를 바탕으로 실천적 활동을 통하여 민족의식을 유지·발전해 가도록 하는 방안이 중요하지만 이러한 역할이 정치나 행정만으로 기대할 수 있는 것은 아니다. 정치의 법제도 정비, 정부의 적극적인 지원 정책, 민족단체의 절실함과 참여, 시민사회와 전문가 그룹의 지원 등이 함수가 되어 목표를 공유하고 지금까지의 고정적 시각에서 벗어나 '미래'라는 그림을 그릴 때만 가능한 일이다. 그래서 본서에서는 미래의 가능성을 다양한 이해 관계자가 참여하는 거버넌스에 기대하고 있는 것이다.

근대사회의 공교육과는 달리 현대사회에서 공교육은 자주성과 중립성을 중요한 이념으로 하고 있다. 교육에 사상, 정치권력이 개입하는 것은 인격의 완성과 사회의 형성자 육성을 목표로 하는 교육이 이념에 경도될 수 있으므로 바른 인격의 형성을 기대할 수 없게 된다. 당면의 문제로 정치적, 사상적 대립·갈등 관계를 넘어 중립적 시점에서 공통분모의 민족 문화와 지식을 체계화하여 유지·발전시켜 나갈 수 있는 공동 커리큘럼의 개발 등 민족의 공통성을 회복해 가는 노력이 이 단계에서 필요하다. 이것은 디아스포라(diaspora)로서 재일한국인의 고유성을 새롭게 창조해 가는 과정이기도 하다.

헤겔의 『법철학』(1821) 서문에 나온 '미네르바의 올빼미는 황혼이 저물어야 그 날개를 편다'는 필자가 자주 인용하는 문장이다. 지혜와 예술의 여신 미네르바의 '지식의 사신' 올빼미가 큰 눈으로 지금까지의 무지와 편견을 성찰하고 밝은 미래를 위해 필요한 것은 무엇인지를 조망하고자 우리 주변을 날 때가 되었다는 희망을 안고 글을 마무리하고자 한다.

주석

1 재외국민 보호를 위한 영사 조력법 제2조에서도 '재외국민'을 "외국에 거주, 체류 또는 방문하는 대한민국 국민"으로 정의하고 있다.

2 '유아교육 무상화 제도의 구체화를 위한 방침' 관계 각료 합의(2018.12.28.).

3 최고재판소 2017(行コ)14, 朝鮮學校無償化不指定處分取消等請求控訴事件(2020.10.16.).

4 中央敎育審議會, 「令和の日本型學校敎育」の構築を目指して~全ての子供たちの可能性を引き出す, 個別最適な學びと, 協働的な學びの實現~(答申, 2021.1.26.).

5 參議院, 議案情報, https://www.sangiin.go.jp/japanese/joho1/kousei/gian/174/meisai/m17407174017.htm. 이 법률안은 "우리 나라에 재류하는 외국인 아동에 대한 교육이 충분하게 이루어지고 있다고는 반드시 말할 수 없는 상황으로 의무교육 단계의 외국인학교가 외국인 아동에 대하여 교육에 관한 중요한 역할을 하고 있는 상황을 고려하여 외국인 아동의 교육 기회 확보 및 교육 환경의 정비를 기함으로써 외국인 아동의 건전한 성장에 이바지하고 아울러 일본인과 외국인이 서로 문화에 대한 이해를 깊게 하여 안심하고 살 수 있는 지역사회의 실현에 기여하기 위해 외국인학교를 지원할 필요가 있다"라고 제안 이유를 밝히고 있다.

6 제174회 국회 중의원 문부과학위원회 제4호(2010.3.5.).

7 이중국적은 일본의 국적과 외국의 국적을 가진 자로 일본인과의 사이에 출생한 자녀는 이중국적 상태가 된다. 이중국적자는 22세가 될 때에 외국 국적을 이탈하고 일본 국적을 선택하거나 일본 국적을 이탈하고 외국 국적을 선택해야 한다(일본 국적법 제14조 제1항).

8 본 설문조사는 필자가 일본 도쿄와 오사카의 한글학교, 민족교육 관계자에게 의뢰하여 131건(도쿄 59건, 오사카 72건)을 회수하였다. 응답자의 80% 이상이 민족의식을 가져야 한다고 응답하였으며 민족 아이덴티티의 중요한 요소는 한국어라고 하고 있다. 현재 설문지를 회수하는 단계이므로 다른 연구에서 설문 결과를 분석하여 보고하고자 한다.

9 설문조사는 재일한국인이 가장 많이 거주하는 도쿄와 오사카의 민족학교(한국학교, 한글학교) 교원, 수강생, 일반인 등 131명을 대상으로 실시하였다. 민족교육을 담당하고 있는 교원과 비교원의 의식을 교차 분석하기 위하여 각각 구분하였으며, 교원 32명, 비교원 99명이 응답하였다.

참고문헌

교육부(2022). 2022년 재외한국학교 현황(22.4.1. 기준).

_____(2023). 교육부 2023년도 예산 주요사업비 설명자료(2023년 1월).

권영성(2002). **보정판 헌법학원론**. 서울: 법문사.

김상규(2017a). **민족교육—일본의 외국인 교육정책과 재일한국인의 교육적 지위**. 경기: 좋
은땅.

_____(2017b). **교육의 대화**. 서울: 휴먼로그.

_____(2021). 재일한국인 사회의 트릴레마: 민족, 국가, 언어. 한국교육학회 2021년 연차
대회 발표자료.

김철수(2004). **헌법학신론**. 서울: 박영사.

문화체육관광부(2022). 2022년 한국인의 의식·가치관 조사 주요 결과 보고서.

민보경·허종호·이채정·박성원(2020). **한국인의 미래 가치관 연구**. 국회미래연구원.

정회철(2010). **기본강의 헌법**. 서울: 여산.

편경천(1960). 재일교포 교육시찰을 마치고: 그 실태 및 교포교육의 강화책, **문교월보**, 54,
23~27.

황경식(2023). **존 롤스 정의론**. 서울: 쌤앤파커스.

アルビン·トフラー(2006). **富の未來 上**(*Revolutionary Wealth*), (山岡洋一 譯), 東京: 講談社.

阿部彰(1982). 對日占領期における地方軍政–軍政部教育担當課の活動を中心として–, **教育
學研究**, 49(2), 151~163.

浅野豊美·吉澤文寿·李東俊 編集(2010). 解説 日韓國交正常化問題資料 第 I 期 **1945年~1953年
第4卷 在日·法的地位問題**. 東京: 現代史料出版.

芦部信喜(1978). **憲法 Ⅱ 人権(1)**, 東京: 有斐閣.

_____(1989). 人権の享有主体(2), **法學教室** 102.

_____(2007). **(高橋和之補訂) 憲法[第4版]**. 東京: 岩波書店.

_____(2015). **憲法[第6版]**. 東京: 岩波書店.

我妻榮(1970). **民法研究 Ⅷ**. 東京: 有斐閣.

卞喜載·金哲南(1988). **いま朝鮮學校で: なぜ民族教育か**. 東京: 朝鮮青年社.

朝鮮総督府(1924). 阪神, 京浜地方の朝鮮人勞働者.

崔紗華(2018). 東京都立朝鮮人學校の廃止と私立各種學校化, 境界研究, 8.

海老原治善(1991). 現代日本教育史選書 第5巻. 東京: エムティ出版.

月刊『イオ』編集部(2022). 日本の中の外國人學校. 東京: 明石書店.

長谷部恭男(2006). 憲法の理性. 東京: 東京大學出版會.

白頭學院創立60周年記念誌委員會(2006). 白頭學院創立60周年記念誌 건국. 大阪: 學校法人
　　白頭學院.

萩原遼·井澤元彦(2011). 朝鮮學校「歴史教科書」を讀む. 東京: 祥伝社.

樋口陽一·佐藤幸治·中村睦男·浦部法穂(1997). 註解法律學全集 憲法 II. 東京: 靑林書院.

洪祥進·中島智子(1990). 日本の學校に子どもを通わせている在日朝鮮人父母の教育観に關
　　する調査-最終報告ー, 在日朝鮮人史研究, 7, 93~139.

堀尾輝久·兼子仁(1977). 教育と人権. 東京: 岩波書店.

福岡安則(1993). 在日韓國·朝鮮人ー若い世代のアイデンティティ. 東京: 中央公論社.

福田誠治·末藤美津子(2005). 世界の外國人學校. 東京: 東信堂.

市川正人(2015). 表現の自由とヘイトスピーチ, 立命館法學, 360, 122~134.

井上薫(1997). 日本統治下末期の朝鮮における日本語普及·強制政策: 徴兵制度導入に至るま
　　での日本語常用·全解運動への動員, 北海道大學教育學部紀要, 73, 105~153.

飯沼二郎 編(1984). 在日朝鮮人を語る. 東京: 麦秋社.

石井昭示(1992). 近代の兒童勞働と夜間小學校. 東京: 明石書店.

石川二朗(1965). 日韓協定と教育, 文部時報, 1056, 74~78.

磯田三津子(2021). 京都市の在日外國人兒童生徒教育と多文化共生-在日コリアンのこども
　　たちをめぐる 教育實踐. 東京: 明石書店.

伊藤悦子(1983). 大阪における『内鮮融和期』の在日朝鮮人教育, 在日朝鮮人史研究, 12, 1~28.

伊藤泰郎(2014). 「在日コリアン」の日本國籍取得に關する意識の計量的分析, 部落解放研究,
　　20, 127~141.

鄭大均(2001). 在日には参政権より國籍取得を, 田久保忠衛 編. 「國家」を失った日本人 外國
　　人参政権問題の本質. 東京: 小學館.

鄭榮恒(2013). 植民地の独立と人権: 在日朝鮮人の「國籍選擇権」をめぐって, プライム, 36,
　　49~65.

覺道豊治(1977). 憲法. 東京: ミネルヴァ書房.

梶井陟(2014). 都立朝鮮人學校の日本人教諭 1950~1955. 東京: 岩波書店.

兼子仁(1978). 教育法[新版]. 東京: 有斐閣.

金城一紀(2005). GO. 東京: 角川文庫.

姜徹(2006). 在日朝鮮人の人権と日本の法律. 東京: 雄山閣.

姜尙中(2018). **ナショナリズム**. 東京: 講談社.

川上富次(1965). 朝鮮人帰化事件の將來, 民事月報, 20(8).

川添利幸(1977). 人権の享有主体, ジューリスト, 638.

金賛汀(1994). **在日という感動-針路の「共生」**. 東京: 三五館.

金慶海(1979). **在日朝鮮人民族教育の原点**. 東京: 田畑書店.

金慶海・梁永厚・洪祥進(1983). **在日朝鮮人の民族教育**. 神戸: 神戸學生青年センター出版部.

金慶海 編(1988). **在日朝鮮人民族教育擁護闘爭資料集 I**. 東京: 平文社.

金東勲(1985). 多民族・多文化社會と在日韓國・朝鮮人, **法律時報**, 57(5), 56~61.

金相奎(2017). **義務教育における機會均等を確保するための國の責任に關する研究**. 早稲田
    大學博士學位論文.

金泰泳(2009). 民族という不自由-在日2世の選擇, 志水宏吉 編, **エスニシティと教育**. 東京:
    日本圖書.

金兌恩(2022). **なぜ, 公教育における民族教育の場に注目するのか**. 群馬: 博英社.

金德龍(2004). **朝鮮學校の戰後史ー1945~1972**. 東京: 社會評論社.

金英達(2003). **在日朝鮮人の歴史**. 東京: 明石書店.

岸田由美(1999). 在日韓國・朝鮮人教育における民族と國家に關する一考察, 在日朝鮮人運動
    史研究會 編. **在日朝鮮人史研究**, 29, 59~68.

＿＿＿＿＿＿(2003). 在日韓國・朝鮮人教育にみる『公』の境界とその移動, **教育學研究**, 70(3),
    348~359.

神戸市 社會課(1927). 在神半島民族の現狀.

小田幸二(1989). 在日外國人の教育問題ー在日韓國・朝鮮人を中心にー, **自由と正義**, 40(8),
    44~50.

高賛侑(2004). 在日韓國・朝鮮人の歴史と民族教育, **社會文化研究**, 7, 4~21.

駒井洋(2006). **グローバル化時代の日本型多文化共生社會**. 東京: 明石書店.

小熊英二・姜尙中 編(2008). **在日一世の記憶**. 東京: 集英社.

京都市國際交流基金 編集・刊行(1994). **暮らしの中の市民として京都に生きる在日韓國・朝鮮人**.
京都大學教育學部比較教育學研究室(1990). **在日韓國・朝鮮人の民族教育意識: 日本の學校に**
    子どもを通わせている父母の調査. 東京: 明石書店.

高乘智之(2013). 外國人の公務就任權に關する予備的考察ー外國人の人権享有主體性につ
    いての一試論ー, **高岡法學**, 31, 72.

高史明(1974). 新しい相互理解の回路ひらく, **朝日ジャーナル**, 16(7), 55~57.

李東準(1956). **日本にいる朝鮮人子ども**. 東京: 春秋社.

マキ智子(2014). **在日朝鮮人教育の歴史: 戰後日本の外國人政策と公教育**. 北海道大學博士
    學位請求論文.

松本邦彦(1988). 在日朝鮮人の日本國籍剥奪: 日本政府による平和條約對策研究の検討, **法學**(東北大學法學會), 52(4), 645~679.

松下佳弘(2011). 占領期京都市における朝鮮人學校政策の展開ー行政當局と朝鮮人團体との交渉に着目して, **日本の教育史學**(教育史學會), 54, 84~96.

水野直樹(1996). 在日朝鮮人・臺灣人参政権『停止』條項の成立ー在日朝鮮人参政権問題歴史的検討(一), **世界人権問題研究センター研究紀要**, 1, 43~65.

宮澤俊義(1987). **憲法Ⅱ[新版]**. 東京: 有斐閣.

水野慎一郎(2010). **韓國の経済発展と在日韓國人の役割**. 岩波書店.

文部省 編(1972). **學制百年史記述編**. 東京: 帝國地方行政學會文部省.

内藤正中(1988). 戰後期の在日朝鮮人の生業, **経済科學論集**(島根大學), 14, 1~26.

中谷實(2003). 外國人の人権ー7つのアプローチと2つのパラダイム, **ジューリスト**, 1244.

中川剛(1992). **基本的人権の考え方**. 東京: 有斐閣.

中島智子(1990). 解放直後の京都における朝鮮人民族教育(1945~1949年), **在日朝鮮人史研究**(在日朝鮮人運動史研究會), 20, 31~45.

中内康夫(2013). 社會権規約の中等・高等教育無償化條項に係る留保撤回ー條約に付した留保を撤回する際の検討事項と課題, **立法と調査**, 337, 44~55.

永井憲一(1970). **憲法と教育基本法-教育法學のために**. 東京: 勁草書房.

ナンシーフレイザー(2013). **正義の秤ーグローバル化する世界で政治空間を再構想すること**[向山恭一譯]. 東京: 法政大學出版局.

日本教育學會教育制度研究委員會外國人學校制度研究小委員會(1970). **在日朝鮮人とその教育資料集**, 1.

_____(1972). **在日朝鮮人とその教育資料集**, 2.

吳永鎬(2019). **朝鮮學校の教育史**. 東京: 明石書店.

大石忠雄(2015). **在日朝鮮人資料叢書神奈川朝鮮學校資料**. 東京: 録蔭書房.

奥平康弘(1981). 教育を受ける権利, 芦部信喜 編. **憲法Ⅲ 人権(2)**. 東京: 有斐閣.

大沼保昭(1993). **新版 単一民族社會の神話を超えて**. 東京: 東信堂.

_____(2004). **在日韓國朝鮮人の國籍と人権**. 東京: 東信堂.

大阪府學務部社會課(1934). 在阪朝鮮人の生活狀態.

大阪府社會課(1923). 朝鮮人勞働者問題.

大阪市社會部調査課(1931). 本市に於ける朝鮮人工場勞働者, **社會部報告**, 131.

小澤有作(1977). **民族教育論.** 東京: 明治圖書出版.

_____(1977). 人間が見えるために, **朝鮮研究**, 168.

朴三石(2011). **教育をうける権利と朝鮮學校ー高校無償化問題から見えてきたこと**. 東京:

日本評論社.

朴尙得 編著(1980). **在日朝鮮人の民族教育**. 東京: ありえす書房.

坂本淸泉(1967). 在日朝鮮人學校の設立過程―朝鮮総連系學校を中心に―, **大分大學教育學部研究紀要**, 3(2), 91~108.

作間忠雄(1975). 外國人の基本的人権, **法學教室[第2期]**, 7.

佐野通夫(1982). 學校と國籍, **東京大學教育行政學研究室紀要**, 3, 93~99.

_____(1990). 在日朝鮮人教育を通して見た日本戰後公教育の一考察, **在日朝鮮史研究**(在日朝鮮人運動史研究會), 20, 17~30.

_____(2012). **在日朝鮮人資料叢書 在日朝鮮人教育關係資料**. 東京: 緑蔭書房.

佐藤成基(2014). **國家の社會學**. 東京: 青弓社

笹川孝一(1993). 序論 外國籍住民の學習權とアジア太平洋學習權 共同体の展望, [月刊社會教育] 編集部 編著. **日本で暮らす外國人の 學習權**. 東京: 國土社.

佐藤令(2008). 外國人参政權をめぐる論点, 國立國會圖書館調査及び立法考査局 編. **人口減少社會の外國人問題: 總合調査報告書**. 東京: 國立國會圖書館.

瀬上幸恵(2000). 山口縣における民族教育擁護運動.

芹田健太郎 編譯(1981). **國際人権規約草案詳解**. 東京: 有信堂.

瀬戸久夫(2015). 外國人の生活保護訴訟―外國人は日本社會の構成員ではないのか **法學セミナー**(日本評論社), 721, 19~22.

志水宏吉・中島智子・鍛冶致 編著(2014). **日本の外國人學校―トランスナショナリティをめぐる教育政策の課題**. 東京: 明石書店.

塩野谷祐一(2002). ジョン・ロールズ―正義の理論, **海外社會保障研究**, 138.

島田牛稚(1942). 國語普及運動の展開, **文教の朝鮮**, 203, 3~9.

総務省行政評價局(2015a). グローバル人材育成に資する海外子女・帰國子女等教育に關する實態調査報告書.

鈴木昭典(1995). **日本國憲法を生んだ密室の九日間**. 東京: 創元社.

平直樹・川本ひとみ・慎榮根・中村俊哉(1995). 「在日朝鮮人青年にみる民族的アイデンティティの狀況によるシフトについて」**教育心理學研究**, 43(4), 27~38.

棚田洋平(2014). 『在日學校』としての歴史と未來―白頭學院 建國幼・小・中・高等學校, 志水宏吉・中島智子・鍛冶致 編著. **日本の外國人學校―トランスナショナリティをめぐる教育政策の課題**. 東京: 明石書店.

高谷幸 編著(2022). **多文化共生の實驗室-大阪から考える**. 東京: 青弓社.

竹中理香(2015). 戰後日本における外國人政策と在日コリアンの社會運動, **川崎醫療福祉學會誌**, 24(2), 129~145.

竹内俊子(2010). 教育を受ける権利主体としての『國民』の意味-外國人の教育を受ける権利

について一, 立命館法學, 333~334.

_____(1967). 戰前における在日朝鮮人子弟の教育, 愛知縣立大學文學部論集, 18, 157~173.

田中宏(1985). 外國人の教育公務員資格, その問題と背景, 法律時報, 57(5), 37~42.

_____(2013). 在日外國人 第3版 –法の壁, 心の溝. 東京: 岩波新書.

寺島俊穗(1995). 指紋押捺拒否の思想と運動(1), 大阪府立大學紀要(人文·社會科學), 43, 17~29.

床井茂 編著(1992). いま在日朝鮮人の人権は. 東京: 日本評論社.

東京府學務部社會課(1936). 在京朝鮮人勞働者の現狀, 社會調査資料, 2.

東京韓國學園開校50周年記念事業推進委員會(2005). 東京韓國學園開校50周年記念誌. 東京: 東京韓國學園.

內山一雄(1995). 日本の學校の在日朝鮮人教育現狀と課題, 教育學研究, 62(3), 207~218.

內山一雄·趙博(1989). 在日朝鮮人民族教育擁護鬪爭資料集 I. 東京: 平文社.

浦田賢治執筆代表(1968). 外國人學校法案の批判的檢討. 神戶: 民主主義科學者協會法律部會.

山根俊彥(2017). 多文化共生という言葉の生成と意味の変容, 常盤臺人間文化論叢, 3(1).

吉岡增雄(1980). 在日朝鮮人と生活保護, 吉岡增雄 編著. 在日朝鮮人の生活と人権. 東京: 社會評論社.

在日本大韓民國民團中央本部(1997). 民團50年史. 東京: 在日本大韓民國民團.

在日韓國靑年同盟中央本部 編著(1970). 在日韓國人の歷史と現實. 東京: 洋々社.

全國專修學校各種學校総連合會(2015). 專修學校各種學校都道府縣別助成狀況.

Anderson, B.(2006). *Imagined Communities: Reflections on the Origin and Spread of Nationalism*. New York: Verso.

Berlin, I.(2013). *The Crooked Timber of Humanity: Chapters in the History of Ideas*. edited by Henry Harby, Princeton: Princeton University Press.

Chapman, D.(2008). *Zainichi Korean Identity and Ethnicity*, Abington: Routledge.

Fraser, N.(2011). *Scales of Justice: Reimagining Political Space in a Globalizing World*. Columbia University Press.

Fraser, N., 김원식 역(2020). 지구화 시대의 정의: 정치적 공간에 대한 새로운 상상[*Scales of Justice: Reimagining Political Space in a Globalizing World*]. 서울: 그린비(원전은 2009년에 출판).

Gat, A. & Yakobson, A., 유나영 역(2020). 민족: 정치적 종족성과 민족주의, 그 오랜 역사와 깊은 뿌리[*Nations: The Long History and Deep Roots of Political Ethnicity and Nationalism*]. 서울: 교유서가.

Gellner, A., 이재석 역(1988). 민족과 민족주의[*Nations and Nationalism*]. 서울: 예하(원전은 1983년에 출판).

Habermas. J. (1991). *The Structural Transformation of the Public Sphere*, Cambridge: MIT Press.

Hardt, M. & Negri, A. (2001). *Empire*. Cambridge: Harvard University Press.

Hart, B. & Risley, T. R. (2003). The Early Catastrophe. The 30 Million Word Gap, *American Educator,* 27(1), 4~9.

Heckman, J. J., Hyeok Moon, S., Pinto, R., Savelyev. & Yavitz A. (2010). The rate of return to the HighScope Perry Preschool Program, *Journal of Public Economics,* 94(1-2), 114~128.

Heckman, J. J. & Krueger, A. B. (2005). *Inequality in America: What role for human capital policies*. Cambridge: MIT Press Books.

Ralws, J. (1971). *A Theory of Justice*. Cambridge: Harvard University Press.

Ryang, S. (1997). *North Koreans in Japan: Language, Ideology, and Identity*. New York: Westview Press.

_____(2012). *Reading North Korea: An Ethnological Inquiry*. Cambridge: Harvard University Asia Center.

Sandel, M. J., 김명철 역(2014). **정의란 무엇인가**[*Justice: What's the right thing to do?*]. 서울: 미래엔(원전은 2009년 출판).

Shipper, A. W. (2010). Nationalisms of and Against Zainichi Koreans in Japan, *Asian Politics & Policy,* 2(1), 55~75.

Wagner E. W. (1989). **日本における朝鮮少數民族**. 東京: 龍溪書舍.

Wan, E. & Vanderwerf, M. (2009). A Review of the Literature on Ethnicity, National Identity and Related Missiological Studies, http://www.globalmissiology.org/portugues/docs_pdf/featured/ wan_literature_ethnicity_april_2009.pdf.

Werner, O. (1994). The Sapir Whorf Hypothesis. The Encyclopedia of Language and Linguistics, https://cgdoc.s3.amazonaws.com/Sapir_Whorf.pdf.

교육부, http://www.moe.go.kr/.

국회전자도서관, http://dl.nanet.go.kr/.

네이버 뉴스라이브러리, newslibrary.naver.com.

외교부, http://www.mofa.go.kr/.

法務省民事局, 歸化許可申請者數, 歸化許可者數及び歸化不許可者數の推移, http://www.moj.go.jp/ content/00118 0510.pdf.

學校における外國人兒童生徒等に對する敎育支援に關する有識者會議(2016.06), https://www.mext.go.jp/ b_ menu/ houdou/ 28/06/__icsFiles/afieldfile/2016/

06/28/1373387_02. pdf.

外務省, www. mofa. go. jp/mofaj/toko/world_school.

行動する保守運動, http://www. koudouhosyu. info/.

海外子教育振興財團, http://www. joes. or. jp/.

國會會議録検索システム, http://kokkai. ndl. go. jp/.

厚生勞働省, http://www. mhlw. go. jp/.

文部科學省, http://www. mext. go. jp/a_menu/shotou/clarinet/.

日本學術會議(2020), https://www. scj. go. jp/ja/info/kohyo/pdf/kohyo-24-t289-4. pdf.

世界平和研究所, http://www. iips. org/research/2005/01/20190118. html.

出入國在留管理廳在留外國人統計, https://www. moj. go. jp/isa/policies/statistics/toukei_
ichiran_ touroku. html.

總務省, http://www. soumu. go. jp/soutsu/tokai/tool/tokeisiryo/index. html.

統一日報, http://news. onekoreanews. net/.

統計で見る日本, 學校基本調査, https://www. e-stat. go. jp/stat-search/
files?page=1&toukei=00400001& tstat=000001011528.

在日特權を許さない市民の會, http://www. zaitokukai. info/.

Agency for French Education Abroad(AEFE), https://www. aefe. fr/agency-french-
education-abroad-0.

German Missions USA, https://www. germany. info/us-en/welcome/language-study-
research/ zfa-germanschools/1305910.

Overseas Schools Advisory Council(OSAC), https://www. state. gov/key-topics-office-
of-overseas-schools/overseas-schools-advisory-council/.

Texas Constitution and Statutes, https://statutes. capitol. texas. gov/?link=ED.

Zentralstelle für das Auslandsschulwesen(ZfA), https://www. zfa. deutsche-
rentenversicherung-bund. de/de/Navigation/public/_home_node. html.

연도	한국·일본의 주요 사건	민족교육 관련 주요 사건·정책	일본 정부·지자체 외국인 정책
1910	한일강제병합		
1911	부관연락선 정기항로 개시		1차 조선교육령(8.24.)
1922			2차 조선교육령(2.6.)
1923	관동대지진(9.1.) 제주도↔오사카 정기항로 개설		
1925		후쿠오카[福岡]현 이즈카[飯塚]시 라쿠이치[薬市]소학교에 조선인 분교 설치	
1937			내선(內鮮) 학교 명칭 통일 발표(7.1.)
1938			3차 조선교육령(3.4.)
1939	조선인 육군 특별 지원령 공포(2.) 조선인 성명에 관한 건(창씨개명) 공포(12.)		내무성의 조선인 통제기관으로 '중앙협화회' 결성(6.)
1941			국민학교규정 공포(3.)
1943	카이로선언(12.1.)		
1944	조선인에 대한 징병제 시행(4.)		
1945	일본 포츠담선언 수락(8.14.) 민족 해방(8.15.) 재일조선인연맹 결성(10.15.) 조선건국촉진동맹 결성(11.16.)	민족교육을 위한 국어강습소 개설(9.)	중의원 선거법 개정으로 일본 재류 한국인의 참정권 배제(12.)
1946	신조선건설동맹 결성(1.20.) 재일조선인거류민단 결성(10.3.) 일본 헌법 공포(11.)	오사카백두학원이 건국공업학교, 건국고등여학교 개교 니시나리[西成] 조선인교육회 결성(2.) 니시나리 우리학교(오사카금강학교 전신) 개교(4.)	구 생활보호법 공포·시행(10.1.) GHQ '재일조선인의 지위 및 취급에 관하여(지령)' 발령(11.24.)
1947	일본 교육기본법, 학교교육법 공포(3.) 일본국 헌법 시행(5.)	교토조선중학교(교토한국학교 전신) 설립 인가 신청(4.8.), 개교(5.13.), 각종학교 설립 인가(9.8.) 문부성 통달 '조선인 아동의 취학의 무의 건'(4.12.)	외국인 등록령 공포(5.)

연도	한국·일본의 주요 사건	민족교육 관련 주요 사건·정책	일본 정부·지자체 외국인 정책
1948	대한민국 정부 수립(8.) 조선민주주의인민공화국 창설 선포(9.) 국제연합이 세계인권선언 채택(12.10.)	오사카백두학원이 건국고등학교 개교 문부성 통달 '조선인 설립학교의 취급에 관하여'(1.24.) 문부성 통달 '조선인학교 교직원적격심사'(1.26.) 문부성 통달 '각종학교의 취급에 관하여'(3.1.) 조선인학교 폐쇄령 집행: 야마구치현(3.31.) 오카야마현(4.8.) 효고현(4.10.) 오사카부(4.12.) 도쿄도(4.15.) 한신[阪神]교육사건(4.14.~26.), 오사카에서 민족학교 폐쇄 반대 집회 중 김태일이 경찰의 충격으로 사망(4.26.) GHQ가 고베에 비상사태 선언(4.24.) 일본 문부성과 조선인단체 간에 각서 조인(5.5.) 문부성 통달 '조선인학교에 관한 문제에 대하여(5.6.)	국회 중의원 사법위원회에서 한신교육사건 조사(5.4.-8.) 문부성 '대학 입학에 관하여 고등학교를 졸업한 자와 동등 이상의 학력이 있다고 인정되는 자' 고시(5.31.)
1949	단체 등 규정령 공포(4.4.)	일본 문부성 건국학교 설립 인가 재단법인 백두학원 설립 인가 재일조선인연맹이 단체 등 규정령에 의거 강제 해산(8.9.) '조선인학교 조치 방침' 각의 결정(10.12.) 문부성 통달 '조선인학교에 대한 조치에 관하여'(10.13.) 조선인학교 337교 폐쇄 명령(10.19.) 문부성 통달 '공립학교에서 조선어교육 등의 취급에 관하여'(11.1.) 문부성 통달 '조선인 사립 각종학교의 설치 인가에 관하여'(11.15.) 도쿄도립조선인학교 개설(12.20.)	
1950	한국전쟁 발발(6.25.)	문부성이 재단법인 금강학원 설립 인가 금강소학교 설립 인가(3.14.)	생활보호법 공포·시행(5.4., 적용 대상을 국민에 한정)
1951	한일국교정상화 교섭 시작(10.20.) 한일예비회담 개시(11.20.) 샌프란시스코강화조약 체결(9.8.)	학교법인 백두학원이 1조교로 인가 금강학원이 학교법인으로 조직 변경 인가(3.)	구 식민지 출신자의 국적 처리에 관한 지침 발표(4.19.)
1952	샌프란시스코강화조약 발효(4.28.) 1차 한일회담(2.~4.)	샌프란시스코강화조약 발효로 재일한국인의 일본 공립학교 취학의무 폐지(4.28.)	외국인 등록법 공포 및 시행(4.28.)

연도	한국·일본의 주요 사건	민족교육 관련 주요 사건·정책	일본 정부·지자체 외국인 정책
1953	2차 한일회담(4.~7.) 3차 한일회담(10.)	민단 중앙대회에서 민족교육을 위한 학교 설립 기본방침 수립(1.8.) 도쿄 및 지방에 민족학교 13개교 설립 결의 민단이 대한민국 국회에 옵서버 6명 파견 결의(1.8.) 문부성 통달 '조선인의 의무교육학교 취학에 관하여'(2.11.)	내각 법제국이 국가의사 형성에 참여하는 공무원은 일본 국적이 필요하다는 당연법리 견해 표명(3.25.) 문부성 통달 '비합법 거주 외국인의 취학 방지에 관하여'(4.11.) 내각 법제국 제1부장 '공무원의 임용에 관하여' 회답(5.13., 공권력의 행사 또는 국가적 의사형성에 참가하는 공무원 자격은 일본 국적이 필요)
1954		도쿄한국학교설립기성회 발족(1.) 도쿄한국학원 인가(6.) 도쿄한국학교 초중등부 개교(4.) 오사카금강중학교 개교(4.)	
1955	외국인 등록에 지문 날인 강제 개시(4,27.) 재일조선인총연합회(총련) 결성대회(5.25.)	도쿄도립조선인학교 폐지(3.31.)	
1956	서독 국적 문제 규제법 제정	도쿄한국학교 고등부 개교(4.) 재일한국교육연합창립총회(8.)	
1957		한국 문교부 최초 한국학교 예산 편성	
1958	4차 한일회담(1958.4.~1960.4.)	교토조선중학교의 교명을 교토한국중학교로 개명 대한민국 국회에서 '재일동포 민족교육 대책에 관한 건의안' 통과(8.26)	
1959	1차 북한 귀국선 니가타[新潟] 출발	한국 문교부가 한국학교 모범교(도쿄한국학교, 교토한국학교) 시설비 편성(1959년 80,000,000환, 1960년 208,00,000환)	
1960	5차 한일회담(1960.10.~1961.5.)	오사카금강고등학교 개교(4.)	
1961	6차 한일회담(1961.10.~1964.12.)	교토한국학원 이전 계획 발표 문교부가 학교법인 금강학원을 한국학교로 인가(2.)	
1962		한국 정부 도쿄한국학교 설립 인가	
1963		교토한국학교에 고등부 설치	
1964	7차 한일회담(1964.12.~1965.6.)		

연도	한국·일본의 주요 사건	민족교육 관련 주요 사건·정책	일본 정부·지자체 외국인 정책
1965	한일기본조약 및 제 협정 조인(6.22.) 국제연합이 '인종차별 철폐 조약' 채택(12.21.) 한일협정 조인으로 국적 명칭에서 '조선' 소멸	아이치 한국학원 낙성식(11.3.) 문부성 통달 '일본에 거주하는 대한민국 국민의 법적 지위와 대우에 관한 협정의 교육 관련 사항의 실시에 관하여'(12.25.) 문부성 통달 '조선인만을 수용하는 교육시설의 취급에 관하여'(12.28.)	협정 영주 자격 창설
1966	한일협정 발효(1.17.) 국제연합총회에서 '경제적, 사회적 및 문화적 권리에 관한 국제규약' 채택(12.16.)	도쿄제2학원을 분교로 합병 조선대학교가 각종학교로 인가를 신청(4.20.)	외국인학교 제도 신설을 목적으로 한 학교교육법 개정안 각의 결정(5.13.) 및 국회 제출(1972년까지 수차례 제출)
1967	영주권 취득 재일한국인에 대한 일본국민건강보험법 적용(4.) 154차 북한 귀국선 출항(8년간 약 88,611명 북송)	민단이 도쿄한국학교의 1조교 전환을 일본 정부에 요청(3.25.)	
1968		학교법인 금강학원이 오사카한국중·고등학교로 교명 변경(2.) 도쿄도 미노베[美濃部] 지사가 조선대학교를 각종학교로 설립 인가(4.17.)	외국인학교법안 각의 의결(3.1.), 국회 제출(3.12.)
1969		민단 '재일한국인 교육지침' 발표(3.25.)	
1970	부관페리 개통		
1971		한국 정부 도쿄한국학교 교지 불하 대금 3억 1천만 엔 지원	일본 법무성이 영주권 신청자 수 발표(350,922명)
1972		오사카시립나가하시[長橋]소학교에 민족학급 개설	외국인학교 제도 창설을 위한 학교교육법 일부 개정안 국회 제출(5.26.), 폐안(6.16.)
1973		교토 재일외국인 민족교육을 보호하는 모임 발족(3.24.) 교토한국학원 건설촉진 청년협의회 결성(10.5.)	자치성 공무원 제1과장 '지방공무원의 임용에 관하여' 회답(5.28., 공권력의 행사 또는 지방공공단체의 의사 형성에 종사하는 자에 대해서는 일본 국적을 가지지 않은 자 임용 불가)
1974		교토한국학원 건설촉진 연락회의 결성(11.30.)	한신 지역 지자체가 지방공무원 국적 조항 폐지(외국 국적자 5명 지방공무원 탄생)
1975			'일본육영회' 지원 대상에서 국적 조항 폐지(4.1.) 학교교육법 개정·공포(7.11., 전수학교 법정화하면서 외국인학교 제외)

연도	한국·일본의 주요 사건	민족교육 관련 주요 사건·정책	일본 정부·지자체 외국인 정책
1976	국제연합이 '경제적, 사회적 및 문화적 권리에 관한 국제규약' 채택(1.3.)	백두학원 이사회가 재일한국인학교로 노선 전환 결의(9.13.) 한국 정부가 백두학원에 노후 학교 시설 개수비 특별 원조 교육법에 제162조의 2(재외국민 교육 지원) 신설(12.31.)	최고재판소 '사법수습생 채용 선발 요강' 국적 요건에 '최고재판소가 특히 인정한 자 제외' 추가(10.)
1977		재외국민의 교육에 관한 규정 제정(2.28.) 민단 제27회 정기중앙위원회에서 재일한국인 인권선언 발표(3.28.) 민단이 NHK에 한국어강좌 개설 요망(4.6.)	
1978		한국 정부가 백두학원에 학교 운영비 지원 개시	문부성 통지 '고등학교에서 귀국 자녀의 편입학 기회 확대 등에 관하여'(10.8., 학교교육법 시행규칙 일부 개정 관련)
1979	일본 정부 '경제적, 사회적 및 문화적 권리에 관한 국제규약' 비준(6.21.)		
1980		재일한국인 최초 공립학교 교원 탄생(미에[三重]현교육위원회)	국제인권규약(사회권규약) 비준으로 일반의 외국인 자녀도 한국인 영주자와 동등하게 의무교육학교 취학 조치 실시
1981	출입국관리령 일부 개정 및 난민조약 관계 국내법 정비법 공포(1.1.) 출입국관리 및 난민인정법으로 개칭		문부성 '외국에서 12년 학교교육과정을 수료한 자에 준하는 자' 고시(10.3.)
1982	난민조약 관계 국내법 정비법에 의해 국민연금법, 아동수당법, 아동양호수당법, 특별아동양호수당법 국적 요건 철폐(1.1.)	가와사키시에 '재일한국·조선인 교육을 장려하는 모임'이 결성(6.20.)	출입국관리 및 난민인정법에 의거 특별영주 자격 신설 외국인 교원 임용법 공포·시행(9.1.): 외국인을 국립대학 교원으로 채용 인정 외국인 등록법 개정법 공포·시행(10.1.): 확인 신청 기간을 3년에서 5년으로, 지문 날인 및 외국인 등록증 휴대 의무를 14세에서 16세로 상향 조정 문부성 통지 '외국인 교원 임용법의 시행에 관하여'
1983		제1회 민족대학 강좌(10.22.~23.)	
1984	NHK 한글강좌 개설	교토한국학원 학교 이전	
1985	국적법 개정으로 출생과 동시에 일본 국적을 취득하는 재일외국인 증가	건국학교 '일본사립중고등학교연합회' 가맹 오사카부가 건국학교에 경상보조비 지원 오사카금강중학교, 금강고등학교 1조교 인가(11.)	국적법 및 호적법 일부 개정법 시행(1.1.): 출생에 의한 국적 취득의 부모 양계 혈통주의 채용, 국적 취득·국적 선택 제도 신설, 외국인과의 혼인에 의한 신호적 편제, 외국인 배우자 성 변경 제도 신설

연도	한국·일본의 주요 사건	민족교육 관련 주요 사건·정책	일본 정부·지자체 외국인 정책
1986	서울아시안게임(9.20.~10.5.)	오사카한국중·고등학교가 금강학원 중·고등학교로 교명 변경(2.)	국민건강보험법 시행규칙 개정(4.): 국민건강보험법의 국적 요건 폐지
1988	서울올림픽(9.17.~10.2.)		내각부 '외국인 입국과 재류에 관한 여론 조사' 실시 외국인 등록법 개정법 공포·시행(6.1.): 지문 날인을 1회에 한하고 지문카드제 도입, 지문 재날인 명령권 신설 문부성 통지 '고등학교에서 귀국자녀의 편입학 기회 확대 등에 관하여'(10.8.)
1989	국제연합 아동의 권리에 관한 국제협약 체결(11.20.)		
1990	한국 정부 경제적, 사회적 및 문화적 권리에 관한 국제규약 비준(4.10.)		가나가와현이 독자적으로 '일본어 지도 등 협력자 파견 사업' 개시
1991	한일외무장관 회담: 재일한국인의 법적 지위 및 처우에 관한 각서 한국, 북한 동시 유엔 가입 한국 정부 아동의 권리에 관한 국제협약 비준(11.20.)	교토시교육위원회가 교토한국학원에 취학 원조 개시 문부성 통달 '일본국에 거주하는 대한민국 국민의 법적 지위 및 대우에 관한 협정에서 교육 관계 사항의 실시에 관하여'(1.30.) 문부성 통달 '재일한국인 등 일본 국적을 가지지 않는 자의 공립학교 교원 임용에 관하여'(3.22.): 한일 정부가 교환한 각서에 의거 외국적 주민의 공립학교 교원채용시험 승인(단, 채용은 기간이 없는 상근 강사)	정주 외국인의 특별영주제도 개시: 재입국 기한을 5년으로 연장 '일본국과의 강화조약에 의거 국적을 이탈한 자 등의 출입국 관리에 관한 특례법' 공포·시행(11.1.): 특별영주자격 신설, 퇴거 강제 사유를 중대 범죄에 한정, 재입국 유효기간 최고 5년 문부성 '공립학교에 재적하는 일본어 지도가 필요한 외국인 아동 생도의 수용 상황 등에 관한 조사' 결과 공표 개시
1992	한국과 중국 국교 수립 국제연합 제47회 총회 결의 '민족적, 종족적, 종교적, 언어적 소수자에 속하는 자의 권리에 관한 선언' 채택		교토[京都]시 '교토시립학교 외국인 교육지침' 수립(3.) 문부성 '외국인 아동 생도·귀국 아동 생도의 일본어 지도에 대응한 교원 정수 특례 가산(의무교육 제 학교 교원 급여 1/2 국고보조) 개시 외국인 등록법 개정법 공포(1993. 1.8. 시행): 정주 외국인을 지문 날인 제도에서 제외, 가족등록 제도 도입
1993			재일한국·조선인 영주자의 지문 날인을 폐지하는 개정 외국인 등록법 시행(8.)
1994	일본 정부 '아동의 권리에 관한 국제협약' 비준(3.29.)		후쿠이지방재판소 '선거인 명부 불등재 위헌 확인 및 국가배상 청구 소송' 판결(10.5.): 정주 외국인의 선거권은 헌법의 허용범위 내

연도	한국·일본의 주요 사건	민족교육 관련 주요 사건·정책	일본 정부·지자체 외국인 정책
1995	일본 정부 '인권차별 철폐조약' 비준 (12.15.)		문부성이 모국어가 가능한 인재를 '외국인 자녀 등 지도자'로 채용해 학교파견사업 개시
1996		교토대학 한국인 학생 및 일본인 학생 등 500명이 연명으로 민족학교 출신자의 국립대학 수험 자격 인정 요망서를 교토대학 학장에게 제출 (12.12.)	가와사키시가 정령(政令)지정도시 최초로 지방공무원 사무직 임용에 국적 조항 철폐 가와사키시 '외국인시민대표자회의 설치조례' 채택(10.), 외국인시민대표자회의 발족(12.1.) 고치현이 도도부현 최초로 지방공무원 국적 조항 폐지
1998	국제연합 아동권리조약위원회가 재일한국인의 고등교육 접근 기회 문제와 관련하여 일본 정부에 권고(6.)		최고재판소 '정주 외국인 참정권 소송' 판결(3.13 상고 기각): 외국인의 피선거권 불인정
1999	외국인 등록법 개정으로 지문 날인 제도 전면 폐지(등록 갱신 기간을 5년에서 7년으로 연장) 국제연합아동권리위원회가 일본 정부에 '재일한국인의 고등교육 접근 기회 등에 관하여'를 권고(6.5.)	교토한국학원 일본고교야구연맹 가맹	문부성 '외국인학교 졸업생의 국립대학 대학원 입학시험 수험 자격 및 외국인학교 중졸자의 대학입학자격검정시험 수험 자격' 승인(7.) 외국인 등록법 개정법 공포(8.18., 2000.4.1. 시행) 외국인 학생에게도 대학입학자격검정 수험을 인정하는 내용의 학교교육법 시행규칙 개정(9.) • 각종학교인 도쿄한국학교는 대상에서 제외
2000			최고재판소 '정주 외국인 지방참정권 소송' 판결(4.25., 상고 기각)
2001	국제연합인종차별위원회가 재일한국인의 고등교육 접근 기회 등에 관한 최종 견해를 일본 정부에 권고(3.20.)	국제연합 국제인권규약사회규약위원회가 민족학교의 승인과 대학 수험 자격 승인 권고(8.30.)	종합규제개혁회가 '규제개혁 추진에 관한 제1차 답신'에서 교육의 국제화 제언(12.11.)
2002	월드컵 한일 공동 개최		인터내셔널스쿨 졸업자의 진학 기회 확대 방침이 포함된 '규제개혁추진 3개년 계획(개정)'이 각의에서 결정(3.29) 시가현 요네하라초 '정촌 합병 주민투표조례' 제정(3): 전국 최초로 영주 자격을 가진 외국인 투표권 인정 국립대학협회가 전국 대학에 대하여 귀국 학생을 대상으로 한 특별선발 지원 자격에서 국적 조항 철폐 요청(6)

연도	한국·일본의 주요 사건	민족교육 관련 주요 사건·정책	일본 정부·지자체 외국인 정책
2003		교토한국학원이 1조교로 전환하고 교토국제중고등학교로 교명을 변경 일본 문부성이 각종학교인 도쿄한국학교에도 대학 입학 자격 인정 (9.19.)	문부과학성이 영미계 학교에 한하여 고등교육 기회 확대 방침을 중앙교육심의회에 제출(3.6.) 소득세법, 법인세법 시행령, 시행규칙 개정(4.1. 시행): 외국인학교 설치 학교법인을 특별공익증진법인으로 인정(기부자 세제상 우대 조치 적용) 문부과학성이 초등교육 또는 중등교육을 외국어에 의하여 실시하는 각종학교 중 세제상 우대 조치 대상 학교를 영미계 학교에 한정(3.31.) 오사카부, 교토부, 효고현 지사가 연명으로 아시아계 외국인에게도 대학 입학 수험 자격을 인정하도록 문부대신에게 요망서 제출(6.20.) '외국인학교·민족학교 문제를 생각하는 변호사 유지 모임'이 문부과학대신에게 민족학교의 대학 수험 자격 인정과 관련한 질문서 전달(6.5.) 총무성 행정평가국이 외국인 아동 생도 등의 교육에 관한 행정 평가·감시 결과에 따른 '공립 의무교육 제 학교에 대한 수용 추진을 중심으로' 통지(8.) 도쿄외국어대학 교수회가 학장과 문부성에 외국인 학생의 대학 수험 자격의 인정을 요청하는 결의 제출(7.25.)
2004			문부과학성 '외국인 아동 생도를 대상으로 하는 각종학교 설치 허가 기준' 제정(3.19.): 외국인학교의 각종학교 신청 요건 완화 문부과학성이 군마현 오타시의 '정주화에 대비한 외국인 아동 생도 교육 특구' 구상 승인(12.)
2005	대한민국과 일본국 간의 사회보장 협정 발효(4.1.)		
2006			문부과학성 '귀국·외국인 교육 지원 체제 모델사업' 개시(4.)
2007		재외국민의 교육 지원 등에 관한 법률 공포(1.3.), 시행(7.4.) 오사카금강학교 이전(8.)	
2009			취학지원금 지원 대상 외국인학교를 지정하는 문부과학성 고시 82호 발표(4.30.) 최고재판소가 사법수습생 선발 시 일본 국적 조항 삭제 결정(11.)

372

연도	한국·일본의 주요 사건	민족교육 관련 주요 사건·정책	일본 정부·지자체 외국인 정책
2010			의원입법으로 의무교육 단계의 외국인학교 지원에 관한 법률안 제출(국회 회기 종료로 폐기) 외국인은 지방참정권이 보장되지 않는다는 내용의 일본 정부의 공식 견해가 각의에서 결정(6.4.)
2012		학교법인 도쿄한국학원이 도쿄제2학교 설립 계획을 수립	출입국관리 및 난민인정법, 주민기본대장법 개정으로 외국인 등록법 폐지(7.9.)
2013			제2기 교육진흥 기본계획을 각의에서 결정(6.14.)
2016	차별적 언동 해소법안 국회 중의원 본회의 통과(5.24.), 시행(6.3.)	마스조에 요이치[舛添要一] 도쿄도지사가 도립학교 폐교 부지를 도쿄제2한국학교 부지로 제공 검토 발표(3.16.) 산케이[産経]신문에서 조선학교가 1950년대 4만 명에서 6천 명(68개교)으로 격감하였다고 보도(3.26.) 고이케 유리코[小池百合子] 신임 도쿄도 지사가 도쿄도의 한국학교 부지 제공 방침 백지화 표명(8.5.)	교육재생실행회의가 외국인 아동에 대한 교육 지원 등이 포함된 '모든 아동의 능력을 신장하여 가능성을 개화시키는 교육으로'(제9차 제언) 제출(5.20.)
2019			'일본어 교육의 추진에 관한 법률' 제정(6.23.)
2020			일본어 교육의 추진에 관한 시책을 종합적·효과적으로 추진하기 위한 기본적 방침 각의 결정(6.23.) 문부과학성 '외국인 아동의 취학 촉진 및 취학 상황의 파악 등에 관한 지침' 수립(7.1.)
2022	재외교육시설에서의 교육의 진흥에 관한 법률 제정(6.17.)		
2023	문부과학성과 외무성이 '재외교육시설에서의 교육의 진흥에 관한 시책을 종합적이고 효과적으로 추진하기 위한 기본방침' 수립(4.)		

찾아보기